I0876632

Kohlhammer

Konfession und Gesellschaft

Beiträge zur Zeitgeschichte
Begründet von Anselm Doering-Manteuffel, Martin Greschat, Jochen-Christoph Kaiser, Wilfried Loth und Kurt Nowak †

Herausgegeben von Wilhelm Damberg, Andreas Holzem, Jochen-Christoph Kaiser (geschäftsführender Herausgeber), Frank-Michael Kuhlemann und Wilfried Loth

Band 49

Michaela Collinet

Frohe Botschaft für die Armen?

Armut und Armenfürsorge in der katholischen Verkündigung des späten 18. und frühen 19. Jahrhunderts

Verlag W. Kohlhammer

Ein herzlicher Dank ergeht an die Druckkostengeber:

Verein zur Förderung der Theologischen Fakultät Trier e. V.

Die Publikation ist im Sonderforschungsbereich 600 „Fremdheit und Armut. Wandel von Inklusions- und Exklusionsformen von der Antike bis zur Gegenwart", Trier, entstanden. Der Band wurde mit finanzieller Unterstützung der Universität Trier gedruckt.

1. Auflage 2015

Alle Rechte vorbehalten
© W. Kohlhammer GmbH, Stuttgart
Reproduktionsvorlage: Katrin Ott mit Hilfe von $\LaTeX\,2_\varepsilon$
Gesamtherstellung: W. Kohlhammer GmbH, Stuttgart

Print:
ISBN 978-3-17-023412-3

E-Book-Formate:
pdf: ISBN 978-3-17-023463-5
epub: ISBN 978-3-17-030155-9
mobi: ISBN 978-3-17-030156-6

Für den Inhalt abgedruckter oder verlinkter Websites ist ausschließlich der jeweilige Betreiber verantwortlich. Die W. Kohlhammer GmbH hat keinen Einfluss auf die verknüpften Seiten und übernimmt hierfür keinerlei Haftung.

Inhaltsverzeichnis

Vorwort

Die vorliegende Studie wurde im Sommersemester 2011 von der Theologischen Fakultät Trier unter dem Titel „‚Daß ich der Noth der Armen mich willig mög' erbarmen'. Armut und Armenfürsorge in der katholischen Verkündigung des späten 18. bis zur Mitte des 19. Jahrhunderts" als Dissertation angenommen und für die Drucklegung leicht überarbeitet. Sie entstand im Rahmen des Teilprojekts B7 „Armenfürsorge und katholische Identität. Armut und Arme im katholischen Deutschland des frühen 19. Jahrhunderts" des Sonderforschungsbereichs 600 „Fremdheit und Armut. Wandel von Inklusions- und Exklusionsformen von der Antike bis zur Gegenwart" an der Universität Trier.

Die Fertigstellung dieser Arbeit wäre nicht möglich gewesen ohne die Ermutigung, Unterstützung und Kritik vieler Menschen, denen ich von ganzem Herzen danken möchte.

An erster Stelle danke ich besonders herzlich meinem Doktorvater, Herrn Prof. Dr. Bernhard Schneider, für seine ausgesprochen gute Betreuung. Durch seine bereits im Studium einsetzende Förderung wurde mein Interesse an der Kirchengeschichte des 18. und 19. Jahrhunderts geweckt und die Auseinandersetzung mit der Thematik des katholischen Armen- und Armenfürsorgediskurses angeregt. Als Leiter des Teilprojekts B7 hat er die Entstehung der vorliegenden Studie umfassend begleitet und durch vielfältige Anregungen und Hinweise zu ihrem Gelingen beigetragen. Herrn Prof. Dr. Dr. Wolfgang Ockenfels danke ich für sein Interesse an meiner Arbeit und die Erstellung des Zweitgutachtens.

Ein herzliches Wort des Dankes möchte ich allen Kolleginnen und Kollegen der Theologischen Fakultät Trier und des SFB 600 der Universität Trier aussprechen. Durch den konstruktiven fachlichen Austausch haben sie zum gelungenen Abschluss dieser Arbeit beigetragen. Darüber hinaus ließ sich so manche Sorge des Doktorandenlebens gemeinsam leichter bewältigen. Stellvertretend für die vielen seien namentlich genannt: Marina Lemaire, der ich für die hilfreichen Diskussionen über den methodischen Ansatz der Diskursanalyse ebenso wie für den nicht zu unterschätzenden moralischen Beistand danke. Evelyn Lehmann sei Dank gesagt für die mühevolle Arbeit des Korrekturlesens und für die vielfältigen technischen Hinweise bei der Manuskripterstellung. Den studentischen Hilfskräften des Teilprojekts B7 danke ich für ihre Hilfe bei der Inventarisierung der Quellen im Forschungsnetzwerk und Datenbanksystem (FuD).

Unterstützt wurde ich außerdem durch die Mitarbeiterinnen und Mitarbeiter der von mir aufgesuchten Bibliotheken. Ausdrücklich möchte ich den Angestellten der Bibliothek des Bischöflichen Priesterseminars Trier danken, die mir bei meinen Recherchen stets kompetent und freundlich weiterhalfen.

Für die Aufnahme der Arbeit in die Schriftenreihe ‚Konfession und Gesellschaft‘ bin ich den Herausgebern, insbesondere dem geschäftsführenden Herausgeber Herrn Prof. Dr. Jochen-Christoph Kaiser, zu großem Dank verpflichtet.

Ein besonderer Dank gebührt meinen Eltern Herbert und Margit Maurer und meiner Schwester Simone Maurer. Sie haben mich auf so vielfältige Weise unterstützt, dass man es nicht in Worte fassen kann. Dies gilt auch für meinen Mann Raphael Collinet, der mir mit großer Geduld zur Seite stand und mich zur Fertigstellung der Arbeit liebevoll ermutigt hat. Meiner Familie sei diese Arbeit daher gewidmet.

Limburg a. d. Lahn, am Gedenktag des Heiligen Martins 2014
Michaela Collinet

1 Einführung

1.1 Fragestellung und Forschungsstand

1.1.1 Zur Fragestellung

„Fast alle Religionen legen auf die Barmherzigkeit größten Wert. Dass Geben seliger sei als Nehmen, steht in der Bibel. Der berühmte Satz, eher gelange ein Kamel durchs Nadelöhr als ein Reicher in den Himmel, hat die Theologen immer wieder beschäftigt“.[1]

Diese Worte stammen aus einem im November 2009 in der Zeitung *Die Zeit* erschienenen Beitrag Ulrich Greiners, mit welchem er auf die durch Peter Sloterdijk aufgeworfene Debatte um Sinn und Nutzen des Sozialstaates reagiert. Er kritisiert, dass die staatlich organisierte Fürsorge, die nur abstrakte Geber und Nehmer kenne, den ursprünglich humanitären Impuls beschädige.[2] Zur Lösung des Problems fordert Greiner eine Ergänzung des Sozialstaats durch die religiöse Tugend der Barmherzigkeit und ermahnt die Kirchen zukünftig von der ‚Würde der Armut‘ zu sprechen.[3] Auf diese Aufforderung reagiert der evangelische Theologe Johann Hinrich Claussen mit einem eigenen Zeitungsbeitrag.[4] Mit Blick auf die neutestamentliche Rede vom Endgericht in Mt 25,31–46 verweist er darauf, dass nicht von der Würde der ‚Armut‘, sondern von der Würde der ‚Armen‘ gesprochen werden müsse. Allerdings macht Claussen deutlich, dass der Würdebegriff zur Bezeichnung der christlichen Bewertung der Armen nicht ausreiche. „Das Angesicht Gottes aber zeigt sich in der Begegnung mit denen, die Not leiden. Das ist mehr als ‚Würde‘. Das ist der Skandal der christlichen Ethik“.[5] Bei den durch die Sozialstaatsdebatte aufgeworfenen Fragen um das richtige Fürsorgesystem und die Rolle von Religion für die Würde der Armut und der Armen handelt

1 Ulrich Greiner, „Die Würde der Armut. Der neue Klassenkampf bricht los: Warum wir nicht länger von Gleichheit reden sollten“, in: Die Zeit Nr. 47 vom 12. November 2009. Online im Internet unter: www.zeit.de/2009/47/Klassenkampf [Stand: 05.11.2013], 4.

2 Ebd., 2.

3 Ebd., 4.

4 Johann Hinrich Claussen, „Das Elend ist konkret. Nicht der Armut kommt Würde zu, sondern nur den Armen“, in: Die Zeit Nr. 48 vom 19. November 2009. Online im Internet unter: www.zeit.de/2009/48/Antwort-auf-Wuerde-der-Armut [Stand: 05.11.2013].

5 Ebd., 3.

es sich aber nicht nur um Themen, die für die heutige Zeit von Relevanz sind. Vielmehr ist seit der Spätantike die Solidargemeinschaft „nie allein politisch, sondern immer in ihren jeweiligen religiösen Bezügen zu deuten".[6] Trotz der historischen Bedeutung dieses Verhältnisses ist bisher für keine Epoche die Beziehung von Armenfürsorge und Religion ausreichend untersucht worden, wie dies jüngst Sebastian Schmidt feststellte.[7]

Die vorliegende Arbeit möchte versuchen diese Forschungslücke im Hinblick auf den katholischen Armuts- und Armenfürsorgediskurs in Verkündigungstexten des späten 18. und frühen 19. Jahrhunderts zu schließen. Sie ist damit eingebunden in das am Sonderforschungsbereich 600 der Universität Trier „Fremdheit und Armut. Wandel von Inklusions- und Exklusionsformen von der Antike bis zur Gegenwart" angesiedelte Teilprojekt B7 „Armenfürsorge und katholische Identität: Armut und Arme im katholischen Deutschland des frühen 19. Jahrhunderts". Konkret stehen in der vorliegenden Arbeit die Verkündigung zu Themen der Caritas und die Verarbeitung des Armutsproblems in katholischen Hirtenbriefen und Predigttexten aus der Zeit des späten 18. bis zur Mitte des 19. Jahrhunderts im Mittelpunkt der Untersuchung. Es handelt sich hierbei um eine gesellschaftliche und (kirchen-)politische Umbruchszeit, die von tiefgreifenden Veränderungen geprägt war.[8] Der Wandel der politischen Verhältnisse, die ersten einschneidenden ökonomischen Veränderungen, das Ende der geistlichen Territorialherrschaft durch die Säkularisation und der damit einhergehende Wegfall traditioneller Armenfürsorgeeinrichtungen wirkten sich auf das Armenwesen und somit auch auf die katholische Armenfürsorge aus. Neben diesen Umbrüchen verlangte der sich dramatisch verschärfende Pauperismus, der von klassischen Subsistenzkrisen und einer massiven Bevölkerungsvermehrung geprägt war, Antworten von den kirchlichen Verantwortlichen. Mit der Interpretation der sozialen Verhältnisse auf der Grundlage des Evangeliums werden in der vorliegenden Arbeit Vorschläge und Konzepte betrachtet, mit deren Hilfe nach Ansicht der Prediger und Bischöfe die Not der Armen gelindert werden kann. Außerdem werde ich der Frage nachgehen, welches Bild der katholische Armutsdiskurs in der Verkündigung von ‚den' Armen entwirft und welche Semantik von Armut gepflegt wird. Die Betrachtung der Semantik von Armut und Armen ermöglicht einen Einblick in die Klärung der Frage, wer nach Ansicht der Geistlichen in das karitative Handeln mit

---

6 Sebastian Schmidt, „Religiöse Dimensionen der Armenfürsorge vom Mittelalter bis in das 20. Jahrhundert", in: Andreas Gestrich/Lutz Raphael (Hgg.), Inklusion/Exklusion. Studien zu Fremdheit und Armut von der Antike bis zur Gegenwart, Frankfurt a. M. u.a. 2004, 385-396, 390.

7 Ebd., 391.

8 Vgl. hierzu ausführlich Kapitel 2.

einzubeziehen sei und welcher Status den Armen in Gesellschaft und Kirche zugewiesen wird. Hiermit werden die Modi von Inklusion und Exklusion angesprochen, welche eine zentrale Rolle im oben vorgestellten Sonderforschungsbereich spielen.[9] Durch die Betrachtung von Texten verschiedener innerkatholischer Richtungen soll geklärt werden, ob die Bewertung der Armut und die Entwicklung von Armenfürsorgestrategien von dieser Ausrichtung abhängen und ob für das jeweilige Lager spezifische Armutsdiskursregeln bestehen. Außerdem soll der Frage nachgegangen werden, ob die diskursive Auseinandersetzung um die Themenfelder Armut und Armenfürsorge dazu beitrug, eine katholische Identität zu konstruieren. Identität wird hierbei als ‚kollektive Identität' im Sinne eines kommunikativen Konstrukts verstanden, „das eine Gruppe von sich aufbaut und mit dem sich deren Mitglieder identifizieren".[10]

1.1.2 Zum Forschungsstand

Wie bereits angedeutet fand der in dieser Arbeit untersuchte Zusammenhang von Religion und Armut/Armenfürsorge in der historischen Forschung bisher wenig Aufmerksamkeit.[11] Mit Blick auf den hier vorausgesetzten Untersuchungszeitraum gilt die wissenschaftliche Nichtbeachtung nicht nur für das Themenfeld Armut und Religion, sondern auch für die Untersuchung der sozialen Problematik im Allgemeinen. Susanne Grindel begründet dies mit dem Übergangscharakter der Untersuchungszeit, die „zwischen traditioneller Armenfürsorge und moderner Sozialpolitik stehe".[12] Allerdings hat die Auseinandersetzung mit der Armutsproblematik seit Ende der 1980er Jahre

9 Zur Verwendung der soziologischen Kategorien von Inklusion und Exklusion im SFB 600 vgl. Lutz Raphael, „Figurationen von Armut und Fremdheit. Eine Zwischenbilanz interdisziplinärer Forschung", in: Lutz Raphael/Herbert Uerlings (Hgg.), Zwischen Ausschluss und Solidarität. Modi der Inklusion/Exklusion von Fremden und Armen in Europa seit der Spätantike, Frankfurt a. M. u.a. 2008, 13-36, 17-23.

10 Jürgen Straub, „Personale und kollektive Identität. Analyse eines theoretischen Begriffs", in: Aleida Assmann/Heidrun Friese (Hgg.), Identitäten. Erinnerung, Geschichte, Frankfurt a. M. [2]1999, 73-104, 102.

11 Die folgenden Anmerkungen orientieren sich an dem von Bernhard Schneider in Bezug auf das vorgestellte wissenschaftliche Teilprojekt B7 erstellten Forschungsüberblick vgl. Bernhard Schneider, „Armut und Konfession – Ergebnisse und Perspektiven (kirchen-)historischer Forschungen zum Armutsproblem unter besonderer Berücksichtigung des 19. Jahrhunderts und des deutschen Katholizismus", in: Bernhard Schneider (Hg.), Konfessionelle Armutsdiskurse und Armenfürsorgepraktiken im langen 19. Jahrhundert, Frankfurt a. M. u.a. 2009, 9-57, 32-37.

12 Susanne Grindel, Armenpolitik und Staatlichkeit. Das öffentliche Armenwesen im Kurfürstentum Hessen (1803–1866), Darmstadt 2000, 1.

vor allem auf regionalgeschichtlicher Ebene an Bedeutung gewonnen.[13] Diese regionalgeschichtlichen Studien betrachten die staatliche Armenpolitik, enthalten aber auch wichtige Informationen zur Beteiligung der Kirche an der öffentlichen Fürsorge. Als Vergleichsebene sind außerdem die Arbeiten von Sebastian Schmidt zu Armut und Armenfürsorge in den geistlichen Kurfürstentümern von Bedeutung, auch wenn diese die frühe Untersuchungszeit der hier vorliegenden Arbeit nur noch am Rande streifen.[14] Zentrale Hinweise zum Ausmaß der Armut und zu den Grundsätzen der Armenfürsorge im 19. Jahrhundert finden sich außerdem in den Überblicksdarstellungen von Christoph Sachße und Florian Tennstedt sowie von Günther Schulz.[15] Beide betrachten auch Konzepte katholischer Armenfürsorge, würdigen diese aber nur am Rande. Einen wichtigen Bezugspunkt für den katholischen Armutsdiskurs bieten außerdem die Dissertation Liselotte Dilchers und die Quellenedition Carl Jantkes und Dietrich Hilgers, welche die zeitgenössische Pauperismusliteratur vorstellen.[16]

In ähnlicher Weise wie die Themenfelder Armut und Armenfürsorge des frühen 19. Jahrhunderts in der Forschung bisher wenig Aufmerksamkeit erfahren haben, wurde auch die Entwicklung der Caritas in den verschiedenen Epochen der Kirchengeschichte nur vereinzelt beachtet. Es finden sich innerhalb der Katholizismusforschung einige Überblicksdarstellungen zur

---

13 Vgl. Peter Blum, Staatliche Armenfürsorge im Herzogtum Nassau 1806–1866, Wiesbaden 1987; Michael Doege, Armut in Preußen und Bayern (1770–1840), München 1991; Grindel, Armenpolitik und Staatlichkeit.

14 Vgl. Sebastian Schmidt/Alexander Wagner, „Gebt den Hußarmen umb Gottes willen‘. Religiös motivierte Armenfürsorge und Exklusionspolitik gegenüber starken und fremden Bettlern“, in: Andreas Gestrich/Lutz Raphael (Hgg.), Inklusion/ Exklusion. Studien zu Fremdheit und Armut von der Antike bis zur Gegenwart, Frankfurt a. M. u.a. 2004, 479-509; Sebastian Schmidt, „‚Gott wohlgefällig und den Menschen nutzlich‘. Zu Gemeinsamkeiten und konfessionsspezifischen Unterschieden frühneuzeitlicher Armenfürsorge“, in: Jens-Martin Aspelmeier/Sebastian Schmidt (Hgg.), Norm und Praxis der Armenfürsorge in Spätmittelalter und früher Neuzeit, Stuttgart 2006, 61-90; Ders., „Die Abschaffung der Armut – das frühneuzeitliche Inklusionsprogramm und seine Exklusionen am Beispiel der Geistlichen Kurfürstentümer Trier, Köln und Mainz“, in: Lutz Raphael/Herbert Uerlings (Hgg.), Zwischen Ausschluss und Solidarität. Modi der Inklusion/Exklusion von Fremden und Armen in Europa seit der Spätantike, Frankfurt a. M. u.a. 2008, 241-274.

15 Vgl. Christoph Sachße/Florian Tennstedt, Geschichte der Armenfürsorge in Deutschland, Bd. 1: Vom Spätmittelalter bis zum 1. Weltkrieg, Stuttgart ^{2}1998; Günther Schulz, „Armut und Armenpolitik in Deutschland im frühen 19. Jahrhundert“, in: Historisches Jahrbuch 115. 1995, 388-410.

16 Vgl. Lieselotte Dilcher, Der deutsche Pauperismus und seine Literatur, Diss. masch.schr., Frankfurt a. M. 1957; Carl Jantke/Dietrich Hilger (Hgg.), Die Eigentumslosen. Der deutsche Pauperismus und die Emanzipationskrise in Darstellungen und Deutungen der zeitgenössischen Literatur, Freiburg i. Br. – München 1965.

Caritasgeschichte, welche die generelle Entwicklung der kirchlichen Armenfürsorge in Deutschland beschreiben.[17] In diesen Werken geht es jedoch nicht um eine allgemeine Rekonstruktion des katholischen Armutsdiskurses oder der Armenfürsorgekonzepte. Die aus dem kirchlichen Kontext stammenden Arbeiten sind vielmehr darum bemüht, die Verdienste der katholischen Armenfürsorge im Vergleich mit der öffentlichen Armenfürsorge herauszustellen. Insbesondere Georg Ratzingers 1868 erstmals veröffentlichte Darstellung betont den Gegensatz zwischen einer kaltherzigen, rationalistischen Zwangsversorgung der Armen von Seiten des Staates und einer freiwilligen, warmherzigen, nicht nur aus materiellen Zuwendungen bestehenden kirchlichen Armenpflege.[18]

Neben diesen karitasgeschichtlichen Gesamtdarstellungen finden sich einige Werke, die sich in historischer Hinsicht der Praxis der katholischen Armenfürsorge widmen. Es handelt sich hierbei um institutionengeschichtliche Beiträge, welche sich in Bezug auf einzelne Regionen mit den dortigen Trägern der katholischen Wohltätigkeit (Orden, Vereine, Caritasverband) und der Entwicklung von Fürsorgesystemen beschäftigen.[19] Zu den Vereinen, die sich vor allem ab der Mitte des 19. Jahrhunderts als wichtige Träger der katholischen Armenfürsorge etablierten, existieren außerdem umfassende Einzelstudien. Allerdings gilt dies vor allem für die Zusammenschlüsse von Frauen,[20] während die von Männern gebildeten Vinzenzvereine im deutschen Sprachraum bisher wenig Aufmerksamkeit fanden.[21] Diese Ausrichtung auf die von

17 Vgl. Erwin Gatz, Geschichte des kirchlichen Lebens in den deutschsprachigen Ländern seit dem Ende des 18. Jahrhunderts, Bd. 5: Caritas und soziale Dienste, Freiburg i. Br. 1997; Wilhelm Liese, Geschichte der Caritas, 2 Bde., Freiburg i. Br. 1922; Georg Ratzinger, Geschichte der kirchlichen Armenpflege, Freiburg i. Br. ^{2}1884.

18 Vgl. Ratzinger, Geschichte, 541-598.

19 Vgl. Manfred Eder, „Helfen macht nicht ärmer". Von der kirchlichen Armenfürsorge zur modernen Caritas in Bayern, Altötting 1997; Erwin Gatz, Kirche und Krankenpflege im 19. Jahrhundert. Katholische Bewegung und karitativer Aufbruch in den Preußischen Provinzen Rheinland und Westfalen, Paderborn 1971; Meike Wagener-Esser, Organisierte Barmherzigkeit und Seelenheil. Das caritative Sozialnetzwerk im Bistum Münster von 1803 bis zur Gründung des Diözesancaritasverbands 1916, Altenberge 1999; Gertraud Wopperer, Die neuen Formen sozialcaritativer Arbeit in der Oberrheinischen Kirchenprovinz 1834–1870, Freiburg i. Br. 1957.

20 Vgl. Alfred Kall (Hg.), Katholische Frauenbewegung in Deutschland. Eine Untersuchung zur Gründung katholischer Frauenvereine im 19. Jahrhundert, Paderborn 1983; Magdalena Lüttgen, Die Elisabethvereine. Frauen im Dienst am Nächsten seit dem Jahre 1840 insbesondere in Rheinland und Westfalen, Siegburg 2003; Michaela Sohn-Kronthaler/Christian Blinzer, „‚[...] ohne Unterschied der Religion und des Geschlechtes'. Armenfürsorge am Beispiel katholischer Frauenvereine in Österreich", in: Bernhard Schneider (Hg.), Konfessionelle Armutsdiskurse und Armenfürsorgepraktiken im langen 19. Jahrhundert, Frankfurt a. M. 2009 u.a., 247-281.

21 Vgl. Matthieu Brejon de Lavergnée, La Société de Saint-Vincent-de-Paul au XIXe siècle (1833–1871). Un fleuron du catholicisme social, Paris 2008; Ingmar Franz, „Der Vin-

Frauen getragenen Institutionen gilt auch für die Untersuchung der karitativ tätigen Kongregationen.[22] Die starke Beschäftigung mit der weiblichen Dimension der Caritas liegt sicherlich nicht nur in einem zunehmenden Interesse an einer ‚Frauengeschichte', sondern auch in einem realhistorischen Übergewicht engagierter Frauen in der Armenfürsorge begründet.[23]

Während für die allgemeine, regional- und institutionengeschichtliche Erforschung der Caritas einzelne Arbeiten vorliegen, muss für den katholischen Armutsdiskurs in noch stärkerem Maße von einer Forschungslücke gesprochen werden. Allerdings findet sich vor allem im Fach Christliche Soziallehre eine ideengeschichtliche Auseinandersetzung mit zentralen Repräsentanten der frühen katholischen Soziallehre wie Adam Heinrich Müller, Franz Joseph Buß und Franz Baader.[24] Der hier betrachtete Untersuchungszeitraum gilt jedoch meist nur als Vorstufe des Sozialkatholismus der zweiten Hälfte des 19. Jahrhunderts. Einen wichtigeren Bezugspunkt der vorliegenden Arbeit bieten die Untersuchungen Markus Lehners und Oliver Müllers.[25] Markus Lehner betrachtet aus pastoraltheologischer Sicht die Theoriegeschichte der Caritas und wertet zu diesem Zweck pastoraltheologische Handbücher und eine pastoral ausgerichtete katholische Zeitschrift für die Zeit vom späten 18. bis in das ausgehende 20. Jahrhundert aus. Oliver Müller untersucht die historische Entwicklung vom klassischen Almosen zur modernen Spende und setzt sich

---

zenzverein im kirchenpolitischen Diskurs deutscher katholischer Zeitungen und Zeitschriften zwischen 1842 und 1851", in: Bernhard Schneider (Hg.), Konfessionelle Armutsdiskurse und Armenfürsorgepraktiken im langen 19. Jahrhundert, Frankfurt a. M. u.a. 2009, 119-153; Ewald Frie, „Katholische Wohlfahrtskultur im Wilhelminischen Reich. Der ‚Charitasverband für das kath. Deutschland', die Vinzenzvereine und der ‚Kommunale Sozialliberalismus'", in: Jochen-Christoph Kaiser/Wilfried Loth (Hg.), Soziale Reform im Kaiserreich. Protestantismus, Katholizismus und Sozialpolitik, Stuttgart 1997, 184-201.

22 Vgl. Relinde Meiwes, „Arbeiterinnen des Herrn". Katholische Frauenkongregationen im 19. Jahrhundert, Frankfurt a. M. 2000.

23 Vgl. Bernhard Schneider, „Feminisierung der Religion im 19. Jahrhundert. Perspektiven einer These im Kontext des deutschen Katholizismus", in: Trierer Theologische Zeitschrift 111. 2002, 123-147; Ders., „The Catholic poor relief discourse and the feminization of Caritas in early nineteenth-century Germany", in: Patrick Pasture (Hg.), Gender and Christianity in Modern Europe. Beyond the Feminization Thesis, Leuven 2012, 35-55.

24 Vgl. Albrecht Langner (Hg.), Katholizismus, konservative Kapitalismuskritik und Frühsozialismus bis 1850, München u.a. 1975; Wolfgang Ockenfels, Katholizismus und Sozialismus in Deutschland im 19. und 20. Jahrhundert, Paderborn 1992; Anton Rauscher (Hg.), Der soziale und politische Katholizismus. Entwicklungslinien in Deutschland 1803–1896, München – Wien 1982.

25 Vgl. Markus Lehner, Caritas. Die Soziale Arbeit der Kirche. Eine Theoriegeschichte, Freiburg i. Br. 1997; Oliver Müller, Vom Almosen zum Spendenmarkt. Sozialethische Aspekte christlicher Spendenkultur, Freiburg i. Br. 2005.

hierbei intensiv mit der Entfaltung des Almosenbegriffs innerhalb der verschiedenen Epochen der Kirchengeschichte auseinander.

Der Forschungsansatz der historischen Diskursanalyse wurde bisher kaum auf religiöse Diskurse angewendet.[26] Eine vor wenigen Jahren erschienene Ausnahme stellt die diskursanalytische Arbeit Holger Arnings zur katholischen Presse in der Zeit des Nationalsozialismus dar.[27] Allerdings beschäftigt sich Arning hierin mit dem Verhältnis von „Macht und Widerstand",[28] welches wiederum klassische Fragestellungen der Foucault'schen Diskurstheorie darstellt. Die Forschungslücke einer diskursanalytischen Betrachtung der Themenfelder Armut und Armenfürsorge des späten 18. und frühen 19. Jahrhunderts wurde in den letzten Jahren durch Arbeiten innerhalb des oben angesprochenen Forschungsprojektes geschlossen, in welches auch die hier vorliegende Studie eingebunden ist. Hierbei stand bisher vor allem die Betrachtung des katholischen Armuts- und Armenfürsorgediskurses in katholischen Zeitschriften[29] und in Gebetbüchern[30] im Mittelpunkt. Außerdem erschienen thematische Beiträge zur Rolle des Armuts- und Armenfürsorgediskurses innerhalb der Herausbildung der Zivilgesellschaft[31] und zum Zusammenhang von Armenfürsorgediskurs und Feminisierung der Caritas[32]. Zuletzt sind die 2009[33] und 2013[34] publizierten Tagungsbände des Forschungsprojekts zu

26 Vgl. Achim Landwehr, Historische Diskursanalyse, Frankfurt a. M. 2008, 162.

27 Vgl. Holger Arning, Die Macht des Heils und das Unheil der Macht. Diskurse von Katholizismus und Nationalsozialismus im Jahr 1934 – eine exemplarische Zeitschriftanalyse, Paderborn 2008.

28 Arning, Die Macht des Heils, 13.

29 Vgl. Patrick Bircher, „Religious communities and the catholic poverty discourse in the first half of the 19th Century. The relationship between charitable service and denomination-specific identity as reflected in the Church press", in: Urs Altermatt/Franziska Metzger/Jan de Maeyer (Hgg.), Religious Institutes and Catholic Culture in 19th Century Europe, Leuven 2014, 133-160; Bernhard Schneider/Patrick Bircher, „Katholische Armutsdiskurse im frühen 19. Jahrhundert", in: Lutz Raphael/Herbert Uerlings (Hgg.), Zwischen Ausschluss und Solidarität. Modi der Inklusion/Exklusion von Fremden und Armen in Europa seit der Spätantike, Frankfurt a. M. u.a. 2008, 311-340.

30 Vgl. Bernhard Schneider, „„Armut darf nicht mehr verzagen. Beobachtungen zur Würde des Armen im spätaufklärerischen katholischen Gebetbuch", in: Albrecht Beutel (Hg.), Religion und Aufklärung. Sammelband zum ‚Ersten Internationalen Kongress zur Erforschung der Aufklärungstheologie' (in Vorbereitung).

31 Vgl. Bernhard Schneider, „Katholische Armutsdiskurse und Praktiken der Armenfürsorge im gesellschaftlichen Wandel des 19. Jahrhunderts und das Paradigma der Zivilgesellschaft", in: Arnd Bauerkämper/Jürgen P. Nautz (Hgg.), Zwischen Fürsorge und Seelsorge. Christliche Kirchen in den europäischen Zivilgesellschaften seit dem 18. Jahrhundert, Frankfurt a. M. 2009, 79-111.

32 Vgl. Schneider, „The Catholic discourse".

33 Vgl. Schneider, Bernhard (Hg.), Konfessionelle Armutsdiskurse und Armenfürsorgepraktiken im langen 19. Jahrhundert, Frankfurt a. M. u.a. 2009.

34 Vgl. Michaela Maurer/Bernhard Schneider (Hgg.), Konfessionen in den west- und mitteleuropäischen Sozialsystemen im langen 19. Jahrhundert. Ein „edler Wettkampf der Barmherzigkeit?", Berlin 2013.

nennen, in denen sich sowohl projektinterne[35] als auch externe Studien[36] zum katholischen und protestantischen Armuts- und Armenfürsorgediskurs finden.

Zusätzlich zu diesem Überblick über die historische Forschung zu Armut und (katholischer) Armenfürsorge im Allgemeinen und zum katholischen Armutsdiskurs im Speziellen soll nun die Frage nach der wissenschaftlichen Untersuchung der beiden betrachteten Quellengattungen gestellt werden. Hirtenbriefe wurden in der (kirchen-) historischen Forschung bisher kaum als Quellengattung wahrgenommen. Eine Ausnahme bildet die kirchengeschichtliche Dissertation Martin Leitgöbs.[37] Leitgöb untersucht die Antrittshirtenbriefe der Germanikerbischöfe aus den Jahren 1837 bis 1962 und gibt hierbei zentrale Hinweise zur geschichtlichen Entwicklung der Hirtenbriefe als literarisches Genus. Als weitere Studie zur Gattung des Hirtenbriefs ist die linguistische Untersuchung Harald Langs zu nennen.[38] Lang

---

35 Vgl. Franz, „Der Vinzenzverein"; Michaela Maurer, „‚Vater der Armen'?! Arme und Armut in der Verkündigung katholischer Bischöfe", in: Bernhard Schneider (Hg.), Konfessionelle Armutsdiskurse und Armenfürsorgepraktiken im langen 19. Jahrhundert, Frankfurt a. M. u.a. 2009, 89-118; Dies. „Armenfürsorge in der katholischen Verkündigung vom späten 18. bis zur Mitte des 19. Jahrhunderts", in: Dies./Bernhard Schneider (Hgg.), Konfessionen in den west- und mitteleuropäischen Sozialsystemen im langen 19. Jahrhundert. Ein „edler Wettkampf der Barmherzigkeit?" Berlin 2013, 41-57; Ingmar Franz, „Katholische Publizistik und die Diskurse um Armut und Soziale Frage bis zum Kulturkampf", in: Michaela Maurer/Bernhard Schneider (Hgg.), Konfessionen in den west- und mitteleuropäischen Sozialsystemen im langen 19. Jahrhundert. Ein „edler Wettkampf der Barmherzigkeit?", Berlin 2013, 59-93.

36 Vgl. Stephan Sturm, „Systemtheoretische Annäherungen an den konfessionellen Armutsdiskurs des 19. Jahrhunderts. Das protestantische Beispiel", in: Bernhard Schneider (Hg.), Konfessionelle Armutsdiskurse und Armenfürsorgepraktiken im langen 19. Jahrhundert, Frankfurt a. M. u.a. 2009, 155-178; Sabine Veits-Falk, „Armutsdiskurse und -rezeption im katholischen Salzburg (spätes 18. und frühes 19. Jahrhundert)", in: Bernhard Schneider (Hg.), Konfessionelle Armutsdiskurse und Armenfürsorgepraktiken im langen 19. Jahrhundert, Frankfurt a. M. u.a. 2009, 59-84; Thomas K. Kuhn, „Innere Mission und Armenfürsorge. Protestantische Diskurse im ausgehenden 18. und 19. Jahrhundert", in: Michaela Maurer/Bernhard Schneider (Hgg.), Konfessionen in den west- und mitteleuropäischen Sozialsystemen im langen 19. Jahrhundert. Ein „edler Wettkampf der Barmherzigkeit?", Berlin 2013, 95-118; Wilfried Rudloff, „Private Armenfürsorge und konfessionelle Wohltätigkeit im ‚profanen Diskurs' des Kaiserreichs", in: Michaela Maurer/Bernhard Schneider (Hgg.), Konfessionen in den west- und mitteleuropäischen Sozialsystemen im langen 19. Jahrhundert. Ein „edler Wettkampf der Barmherzigkeit?", Berlin 2013, 119-140.

37 Vgl. Martin Leitgöb, Vom Seelenhirten zum Wegführer. Sondierungen zum bischöflichen Selbstverständnis im 19. und 20. Jahrhundert. Die Antrittshirtenbriefe der Germanikerbischöfe (1837–1962), Rom u.a. 2004.

38 Vgl. Harald Lang, Textsorte Hirtenbrief. Linguistische Untersuchungen zur Pragmatik der bischöflichen Schreiben, Diss. masch.schr., Freiburg i. Br. 1978.

zeigt an Hand der Verkündigungsform Elemente kommunikativer Sprachhandlungszusammenhänge auf. Allerdings werden hier nur wenige Aspekte zur historischen Bedeutung von Hirtenbriefen angesprochen. Auf bischöfliche Schreiben aus dem Untersuchungszeitraum der vorliegenden Arbeit bezieht sich lediglich ein Beitrag. Dieser setzt sich mit den Hirtenbriefen des Freiburger Erzbischofs Bernhard Boll auseinander.[39] Hierbei handelt es sich um eine ausführliche inhaltlich-deskriptive Darstellung der einzelnen Hirtenbriefe, ohne dass die Bedeutung der Aussagen wie beispielsweise zum Themenfeld Armut systematisch betrachtet wird.

Eine im Vergleich zu den Hirtenbriefen ausführlichere wissenschaftliche Beschäftigung ist bzgl. des Predigtwesens des späten 18. und frühen 19. Jahrhunderts festzustellen. Allerdings geht es hierbei weniger um die in dieser Arbeit betrachteten Predigtsammlungen als Quellengattung, sondern mehr um die Verkündigungstätigkeit als priesterliches Handlungsfeld. So beschränkt sich die Überblicksdarstellung zur Predigtgeschichte von Schneyer im Wesentlichen auf die Vorstellung der Predigtautoren und ihrer Werke, ohne spezifische Informationen zur Gestalt der Predigten des frühen 19. Jahrhunderts zu geben.[40] Zentrale Hinweise zur Ausgestaltung der Predigten in der Untersuchungszeit und zu ihrem gottesdienstlichen Ort finden sich zum einen in zentralen Lexika[41] und in liturgiegeschichtlichen Studien[42]. Zum anderen werden Form, Inhalt, Ort und Bedeutung von Predigten in kirchengeschichtlichen und pastoral-theologischen Arbeiten betrachtet, die sich mit der Geschichte der Homiletik als pastorales Lehrfach[43], mit der historischen Gestalt von Predigten in Bezug auf das Verhältnis von Predigern und Gläubigen[44] oder mit der Entwicklung der Seelsorge in einzelnen Bistümern auseinandersetzen[45]. Neben diesen kirchengeschichtlichen, liturgiegeschichtlichen

---

39 Vgl. Erwin Keller, „Die Hirtenbriefe des ersten Freiburger Erzbischofs Bernhard Boll (1827–1836)“, in: Freiburger Diözesan-Archiv 105. 1985, 339-371.

40 Vgl. Johannes Baptist Schneyer, Geschichte der katholischen Predigt, Freiburg i. Br. 1969.

41 Vgl. Gottfried Bitter, Art. „Predigt. VII. Katholische Predigt der Neuzeit“, in: Theologische Realenzyklopädie (TRE), Bd. XXVII, 262-296.

42 Vgl. Andreas Heinz, Die sonn- und feiertägliche Pfarrmesse im Landkapitel Bitburg-Kyllburg der alten Erzdiözese Trier von der Mitte des 18. bis zur Mitte des 19. Jahrhunderts, Trier 1978, 217-219.

43 Vgl. Michael Bär, Homiletik im Priesterseminar Passau 1828–1964, Würzburg 1998; Christof Gärtner, Predigtverständnis und Predigtpraxis in Paderborn zwischen 1821 und 1962, Paderborn 2003.

44 Vgl. Monika Nickel, Predigt als Dialog, Würzburg 1998; Paul Wehrle, Orientierung am Hörer. Die Predigtlehre unter dem Einfluss des Aufklärungsprozesses, Zürich 1975.

45 Vgl. Konrad Baumgartner, Die Seelsorge im Bistum Passau zwischen barocker Tradition, Aufklärung und Restauration, St. Ottilien 1975; Rainer Bendel, Der Seelsorger im Dienst der Volkserziehung. Seelsorge im Bistum Breslau im Zeichen der Aufklärung,

und pastoraltheologischen Darstellungen ist bislang nur zum Predigtwesen der Aufklärungszeit eine Einzelstudie erschienen.[46] Die Dissertation Chrysostomus Schreibers zeichnet sich jedoch durch eine äußerst polemische Haltung gegenüber dem Forschungsgegenstand aus und kann eher als eine Kritik an der katholischen Aufklärung als eine wissenschaftliche Auseinandersetzung mit der historischen Gestalt der Predigt angesehen werden.

1.2 Methodische Vorüberlegungen und Quellenauswahl

Wie bei der Beschreibung der Themenstellung bereits angedeutet wurde, wird die vorliegende Arbeit als historische Diskursanalyse durchgeführt. Einen wichtigen Anknüpfungspunkt für diskursanalytische Fragen bildet in den Geschichtswissenschaften das Werk Michel Foucaults.[47] Ausgehend von Foucaults Überlegungen fragt sich die historische Diskursanalyse, wie es sich erklären lässt,

„dass sich zu allen Zeiten und in allen Gesellschaften eine Differenz beobachten lässt zwischen dem, was sich grammatikalisch korrekt sagen lässt, was sich praktisch machen oder was sich theoretisch alles denken lässt, und dem, was Menschen tatsächlich sagen, machen und denken".[48]

Mit Blick auf diese Differenz verstehe ich in Anlehnung an Achim Landwehr und Franz Xaver Eder unter Diskurs die Regelmäßigkeit von Aussagen, die ein Thema systematisch organisieren und regulieren und damit die Möglichkeitsbedingungen des von einer sozialen Gruppe in einem Zeitraum Denk- und Sagbaren bestimmen.[49] Dementsprechend beabsichtigt der Forschungsansatz der historischen Diskursanalyse eine Rekonstruktion der Regeln, die festlegen, was in einer bestimmten Situation zu einer bestimmten

Köln 1996; Wilfried Evertz, Seelsorge im Erzbistum Köln zwischen Aufklärung und Restauration 1825–1835, Köln 1993; Dagobert Vonderau, Die Geschichte der Seelsorge im Bistum Fulda zwischen Säkularisation (1803) und Preußenkonkordat (1929), Frankfurt a. M. 2001.

46 Vgl. Chrysostomus Schreiber OSB, Die katholische Predigt im Aufklärungszeitalter in ihrer Haltung zur Frömmigkeit der Parochianen. Mit besonderer Berücksichtigung von Süddeutschland, Diss. masch. schr., Münster 1940.

47 Vgl. Philipp Sarasin, „‚Une analyse structurale du signifié'. Zur Genealogie der Foucault'schen Diskursanalyse", in: Franz Xaver Eder (Hg.), Historische Diskursanalysen. Genealogie, Theorie, Anwendungen, Wiesbaden 2006, 115-129.

48 Landwehr, Historische Diskursanalyse, 20.

49 Vgl. Franz Xaver Eder, „Historische Diskurse und ihre Analyse – eine Einleitung", in: Ders. (Hg.), Historische Diskursanalysen. Genealogie, Theorie, Anwendungen, Wiesbaden 2006, 9-23, 13; Landwehr, Historische Diskursanalyse, 92-93.

Zeit sinnvoller Weise gesagt und getan werden kann und dabei als ‚Wahrheit' Anerkennung findet.[50] Die vorliegende Arbeit versucht eine solche Rekonstruktion von Regeln in Bezug auf den katholischen Armuts- und Armenfürsorgediskurs des späten 18. und frühen 19. Jahrhunderts und bezieht sich hierbei auf den Teilbereich der katholischen Verkündigungstexte. Eine zweite Studie innerhalb des Forschungsprojekts, in dessen Rahmen die vorliegende Arbeit entsteht, widmet sich dem kirchenpolitisch-politischen Teildiskurs in katholischen Zeitschriften.[51] Beide Untersuchungen haben somit sprachliche Hervorbringungen zum Thema, auch wenn dies nicht heißt, dass ein Diskurs nur sprachliche Hervorbringungen enthält. In der vorliegenden Arbeit werden auch Verbindungslinien des katholischen Armutsdiskurses in der Verkündigung zu dem genannten kirchenpolitisch-politischen Teildiskurs betrachtet. Weitere solcher Interdiskurse sollen zwischen dem hier untersuchten Diskurs und den Armutsdiskursen in der Pauperismusliteratur und in protestantischen Quellen hergestellt werden.

Die Methode der historischen Diskursanalyse wird in der vorliegenden Arbeit um die Fragestellung der historischen Semantik erweitert. Dementsprechend wird die Verwendung der Begrifflichkeiten von Armut und ‚den' Armen untersucht und nach der Kontinuität bzw. Diskontinuität bestimmter Semantiken gefragt. Einen besonderen Stellenwert nimmt die Betrachtung der religiösen Semantik ein. Außerdem soll erörtert werden, ob sich die begrifflichen Zuschreibungen so verdichten, dass sie einen stereotypischen Charakter erhalten. Unter Stereotypen werden an dieser Stelle emotional aufgeladene und verallgemeinernde Werturteile verstanden, welche zur Identitätsbildung beitragen.[52]

Entsprechend des beschriebenen diskursanalytischen Ansatzes, der nach dem Vorhandensein von Regelmäßigkeiten fragt, ist für die Auswahl der Quellen die Wiederholung und Gleichförmigkeit von immer wieder ähnlich Gesagtem oder Geschriebenem ein zentrales Kriterium.[53] Dieses Kriterium ist bei den in der vorliegenden Arbeit ausgewählten theologischen Quellengattungen der Predigten und Hirtenbriefe gegeben. Aus dem Gesamtkorpus der im Untersuchungszeitraum erschienenen Verkündigungstexte musste dann nochmals eine Zusammenstellung repräsentativer Texte erfolgen, um

---

50 Landwehr, Historische Diskursanalyse, 96.

51 Erste Ergebnisse finden sich in Franz, „Der Vinzenzverein" sowie in Franz, „Katholische Publizistik".

52 Vgl. Hans Henning Hahn/Eva Hahn, „Nationale Stereotypen. Plädoyer für eine historische Stereotypenforschung", in: Hans Henning Hahn/Stephan Scholz (Hgg.), Stereotyp, Identität und Geschichte. Die Funktion von Stereotypen in gesellschaftlichen Diskursen, Frankfurt a. M. 2002, 17-56, 20-22.

53 Vgl. Landwehr, Historische Diskursanalyse, 102.

so ein konkretes Korpus für die Durchführung der Arbeit zu erhalten.[54] Für diese Auswahl war im Hinblick auf die seriell erscheinenden Hirtenbriefe entscheidend, dass eine breite regionale Streuung vorherrscht und Bischöfe der beiden innerkatholischen Lager der Spätaufklärung und des Ultramontanismus mit ihren Schreiben vertreten waren. Es wurden daher die Schreiben der Oberhirten folgender (Erz-)bistümer betrachtet: Köln, Freiburg, Fulda, Limburg, Mainz, Luxemburg, Regensburg, Speyer und Trier.[55] Um die zeitliche Parallelität der ausgewählten Quellen zu gewährleisten, setzt die Untersuchung der Hirtenbriefe erst mit dem Jahr 1827 ein, da aufgrund der durch die Säkularisation veränderten Verhältnisse eine Neuregelung der kirchlichen Organisation notwendig wurde und daher bis in die 1820er Jahre viele Bischofsstühle vakant waren. Als Vergleichspunkt zu diesen nach der Säkularisation erschienenen Hirtenbriefen wurde ein Hirtenbrief des Bamberger und Würzburger Fürstbischofs Franz Ludwig von Erthal aus dem Jahr 1786 herangezogen.[56]

Bei der zweiten Quellengattung, den Predigten, wurden ausschließlich gedruckte Verkündigungstexte betrachtet, die in Predigtsammlungen veröffentlicht wurden. Unter einer Predigtsammlung verstehe ich im Folgenden in Anlehnung an Werner Welzig „die Vereinigung von mehr als zwei Predigten, deren Genrezugehörigkeit terminologisch ... oder/und formal erkennbar ist und die von Verfasser/Übersetzer/Herausgeber zusammenhängend in Buchform präsentiert werden“.[57] Für die Auswahl der jeweiligen Prediger und ihrer Texte war wie bei den (Erz-)Bischöfen zum einen ihre Zugehörigkeit zu den katholischen ‚Lagern‘ von Bedeutung. Zum anderen war entscheidend, dass die Prediger aufgrund unterschiedlicher Werdegänge verschiedene Positionen in der Kirche innehatten und damit unterschiedliche pastorale Tätigkeiten ausübten. So finden sich beispielsweise Predigten von Landpredigern, Stadtgeistlichen, Dompredigern aber auch von Professoren und Bischöfen. Außerdem wurde auf eine breite zeitliche und regionale Streuung mit einem Schwerpunkt im katholischen Bayern sowie auf eine hohe Rezeption der verschiedenen Werke geachtet. Hiervon kann man aufgrund der hohen Auflagenzahlen der meisten der untersuchten Sammlungen ausgehen. Mit Blick auf die genannten Kriterien wurden daher

[54] An dieser Stelle seien nur einige allgemeine Hinweise zur Quellenauswahl gegeben, da unter Punkt 3.1 ein eigenes Kapitel zu den Produktions- und Rezeptionsbedingungen des untersuchten Armuts- und Armenfürsorgediskurses zu finden ist.

[55] Zu den biographischen Daten der Bischöfe der jeweiligen Bistümer vgl. Erwin Gatz (Hg.), Die Bischöfe der deutschsprachigen Länder 1785/1803 bis 1945, Berlin 1998.

[56] Franz Ludwig von Erthal, Hirtenbrief zur Unterstützung der Armenpflege vom 23. Februar 1786, Würzburg 1786.

[57] Werner Welzig (Hg.), Katalog gedruckter deutschsprachiger katholischer Predigtsammlungen, Bd. 1, Wien 1984, 11.

alle publizierten Predigtwerke der (spät-)aufklärerischen Prediger Gottlieb Ackermann[58], Joseph Bauerschubert[59], Georg Alois Dietl[60], Johann Michael Feder[61] und Eulogius Schneider[62] ausgewählt. Zu den betrachteten Texten ultramontaner Geistlicher zählen die Predigten Ludwig Bucheggers[63], Joseph Ludwig Colmars[64], Clemens August Droste zu Vischerings[65], Franz Leopold

58 Bei dem Namen Gottlieb Ackermann handelt es sich um ein Pseudonym des spätaufklärerischen Predigers Franz Xaver Mayer, der am 4.11.1757 in Raitenhaslach bei Burghausen geboren und nach dem Theologiestudium an der Universität Ingolstadt 1781 zum Priester geweiht wurde. Ab 1795 war er Pfarrer in Essing. Das Todesdatum ist nicht eindeutig belegt. Vgl. Manfred Brandl, Die deutschen katholischen Theologen der Neuzeit. Ein Repertorium, Bd. 2: Aufklärung, Salzburg 1978, 156.

59 Joseph Bauerschubert wurde am 15.11.1766 in Birnfeld bei Stadtlauringen geboren und verstarb am 24.9.1797 in Fährbruck bei Würzburg, wo er seit 1792 als Kaplan wirkte. Vgl. Brandl, Die deutschen katholischen Theologen, 11.

60 Georg Alois Dietl wurde am 19.2.1752 in Pressath in der Oberpfalz geboren und verstarb am 17.5.1809 in Landshut. Er war zunächst Jesuit und wirkte danach als Hofmeister in München. Ab 1782 war er Kurat in dem niederösterreichischen Wallfahrtsort Maria Taferl und ab 1784 Pfarrer in Perg bei Landshut. Seit 1801 wirkte er als Professor für Ästhetik der Universität Landshut und seit 1802 zusätzlich als Pfarrer in St. Martin. Zu seinem Leben und Wirken vgl. Manfred Knedlik (Hg.), Georg Alois Dietl 1752–1809. Literarische Spätaufklärung in Bayern, Pressath 2002.

61 Johann Michael Feder wurde am 25.5.1753 in Öllingen bei Röttingen geboren und 1777 zum Priester geweiht. Er wurde 1786 in Theologie promoviert und war ab dem Jahr 1795 Professor für Moraltheologie und Patristik an der Universität Würzburg. Er verstarb am 6.7.1824 in Würzburg. Zu seinem Wirken als Prediger vgl. Karl Josef Lesch, „Johann Michael Feder – ein Prediger der Aufklärungszeit“, in: Freiburger Diözesan-Archiv 41. 1979, 168-182.

62 Eulogius (Taufname: Johann Georg) Schneider wurde am 20.10.1756 in Wipfeld a.M. geboren. 1777 trat er – unter dem Namen Eulogius – in den Franziskanerorden ein. 1784 wurde Schneider zum Priester geweiht und wirkte seit 1785 als Hofprediger in Württemberg. Ab dem Jahr 1789 war er Literaturprofessor in Bonn, trat aus dem Orden aus und wurde mit päpstlicher Erlaubnis Weltpriester. 1791 ging Schneider nach Straßburg, wo er sich dem Kreis deutscher Jakobiner anschloss. Seit 1793 war er öffentlicher Ankläger von Revolutionsgegnern bei dem von ihm angeregten elsässischen Revolutionstribunal. Im November 1793 legte er sein Priesteramt nieder und wurde am 1.4.1794 in Paris hingerichtet. Vgl. Claude Betzinger, Vie et mort d'Euloge Schneider, ci-devant franciscain. Des lumières à la terreur 1756–1794, Strasbourg 1997.

63 Ludwig Buchegger wurde am 24.8.1796 in Singen geboren und 1820 zum Priester geweiht. Er wirkte seit 1824 als ordentlicher Professor für Dogmatik und Apologetik in Freiburg i. Br. und wurde 1837 Domkapitular. Seit 1850 war er Generalvikar des Erzbistums Freiburg. Er verstarb am 28.7.1865 in Bregenz. Vgl. Karl-Heinz Braun, Art. „Buchegger, Ludwig“, in: Erwin Gatz (Hg.): Die Bischöfe der deutschsprachigen Länder 1785/1803 bis 1945, Berlin 1998, 80.

64 Joseph Ludwig Colmar wurde am 22.6.1760 in Straßburg geboren und verstarb am 15.12.1818 in Mainz. Er erhielt 1783 die Priesterweihe und war seit 1799 als Domprediger in Straßburg tätig. 1802 wurde er zum Bischof von Mainz ernannt. Vgl. Anton Brück, Art. „Colmar, Joseph Ludwig“, in: Erwin Gatz (Hg.), Die Bischöfe der deutschsprachigen Länder 1785/1803 bis 1945, Berlin 1998, 103-105.

65 Clemens August Droste zu Vischering wurde am 22.1.1773 in Vorhelm bei Ahlen geboren. 1798 erhielt er in Münster die Priesterweihe und wurde Domkapitular. Seit 1810 war

Bruno Liebermanns[66], Caspar Riffels[67], Anton Westermayers[68] sowie Wilhelm Arnoldis[69]. Arnoldi nimmt im Kreis dieser ultramontanen Geistlichen eine Sonderstellung ein. Einerseits war er papsttreu und staatskritisch. Andererseits hielt er trotz der Kritik aus Rom an der organisierten Zusammenarbeit der deutschen Bischöfe fest und zeigte sich in theologischen Fragen dem durch den Papst verurteilten Philosophen und Theologen Anton Günther zugeneigt. Eine weitere Sonderstellung haben die in der vorliegenden Arbeit betrachteten Verkündigungstexte der katholischen Theologen Johann

er Generalvikar des Bistums Münster. Am 1.12.1835 erwählte man ihn zum Erzbischof von Köln. Zu seinem Leben und Wirken vgl. Markus Hänsel-Hohenhausen, Clemens August Freiherr Droste zu Vischering, Erzbischof von Köln 1773–1845. Die moderne Kirchenfreiheit im Konflikt mit dem Nationalstaat, Egelsbach 1991.

66 Franz Leopold Bruno Liebermann wurde am 12.10.1759 in Molsheim/Elsass geboren und verstarb am 11.11.1844 in Straßburg. Nach seiner Priesterweihe 1783 wurde er 1784 Münsterprediger. Seit 1787 hatte er eine Stelle als Pfarrer, welche er in Folge der Revolutionswirren aufgab. 1801 wurde er wiederum Münsterprediger und wirkte seit 1803 auf seiner alten Pfarrstelle. 1804 wurde er verhaftet und erst 1808 wurde die Polizeiaufsicht aufgehoben. Liebermann wirkte dann als Domprediger in Mainz und als Superior des von Bischof Joseph Ludwig Colmar errichteten Seminars. Von 1825–1827 war er Herausgeber der ultramontanen Zeitschrift Der Katholik. Im Jahr 1828 wurde Liebermann Generalvikar in Straßburg. Vgl. Erich Naab, Art. „Liebermann, Bruno Franz Leopold“, in: Biographisch-bibliographisches Kirchenlexikon, Bd. V, 37-39.

67 Caspar Riffel wurde am 19.1.1807 in Büdesheim bei Bingen am Rhein geboren und verstarb am 15.12.1856. 1830 wurde er zum Priester geweiht. Er übernahm 1835 das Amt des Pfarrers in Gießen und war ordentlicher Professor für Moraltheologie, Homiletik, Liturgik und seit 1837 für Kirchengeschichte an der dortigen katholischen Fakultät. 1841 wurde er durch die hessische Staatsregierung von seinem Amt pensioniert. Riffel kehrte nach Mainz zurück und arbeitete an den Zeitschriften Der Katholik und Mainzer Journal mit. Außerdem übte er eine rege Predigttätigkeit aus. Seit 1851 war er am Mainzer Priesterseminar als Professor für Kirchengeschichte tätig. Vgl. Peter Walter, Art. „Riffel, Kaspar“, in: Biographisch-bibliographisches Kirchenlexikon, Bd. VIII, 346-347.

68 Anton Westermayer wurde am 2.2.1816 in Deggendorf geboren und verstarb am 3.12.1894 in München. Im Jahr 1840 erhielt er die Priesterweihe und wirkte von 1841–1844 als Domprediger und Pfarrer in Regensburg. Seit 1849 war er Prediger in München und übte dort ab dem Jahr 1860 das Amt eines Stadtpfarrers aus. Vgl. Rudolf Reiser, Art. „Westermayer, Anton“, in: Karl Bosl (Hg.), Bosls bayerische Biographie. 8000 Persönlichkeiten aus 15 Jahrhunderten, Regensburg 1983, 840.

69 Wilhelm Arnoldi wurde am 4.1.1798 in Badem bei Bitburg in der Eifel geboren und verstarb am 7. 1.1864 in Trier. 1821 empfing er die Priesterweihe und war dann als Professor der orientalischen Sprachen und Lehrer der geistlichen Beredsamkeit am Priesterseminar Trier tätig. 1826 wurde er Pfarrer in Laufeld in der Eifel und 1831 Stadtpfarrer in Wittlich. 1834 kehrte er als Domprediger und Domkapitular nach Trier zurück. Am 17.9.1842 wurde er zum Bischof von Trier geweiht. Zu seinem Leben und Wirken vgl. Bernhard Schneider, „Wilhelm Arnoldi (1842–1864)“, in: Martin Persch (Hg.), Die Bischöfe von Trier seit 1802. Festgabe für Bischof Dr. Hermann Josef Spital zum 70. Geburtstag am 31. Dezember 1995, Trier 1996, 75-97.

Heinrich Brockmann[70] und Sebastian Winkelhofer[71]. Beide sind einer Position zwischen den beiden großen katholischen Lagern, dem sogenannten Sailer-Kreis zuzuordnen. Die Leitfigur dieses Kreises der spätere Regensburger Bischof Johann Michael Sailer war als Mittler zwischen den verschiedenen katholischen Ausrichtungen von besonderer Bedeutung, „da er wichtige Impulse der Aufklärung und der Romantik in Rückbesinnung auf die Quellen und die gesamte Tradition der Theologie für die Neubegründung einer christozentrischen Theologie und für deren Umsetzung in die kirchliche und spirituelle Praxis fruchtbar machte".[72]

Auf der Grundlage der genannten Zusammenstellung ergibt sich ein Untersuchungskorpus von 2836 Predigten und 151 Hirtenbriefen. Die große Anzahl der betrachteten Texte bringt es mit sich, dass die bei der Argumentation angeführten Quellenbelege nur exemplarischen Charakter haben. Es wurden dort repräsentative Textstellen ausgewählt. Ausgenommen hiervon sind ausdrücklich die als Einzelmeinung eines Predigers oder Bischofs gekennzeichneten Aussagen.

Als Vergleichsgruppe wurden außerdem Verkündigungstexte von vier protestantischen Predigern betrachtet, um so konfessionsspezifische Unterschiede aber auch Gemeinsamkeiten herauszuarbeiten. Die Auswahl der evangelischen Prediger orientierte sich an den verschiedenen theologischen Richtungen, die das protestantische Predigtwesen im späten 18. und frühen 19. Jahrhundert prägten.[73] Betrachtet wurden Predigten des zur Vermittlungstheologie zählenden Predigers Carl Immanuel Nitzsch (1787–1868), des erst der Erweckungsbewegung und dann dem Pietismus zugeneigten Theologen

---

70 Johann Heinrich Brockmann wurde am 4.3.1767 in Liesborn bei Münster geboren und 1790 zum Priester geweiht. Er wirkte in den Jahren 1800 bis 1836 als Professor für Moral- und Pastoraltheologie an der Universität Münster und war gleichzeitig Prediger am dortigen Dom. Kurz nach seiner Ernennung zum Dompropst verstarb Brockmann am 27.9.1837. Vgl. Uedinck, Art. „Brokmann, Johann Heinrich", in: Heinrich Josef Wetzer/Benedikt Welte (Hgg.), Kirchen-Lexikon oder Encyclopädie der katholischen Theologie und ihrer Hilfswissenschaften, Bd. 12: Ergänzungen, Freiburg i. Br. 1856, 146-148.

71 Sebastian Winkelhofer wurde am 18.1.1743 in Munzing bei Passau geboren und verstarb am 18.11.1806 in München. Zunächst war er Jesuit und wurde 1772 zum Priester geweiht. 1773 wurde er gemeinsam mit seinem engen Freund Johann Michael Sailer an der Universität Ingolstadt promoviert. Seit 1794 wirkte er als Hofprediger an der St. Michaelskirche in München. Zu seinem Wirken als Prediger vgl. Werner Schrüfer, „Sailer und Winkelhofer – ein homiletisches Gespräch", in: Konrad Baumgartner/Peter Scheuchenpflug (Hgg.), Von Aresing bis Regensburg. Festschrift zum 250. Geburtstag von Johann Michael Sailer am 17. November 2001, Regensburg 2001, 3-20.

72 Manfred Weitlauff, Art. „Sailer, Johann Michael", in: Lexikon für Theologie und Kirche (3. Aufl.), Bd. 8, 1431-1433, 1432.

73 Vgl. Friedrich Wintzer, Art. „IX. Evangelische Predigt im 19. und 20. Jahrhundert", in: Theologische Realenzyklopädie, Bd. XXVII, 311-330.

Wilhelm Löhe (1808–1872)[74], des bekannten Aufklärungstheologen Johann Joachim Spalding (1714–1804) und des zunächst pietistisch, später dann rationalistisch geprägten Predigers August Tholuck (1799–1877).

1.3 Begriffliche Klärungen

1.3.1 Armut und Pauperismus

Eine Arbeit, welche nach der Deutung von Armut und nach der Entwicklung von Armenfürsorgekonzepten fragt, setzt eine Festlegung voraus, was unter Armut zu verstehen und wer zur Gruppe der Armen zu zählen ist. Aufgrund seiner Vieldimensionalität und Relativität lässt sich das Phänomen Armut im Ganzen jedoch nur schwer definieren. Wie Sabine Veits-Falk herausstellt, geht die historische Armutsforschung heute übereinstimmend davon aus, „dass Armut kein statisches Phänomen ist, sondern ein relativer Begriff, der in jeder Epoche andere Bedeutungen hat und – eingebettet in den jeweiligen politischen, ökonomischen, sozialen und mentalen Kontext – sehr viele Abstufungen kennt".[75] Diese Relativität greift Michel Mollat in seiner breit angelegten Armutsdefinition auf und schließt den Aspekt der Dauer des Armutszustandes mit ein:

„Arm ist derjenige, der sich ständig oder vorübergehend in einer Situation der Schwäche, der Abhängigkeit oder der Erniedrigung befindet, in einer nach Zeit und Gesellschaftsform unterschiedlich geprägten Mangelsituation, einer Situation der Ohnmacht und gesellschaftlicher Verachtung".[76]

Auch Günther Schulz geht von der Unschärfe des Armutsbegriffs aus und zeigt daher verschiedene Dimensionen von Armut auf.[77] Er betrachtet Armut zum einen als einen relativen Zustand innerhalb der eigenen gesellschaftlichen Gruppe oder Schicht.[78] Hiervon unterscheidet Schulz jene Armut, die die Abgrenzung einer gesellschaftlichen Gruppe oder Schicht von den übrigen Gruppen oder Schichten aufgrund einer absoluten existentiellen Mangellage bezeichnet.[79] Diese Einteilung entspricht der Unterscheidung

---

74 Löhe war neben seiner Predigttätigkeit durch die Gründung eines Mutterhaus für Diakonissen auch für die Entwicklung der protestantischen Armenfürsorge von besonderer Bedeutung. Vgl. Dietrich Blaufuß, Wilhelm Löhe – Erbe und Vision, Gütersloh 2009.

75 Sabine Veits-Falk, „Der Wandel des Begriffs Armut um 1800. Reflexionen anhand Salzburger Quellen", in: Christoph Kühberger/Clemens Sedmark (Hgg.), Aktuelle Tendenzen der historischen Armutsforschung, Wien 2005, 15-39, 15.

76 Vgl. Michel Mollat, Die Armen im Mittelalter, München ^{2}1987, 13.

77 Schulz, „Armut und Armenpolitik", 388.

78 Vgl. ebd., 389.

79 Vgl. ebd.

zwischen ‚primärer' bzw. ‚absoluter' und ‚sekundärer' bzw. ‚relativer' Armut. Es handelt sich um sozialwissenschaftliche Termini, welche die Historikerinnen und Historiker übernommen haben. ‚Absolute' Armut wird als Grundproblem verstanden, das dann vorliegt, wenn es zu „einer physischen Gefährdung des menschlichen Organismus als Folge des Mangels an Mitteln der elementaren Bedürfnisbefriedigung" komme.[80] Während hierbei also das Unterschreiten des lebensnotwendigen Mindestbedarfs gemeint ist, wird mit dem Begriff der ‚relativen' Armut der Verlust des standesgemäßen Auskommens umfasst.[81] Zu diesen beiden Armutsdefinitionen tritt das Deutungsmuster der ‚tertiären' Armut, welche den Mangel an gesellschaftlicher Partizipation, d.h. eine soziale Ausgrenzung, umfasst und insbesondere in den letzten Jahren eine verstärkte Aufmerksamkeit erfährt.[82] In den Wirtschafts- und Sozialwissenschaften ist außerdem die Unterscheidung zwischen der alten und der seit den 70er-Jahren des 20. Jahrhunderts diskutierten neuen Armut der Sozialstaaten von Bedeutung.[83]

Als kleinster gemeinsamer Nenner all dieser Armutsdefinitionen lässt sich festhalten, dass Armut einen Mangelzustand beschreibt. Ich schließe mich hierbei Helmut Bräuer an, der Armut durch ein in den gesellschaftlichen Kontext eingebundenes Nichthaben bzw. ein nicht ausreichendes Haben von materiellen und nicht-materiellen Gütern gekennzeichnet sieht.[84]

Armut kann somit nicht unabhängig von ihrem zeitlichen und gesellschaftlichen Kontext betrachtet werden. Die im Folgenden näher zu erörternde Armutsproblematik der ersten Hälfte des 19. Jahrhunderts wird häufig als ‚Pauperismus' bezeichnet. Es handelt sich hierbei um einen aus dem Englischen und Französischen abgeleiteten zeitgenössischen Begriff, der etwa ab 1830 die Armutsdiskussionen in Deutschland bestimmte.[85] Dieser bezeichnet nach Michael Doege ursprünglich nur den Zustand der Verarmung im Allgemeinen, wurde jedoch mit dem Aufkommen des Proletariats zum Synonym für eine systemimmanente andauernde Massenarmut.[86] Christoph Sachße

80 Laszlo A. Vaskovics, Art. „Armut. I. Begriff der Armut", in: Staatslexikon. Recht. Wirtschaft. Gesellschaft (7. Aufl.), Bd. 1, 342-352, 342.

81 Vgl. ebd.

82 Vgl. vor allem das zweite Kapitel ‚Theorien der Armut' in Ernst-Ulrich Huster/Jürgen Boeckh/Hildegard Mogge-Grotjahn (Hgg.), Handbuch Armut und Soziale Ausgrenzung, Wiesbaden 2. ergänzte Auflage 2012, 45-254.

83 Vgl. ebd., 343.

84 Vgl. Helmut Bräuer, „Ein Quelleninventar zur sächsischen Armenpolitik vor 1800", in: Christoph Kühberger/Clemens Sedmark (Hgg.), Aktuelle Tendenzen der historischen Armutsforschung, Wien 2005, 45-66, 51.

85 Zum Pauperismusbegriff vgl. Werner Conze, Art. „Proletariat, Pöbel, Pauperismus", in: Geschichtliche Grundbegriffe. Historisches Lexikon zur politisch-sozialen Sprache in Deutschland, Bd. 5, 27-68.

86 Vgl. Doege, Armut in Preußen und Bayern, 38.

und Florian Tennstedt sehen im Pauperismus das auf der geringen Entfaltung der gesellschaftlichen Produktivkräfte beruhende Elend breiter städtischer und ländlicher Bevölkerungsschichten, wobei alle Missernten, Seuchen oder andere Teuerung verursachende Umstände unmittelbar zur Existenzgefährdung der breiten Armutsbevölkerung führten.[87] Den Aspekt der Massenarmut betont auch Schulz, wenn er als Charakteristikum des Pauperismus herausstellt, „daß zunehmend mehr Menschen in die Armut hineingeboren wurden und lebenslang arm blieben“.[88] Die von der heutigen Forschung vorgenommene Unterscheidung des Pauperismus von der traditionellen Armut betonten bereits die Zeitgenossen. Nach der Brockhaus Real-Encyklopädie von 1846 ist Pauperismus „ein neuerfundener Ausdruck für eine neue, höchst bedeutsame und unheilvolle Erscheinung, den man im Deutschen durch die Worte Massenarmuth oder Armenthum wiederzugeben gesucht hat“.[89] Die hier deutlich werdende Wahrnehmung und Beurteilung der Armut hatte eine intensive als Pauperismusliteratur bezeichnete publizistische Auseinandersetzung mit der Armutsfrage zur Folge. Insbesondere in den 1830er und 1840er Jahren erschienen zahlreiche Broschüren, Bücher und Zeitungsartikel über den Pauperismus.[90] Wie Günther Schulz herausstellt, beruhte die Beurteilung des Pauperismus als einer neuen Form der Armut aber nicht nur auf einer geschärften gesellschaftlichen Wahrnehmung, „sondern der Pauperismus war vielmehr auch realhistorisch neu“.[91] Die Ausmaße der neuen Massenarmut werden innerhalb des nächsten Hauptkapitels zu den Rahmenbedingungen des Armutsdiskurses vorgestellt. Zunächst sei aber noch der Blick auf zwei weitere wesentliche Begriffe dieser Arbeit gerichtet.

87 Vgl. Sachsse/Tennstedt, Geschichte der Armenfürsorge, 257.
88 Schulz, „Armut und Armenpolitik“, 391.
89 Anonym, Art. „Pauperismus“, in: Allgemeine deutsche Real-Encyklopädie für die gebildeten Stände. Conversations-Lexikon (9. Aufl.), Bd. 11, 15-16.
90 Vgl. Dilcher, Der deutsche Pauperismus; Jantke/Hilger, Die Eigentumslosen.
91 Schulz, „Armut und Armenpolitik“, 392.

1.3.2 Katholische Aufklärung

Bei dem Begriff ‚Katholische Aufklärung‘ handelt es sich um eine vielschichtige und in der Forschung nicht unumstrittene Sammelbezeichnung. Bernhard Schneider plädiert dafür, mit der Wendung ‚Katholische Aufklärung‘ eine uneinheitliche und offene Bewegung zu bezeichnen, die ein Projekt der ‚Verheutigung des Glaubens‘ unternommen habe.[92] Den Glauben gegenüber Indifferentismus und Unglaube verteidigend strebten die Vertreter dieses vielgestaltigen Prozesses die Erneuerung der Kirche in einer weiterhin christlich oder katholisch gedachten Gesellschaft an.[93] Als Wurzeln der ‚katholischen Aufklärung‘ sind einerseits der nachtridentinische Reformkatholizismus, andererseits die in Deutschland und in Österreich wirksame Reformbewegung des Jasenismus zu nennen.[94] Zentrale Impulse erhielt sie aber auch aus den protestantischen Ländern in Mittel- und Norddeutschland.[95] Gemeinsamkeiten mit der breiteren Aufklärung finden sich im überwiegend ‚bürgerlichen Charakter‘ auch der katholischen Aufklärung, einer einheitlichen Methode (Kritik, Wissenschaft, Bildung) und Sprache (Übergang zur Muttersprache, aufklärerische Metaphorik und Symbolik) sowie in teilweise grenz- und schichtübergreifenden Kommunikationsstrukturen (Zeitschriftenboom und Lesegesellschaften).[96]

Die aufklärerischen Tendenzen in der deutschen katholischen Kirche und Theologie erfolgten im Vergleich zu den Entwicklungen im Protestantismus und in den westeuropäischen Staaten relativ spät. Sie setzten etwa ab 1730 ein, verstärkten sich nach dem Ende des Siebenjährigen Krieges und erlangten in der Zeit nach 1800 ihren Höhepunkt.[97] Eine erhebliche Fort- und Nachwirkung der katholischen Aufklärung ist noch bis zur Mitte des 19. Jahrhunderts zu konstatieren.

Die ‚katholische Aufklärung‘ manifestierte sich zum einen in einer Reform des Universitätswesens.[98] Man versuchte durch den Ausbau alter Einrichtungen und die Gründung neuer Universitäten den Vorsprung der pro-

---

[92] Vgl. Bernhard Schneider, „Katholische Aufklärung als Kommunikationsgeschehen. Überlegungen zur Entwicklung und Bedeutung der aufklärerischen Presse im frühen 19. Jahrhundert“, in: Albrecht Beutel/ Volker Leppin (Hgg.), Religion und Aufklärung. Studien zur neuzeitlichen „Umformung des Christlichen“, Leipzig 2004, 215-227, 215.

[93] Vgl. ebd.

[94] Vgl. Bernhard Schneider, „‚Katholische Aufklärung‘. Zum Werden und Wert eines Forschungsbegriffs“, in: Revue d'histoire ecclésiastique 93. 1998, 354-397, 391.

[95] Vgl. Albrecht Beutel, Aufklärung in Deutschland, Göttingen 2006, 307.

[96] Vgl. Schneider, „Katholische Aufklärung“, 386f.

[97] Zur zeitlichen Eingrenzung der ‚Katholischen Aufklärung‘ vgl. Rudolf Reinhardt, Art. „Aufklärung. III. Kirchengeschichte“, in: Lexikon für Theologie und Kirche (3. Aufl.), Bd. 1, 1211-1213, 1211.

[98] Vgl. Albrecht Beutel, Aufklärung in Deutschland, 313-317.

testantischen Universitäten zu verringern. Außerdem erfolgte eine Studienreform in der Theologie, welche die Bibelwissenschaft sowie die historische und die praktische Dimension der Predigt aufwertete.

Neben dieser Universitäts- und Studienreform wirkten sich die Reformimpulse der ‚katholischen Aufklärung' auch auf den wiederauflebenden Episkopalismus aus. Hiermit sind die stärker nationalkirchlichen, auf eine Beschränkung der päpstlichen zugunsten der bischöflichen Rechte ausgerichteten Tendenzen gemeint, die sich vor allem in den rheinischen Erzbistümern, sowie in den Bistümern Würzburg, Bamberg, Salzburg und Münster bemerkbar machten.[99]

Im letzten Drittel des 18. Jahrhunderts entwickelte sich in den katholischen (Kur-) Fürstentümern ein vom Geist der Aufklärung geprägtes Staatskirchentum. Es geht hierbei um eine Form der staatlichen Kirchenhoheit, deren eigentliches Charakteristikum ist, „daß der Staat sich nicht mehr als weltliche Gewalt innerhalb der Societas christiana verstand, sondern als umfassende Institution der Volkswohlfahrt".[100] Als Höhepunkt dieser Bestrebung kann der nach Joseph II. benannte Reformkatholizismus in den österreichisch-habsburgischen Ländern angesehen werden.[101]

Aus der Hochschätzung der Vernunft ergaben sich aber auch praktische Konsequenzen für den Bereich des Frömmigkeitswesens. Es wurde angestrebt, den Glauben von abergläubischen und ritualisierten Frömmigkeitsübungen zu befreien. So gerieten Marien- und Heiligenverehrung und die damit verbundenen Bruderschaften und Wallfahrten in die Kritik.[102] Man war bestrebt, Liturgie und Predigt der Fassungskraft der Gläubigen anzupassen und die Erziehung, die Volksbildung und den katechetischen Unterricht, zu intensivieren.[103]

---

[99] Vgl. ebd., 310-313.

[100] Klaus Schatz, Kirchengeschichte der Neuzeit II, Düsseldorf 2003, 11.

[101] Zur Verhältnisbestimmung von ‚Katholischer Aufklärung' und Josephinismus vgl. Elisabeth Kovácas, „Katholische Aufklärung und Jospehinismus. Neue Forschungen und Fragestellungen", in: Harm Klueting (Hg.), Katholische Aufklärung. Aufklärung im katholischen Deutschland, Hamburg 1993, 246-259.

[102] Zum Bruderschaftswesen in der Aufklärungszeit vgl. Bernhard Schneider, Bruderschaften im Trierer Land. Ihre Geschichte und ihr Gottesdienst zwischen Tridentinum und Säkularisation, Trier 1989. Zur aufklärerischen Kritik an den Wallfahrten vgl. Volker Speth, Katholische Aufklärung, Volksfrömmigkeit und „Religionspolicey". Das rheinische Wallfahrtswesen von 1816 bis 1826 und die Entstehungsgeschichte des Wallfahrtsverbots von 1826. Ein Beitrag zur aufklärerischen Volksfrömmigkeitsreform, Frankfurt a. M. 2008.

[103] Vgl. Nickel, Predigt als Dialog, 462-463.

1.3.3 Ultramontanismus

Das Adjektiv ‚ultramontan' und das entsprechende personale Substantiv ‚der Ultramontane' wurden in der frühen Neuzeit zunächst noch in der im Mittelalter geprägten Bedeutung als geographische Begriffe verwendet.[104] Ausgehend von der Wortbedeutung ‚ultra montes = jenseits der Berge' bezeichnet Ultramontanismus ab der Mitte des 18. Jahrhunderts die zunehmende Orientierung der Katholiken auf das Papsttum hin. Im Laufe des 19. Jahrhunderts erfuhr der Begriff eine polemisch gefärbte, negative Konnotation. Er wurde zunächst von innerkirchlichen Gegnern zur Bezeichnung der Vertreter des Universalepiskopats und der Infallibilität des Papstes verwendet und war in diesem Sinne gleichbedeutend mit kurialistisch und aufklärungsfeindlich. Nach Gründung der Zentrumspartei und dem Beginn des Kulturkampfes wurde der Begriff im überwiegend protestantischen Deutschen Reich zum Kampfwort in der Auseinandersetzung mit den Katholiken. Insbesondere in Deutschland belegten radikalliberal gesinnte Kreise den Ultramontanismus auch mit dem Verdacht der Illoyalität und Unzuverlässigkeit gegenüber der eigenen Volksgruppe und mit dem Vorwurf des Verrates am Staat und dessen Organen. Die abwertende Fremddefinition wurde jedoch zunehmend zur identitätsstiftenden Selbstbezeichnung. Die Definition des Begriffs war in der Folge vom Standpunkt des Autors und von den zeitbedingten Fragestellungen und Debatten abhängig.

Gisela Fleckenstein und Joachim Schmiedl stellen basierend auf einem Vortrag von Bernhard Schneider drei Gebrauchsweisen des Begriffs in der neueren Forschung vor: eine polemisch-diffamatorische, eine ideologiekritische und eine deskriptiv-phänomenologische Verwendung.[105] Die erste Gebrauchsweise findet sich bei Hans-Ulrich Wehler, der den Ultramontanismus als verhängnisvolle Entwicklung der katholischen Kirche im 19. Jahrhundert betrachtet und die lehramtlichen Schritte im Pontifikat Pius IX. als Höhepunkt einer ‚Papstdiktatur' ansieht.[106] Die zweite vor allem von Christoph Weber vertretene Position geht davon aus, „dass der Ultramontanismus ein historischer Irrweg gewesen sei, der bis in die Gegenwart nachwirke und in seinen fundamentalistischen Merkmalen die katholische Kirche nach wie vor bestimme".[107]

---

104 Zur Geschichte des Begriffs ‚Ultramontanismus' siehe Gisela Fleckenstein/Joachim Schmiedl, „Ultramontanismus in der Diskussion. Zur Neupositionierung eines Forschungsbegriffs", in: Dies. (Hgg.): Ultramontanismus. Tendenzen der Forschung, Paderborn 2005, 7-19; Klaus Schatz, Art. „Ultramontanismus", in: LThK (3. Aufl.), Bd. 10, 359-362.

105 Vgl. Fleckenstein/Schmiedl, „Ultramontanismus in der Diskussion", 11f.

106 Vgl. ebd.

107 Ebd.

Die Position Thomas Nipperdeys hat sich in der aktuellen Forschung weitgehend durchgesetzt. So wird der Begriff heute „zunächst wertneutral für jene geschichtliche Richtung und Sozialreform des modernen Katholizismus gebraucht, die sich im 19. Jahrhundert durchsetzte, im Vatikanum I triumphierte, die katholische Kirche bis zum Vatikanum II prägte".[108]

Ultramontane Ausprägungen fanden sich in vielen Bereichen des kirchlichen Lebens.[109] In der Liturgie setzten sich die ultramontanen Kreise für eine Wiederbelebung voraufklärerischer Frömmigkeitsformen ein. Wallfahrten wie z.B. die Heilig-Rock-Wallfahrt nach Trier und Bruderschaften erfuhren eine Revitalisierung. „In ihrer breit popularisierten Gestalt aber gerieten diese Formen als Ausdruck des ultramontanen Bündnisses von ‚Kirche' und ‚Volk' zu öffentlichen katholischen Demonstrationen".[110] So bemühte man sich auch um die Durchführung von Volksmissionen. Daneben zeichnete sich die ultramontane Frömmigkeit durch einen starken Hang zur Sentimentalisierung aus. Im Mittelpunkt standen die Eucharistieverehrung, Marienverehrung, Verehrung der heiligen Familie und des heiligsten Herzen Jesu. Ultramontane Einflüsse in der theologischen Lehre zeigten sich in einer Beförderung der Neuscholastik. Zusätzlich zur Entwicklung von Zirkeln, die ultramontanes Gedankengut verbreiteten, erfuhr auch das katholische Vereinswesen und hier insbesondere die Piusvereine eine ultramontane Prägung.

1.4 Vorgehensweise

Die Darstellung des Armuts- und Armenfürsorgediskurses erfolgt in vier Schritten. Vor der Entfaltung des Themas im engeren Sinne werden zunächst die kirchenpolitischen, politischen, wirtschaftlichen und sozialen Rahmenbedingungen des untersuchten Diskurses in ihren wesentlichen Punkten dargestellt. Diese Betrachtung stellt ein grundlegender Bestandteil der historischen Diskursanalyse dar, da nur bei einer Einbettung des untersuchten Materials in den historischen Kontext sinnvolle Aussagen über die Gehalte, Tendenzen und historischen Verschiebungen von Diskursen möglich sind.[111] Nach der Erörterung des Kontextes erfolgt in einem zweiten Schritt die für eine historische Diskursanalyse charakteristische Vorstellung der Produktions- und Rezeptionsbedingungen und der zeitlichen und thematischen Konjunkturen des Diskurses. Von dieser medialen und quantifizierenden Untersuchung aus-

[108] Schatz, „Ultramontanismus", 360–361.
[109] Vgl. Fleckenstein/Schmiedl, „Ultramontanismus in der Diskussion", 13-15.
[110] Andreas J. Kotulla, „‚Nach Lourdes!' Der französische Marienwallfahrtsort und die Katholiken im Deutschen Kaiserreich (1871–1914), München 2006, 14.
[111] Vgl. Landwehr, Historische Diskursanalyse, 105-110.

gehend werden in der danach vorgenommenen Feinanalyse die einzelnen Argumentationsmuster und semantischen Schwerpunkte der betrachteten Texte aufgezeigt. Dabei steht die Deutung des Themenfeldes Armut mit Blick auf Begrifflichkeiten, Ursachen und Maßnahmen zum Umgang mit der Notsituation im Mittelpunkt. Auf der Grundlage der gewonnenen Deutungsmuster erfolgt in einem vierten Schritt die Betrachtung der Armenfürsorge in den Verkündigungstexten. Es werden die in den Quellen zu eruierenden Begrifflichkeiten, Begründungen und Formen von Wohltätigkeit untersucht. In einer abschließenden Bilanz werden die gewonnenen Ergebnisse mit Blick auf die Frage nach der Konstruktion einer katholischen Identität zusammengefügt.

2 Kirchenpolitische, politische, wirtschaftliche und soziale Rahmenbedingungen

In der nun folgenden Überblicksdarstellung sollen die wichtigsten Rahmenbedingungen und Hintergründe des untersuchten Armuts- und Armenfürsorgediskurses dargestellt werden. Es sind die Entwicklung des Katholizismus im Untersuchungszeitraum sowie politische Hintergründe und hierbei insbesondere die Armengesetzgebung als Grundlage der staatlichen Armenpolitik von Interesse. Außerdem werden Ausmaß und Ursachen der Massenarmut des frühen 19. Jahrhunderts sowie die Praxis der Armenfürsorge durch die verschiedenen Träger von Wohltätigkeit betrachtet.

2.1 Kirchenpolitische Rahmenbedingungen – die Lage des Katholizismus im späten 18. und in der ersten Hälfte des 19. Jahrhunderts

Wie bereits bei den Erläuterungen zum Begriff der ‚Katholischen Aufklärung' erwähnt, waren die katholischen Territorien des Heiligen Römischen Reiches Deutscher Nation in den letzten Jahrzehnten des 18. Jahrhunderts von verschiedenen Reformprozessen geprägt. Am nachhaltigsten waren die Maßnahmen der staatlich verordneten Kirchenreform Kaiser Josephs II. in den habsburgischen Territorien, welche u.a. die Neuordnung der Klerikerausbildung und der Pfarrorganisation, die Aufhebung aller kontemplativen, nicht im Bereich von Bildung, Caritas oder Seelsorge tätigen Klöster, die Überführung aller Bruderschaften in eine Einheitsbruderschaft und das Verbot verschiedener barocker Frömmigkeitsformen betrafen.[112] Als prägend für diese Zeit gilt außerdem der bereits erwähnte reichskirchliche Episkopalismus, der im sogenannten Nuntiaturstreit und der daraus folgenden ‚Emser Punktation'

[112] Vgl. Rudolf Pranzl, „Das Verhältnis von Staat und Kirche/Religion im theresianisch-josephinischen Zeitalter", in: Helmut Reinalter (Hg.), Josephinismus als Aufgeklärter Absolutismus, Wien 2008, 17-52.

von 1786 seinen Höhepunkt fand.[113] Allerdings scheiterte das dort verabschiedete reichskirchliche Reformprogramm und wurde schließlich durch die Ereignisse der Französischen Revolution überschattet.

Für das spätere Schicksal der deutschen Reichskirche war der zwischen Preußen und Frankreich während des ersten Koalitionskrieges im Jahr 1795 geschlossene ‚Baseler Frieden' auf Grund des in einem geheimen Zusatzabkommen vereinbarten Entschädigungsprinzips der Säkularisation, d.h. der Aufhebung geistlicher Territorialherrschaft und der Enteignung von Kirchengut, grundlegend.[114] Im Frieden von Lunéville (1801) sowie im Konkordat mit der Französischen Republik (1801/1802) fand dieses Prinzip für die linksrheinischen und im Reichsdeputationshauptschluss von 1803 dann auch für die rechtsrheinischen Gebiete seine endgültige Umsetzung.[115] Die sogenannte große Säkularisation bedeutete eine „der tiefsten Einschnitte in der deutschen Geschichte"[116] und brachte gleichzeitig für die Geschichte der katholischen Kirche der Neuzeit eine grundlegende Zäsur. Bis dahin bestand im Heiligen Römischen Reich deutscher Nation eine Reichskirche von 23 Fürstbistümern und 44 Fürstabteien. Es handelte sich hierbei um ein reichsunmittelbares Gebiet von fast 95 000 Quadratkilometern, in dem um 1800 mit etwa 3,16 Millionen Einwohnern ein Achtel der Reichsbevölkerung lebte.[117] Mit der Auflösung nahezu aller geistlichen Fürstentümer hatte die katholische Kirche ihren Status als Reichskirche und somit auch ihre Herrschaftsfunktion verloren. Auf Grund des Rückzugs der adeligen Fürstbischöfe und der Aufhebung der Domkapitel begann eine „bischofslose Zeit".[118] In den folgenden Jahren musste der deutsche Katholizismus seine Position im (kirchen-)politischen und sozialen Bereich völlig neu bestimmen. Der Versuch der katholischen Reformbewegung unter der Führung des Konstanzer Generalvikars Ignaz Heinrich Freiherr von Wessenberg und des letzten Kurerzkanzlers Karl Theodor Freiherr von Dalberg, mit der Hilfe Napoleons eine deutsche Nationalkirche zu schaffen, scheiterte.[119] Die Reorganisation der Kirche erfolgte daher durch Einzelabmachungen der Kurie mit den Staaten. Allein mit dem katholischen Bayern kam es zum Abschluss eines Konkordates, das bis 1918 Gültigkeit haben sollte. Von Seiten der protestantischen Staaten,

---

113 Vgl. Karl Hausberger, Reichskirche – Staatskirche – „Papstkirche". Der Weg der deutschen Kirche im 19. Jahrhundert, Regensburg 2008, 54-55.

114 Vgl. ebd., 57-59.

115 Zu den einzelnen Bestimmungen und deren Folgen vgl. ebd., 60-115.

116 Ebd., 11.

117 Vgl. ebd., 35.

118 Hubert Wolf, „Katholische Kirchengeschichte im ‚langen' 19. Jahrhundert von 1789 bis 1918", in: Thomas Bremer u.a. (Hgg.), Ökumenische Kirchengeschichte, Bd. 3: Von der Französischen Revolution bis 1989, Darmstadt 2007, 91-177, 100.

119 Vgl. Hausberger, Reichskirche, 123-141.

denen auf dem Wiener Kongress größere katholische Landesteile zugefallen waren, wurden einseitige Landesgesetze verabschiedet. „Sie gingen von der Voraussetzung aus, daß die Kirche dem Staate untergeordnet sei (Subordinationstheorie) und nahmen die päpstlichen Zirkumskriptionsbullen, welche die diözesanen Verhältnisse neu regelten, in die staatlichen Erlasse auf".[120] Diese Reglementierung kirchlichen Lebens führte zu zahlreichen Konflikten zwischen Staat und Kirche.

Mit der Reorganisation des Kirchenwesens setzte eine geistliche Bewegung ein, die im Wesentlichen von aus Laien und Geistlichen bestehenden ‚Erneuerungskreisen' getragen wurde. Hierzu zählten der Münsteraner Kreis um die Fürstin Amalie von Gallitzin, der bereits erwähnte Sailer-Kreis in Landshut und Regensburg, der Görres-Kreis in München, der Wiener Kreis um den Redemptoristen Clemens Maria Hofbauer und der Mainzer Kreis um die in der vorliegenden Arbeit als Prediger betrachteten Geistlichen Joseph Ludwig Colmar, Bruno Franz Leopold Liebermann und Caspar Riffel.[121]

„Der Aktivität solcher Kreise kam zugute, daß sich das geistige Klima der Zeit tiefgreifend verändert hatte und der neue Kult der Empfindsamkeit ganz anders als der Rationalismus der Aufklärung in der katholischen Kirche Werte entdeckte, an denen frühere Generationen achtlos vorübergegangen waren".[122]

Gemeinsam war diesen Zentren der Kampf gegen das Staatskirchentum. Eine besondere Wirkung nach außen entfalteten im Sinne des Ultramontanismus vor allem der Mainzer Kreis mit seiner ab 1821 von Andreas Räß und Nikolaus Weiß herausgegebenen Zeitschrift ‚Der Katholik' sowie der Münchener Kreis mit den ab 1838 publizierten ‚Historisch-politischen Blättern'. Beide Zeitschriften stellen eine wichtige Untersuchungsgrundlage der bereits erwähnten Teilstudie zu dem kirchenpolitisch-politischen Armuts- und Armenfürsorgediskurs in Zeitschriften dar.[123]

Einen Gegensatz zu diesen Erneuerungsbewegungen bildeten die unter dem Einfluss Wessenbergs stehenden Bestrebungen des Klerus im südwestdeutschen Raum, die eine Anpassung der Kirche an die liberalen und konstitutionellen Ideen des Bürgertums wünschten. Hier wurden Forderungen nach einem rigiden Staatskirchentum laut. Man entwickelte ein umfassendes Reformprogramm, das sich vor allem auf die Bereiche der Liturgie und der Aus-

---

120 Victor Conzemius, „Deutschland. Die katholische Kirche", in: Martin Greschat (Hg.), Liberalismus, Industrialisierung, Expansion Europas (1830–1914), Freiburg i. Br. u.a. 1997, 294-308, 296.

121 Ebd.

122 Heinz Hürten, Kurze Geschichte des deutschen Katholizismus 1800–1960, Mainz 1986, 37.

123 Einen ersten Einblick bieten Schneider/Bircher, „Katholische Armutsdiskurse" sowie Franz, „Katholische Publizistik".

bildung des Klerus bezog. Nach der Absetzung Wessenbergs durch Rom im Jahr 1827 kam es in Baden und Württemberg durch eine radikalisierte Weiterführung dieser Bestrebungen zu einem regelrechten ,Zölibatssturm', der jedoch nach wenigen Jahren insbesondere durch das Wirken Johann Adam Möhlers wieder an Rückhalt verlor.[124]

Außerdem gewannen die an der Universität Tübingen von dem gerade genannten Johann Adam Möhler sowie von Johann Sebastian von Drey und Johann Baptist Hirscher begründete ,Tübinger Schule'[125] als auch die Bonner Schule von Georg Hermes an Bedeutung. Als Hauptleistung der Tübinger Theologen erachtet Klaus Schatz die Verbindung von Geschichte und theologischer Systematik bzw. das Verständnis von Kirche und Tradition in Kategorien von Leben und Organismus.[126] Der seit 1820 in Bonn lehrende Georg Hermes nahm Impulse aus der Philosophie Kants in seine Theologie auf. „Ultramontan eingestellten Gegnern gelang es jedoch durch eine Denunziation in Rom, den ,Hermesianern' – Hermes selber war 1831 gestorben – einen Prozess beim Hl. Offizium anzuhängen; er schloß 1835 mit der Verurteilung des Hermesianismus ab".[127]

Die zu Beginn angedeuteten Auseinandersetzungen zwischen Staat und Kirche fanden ihren Höhepunkt in den ,Kölner Wirren'[128] von 1837.[129] Ihren Ursprung hatten sie in der seit 1825 in den preußischen Westprovinzen geltenden Regelung, dass die Kinder aus Mischehen in der Konfession des Vaters zu erziehen seien.[130] „Diese Anordnung ,zur Beschützung des evangelischen Glaubens' stieß in den überwiegend katholischen Rheinlanden … auf schärfste Ablehnung".[131] Um die Lage zu entschärfen, schloss der preußische Staat 1834 mit dem Kölner Erzbischof Ferdinand August Graf von Spiegel eine Geheimkonvention, „die das Versprechen katholischer Kindererziehung in eine allgemein gehaltene Zusicherung ,religiöser Gesinnung' umwandelte".[132] Der Nachfolger Spiegels auf dem Kölner Bischofs-

124 Vgl. Conzemius, „Die katholische Kirche", 297.

125 Da es keine Einheitlichkeit bei den Tübinger Theologen gab, liegt diesem Begriff eine gewisse Problematik inne. Vgl. Francois-Georges Dreyfuß, „Um 1830: Nationalismus, Religion und Kultur. Deutschland (1803–1835)", in: Thomas Bremer (Hg.), Aufklärung, Revolution, Restauration (1750–1830), Freiburg i. Br. u.a. 2000, 704-727, 713.

126 Vgl. Schatz, Kirchengeschichte der Neuzeit II, 54.

127 Conzemius, „Die katholische Kirche", 297.

128 Weitere Bezeichnungen je nach Standpunkt des Verfassers: ,Kölner Ereignis', ,Kölner Streit' oder ,Kölner Krise'.

129 Zu den ,Kölner Wirren' und ihrer Resonanz vgl. ausführlich Friedrich Keinemann, Das Kölner Ereignis, sein Widerhall in der Rheinprovinz und in Westfalen, 2 Bde., Münster 1974.

130 Vgl. Hürten, Kurze Geschichte, 66.

131 Conzemius, „Die katholische Kirche", 299.

132 Ebd.

stuhl Clemens August Droste zu Vischering, dessen Verkündigungstexte in der vorliegenden Untersuchung ebenfalls betrachtet werden, kehrte 1837 zum strengen kanonischen Eherecht zurück. Als er sich weigerte, von seinem Amt zurückzutreten, wurde er ohne Prozess verhaftet und in der Festung Minden arrestiert. In seiner Flugschrift ‚Athanasius' zeichnete Joseph von Görres ein Bild des Kölner Bischofs, das ihn zum Märtyrer verklärte. Wichtiger war jedoch das in der Schrift enthaltene innenpolitische Programm, „das den vom Staatskirchentum eingeengten Katholiken auch unabhängig vom Ausgang des aktuellen Streitfalls zur Orientierung dienen konnte".[133] Die dadurch ausgelöste Volksbewegung zwang den preußischen Staat im Jahr 1840 zum Einlenken. Die ‚Kölner Wirren' markierten einen Wendepunkt in der Geschichte des deutschen Katholizismus. Das Zweckbündnis von Thron und Altar wurde von Görres in Frage gestellt. „Der Staat, der sich mit einer Konfession identifizierte, müsse der anderen einen Freiraum einräumen, in der sie nach ihrem Selbstverständnis und ihren organisatorischen Prinzipien frei schalten könne".[134] Die von Görres aufgeworfene Frage erfuhr eine breite öffentliche Diskussion, wodurch die Gegensätze zwischen katholischer Kirche und preußischem Staat sowie zwischen katholischer und protestantischer Konfession weiter verschärft wurden. Die ‚Kölner Wirren' trugen somit zu einer Rekonfessionalisierung bei und sind nach Olaf Blaschke als Bestandteil der „konfessionellen Aufrüstung" im 19. Jahrhundert zu sehen.[135] Das neue katholische Selbstbewusstsein wirkte sich zunächst auf die Volksfrömmigkeit aus.[136] Sichtbar wurde dies in einem stärkeren Kirchenbesuch, im vermehrten Empfang der Sakramente, der Durchführung von Wallfahrten und Prozessionen, sowie in der Gründung von Bruderschaften und Vereinen. Insbesondere Wallfahrten demonstrierten das Festhalten der Massen am katholischen Glauben. So pilgerten mehr als eine halbe Million Menschen im Jahr 1844 zum Heiligen Rock nach Trier.[137] Im Großherzogtum Baden kam es

---

133 Hürten, Kurze Geschichte, 68.

134 Conzemius, „Die katholische Kirche", 300.

135 Olaf Blaschke, „Das 19. Jahrhundert. Ein Zweites Konfessionelles Zeitalter?", in: Geschichte und Gesellschaft 26. 2000, 38-75, 54. In diesem Zusammenhang ist auf die von Olaf Blaschke angeregte Diskussion zu verweisen, ob man entsprechend der Entwicklungen im 16. Jahrhundert das 19. Jahrhundert als ‚Zweites Konfessionelles Zeitalter' bezeichnen kann. Vgl. dazu ebd. sowie ders. (Hg.): Konfessionen im Konflikt. Deutschland zwischen 1800 und 1970: ein zweites konfessionelles Zeitalter, Göttingen 2002; Steinhoff, Anthony J., „Ein zweites konfessionelles Zeitalter?", in: Geschichte und Gesellschaft 30. 2004, 549-570.

136 Vgl. Conzemius, „Die katholische Kirche", 301.

137 Vgl. Bernhard Schneider, „Wallfahrt, Ultramontanismus und Politik. Zu Vorgeschichte und Verlauf der Trierer Hl.-Rock-Wallfahrt von 1844", in: Erich Aretz (Hg.), Der heilige Rock zu Trier. Studien zur Geschichte und Verehrung der Tunika Christi, Trier ^{2}1996, 237-280, 266-269.

auch zu einem politischen Erstarken des Katholizismus unter dem Einfluss des Professors Franz Joseph Buß. Dieser war 1837 als Abgeordneter in den badischen Landtag berufen worden und brachte dort als erster Parlamentarier die soziale Frage in einem deutschen Parlament zur Sprache.[138]

An den Revolutionsbestrebungen des Jahres 1848 wirkten allerdings nur wenige Katholiken aktiv mit, die meisten nahmen eine eher abwartende Haltung ein.[139] Die von den politischen Gruppen errungenen Reformen, die sogenannten ‚Märzfreiheiten', wurden jedoch von nahezu allen Katholiken begrüßt und schnell im Interesse der katholischen Kirche genutzt. Als erste katholische Vereinsgründung infolge der Revolution von 1848 erfolgte in Limburg die Errichtung des Centralvereins für religiöse Freiheit.[140] Von größerer Bedeutung wurde allerdings der wenige Tage später durch den Mainzer Domkapitular Franz Adam Lennig errichtete Pius-Verein, der Vorbild zahlreicher weiterer Gründungen war. Im Herbst folgte die erste Generalversammlung der katholischen Vereine in Mainz, welche man als ersten deutschen Katholikentag bezeichnen kann und die in den nächsten Jahren zu einer festen Einrichtung wurde.[141] Ein wichtiges Thema der Verhandlungen war die soziale Frage.

Infolge der Märzfreiheiten konnten außerdem die katholischen Vinzenzkonferenzen und Elisabethvereine zahlreiche Neugründungen verzeichnen.[142] Wie Gerhard Besier aufzeigt, trug der Vereinskatholizismus wesentlich zur Bildung des ‚katholischen Milieus'[143] bei.[144] Die Bedeutung der Vereine für den Katholizismus betont auch Heinz Hürten. „Diese Vereine verkörperten einen neuen Typus des Engagements für die Kirche, das nicht mehr nur einzelnen, besonders Befähigten und an wichtiger Stelle Stehenden möglich ist, sondern dem Menschen des Alltags in seiner gewohnten Umgebung".[145]

---

138 Vgl. Conzemius, „Die katholische Kirche", 306.

139 Zum deutschen Katholizismus in der Revolution von 1848 vgl. Hermann-Josef Scheidgen, Der deutsche Katholizismus in der Revolution von 1848/49. Episkopat – Klerus – Laien – Vereine, Köln u.a. 2008.

140 Vgl. ebd., 430-432.

141 Vgl. ebd., 432-460.

142 Vgl. hierzu Kapitel 2.4.2.3.

143 Zum Begriff und Forschungsfeld des ‚katholischen Milieus' vgl. Arbeitskreis für kirchliche Zeitgeschichte, „Das katholische Milieu als Forschungsaufgabe", in: Westfälische Forschungen 43. 1993, 588-654. Einen Forschungsüberblick bietet außerdem: Johannes Horstmann/Antonius Liedhegener (Hgg.), Konfession, Milieu, Moderne. Konzeptionelle Positionen und Kontroversen zur Geschichte von Katholizismus und Kirche im 19. und 20. Jahrhundert, Schwerte 2001.

144 Vgl. Gerhard Besier, Kirche, Politik und Gesellschaft im 19. Jahrhundert, München 1998, 14.

145 Hürten, Kurze Geschichte, 108. Zur Entwicklung und Bedeutung des katholischen Vereinswesens vgl. Jürgen Herres, Städtische Gesellschaft und katholische Vereine im Rheinland 1840–1870, Essen 1996.

Aber auch auf Seiten des Episkopats fanden erste gemeinsame Institutionalisierungsschritte statt. Die deutschen Bischöfe trafen sich 1848 in Würzburg zur Beratung über kirchenpolitische und innerkirchliche Fragen. Diese die Freiheit und Selbständigkeit der Kirche betonende Versammlung wurde zum Ausgangspunkt der späteren Bischofskonferenzen.[146]

Insgesamt ging der deutsche Katholizismus aus den Ereignissen der Revolution als differenzierte gesellschaftliche Größe gestärkt hervor. „Während die bürgerlich-nationale Freiheitsbewegung mit dem Scheitern der Revolution wieder unterdrückt wurde, ließ sich das Streben nach kirchlicher Freiheit nicht mehr zurückdrängen".[147]

Nachdem nun die Situation des Katholizismus in der ersten Hälfte des 19. Jahrhunderts vorgestellt wurde, soll in einem zweiten Schritt der politische Hintergrund der Massenarmut und der entstehenden Armenfürsorgemaßnahmen betrachtet werden.

2.2 Politische Rahmenbedingungen

In einem ersten Schritt wird schlaglichtartig die allgemeine politische Lage Deutschlands in der untersuchten Zeit skizziert. Danach richtet sich der Blick auf wesentliche Entwicklungen in der Armengesetzgebung einzelner deutscher Staaten.

2.2.1 Die politische Lage Deutschlands im späten 18. und frühen 19. Jahrhundert – eine Zeit des Umbruchs

Im späten 18. und frühen 19. Jahrhundert war in Deutschland nicht nur die katholische Kirche von tiefgreifenden Änderungen geprägt, sondern in der Konsequenz der französischen Revolution und der damit verbundenen napoleonischen Machtexpansion erfolgte auch eine grundlegende politische Neuordnung. In der sogenannten territorialen Revolution durch Säkularisation und Mediatisierung wurden im Heiligen Römischen Reich Deutscher Nation neben geistlichen, auch reichsstädtische und reichsritterschaftliche Gebiete sowie kleinere weltliche Fürstentümer aufgelöst und den größeren weltlichen Territorien zugeteilt.[148] Dies war das Ende der zersplitterten deutschen Kleinstaatenwelt. „Mit der territorialen Neugestaltung begann so der Prozeß der Reichsauflösung, der 1806 mit der Gründung des Rheinbundes und der

146 Vgl. Hürten, Kurze Geschichte, 110.

147 Scheidgen, Der deutsche Katholizismus, 538.

148 Vgl. Elisabeth Fehrenbach, Vom Ancien Régime zum Wiener Kongress, 4. überarbeitete Aufl. München 2001, 71.

Niederlegung der Kaiserkrone durch Franz II. seinen Abschluß fand".[149] Somit trug die Säkularisation zur Entstehung moderner Staatlichkeit und zur Auflösung der Ständegesellschaft bei. Unter dem Einfluss Napoleons setzte in den Rheinbundstaaten ein Modernisierungsprozess mit einem umfangreichen Reformwerk in den Bereichen Verfassung, Verwaltung und Justiz sowie im Agrarsektor ein.[150] Auch in Preußen kam es als Folge der revolutionären Bewegung und napoleonischen Bedrohung zu weitreichenden Reformen der Staats-, Wirtschafts- und Sozialverfassung sowie des Militär- und Bildungswesens.[151] Allerdings ist in den Rheinbundstaaten die Nähe zu den Errungenschaften der französischen Revolution deutlicher zu spüren als in den ‚von oben' durchgeführten Stein-Hardenbergschen Reformen in Preußen. So ist es nach Elisabeth Fehrenbach „kein Zufall, daß die Zentren des deutschen Frühliberalismus und Frühkonstitutionalismus nach 1814 in den Mittelstaaten und in den Ländern des rheinischen Rechts lagen".[152]

Die endgültige Neuordnung der politischen Verhältnisse erfolgte 1814/1815 auf dem Wiener Kongress, nachdem Napoleons militärische Bestrebungen, die Vorherrschaft in Europa zu übernehmen, an der Koalition der russischen, preußischen und österreichischen Monarchen gescheitert waren. Hierbei wurde die Neuordnung Deutschlands vor dem Hintergrund der Interessen der europäischen Großmächte vorgenommen.[153] So wurde das Restaurationsprinzip nicht konsequent durchgesetzt und die mediatisierten und säkularisierten Reichsfürstentümer blieben aufgelöst. Insgesamt „ist die große Revision der deutschen Landkarte im Zeitalter von Revolution und Eroberung, die Begründung der Mittelstaaten in Süddeutschland vor allem, konsolidiert worden".[154] Neben der territorialen Neuregelung war die Gründung des ‚Deutschen Bundes' als lose Vereinigung von 35 souveränen deutschen Einzelstaaten und vier Freien Städten die wesentliche politische Entscheidung des Wiener Kongresses. Es handelte sich um einen Staatenbund ohne Legislative, Exekutive und Judikative, welcher der äußeren und inneren Sicherheit Deutschlands dienen sollte. Grundrechtlich garantiert wurden nur die Gleichberechtigung der Konfessionen, eine relative Freizügigkeit und die Freiheit zum Grunderwerb unabhängig von der Staatsangehörigkeit. Nach Thomas Nipperdey kann der ‚Deutsche Bund' als „Barriere gegen die liberal-nationale Bewegung der Zukunft" und „Sieg der partikular-

149 Ebd.
150 Vgl. ebd., 82–94.
151 Vgl. ebd., 109-125.
152 Ebd., 94.
153 Vgl. dazu Thomas Nipperdey, Deutsche Geschichte, Bd. 1: 1800–1866. Bürgerwelt und starker Staat, München 1994, 89-91.
154 Ebd., 92.

staatlichen Restauration“ angesehen werden.[155] Auch wenn sich einzelne Staaten Landverfassungen gaben, wurde die Restauration für ganz Deutschland das bestimmende Prinzip der folgenden Jahrzehnte.[156] Gleichzeitig blieben die Ideen der Französischen Revolution in der liberalen, der nationalen und der demokratischen Bewegung bestehen. Die Auseinandersetzungen dieser Bewegungen mit der restaurativen Politik bildeten eine wichtige Voraussetzung für die große Revolution von 1848/49.

2.2.2 Entwicklungen in der staatlichen Armengesetzgebung

In den politisch eigenständigen deutschen Staaten galten unterschiedliche gesetzliche Regelungen und Normen hinsichtlich des Armenwesens. Inhaltliche Schwerpunkte bildeten in den meisten Gesetzen Antworten auf die Frage, wer für die Unterstützung der Armen zuständig sein und die notwendigen Hilfen organisieren sollte. Insbesondere wurde festgelegt, wer Recht auf Unterstützung besaß.

2.2.2.1 Die preußische Armengesetzgebung

Beginnen werde ich mit einer Übersicht zur preußischen Armengesetzgebung, da Preußen sehr früh eigene Akzente in der Armengesetzgebung entwickelt hat, die gute Vergleichsmöglichkeiten zu den Regelungen anderer Staaten bieten. Darüber hinaus wurden die preußischen Gesetze vom Norddeutschen Bund und letztlich auch vom Deutschen Reich übernommen.

Eine wesentliche Regelung der preußischen Armengesetzgebung erfolgte im Allgemeinen Landrecht von 1794.[157] Hierin wurden zwei Gruppen von Armen unterschieden: solche, die von der Gemeinde unterstützt werden, und solche, die durch Vermittlung des Staates in öffentlichen Landarmenhäusern untergebracht werden sollten. Von diesen beiden Gruppen abzugrenzen sind die Landesfremden, die ohne Hilfeleistung außer Landes geschafft werden sollten. Der Staat verpflichtete sich ausdrücklich, für die Unterstützung derjenigen Bürger zu sorgen, die sich ihren Unterhalt nicht selbst verschaffen und ihn auch nicht von hierzu verpflichteten Privatpersonen erhalten konnten.[158] Mit der Festschreibung des erst sekundären, hilfsweisen Eingreifens des Staates war das später theoretisch formulierte Subsidiaritätsprinzip bereits gegeben. Die Unterstützungspflicht der Gemeinden bezog sich nur auf Personen, die Bürger der jeweiligen Gemeinde waren oder

155 Ebd., 97.
156 Vgl. ebd., 272.
157 Vgl. Hans Hattenhauer/Günther Bernert, Allgemeines Landrecht für die Preußischen Staaten. Von 1794. 3. erweiterte Aufl. Neuwied 1996.
158 Vgl. Doege, Armut in Preußen und Bayern, 177.

zumindest zu deren gemeinen Lasten beigetragen hatten.[159] Eine subsidiäre Funktion hatten außerdem die übergeordneten Landarmenverbände, die dann zuständig waren, wenn keine Verpflichtung oder Zahlungsfähigkeit der Gemeinde vorlag. Außerdem sollten sie zum Unterhalt verschiedener Unterstützungseinrichtungen beitragen. Arbeitsfähigen Personen durfte eine Gemeinde den Aufenthalt nicht versagen, nach einem dreijährigen Aufenthalt erwarb man die Versorgungsberechtigung. Diese ging in der Regel bei dreijähriger, in Ost- und Westpreußen bereits nach einjähriger Abwesenheit verloren.[160] Wolfgang Schaffer sieht bereits in der Festsetzung dieses Mindestaufenthalts eine Abkehr vom Heimatprinzip und eine Hinwendung zum Prinzip des Unterstützungswohnsitzes.[161] Die eigentliche Durchsetzung dieses Prinzips erfolgte jedoch erst durch die Gesetze ‚Über die Aufnahme neu anziehender Personen' und ‚Über die Verpflichtung zur Armenpflege' aus dem Jahre 1842. Die Gemeinden hatten die Armenpflege nun zu übernehmen, wenn die zu unterstützende Person einen gültigen Wohnsitz in der Gemeinde besaß oder sich seit mindestens drei Jahren vor dem Auftreten ihrer Armut in der entsprechenden Gemeinde aufhielt.[162] Hierdurch schuf man in Preußen die entscheidenden Voraussetzungen für die Durchsetzung der Freizügigkeit.[163] „Lag an dem einen Ort ein zu kurzer Aufenthalt bei Eintritt der Verarmung, bei dem vorherigen aber eine zu lange Abwesenheit vor, traten die Landarmenverbände ein".[164] Eine Ergänzung zur preußischen Armenpflege- und Freizügigkeitsgesetzgebung im Jahr 1855 kam den Interessen der Zuzugsgemeinden und hier v.a. der stark betroffenen Städte entgegen. „Die Verpflichtung zur Armenfürsorge entstand jetzt nicht mehr zugleich mit dem Erwerb eines Wohnsitzes, sondern erst dann, wenn der Neuhinzugezogene ein Jahr lang dort gewohnt hatte".[165] Auf Grund der einseitigen Richtung der Wanderungsbewegung bedeutete dies eine Neuverteilung der Armenlasten zugunsten der zuvor stark beanspruchten Städte und zu Lasten der Landgemeinden.[166]

159 Vgl. Wolfgang Schaffer, „Staatliche Neuordnung der Armenpflege seit Aufklärung und Säkularisation", in: Erwin Gatz (Hg.), Geschichte des kirchlichen Lebens in den deutschsprachigen Ländern seit dem Ende des 18. Jahrhunderts, Bd. 5: Caritas und soziale Dienste, Freiburg i. Br. 1997, 39-56, 43.

160 Vgl. Doege, Armut in Preußen und Bayern, 181.

161 Vgl. Schaffer, „Staatliche Neuordnung", 43.

162 Vgl. Sachße/Tennstedt, Geschichte der Armenfürsorge, Bd. 1, 200.

163 Vgl. Doege, Armut in Preußen und Bayern, 219.

164 Schaffer, „Staatliche Neuordnung", 45.

165 Doege, Armut in Preußen und Bayern, 225.

166 Vgl. Sachße/Tennstedt, Geschichte der Armenfürsorge, Bd. 1, 203.

2.2.2.2 Die bayerische Armengesetzgebung

Die Frühphase der gesetzlichen Normierung des Armenwesens in Bayern war im beginnenden 19. Jahrhundert durch einen Wechsel der Kompetenzzuschreibungen gekennzeichnet. So wurde am 22.2.1808 in der ‚Allerhöchsten Entschließung die Armenpflege betreffend' das gesamte Armenwesen zur Staatsangelegenheit erklärt und den Kommunen ihre armenpolitischen Zuständigkeiten abgesprochen.[167] Zur Umsetzung dieses Beschlusses sollte nach Art. 10 und 11 derselben Verordnung jeder Kommunaldistrikt mit eigener Polizeibehörde ein besonderes Armeninstitut erhalten. Diese Regelungen wurden jedoch in der ‚Verordnung über das Armenwesen' vom 17.11.1816 rückgängig gemacht. Die Aufgaben im Armenwesen gingen nun wieder an die Gemeinden und Städte. Nach Art. 10 dieser Verordnung sollten in den Städten und Gemeinden Armenpflegeschaftsräte bzw. Pflegeausschüsse gebildet werden, die sich aus städtischen bzw. gemeindlichen Vertretern zusammensetzten. In diesen Gremien sollten auch die Pfarrer mitwirken.[168] Der Anspruch auf Unterstützung richtete sich weiterhin nach der Zugehörigkeit zu einer Heimatgemeinde, begründete jedoch keinen einklagbaren Rechtsanspruch auf diese Unterstützung.[169] Die Unterstützungspflicht für die Heimatgemeinde bestand nur, wenn Arme sich nicht selbst erhalten konnten und auch nicht von ihren gesetzlich dazu verpflichteten Verwandten unterstützt wurden. Eine erneute Normierung der armenrechtlichen Verhältnisse erfolgte im September 1825. Der Begriff ‚Heimat' erhielt nun eine neue Reichweite. Heimat konnte durch Vertrag mit der Gemeinde, durch Ansässigkeit in der Gemeinde, durch Gewährung einer Heiratserlaubnis oder durch Eintritt der Erwerbsunfähigkeit in Notfällen für die Gemeinde erworben werden.[170] Als zweites wurde das Gesetz über die Ansässigmachung und Verehelichung verabschiedet. „Der Begriff Ansässigmachung umschrieb dabei einen ganz neuen Rechtsinhalt, der unter genau umschriebenen Bedingungen die Niederlassung in einer Gemeinde ermöglichte, aber in seinen Wirkungen dem Heimaterwerb gleichgestellt war".[171] Die Voraussetzungen für die Aufnahme waren besonders für die ärmeren Bürger jedoch kaum zu erfüllen. Den Gemeinden wurde durch die gesetzliche Verleihung dieses Rechts jede unmittelbare Einflussnahme genommen. Doch auch dieser Rechtszustand hielt nicht lange an. Das Gesetz vom 1.7.1834 über die Ansässigmachung und Verehelichung

167 Vgl. Doege, Armut in Preußen und Bayern, 145.
168 Vgl. Eder, „Helfen macht nicht ärmer", 63.
169 Vgl. Sabine Bethge, Struktur der öffentlichen Armenpflege in Bayern und Württemberg zwischen 1770 und 1870 im Spiegel der Armengesetze und -verordnungen, Dipl.-Arb., Konstanz 1992, 114.
170 Vgl. ebd.
171 Schaffer, „Staatliche Neuordnung", 46.

revidierte die gleichnamige Verordnung von 1825 und erneut wurde eine weitgehende Beteiligung der Gemeinden in einem Zustimmungsverfahren festgelegt.[172] Das Gesetz führte „die Ablehnungs-möglichkeit durch die Gemeinde bei Ansässigmachung armer oder relativ unvermögender Leute, die auf öffentliche Unterstützung angewiesen sein würden", wieder ein.[173] Es bedeutete somit eine weitere Verschärfung der Gesetzeslage und erschwerte den Heimaterwerb in einer fremden Gemeinde.[174] Die im Gegensatz zur preußischen Idee eines Unterstützungswohnsitzes restriktive Heimatpolitik schränkte die legale Mobilität der Unterschichten stark ein.[175] Denn sie mussten in ihre für die Armenunterstützung zuständigen Heimatorte zurückkehren, auch wenn dort keinerlei Aussicht auf einen Arbeitsplatz bestand. Das Gesetz über die Ansässigmachung und Verehelichung bestand bis Ende der 1860er Jahre. Eine Änderung erfolgte durch die Gesetze über Heimat, Verehelichung und Aufenthalt vom 16.4.1868 und über die öffentliche Armen- und Krankenpflege vom 29.4.1869. Das Armenwesen fiel weiterhin in den Zuständigkeitsbereich der Gemeinde, jedoch fiel die Möglichkeit der Ansässigmachung weg. „... Heimat bedeutete nunmehr wie in Preußen das Recht einer Person auf ungehinderten Aufenthalt in einer Gemeinde, sowie die Pflicht dieser Gemeinde, diese gegebenenfalls zu unterstützen".[176] Heimat konnte durch die Heimatberechtigung der Eltern bzw. durch eine feste Anstellung im Staats-, Gemeinde- oder Kirchendienst erworben werden, oder durch einen freiwilligen und ununterbrochenen Aufenthalt von fünf bzw. zehn Jahren verliehen werden.[177] Als grundsätzlich unterstützungspflichtig galten alle bayerischen Staatsangehörigen, die keine Einkünfte besaßen oder Zuwendungen bezogen.[178] Der später als Prinzip formulierte Grundsatz der Subsidiarität lässt sich auch hier bereits feststellen.[179] Eine Neuerung in der Gesetzgebung war die Streichung des Unterstützungsanspruchs für arbeitsfähige Personen. Anders als in Preußen, wo die Armenlast wanderte und notfalls über den Landarmenverband gewährleistet wurde, hatte jeder bayerische Staatsangehörige eine Heimat und dort das Recht auf Unterstützung, da Heimat nur durch deren Erwerb in einer anderen bayerischen Gemeinde oder durch Verlust der bayerischen Staatsangehörigkeit verloren gehen konnte.

---

172 Vgl. ebd., 47.
173 Bethge, Struktur der öffentlichen Armenpflege, 117.
174 Vgl. Doege, Armut in Preußen und Bayern, 268.
175 Vgl. ebd., 269.
176 Bethge, Struktur der öffentlichen Armenpflege, 117.
177 Schaffer, „Staatliche Neuordnung", 47.
178 Vgl. ebd.
179 Vgl. Bethge, Struktur der öffentlichen Armenpflege, 133.

2.2.2.3 Die französische Armengesetzgebung in den linksrheinischen Gebieten

An dieser Stelle bedarf es eines kurzen Blicks auf die französische Armengesetzgebung in den annektierten Gebieten links des Rheins. Ausgehend vom französischen Gesetz vom 24. Vendémaire II (15.10.1793) hatte jeder Arme Anspruch auf Hilfeleistung durch das sogenannte domicile de secours. Die Kosten für die Armenpflege sollten ganz von der Staatskasse übernommen werden.[180] Grundlage für die öffentliche Armenpflege bildete das Gesetz vom 7. Frimaire V (27.11.1796), das die Einrichtung sogenannter bureaux de bienfaisance in den Gemeinden anordnete. Außerdem legte es fest, wer unterstützungsberechtigt war. Anspruch auf Hilfeleistung erwarb man durch Geburt, durch einjährigen oder, ab vollendetem 21. Lebensjahr, durch sechsmonatigen Aufenthalt.[181] „Mit der neuen Gesetzgebung kehrte das Direktorium von der staatlichen zur lokalen Armenpflege durch ortsnahe Instanzen zurück“.[182]

2.2.2.4 Die hessische Armengesetzgebung

Zu einer einheitlichen Ordnung des Armenwesens im neugegründeten Herzogtum Nassau kam es durch das Armenpflegeedikt vom 19.10.1816, welches alle bestehenden Verordnungen über die Armenpflege aufhob.[183] Unter der Leitung und Mitwirkung der herzoglichen Landesregierung erfolgte die Armenpflege durch die Amtsarmenkommissionen auf der Ebene der Ämter und durch die Armenpfleger in den jeweiligen Gemeinden. Die Armenpflege sollte nach §24 des Armengesetzes durch „menschenfreundlich gesinnte Einwohner, welche dasselbe gerne unentgeltlich versehen und ihren schönen Lohn in dem Bewußtsein redlich erfüllter Menschen-, Christen- und Bürgerpflicht finden“ durchgeführt werden.[184] Diesem Typus des Armenpflegers entsprachen nach Blum die Geistlichen, bei denen die fehlende Besoldung des Armenpflegerdienstes außerdem keine Rolle spielte.[185] In §25 des Armenpflegeedikts wurde eine weitere Integration der Geistlichen in die neukonzipierte Armenpflege ausgesprochen. Die Ortsgeistlichen erhielten ausdrücklich die Aufsicht über die sich in ihrem Kirchspiel aufhaltenden Armen sowie den Auftrag zur tatkräftigen Unterstützung der Armenpflege.[186]

---

180 Vgl. Gatz, Kirche und Krankenpflege, 15.
181 Vgl. Schaffer, „Staatliche Neuordnung“, 48.
182 Gatz, Kirche und Krankenpflege, 17.
183 Vgl. Blum, Staatliche Armenfürsorge, 56.
184 Zit. n. ebd., 64.
185 Vgl. ebd.
186 Vgl. ebd.

Für die Fragestellung der vorliegenden Arbeit ist die Tatsache, dass die Geistlichen mindestens einmal im Jahr eine Kanzelrede zu halten hatten, in der die Gemeinde über die Einrichtung des obrigkeitlichen Armenwesens informiert werden sollte, besonders interessant.[187] Ähnlich wie in der bayerischen Gesetzgebung bildete im Nassauischen Armenedikt das Heimatprinzip die Grundlage für eine Unterstützungsberechtigung. „Einen Anspruch auf Unterstützung konnten die Einwohner im Verarmungsfall nur in der Gemeinde ihres ständigen Wohnsitzes erheben, wo sie, entsprechend den Bestimmungen des Gemeindeedikts vom 5. Juni 1816, auch über das Ortsbürgerrecht verfügten".[188] Zur Erlangung des Gemeindebürgerrechts musste der Zuziehende – außer im Fall des angeborenen Bürgerrechts – Leumundszeugnisse und Vermögensnachweise vorlegen sowie den Unterhalt seiner Familie durch seine Berufstätigkeit gewährleisten.[189] Ausnahmen von diesem Heimatprinzip galten für die in- und ausländischen Durchreisenden. „Ihnen konnte z.B. bei eingetretenen Unglücksfällen, ein *Zehrpfennig* aus der Lokalarmenkasse bzw. bei reisenden Handwerksgesellen aus der Zunftkasse ausgezahlt werden".[190] Auch in Nassau war das Unterstützungsrecht subsidiarisch ausgerichtet, d.h. es trat nur dann ein, wenn die verpflichteten Verwandten oder andere Gemeinschaften dazu nicht in der Lage waren.[191] §5 des Armenpflegeedikts legte die Höhe der staatlichen Unterstützungsleistung auf sechs Siebtel von dem Betrag des geringsten Wochenlohns eines einfachen Tagelöhners nach dem Maß des an dem Wohnort üblichen Tagelohns fest.[192] Die Festlegung, dass die Einkünfte eines Bedürftigen keinesfalls denen eines Arbeitenden gleich kommen sollten, sollte den Unmut der sich selbst versorgenden Bürger verhindern.[193] Außerdem sollte der geringe Hilfebeitrag, die Armen dazu anhalten, ihren Elendszustand zu überwinden.[194] Das bisher bestehende Armenpflegeedikt wurde am 18. Dezember 1848 durch eine Neufassung abgelöst. Es sah eine stärkere Einbeziehung der Gemeinden in die staatliche Armenfürsorge und die Auflösung der Amtsarmenkommissionen vor. „Damit hatte sich die öffentliche Armenpflege im Herzogtum vor allem zu einem Gegenstand der Gemeindeverwaltung entwickelt".[195] Die Gewährleistung der Armenunterstützung beruhte weiterhin auf dem Heimatprinzip, während die Entscheidungskompetenz über Höhe, Zeitpunkt und Adressaten

[187] Vgl. ebd.
[188] Ebd., 76.
[189] Vgl. ebd.
[190] Ebd., 77.
[191] Vgl. ebd.
[192] Vgl. ebd., 80.
[193] Vgl. ebd.
[194] Vgl. ebd., 81.
[195] Ebd., 144.

der Unterstützungsleistung nun bei den Bürgermeistern und Gemeinderäten lag.[196]

Im Gegensatz zu Nassau existierte im Kurfürstentum Hessen bis zu seiner Auflösung im Jahre 1866 trotz zahlreicher Reformversuche kein umfassendes Armenpflegegesetz.[197] Erste Ansätze zu einer umfassenden Neuordnung der Wohlfahrtspflege unter Staatsaufsicht erfolgten in den Jahren der westfälischen Herrschaft (1807–1813) nach dem Vorbild Frankreichs. „Der westfälische Modellstaat dehnte seinen Einfluss im Armenwesen systematisch aus".[198] Die Reformansätze wurden nach der Wiederherstellung des Kurstaates jedoch zurückgedrängt. Für den Bereich der Armenpflege bedeutete dies zunächst, dass die kurfürstliche Regierung an die vorwestfälische Praxis anknüpfte und die Fürsorge erneut unter kirchliche Aufsicht im Rahmen allgemeiner staatlicher Richtlinien stellte".[199] Im sogenannten Organisationsedikt von 1821 wurden dann einzelne Aspekte der Wohlfahrtspflege neu geregelt. Die Aufsicht in der Armenpflege wurde von den kirchlichen auf die staatlichen Behörden übertragen. Mit diesem Edikt „schuf die kurfürstliche Regierung erstmals für alle Landesteile einheitliche administrative Strukturen im Armenwesen".[200] Die letzte wesentliche Änderung der kurhessischen Armengesetzgebung erfolgte in der Gemeindeordnung vom 23.10.1834. Den Gemeinden wurde die Verwaltung und Finanzierung der örtlichen Armenpflege übertragen. „Die Fürsorge wurde damit zu einem Gegenstand staatlicher Auftragsverwaltung, deren Ausführung den Gemeinden innerhalb der staatlich eingeräumten kommunalen Selbstverwaltung oblag".[201] Die Unterstützungsberechtigung blieb wie in den anderen Staaten vom Heimatrecht abhängig. Dieses konnte durch Geburt, Ehe, Anstellung im Staatsdienst oder zehnjährigen Aufenthalt in einer Gemeinde erworben werden.[202] Außerdem bestand auch hier das Prinzip der Subsidiarität. Trotz zahlreicher Versuche wurde in den Jahren nach 1834 kein einheitliches Armengesetz verabschiedet. „Das gescheiterte Gesetzesprojekt ist ein Beleg für den insgesamt eher inkonsequenten armenpolitischen Kurs der kurhessischen Regierung".[203]

---

196 Vgl. ebd., 150.
197 Vgl. Grindel, Armenpolitik und Staatlichkeit, 97.
198 Ebd., 102.
199 Ebd.
200 Ebd., 132.
201 Ebd., 144.
202 Vgl. ebd., 145.
203 Ebd., 172.

2.2.2.5 Die baden-württembergische Armengesetzgebung

Ähnlich wie im Kurfürstentum Hessen gab es auch in Württemberg und Baden keine eigentliche Armengesetzgebung. In Baden stand auf Grund des Bürgerrechtsgesetzes vom 31.12.1831 jedem Bürger das Recht auf ständigen Aufenthalt in der Gemeinde sowie im Verarmungsfall Unterstützung durch die Gemeinde zu.[204] Es wurde hierbei zwischen einem Bürgerrecht, das durch Geburt oder förmliche Aufnahme erlangt werden konnte, und dem sogenannten Einsassenrecht für Staatsangehörige, die keinen ständigen Wohnsitz in der Gemeinde hatten, unterschieden.

„Jeder Bürger, Besitzer des angeborenen Bürgerrechts oder Einsasse hatte bei Dürftigkeit das Recht auf Armenunterstützung seitens der Gemeinde, der er zugehörte und zwar so lange er nicht die Staatsangehörigkeit aufgab oder in eine andere Gemeinde aufgenommen wurde".[205]

Mit dem Gesetz vom 4.10.1862 über Niederlassung und Aufenthalt wurde in Verbindung mit dem Gewerbegesetz vom 20.9.1862 die gewerbliche Freizügigkeit eingeführt. Dieser neuen Situation entsprach die Neuregelung der Armenpflege im Jahre 1870. Dem preußischen Vorbild entsprechend war die Gemeinde, in der ein Staatsbürger seinen Unterstützungswohnsitz besaß, Träger der Armenlast.[206]

In Württemberg hatte eine Polizeiverordnung vom 11.11.1807 bestimmt,

„daß jeder, der sich nicht notdürftig erhalten bzw. von Verwandten unterstützt werden konnte, auf Hilfe der politischen Gemeinde Anspruch hatte, in der er das erbliche Bürger- und Beisitzrecht hatte, bzw. in der er geboren bzw. fünf Jahre geduldet worden war".[207]

Nach Schaffer konnte sich eine eigentliche Armengesetzgebung erst auf der Grundlage des Gesetzes über das Gemeindebürger- und Beisitzrecht vom 15.4.1828, revidiert am 4.12.1833, entfalten.[208] Dieses Gesetz blieb dann bis zum Eintritt Württembergs ins Deutsche Reich bestehen. „Mit Auswirkungen auf eine Unterstützungsberechtigung und damit verbundener Unterstützungsleistung bestimmte das Gesetz, daß in der Regel alle Staatsbürger einer Gemeinde als Bürger oder Beisitzer angehören sollten".[209] Das Heimatrecht konnte durch Geburt, durch Aufnahme oder durch Zuteilung erworben werden. Vom Wohnsitz oder Aufenthalt in der Gemeinde unabhängig konnte es nur durch Erwerb des Bürger- oder Beisitzrechts einer anderen Gemeinde des Königreichs verloren gehen.[210]

---

204 Vgl. Schaffer, „Staatliche Neuordnung",48.
205 Ebd., 49.
206 Vgl. ebd.
207 Ebd.
208 Vgl. ebd., 50.
209 Bethge, Struktur der öffentlichen Armenpflege, 72.
210 Vgl. Schaffer, „Staatliche Neuordnung", 50.

2.2.2.6 Ausblick: Die Sozialgesetzgebung des Deutschen Reiches

Der zwischen 1850 und 1890 erfolgende Aufschwung der Industrie bedeutete langfristig das Ende des traditionellen Pauperismus. Durch die bürgerlich-kapitalistische Produktionsweise konnte die Nahrungsmittelproduktion so gesteigert werden, dass Missernten nicht mehr zu solchen existenzbedrohenden Hungerkrisen führten wie zu Beginn des 19. Jahrhunderts.[211] Parallel zur Abnahme des Pauperismus entwickelte sich jedoch in den Industriestädten trotz des steigenden gesellschaftlichen Reichtums die systemproduzierte, kollektive Armut des Industrieproletariats.[212] Es entstand ab der Mitte des 19. Jahrhunderts daher eine von der Armenpolitik zu unterscheidende Arbeiterpolitik, die dann in den 80er Jahren des 19. Jahrhunderts in der Arbeiterversicherungspolitik des Deutschen Reiches kulminierte.[213] Diese Arbeiterpolitik „zielte vielmehr darauf ab, die Lohnarbeiterexistenz so zu sichern, daß ein Absinken der Arbeiterbevölkerung in die Armenbevölkerung ... generell nicht mehr stattfinden konnte, und zudem die bürgerliche Gesellschaft vor den Gefahren einer proletarischen Revolution bewahrt wurde".[214]

Nach der Reichsgründung erfolgte eine verstärkte Auseinandersetzung des Staates mit sozialpolitischen Fragen. Die Notwendigkeit staatlicher Intervention im Wirtschafts- und Sozialbereich wurde insbesondere durch die Gründerkrise der Jahre 1873/1879 erkannt und in konkreten Maßnahmen umgesetzt.[215] Als erstes für das ganze Reich geltendes Sozialversicherungsgesetz wurde 1883 das Krankenversicherungsgesetz angenommen. Die Kassen wurden zur Übernahme der Kosten für die ärztliche Behandlung und der Medikamente sowie im Falle der Erwerbsfähigkeit zur Zahlung eines Krankengeldes in Höhe des halben Arbeitslohnes verpflichtet. Die Mittel hierzu wurden zu 2/3 von den Arbeitern und zu 1/3 von den Arbeitgebern als regelmäßige Beiträge aufgebracht. 1885 hatten über vier Millionen Personen eine Krankenversicherung abgeschlossen, was ungefähr 40% der Arbeitnehmer ausmachte.[216] Nach der Verabschiedung des Krankenversicherungsgesetzes trat 1884 die Unfallversicherung in Kraft, die sich zunächst nur auf die

---

211 Vgl. Sachße/Tennstedt, Geschichte der Armenfürsorge, Bd. 1, 257.

212 Vgl. ebd.

213 Vgl. ebd., 262.

214 Ebd.

215 Vgl. Hans-Georg Aschoff, „Von der Armen- zur Wohlfahrtspflege. Anfänge staatlicher Sozialgesetzgebung. Die Kirche im Kontext unterschiedlicher Sozialhelfer", in: Erwin Gatz (Hg.), Geschichte des kirchlichen Lebens in den deutschsprachigen Ländern seit dem Ende des 18. Jahrhunderts, Bd. 5: Caritas und soziale Dienste, Freiburg i. Br. 1997, 71-90, 76.

216 Vgl. Friedrich-Wilhelm Henning, Die Industrialisierung in Deutschland 1800 bis 1914, Paderborn ^{5}1979, 269.

Industrie- und Bergarbeiter bezog, später dann aber auch auf die Schifffahrt und die Land- und Forstwirtschaft ausgedehnt wurde. Die Beiträge hierzu wurden ausschließlich von den Arbeitgebern bezahlt. Gesetzlich als Unfall anerkannt wurde „nur ein plötzlich eintretendes Ereignis. Berufskrankheiten, die zu Einschränkung oder Verlust der Arbeitskraft führen, wurden nur sehr zögernd in den Versicherungsschutz einbezogen“.[217] Die 1889 verabschiedete Alters- und Invaliditätsversicherung bezog anders als die Unfallversicherung alle in Industrie, Handwerk und Landwirtschaft beschäftigten Arbeiter mit ein.

„Wer aufgrund von Einschränkungen seiner Arbeitsfähigkeit nicht mehr in der Lage war, mindestens 1/3 dessen zu erwerben, was körperlich und geistig gesunde Personen mit ähnlicher Ausbildung in derselben Gegend durchschnittlich an Arbeitseinkommen erhielten, oder wer das 70. Lebensjahr vollendet hatte, gewann einen Anspruch auf Rente, wenn er mindestens 5 bzw. 30 Beitragsjahre eingezahlt hatte“.[218]

Die Beiträge kamen je zur Hälfte von den Arbeitgebern und den Arbeitnehmern. Die Rente wurde um einen Reichszuschuss von 50 Mark aufgestockt. Es stellte sich jedoch als Problem heraus, dass das Rentenalter im Vergleich zur durchschnittlichen Lebenserwartung von Arbeitern zu hoch angesetzt war.[219] Die Leistungen der Sozialversicherungen und der Kreis ihrer Leistungsempfänger wurden nach 1890 erweitert. „Im Unterschied zur Armenfürsorge bestand bei den Sozialversicherungen ein individueller Rechtsanspruch auf diese Leistungen; dadurch entfielen soziale und politische Diskriminierungen und entwürdigende Bewilligungsmodalitäten“.[220] Dies bejahend weisen jedoch Christoph Sachße und Florian Tennstedt darauf hin, dass die Ausweitung und Verbesserung der versicherungsförmig organisierten Absicherung implizit den diskriminierenden Charakter der Armenfürsorge verstärkten, da diese nun „zum Unterstock des sozialen Sicherungssystems“ wurde.[221] Zu einem ähnlichen Urteil kommt Rüdeger Baron:

„War die Armenunterstützung bis dahin grundsätzlich das gemeinsame Schicksal aller zeitweilig oder dauernd für den Arbeitsprozess unbrauchbaren Eigentumslosen gewesen, so trifft sie jetzt scheinbar nur noch die, die sich

---

217 Rüdeger Baron, „Die Entwicklung der Armenpflege in Deutschland vom Beginn des 19. Jahrhunderts bis zum Ersten Weltkrieg“, in: Rolf Landwehr/Rüdeger Baron (Hgg.), Geschichte der Sozialarbeit. Hauptlinien ihrer Entwicklung im 19. und 20. Jahrhundert, 3. verbesserte Aufl. Weinheim 1995, 11-69, 37.

218 Ebd., 39.

219 Vgl. ebd.

220 Aschoff, „Von der Armen- zur Wohlfahrtspflege“, 78.

221 Sachße/Tennstedt, Geschichte der Armenfürsorge, Bd. 1, 263.

keinen Versicherungsanspruch durch mehr oder weniger regelmäßige Arbeit verschaffen können oder wollen".[222]

Während Bismarck mit der Einführung des Versicherungsprinzips für die Proletarier durch den Staat bei Krankheit, Invalidität und im Alter als staatserhaltende Maßnahme erachtete, stand er der Arbeitergesetzgebung kritisch gegenüber. Neben der liberalen Vorherrschaft im Reichstag und dem Einfluss der Großindustriellen war für die vergleichsweise spät erlassenen Arbeitergesetze vor allem die ablehnende Haltung Bismarcks verantwortlich, „der von der Ausweitung des betrieblichen Schutzes der Arbeiter eine Verteuerung deutscher Produkte und Wettbewerbsnachteile gegenüber der ausländischen Konkurrenz erwartete".[223] Auch wenn die Sozialdemokraten und die Zentrumspartei bereits in den 1870er Jahren die Einführung eines umfassenden Arbeiterschutzes forderten, konnte dieser erst nach Bismarcks Entlassung ansatzhaft umgesetzt werden.[224] Ende des 19. Jahrhunderts wurden die Sonntags- und Kinderarbeit in Fabriken verboten, sowie die Arbeitszeit für Frauen und Jugendliche beschränkt.[225]

2.3 Wirtschaftliche und soziale Rahmenbedingungen

Nach dieser Darstellung der Entwicklung der staatlichen Armengesetzgebung als Ausdruck des politischen Umgangs mit der Massenarmut sollen im folgenden Kapitel die konkrete Gestalt der ‚neuen' Armut, ihre Ursachen und Ausmaße in den Blick geraten. In einem zweiten Schritt wird danach zu fragen sein, wie sich vor dem Hintergrund der staatlichen Armengesetzgebung verschiedene Formen zum Umgang mit der beschriebenen Massenarmut entwickelten.

2.3.1 Allgemeine Entwicklungen

Das lange 19. Jahrhundert[226] war von einer Vielzahl von sozialen und wirtschaftlichen Umstrukturierungen geprägt. Die Bevölkerungszahl wuchs so stark an, dass man von einer Bevölkerungsexplosion sprechen kann.[227]

222 Baron, „Die Entwicklung der Armenpflege", 40.
223 Aschoff, „Von der Armen- zur Wohlfahrtspflege", 79.
224 Ebd.
225 Vgl. ebd., 80.
226 Vgl. Jürgen Kocka, Das lange 19. Jahrhundert. Arbeit, Nation und bürgerliche Gesellschaft, Stuttgart 2001.
227 Vgl. Henning, Die Industrialisierung in Deutschland, 17.

1780 lebten im Gebiet des späteren Deutschen Reiches 21 Millionen Menschen. 1825 waren es bereits 28 Millionen und 1850 schließlich 35 Millionen Einwohner. „Dieses Wachstum resultierte aus der besseren Ernährung, Hygiene und medizinischen Versorgung, dem Rückgang der Sterblichkeit und dem Abbau der Heiratsbeschränkungen".[228] Als weiterer Grund für das Bevölkerungswachstum gilt das Fehlen von Epidemien wie der Pest und von größeren Kriegen, die in früheren Jahrhunderten zur Reduzierung der Bevölkerungszahl beigetragen hatten. Für die Armenfrage ist es wesentlich, dass die zunftlosen und landlosen bzw. landarmen Menschen an diesem Bevölkerungswachstum überproportional beteiligt waren.[229] Außerdem veränderten sich die Arbeits- und Existenzgrundlagen der Bevölkerung grundlegend. „Aus einem Agrarland mit vorherrschend ländlicher Arbeits- und Lebensweise wurde ein Industrieland mit vorherrschend städtischer Arbeits- und Lebensweise".[230] Diese Entwicklung wird heute allgemein in drei Phasen gegliedert.[231] Man unterscheidet die vorindustriellen Jahrzehnte mit proto- und frühindustriellen Elementen, die vom späten 18. Jahrhundert bis in die 1840er Jahre reichen, von der eigentlichen Industrialisierung der Jahre 1840 bis 1873. Die dritte von 1873 bis 1914 reichende Phase kann man nach Jürgen Kocka mit dem Begriff der ‚Hochindustrialisierung' umschreiben.[232] Innerhalb der einzelnen Wirtschaftssektoren fand besonders ab der Jahrhundertmitte eine einschneidende Verschiebung vom primären zum sekundären und tertiären Sektor statt. So arbeiten zu Beginn des 19. Jahrhunderts ungefähr 62% aller Beschäftigten im primären Sektor, gegen Ende jedoch nur noch etwas mehr als 35%.[233] Eine ähnliche zeitliche Entwicklung zeichnet sich beim Verstädterungsprozess ab. Nachdem das starke Bevölkerungswachstum zunächst nur leichte Verschiebungen zwischen der Stadt- und Landbevölkerung mit sich brachte, setzte die Binnenwanderung in die Stadt etwa ab 1860 ein und betraf dabei vor allem die Großstädte mit mehr als 30 000 Einwohnern.[234] Florian Sachße und Christoph Tennstedt betonen, dass der Übergang von einer vorherrschenden Landwirtschaftsproduktion zu einer vorherrschenden Industrieproduktion sowie der Übergang von einer vorherrschend ländlichen Arbeits- und Lebensweise zu einer vorherrschenden städtischen Arbeits- und Lebensweise vor dem Hintergrund des wirtschaftlichen Wachs-

228 Schaffer, „Staatliche Neuordnung", 40.

229 Vgl. Christoph Sachße/Florian Tennstedt, Bettler, Gauner und Proleten. Armut und Armenfürsorge in der deutschen Geschichte; ein Bild-Lesebuch, Reinbek bei Hamburg 1983, 159.

230 Ebd., 154.

231 Vgl. Kocka, Das lange 19. Jahrhundert, 50-53.

232 Vgl. ebd., 53.

233 Vgl. Henning, Die Industrialisierung in Deutschland, 20.

234 Vgl. ebd., 31.

tums und der wirtschaftlichen Wechsellagen zwischen 1800 und 1914 zu sehen sind.[235] Bis zur Mitte des 19. Jahrhunderts herrschten die traditionellen Wechsellagen des ‚alten Typs' vor, die durch natürliche Ereignisse wie Missernten und Seuchen bedingt waren.[236] Die bedeutendsten Hungerkrisen des 19. Jahrhunderts fielen in die Jahre 1801–1805, 1816/1817 und 1847.[237] Diese mit enormen Teuerungsphasen verbundenen Agrarkrisen der vorindustriellen Zeit liefen alle nach dem ungefähr gleichen Muster ab:

„Mißernten führten zu steigenden Getreidepreisen, wobei die ohnehin schon hohen Preise häufig noch durch Exporteure und Spekulanten zusätzlich in die Höhe getrieben wurden; Angehörige der Unterschichten konnten die ins Astronomische steigenden Preise nicht bezahlen und bekamen Schwierigkeiten, sich mit Nahrungsmitteln zu versorgen".[238]

Außerdem kam es zu einem Überangebot an Arbeitern und somit auch zu sinkenden Löhnen. Nach Andreas Gestrich kann insbesondere die Hungerkrise von 1816/17 als ‚Jahrhundertkrise' und als ‚Urkatastrophe' des Jahrhunderts angesehen werden, da sich verheerende Missernten mit allgemeinen wirtschaftlichen und politischen Strukturproblemen der Zeit nach den napoleonischen Kriegen verstärkten.[239]

Ab etwa 1850 herrschten dann die Konjunkturzyklen ‚neuen Typs' vor. Es handelt sich hierbei um „zusammenhängende Erscheinungen von Auf- und Abschwingen der Produktionstätigkeit im Zusammenhang von Investition, Einkommensbildung und Konsum".[240]

Hinsichtlich der konkreten Ausprägungen der Not sollen nun die ländliche und die städtische Armut getrennt betrachtet werden, da zwischen beiden Formen teilweise beträchtliche Unterschiede bestehen.

2.3.2 Ländliche Armut

In Deutschland lebte um 1800 der größte Teil der Bevölkerung auf dem Land. Die Forschung geht davon aus, dass die Zahl der ländlichen Bevölkerung um 1800 etwa 80% der Gesamtbevölkerung ausmachte.[241] Es ist hierbei zu be-

---

235 Vgl. Sachße/Tennstedt, Geschichte der Armenfürsorge, Bd. 1, 180.

236 Vgl. ebd.

237 Wilhelm Abel, Massenarmut und Hungerkrisen im vorindustriellen Deutschland, Göttingen 1972, 54-57.

238 Martin Rheinheimer, Arme, Bettler und Vaganten. Überleben in der Not 1450–1850, Frankfurt a. M. 2000, 21.

239 Vgl. Andreas Gestrich, „Religion in der Hungerkrise von 1816/17", in: Manfred Jakubowski-Tiessen (Hg.), Um Himmels Willen. Religion in Katastrophenzeiten, Göttingen 2003, 275-293, 275.

240 Sachße/Tennstedt, Geschichte der Armenfürsorge, Bd. 1, 181.

241 Vgl. Knut Borchardt, Die industrielle Revolution in Deutschland, München 1972, 35, 38.

achten, dass es stärker ländlich strukturierte Regionen gab, beispielsweise Bayern oder Preußen, aber auch von jeher gewerblich ausgerichtete Gebiete wie Schlesien, Sachsen, das Rhein-Main-Gebiet oder die nördlichen Gebiete der Rheinprovinz. „In Preußen, wo die Agrargebiete überwogen, schwankte der Anteil der Landbevölkerung zwischen 70 und 80 v. H., in Mitteldeutschland hatten die Stadteinwohner schon einen Anteil an der Gesamtbevölkerung von 40 v. H.“.[242] Wie bereits erwähnt, wirkte sich die massive Bevölkerungszunahme zunächst nicht auf die Relation Stadt versus Land aus, so dass die Landbevölkerung und die Zahl der landwirtschaftlichen Erwerbstätigen weiterhin zunahmen.[243] Nach Peter Blum kann man den Pauperismus als vorwiegend ländliches Phänomen ansehen und Wilhelm Abel betont in Anlehnung an Bruno Hildebrand, dass die Not in den rein agrarischen Bezirken größer war als in den industriellen.[244] Diese Thesen bestätigend zeigt Dietrich Saalfeld auf, dass die Masse der armen und besitzlosen Bevölkerungsschichten auf dem Land lebte und die städtischen Unterschichten um das Doppelte überragten.[245] „Für diese *agrarische Überschussbevölkerung* waren weder die erforderlichen Subsistenzmittel noch Arbeitsmöglichkeiten in dem benötigten Umfang verfügbar“.[246]

Den gesteigerten Ansprüchen an die landwirtschaftliche Produktion von Nahrungsmitteln und Rohstoffen versuchte man von staatlicher Seite durch die Weiterentwicklung der Produktionsverhältnisse und durch die Änderung der Agrarverfassung zu begegnen. Man ging von der einfachen zur verbesserten Dreifelderwirtschaft oder zur Fruchtwechselwirtschaft über und konnte so die landwirtschaftliche Produktion steigern.[247] Die Abkehr von der einfachen Dreifelderwirtschaft bedeutete für die unterbäuerlichen Schichten jedoch den Verlust einer wichtigen Existenzgrundlage, da der brachliegende Teil auch ihrem bescheidenen Viehbestand als Weide diente.[248] Die Änderung der Agrarverfassung erfolgte durch die als ‚Bauernbefreiung‘ bezeichneten Reformen. Es handelt sich um die „Aufhebung und Abschaffung der Abhängigkeitsverhältnisse, denen die bäuerliche Bevölkerung durch das den größten Teil der ländlichen Bereiche erfassende Feudalsystem unterworfen

---

242 Sachße/Tennstedt, Geschichte der Armenfürsorge, Bd. 1, 179.

243 Dietrich Saalfeld, „Die sozialökonomischen Lebensbedingungen der Unterschichten Deutschlands im 19. Jahrhundert“, in: Karl-Heinrich Kaufhold/Friedrich Riemann (Hgg.), Theorie und Empirie in Wirtschaftspolitik und Wirtschaftsgeschichte. Festschrift für Wilhelm Abel zum 80. Geburtstag, Göttingen 1984, 189-215, 190.

244 Vgl. Blum, Staatliche Armenfürsorge, 16; Abel, Massenarmut, 7.

245 Vgl. Saalfeld, „Die sozialökonomischen Lebensbedingungen“, 193.

246 Blum, Staatliche Armenfürsorge, 17 [Hervorhebungen im Original].

247 Vgl. Henning, Die Industrialisierung in Deutschland, 51.

248 Vgl. Lehner, Caritas, 79.

war und auf Grund derer von den Bauern Leistungen unterschiedlicher Art und Höhe gefordert werden konnten und wurden“.[249]

Diese in den einzelnen Staaten mit unterschiedlicher Schnelligkeit und Intensität ablaufenden Reformmaßnahmen setzten in der 2. Hälfte des 18. Jahrhunderts ein und reichten bis weit in das 19. Jahrhundert. In Preußen beispielsweise hob das Oktoberedikt aus dem Jahre 1807 bei den erblichen Besitzrechten und ab November 1810 auch bei den übrigen, d.h. nichterblichen Besitzrechten, die Erbuntertänigkeit auf.[250] Gleichzeitig erlaubte es die freie Berufswahl und schuf somit die persönliche Freiheit und Freizügigkeit der Bauern. Die Aufhebung der Erbuntertänigkeit hatte jedoch auch Nachteile für die Bauern. Denn mit der Schollengebundenheit verschwand zugleich der Bauernschutz. Es entfielen nun die patriarchalischen Pflichten der Gutsobrigkeiten, die z.B. im Falle von Invalidität, Krankheit und Alter fürsorgepflichtig waren.[251] Mit dem Regulierungsedikt von 1811 „wurde allen spannfähigen Bauern, falls sie vorher dem staatlichen Bauernschutz angehört hatten, gegen Kapital- oder Rentenzahlung, zumeist aber gegen Abtretung eines Landgebietes, ihr bewirtschafteter Besitz als Eigentum überschrieben“.[252] Hinzu kam ein kompliziertes Ablösesystem zur Entbindung der Bauern von den Zwangsdiensten auf den Gütern.[253] Bauern mit nichtspannfähigen Kleinstellen blieben bis 1850 im gutsherrschaftlichen Verband. Die Regulierungen hatten jedoch die zunehmende Verschuldung und Verarmung vieler Kleinbauern zur Folge, da die Höfe nun oft zu klein waren, um wirtschaftlich arbeiten zu können.[254] Außerdem fielen im Rahmen der Landeskulturgesetzgebung die von der Gemeinheit nutzbaren Flächen überwiegend an die Gutsherren, so dass diejenigen, die kein eigenes Land besaßen einer wichtigen Lebensgrundlage beraubt waren.[255] Für die auf dem Land lebenden Menschen bedeutete diese Neuordnung der ländlichen Agrarverfassung einen gravierenden Einschnitt in ihr bisheriges Sozialgefüge.[256] Viele Bauern mussten auf Grund ihrer finanziellen Lage ihren Besitz aufgeben und so vermehrte sich die auf dem Gutsland beschäftigte Landarbeiterschaft um das Zweieinhalbfache. Die Lohnarbeit wurde zur typischen Form der Reproduktion der ländlichen Unterschichten.[257]

249 Henning, Die Industrialisierung in Deutschland, 37.
250 Vgl. ebd., 43.
251 Vgl. Sachße/Tennstedt, Geschichte der Armenfürsorge, Bd. 1, 183.
252 Doege, Armut in Preußen und Bayern, 70.
253 Vgl. ebd., 71.
254 Vgl. Baron, „Die Entwicklung der Armenpflege“, 14.
255 Vgl. Doege, Armut in Preußen und Bayern, 71.
256 Vgl. ebd.
257 Vgl. Sachße/Tennstedt, Geschichte der Armenfürsorge, Bd. 1, 185.

Während im Herzogtum Nassau ähnlich wie in Preußen bereits 1808 die Aufhebung der Erbuntertänigkeit erfolgte, setzte sich die Bauernbefreiung in anderen deutschen Staaten wie etwa in Württemberg oder Baden nach Versuchen in der napoleonischen Ära erst um 1820 durch. In Süddeutschland kam mit der Revolution von 1848 die endgültige Beseitigung der Grundherrschaft. Trotz dieser Unterschiede im Reformwesen war die Situation der ländlichen Unterschichten in ganz Deutschland ähnlich. Auf Grund des übermäßigen Bevölkerungswachstums nahm die Zahl der freien ländlichen Lohnarbeiter überall zu. Diese waren durch ihr Leben am Existenzminimum ständig von Armut bedroht. Sie konnten keine Rücklagen anlegen, da nur ein kleiner Teil ihres Lohns als Bargeld ausgezahlt wurde. „Darüber hinaus verloren die weitgehend stagnierenden Löhne zunehmend an Kaufkraft“.[258] Da die Lohnarbeiter über keinen eigenen Besitz verfügten, konnten sie im Krankheits- oder Notfall auf keine soziale Absicherung zurückgreifen. Außerdem war es für schwache, kränkliche oder ältere Tagelöhner fast unmöglich, nach einer Entlassung wieder eine Anstellung zu finden.[259]

In den 30er und 40er Jahren des 19. Jahrhunderts wirkte sich die schlechte wirtschaftliche Lage der Textilindustrie verstärkt negativ auf die Landbevölkerung aus, da sich diese bisher in der weitverbreiteten Heimarbeit im Textilbereich häufig ein Zubrot verdienen konnte.[260] „Die Notlage der verarmten Landbevölkerung nahm, besonders in Zeiten schlechter Ernten, teilweise derart katastrophale Ausmaße an, daß es in einigen Gebieten zu sogenannten Hungeraufständen und kleineren Revolten kam“.[261] Solche Proteste wie beispielsweise der schlesische Weberaufstand wurden jedoch von der Polizei schnell niedergeschlagen und breiteten sich nicht aus.[262] Die meisten arbeitslosen Lohnarbeiter und verarmten Kleinbauern versuchten, ihre Not jedoch nicht durch Aufstände, sondern im zunehmenden Maße ab 1840/1845 durch Abwanderung in die Städte zu lindern.[263] „Dem sich seit Jahrzehnten auf dem Land aufbauenden Bevölkerungsüberdruck entsprach seit den späten 40er/frühen 50er Jahren ein wachsender Bedarf an Arbeitskräften seitens der sich mit ausgeprägter örtlicher Konzentration etablierenden Industrie“.[264]

---

[258] Doege, Armut in Preußen und Bayern, 127.
[259] Vgl. ebd., 71.
[260] Vgl. ebd., 40.
[261] Ebd., 39.
[262] Vgl. ebd.
[263] Vgl. Henning, Die Industrialisierung in Deutschland, 105.
[264] Kocka, Das lange 19. Jahrhundert, 76.

2.3.3 Städtische Armut

Auch wenn Peter Blum die Massenarmut des Vormärz auf Grund der agrarischen Überschussbevölkerung als vorwiegend ländliches Phänomen ansieht und Wilhelm Abel die Not agrarischer Gebiete betont, war Armut nicht allein ein ländliches, sondern auch ein städtisches Problem. Dietrich Saalfeld zeigt auf, dass die städtische Armut in Krisenzeiten sogar extremere Ausmaße annahm als auf dem Lande, wo der Nahrungsbedarf durch Eigenversorgung gerade notdürftig gedeckt werden konnte.[265] Außerdem bestanden auf dem Land im Gegensatz zur Stadt noch verwandtschaftliche und traditionell entwickelte soziale Abwehrmechanismen.[266]

Die Faktoren und Prozesse der Proletarisierung in der Stadt waren im 19. Jahrhundert zunächst die gleichen wie im 18. Jahrhundert, wobei jedoch die sozialen Sicherheitsleistungen der stadttypischen Gemeinschaften wie Gilden oder Zünfte immer mehr verloren gingen und das kommunale Armenwesen an Bedeutung gewann.[267] Neben der steigenden Zahl an Fabrikarbeitern zählten zur städtischen Unterschicht nach wie vor die Witwenhaushalte, Tagelöhner und ungelernte Handarbeiter, Gesellen und Dienstboten sowie die kleinbürgerlichen Handwerker und Händler.[268] Ähnlich wie auf dem Land führten die Bevölkerungsvermehrung, die napoleonischen Kriege und die in Preußen eingeführte Gewerbefreiheit zu einer Vergrößerung des Elends der von Nahrungs- und Beschäftigungslosigkeit bedrohten Bevölkerung.[269]

Durch die Einführung der Gewerbefreiheit beispielsweise in Preußen im Jahre 1810 erhoffte man sich eine Hebung des Wohlstandes und eine Besserung der Staatseinnahmen.[270] Obwohl die Zünfte in Verbindung mit der Gewerbefreiheit nicht direkt aufgehoben wurden, lösten sie sich doch langsam auf, da jeder Unterschied zwischen den zünftigen und nichtzünftigen Meistern beseitigt wurde.[271] Eine ähnliche Entwicklung ist in den folgenden Jahren ebenso in anderen deutschen Staaten zu verzeichnen.

Auch wenn in Sachsen, Baden, Württemberg und Bayern die Gewerbefreiheit erst in den 60er Jahren des 19. Jahrhunderts eingeführt wurde, erfolgte hier schon in den Jahren zuvor eine Lockerung der Zunftbestimmungen.[272] Diese wurden jedoch durch immer wieder einsetzende restriktive Maßnahmen zeitweise zurückgedrängt. Die durch die liberalen Bestimmungen ein-

---

[265] Vgl. Saalfeld, „Die sozialökonomischen Lebensbedingungen“, 198.
[266] Vgl. Doege, Armut in Preußen und Bayern, 138.
[267] Vgl. Sachße/Tennstedt, Geschichte der Armenfürsorge, Bd. 1, 188.
[268] Vgl. Saalfeld, „Die sozialökonomischen Lebensbedingungen“, 198.
[269] Vgl. Sachße/Tennstedt, Geschichte der Armenfürsorge, Bd. 1, 188.
[270] Vgl. ebd., 190.
[271] Vgl. ebd.
[272] Vgl. Henning, Die Industrialisierung in Deutschland, 63.

geleitete Entwicklung konnte kurzfristig für ein Auffangen des Bevölkerungsüberschusses und der vom Land herbeiströmenden Bevölkerung sorgen, brachten aber gleichzeitig eine neue Konkurrenzsituation mit sich. Denn nach dem Wegfall des Zunftzwangs machten sich viele Gesellen selbständig, waren wegen der Auflösung der Zünfte jedoch auf sich alleine gestellt und konnten dem entstandenen Konkurrenzdruck daher nicht standhalten.[273] Viele mussten schon bald ihr Geschäft wieder aufgeben und als schlecht bezahlte Lohnarbeiter oder als Bettler und Almosenempfänger ihr Leben fristen.[274] „Die Mehrzahl der in Handwerk und Industrie Beschäftigten konnte nur ein Einkommen erzielen, welches das Existenzminimum entweder nicht oder nur knapp erreichte".[275] Auf Grund der niedrigen Löhne musste sich die Mehrheit der Bevölkerung auf den Erwerb der nötigsten Waren für Nahrung, Kleidung und Wohnung beschränken oder ganz darauf verzichten, was sich negativ auf die gewerbliche Produktion auswirkte.[276] Verstärkt wurde das Problem der Arbeitslosigkeit und der niedrigen Löhne durch das zunehmende Überangebot an ungelernten Arbeitern, die vom Land kommend auf eine bessere Zukunft in der Stadt hofften. Hinzu kommt, dass immer mehr Arbeiten maschinell erledigt werden konnten, wodurch die Arbeitslosigkeit weiter anstieg.[277] Außerdem mussten immer mehr Frauen und Kinder zum Familienunterhalt beitragen, was die fehlenden Beschäftigungsmöglichkeiten zusätzlich erhöhte und die Löhne sinken ließ. Zwischen 1830 und 1850 entwickelten sich die Handarbeiter und Tagelöhner zur stärksten Gruppe der städtischen Unterschicht.[278] Ihre Situation erläutert Antje Kraus für Hamburg:

„Ihr Verdienst reichte allenfalls aus, um von der Hand in den Mund zu leben, ließ aber keine oder bestenfalls nur geringe Ersparnisse zu, um auch nur die ‚kleinen Notfälle' wie kurzfristige Krankheit und vorübergehenden Dienstausfall, ohne in finanzielle Bedrängnis zu geraten, durchzustehen; ganz abgesehen davon, daß sie in Arbeitsunfähigkeit oder starker Einschränkung der Erwerbsfähigkeit im Alter ohnehin meist der Armenanstalt zur Last fielen".[279]

---

273 Vgl. Doege, Armut in Preußen und Bayern, 73.

274 Vgl. ebd., 75.

275 Sachße/Tennstedt, Geschichte der Armenfürsorge, Bd. 1, 191.

276 Henning, Die Industrialisierung in Deutschland, 104.

277 Vgl. Frank Niess, Geschichte der Arbeitslosigkeit. Ökonomische Ursachen und politische Kämpfe. Ein Kapitel deutscher Sozialgeschichte, Köln 1979, 22f.

278 Vgl. ebd., 193.

279 Antje Kraus, Die Unterschichten Hamburgs in der ersten Hälfte des 19. Jahrhunderts. Entstehung Struktur und Lebensverhältnisse. Eine historisch-statistische Untersuchung, Stuttgart 1965, 67.

In den 60er Jahren des 19. Jahrhunderts setzte dann die Landflucht so stark ein, „daß die Binnenwanderungen die natürliche Bevölkerungsbewegung (Geburten und Sterbefälle) überlagern".[280] Die zunehmenden Bevölkerungszahlen wirkten sich auch auf die städtischen Wohnverhältnisse aus. Die Menschen lebten in den Städten auf engstem Raum in dunklen, schlecht belüfteten Parterre- und Kellerwohnungen.[281] Auf Grund der beengten und häufig unhygienischen Wohnverhältnisse war die verarmte Stadtbevölkerung in erhöhtem Maße Krankheiten und Seuchen ausgeliefert und wies dementsprechend eine erhöhte Sterblichkeitsrate auf.[282] Ein besonderes Problem der städtischen Armut war die Lage der Frauen. Wie Elke Glöe für Münster darstellt waren Frauen wegen ihrer familiären Belastungen und fehlender beruflicher Ausbildung überdurchschnittlich oft von Armut betroffen.[283] Eine Folge dieser Frauenarmut, die besonders in den größeren Städten sichtbar wurde, war die Prostitution. Viele alleinstehende Frauen mit unehelichen Kindern sahen diese oft als einzigen Ausweg, sich und ihr Kind notdürftig zu ernähren.[284]

Um die Ausmaße der städtischen Armut zu verdeutlichen, sei hier auf die in Listen festgehaltene Anzahl an Almosenempfängern einzelner Städte verwiesen. Auch wenn ein enger Zusammenhang zwischen unterstützter und vorhandener Armut bestand, ist allerdings davon auszugehen, dass das tatsächliche Ausmaß der Armut noch höher anzusetzen ist. So hing die Gewährung der Fürsorge auch von anderen Faktoren wie etwa der sittlichen Bewertung ab.[285] In Köln beispielsweise waren in den Krisenjahren 1816/17 etwa 38% und 1848 rund 26% der Einwohner in den Almosenlisten als Empfänger eingetragen.[286] Etwas geringere, aber immer noch sehr hohe Angaben finden sich für Berlin. Nach einer Schrift von 1814 waren im Jahr 1805 von den 156 000 Einwohnern etwa 25 000 als hilfsbedürftig einzuschätzen.[287]

---

280 Sachße/Tennstedt, Geschichte der Armenfürsorge, Bd. 1, 191.

281 Vgl. Doege, Armut in Preußen und Bayern, 42.

282 Vgl. Hans-Ulrich Wehler, Deutsche Gesellschaftsgeschichte, Bd. 1: Vom Feudalismus des Alten Reiches bis zur defensiven Modernisierung der Reformära, München ^{3}1996, 197.

283 Vgl. Elke Glöe, „Frauenarmut im Münster des 19. Jahrhunderts", in: Franz-Josef Jakobi (Hg.): Strukturwandel der Armenfürsorge und der Stiftungswirklichkeiten in Münster im Laufe der Jahrhunderte, Münster 2002, 261-293, 291-293.

284 Vgl. Doege, Armut in Preußen und Bayern, 49.

285 Vgl. Grindel, Armenpolitik und Staatlichkeit, 65.

286 Vgl. Saalfeld, „Die sozialökonomischen Lebensbedingungen", 198.

287 Vgl. Doege, Armut in Preußen und Bayern, 59.

2.3.4 Zusammenfassung mit einem abschließenden Blick auf die Ursachen des Pauperismus

Die Beschreibung der allgemeinen Entwicklungen und der speziellen Ausprägungen der ländlichen und städtischen Armut in der ersten Hälfte des 19. Jahrhunderts gab bereits einen Einblick in einzelne ursächliche Aspekte der Massenarmut. Hier müssen die negativen gesellschaftlichen Auswirkungen der liberalen Reformen, der Konkurrenzdruck der ausländischen Industrie auf das Heimatgewerbe und die damit zusammenhängende Strukturkrise des Handwerks ebenso genannt werden wie die Abnahme der Reallöhne und die zunehmende Arbeitslosigkeit. Als Gründe für die wachsende Arbeitslosigkeit führt Friedrich-Wilhelm Henning die Rückständigkeit der Wirtschaftsstruktur gegenüber der englischen Entwicklung sowie die infolge der Industrialisierung in England aufkommenden zyklischen Bewegungen in der gewerblichen Produktion an.[288] Neben diesen einzelnen Faktoren wird als Hauptursache der vorindustriellen Massenarmut die seit 1750 kontinuierlich wachsende Bevölkerungszahl angesehen.[289] Die landwirtschaftliche und vorindustrielle gewerbliche Produktion konnte mit diesem Anstieg nicht mehr mithalten. „Der Pauperismus war das Ergebnis eines säkularen Prozesses, in dem die Bevölkerung über die Grenzen des Nahrungsspielraums hinaus wuchs".[290] Im Gegensatz hierzu steht die von Friedrich Engels verbreitete und von einzelnen Forschern aufgenommene These, welche die Industrialisierung für die Massenverelendung verantwortlich macht.

„Das Fabrikwesen, die neue Antriebsenergie, die Anfänge der Maschinisierung und Massenproduktion und die privatwirtschaftliche Form ihrer Nutzung hätten das vormärzliche Elend verursacht, das Handwerk aus der vormals stabilen Bahn geworfen, Meister und Gesellen um ihre ehedem sichere Nahrungsgrundlage gebracht und sie proletarisiert".[291]

Auch wenn der Marburger Staatswissenschaftler Bruno Hildebrand seinem Zeitgenossen Engels bereits 1848 widersprach, konnte die These erst seit den Quellenstudien von Wilhelm Abel, der die Massenarmut des Vormärz als eine der letzten Ausläufer der Krisen einer traditionellen Agrargesellschaft charakterisierte, widerlegt werden.[292] Es wurde deutlich, dass „die Industrialisierung langfristig der Retter vor dem Pauperismus war".[293] Markus Lehner betont anders als Abel und seine Anhänger, dass der Pauperismus nur durch

---

[288] Vgl. Henning, Die Industrialisierung in Deutschland, 108.

[289] Vgl. Saalfeld, „Die sozialökonomischen Lebensbedingungen", 208.

[290] Schulz, „Armut und Armenpolitik", 404.

[291] Ebd., 394.

[292] Vgl. Abel, Massenarmut, 5-8.

[293] Schulz, „Armut und Armenpolitik", 395.

eine Kombination beider Ansätze erklärt werden könne.[294] Für Günter Schulz bietet das Konzept der „Protoindustrialisierung“ die Möglichkeit zur Vermittlung zwischen den beiden Richtungen. „Denn das Anwachsen der Verlags- und Hausindustrie, der Rückgang der Subsistenzwirtschaft, die Abhängigkeit von überregionalen Märkten und Konjunkturen hatten vielerorts die Krisenanfälligkeit der Bevölkerung erhöht und damit auch die Grundlagen für die Pauperisierung gelegt“.[295]

Im folgenden Kapitel soll nun der Frage nachgegangen werden, mit welchen Maßnahmen der Staat und andere Institutionen auf die beschriebene Massenarmut und ihre verschiedenen Ausprägungen reagierten.

2.4 Die Praxis der Armenfürsorge

Bei der Überblicksdarstellung über die Praxis der Armenfürsorge kann nur auf die wesentlichen Formen, Prinzipien und Träger der Hilfsmaßnahmen in der Untersuchungszeit eingegangen werden. Hierbei soll zwischen den staatlichen und den nicht-staatlichen Fürsorgeinstitutionen unterschieden werden.

2.4.1 Die staatliche Armenfürsorge

Die Übersicht über die staatliche Armengesetzgebung macht deutlich, dass die Staaten zwar ihre Verpflichtung zur Armenunterstützung anerkannten, die Hauptlast der Fürsorge aber von den Kommunen getragen wurde. Diese versuchten, ihre Belastungen einzuschränken und den Zuzug Fremder zu verhindern. Dies gilt zumeist auch für die Gemeinden Preußens, das mit der Einführung der Landarmenverbände und des Unterstützungswohnsitzes neue Wege ging. Es soll nun der Frage nachgegangen werden, welche Maßnahmen die staatliche Armenfürsorge vor dem Hintergrund dieser Gesetzgebung ergriff.

Die staatliche Armenpflege war auch im 19. Jahrhundert von dem Grundziel aller Armenpolitik geprägt, „die arbeitsfähigen Armen an die Arbeit zu bringen und den nicht Arbeitsfähigen ein Minimum an Lebensunterhalt zu sichern“.[296] Seit der Neuordnung der Armenpflege um die Wende vom 18. zum 19. Jahrhundert hatte sich allgemein die Trennung zwischen ‚geschlossener‘ Armenfürsorge in Hospitälern, Armen-, Waisen-, Arbeits- und Zuchthäusern und ‚offener‘ Armenfürsorge für sogenannte ‚Hausarme‘ durchgesetzt.

294 Vgl. Lehner, Caritas, 75.
295 Ebd.
296 Schulz, „Armut und Armenpolitik“, 406.

2.4.1.1 Die offene Fürsorge

Die Maßnahmen der ‚offenen' Armenfürsorge ermöglichten den betroffenen Armen, den sogenannten ‚Hausarmen', weiterhin ein Leben in ihrer gewohnten Umgebung. Die Bedürftigen erhielten Geld- oder Naturalabgaben, die ihnen ihre Lebenssituation erleichtern sollte. Allerdings wurden regelmäßige Geldunterstützungen äußerst selten bewilligt.[297] Außerdem waren die oftmals willkürlich gewährten staatlichen Unterstützungen so gering, dass sie zum Leben der Menschen kaum ausreichten: „Die Höhe der spärlichen Unterstützungsgelder war derart gering, daß man sich damit lediglich vor dem Hunger- oder Erfrierungstod retten konnte".[298] Beispielsweise in Preußen wurden zudem nur kranke Arme oder Kinder unterstützt, da arbeitsfähige Arme durch die Einweisung in die Armen- und Arbeitshäuser wieder in den Produktionsprozess eingegliedert werden sollten.[299] Voraussetzung für die Zahlung war jedoch in allen Bereichen die offizielle Anerkennung der Bedürftigkeit durch die staatlichen Stellen. Dies bedeutete eine Erfassung und Kontrolle der Lebensumstände der Betroffenen. Um einem Missbrauch vorzubeugen, wurden den Armen in München eigens für sie ausgestellte, nummerierte und mit dem jeweiligen Unterstützungsbetrag versehene Almosenbillets übergeben, die sie bei der Ausgabe von Geld- oder Naturalunterstützungen vorzeigen mussten.[300] Zusätzlich zur dauernden Unterstützung der als hierzu berechtigt anerkannten Armen reagierten die Städte und Staaten auch in den Notzeiten des frühen 19. Jahrhunderts mit gewohnten Mitteln. Sie ermöglichten den günstigen Kauf von Brot oder Getreide und führten öffentliche Massenspeisungen durch.[301] Hinzu kamen insbesondere in den 30er und 40er Jahren punktuelle Arbeitsbeschaffungsmaßnahmen durch den Bau von Wegen, Straßen und öffentlichen Gebäuden. Diese Aktionen waren jedoch relativ selten und die dort bereitgestellten Arbeitsplätze reichten für eine wirkungsvolle Armenpflege nicht aus.[302]

Von zentraler Bedeutung für die offene Armenpflege des 19. Jahrhunderts wurde das ‚Elberfelder System'. Dieses in der Stadt Elberfeld entwickelte Prinzip wurde zum Vorbild einer rationell-organisierten offenen Armenpflege. Elberfeld, das heute zu Wuppertal gehört, zählte zu den rasch wachsenden Industriestädten Deutschlands. Die Bevölkerungszahl stieg innerhalb von 85 Jahren von etwa 12 000 im Jahre 1800 auf über 106 000 an.[303] Wie in anderen

[297] Vgl. Doege, Armut in Preußen und Bayern, 94.
[298] Ebd., 156.
[299] Vgl. ebd., 94.
[300] Vgl. ebd., 158.
[301] Vgl. Schulz, „Armut und Armenpolitik", 398.
[302] Vgl. Doege, Armut in Preußen und Bayern, 96–97.
[303] Vgl. Sachße/Tennstedt, Geschichte der Armenfürsorge, Bd. 1, 215.

Städten nahm infolge der Zuwanderung zahlreicher Arbeitskräfte aus der ländlichen Umgebung und den östlichen Landesteilen die Zahl der Arbeits- und Unterhaltslosen stark zu. Bereits 1800 wurde mit der Errichtung eines ‚Allgemeinen Armeninstituts' die geschlossene Armenpflege mit dem Ziel einer Abschaffung des Bettels eingerichtet.[304] Bis 1816 bestand neben der bürgerlichen die kirchliche Armenpflege fort. Wie in anderen Städten entwickelte sich jedoch ein Konflikt zwischen diesen beiden Trägern der Armenpflege. „Es breitete sich die Auffassung aus, daß religiös motiviertes Helfen um des Helfens willen die Armut eher groß machte als sie zu beseitigen".[305] Im Jahr der zweiten großen Hungerkrise des 19. Jahrhunderts wurde die Kirche aus der offenen Armenfürsorge ausgeschlossen und auf bestimmte Bereiche der geschlossenen Armenfürsorge beschränkt: „Armenfürsorge wurde damit zur öffentlichen Aufgabe".[306] In den folgenden Jahren wurde die Stadt ähnlich wie bereits Hamburg zu Ende des 18. Jahrhunderts in 10 Bezirke und 50 Quartiere eingeteilt, in denen die Armen von den zuständigen Bürgern beaufsichtigt wurden. Dennoch nahm in den 40er Jahren die Zahl der Armen sowie die wieder aufflammende Bettelei unverhältnismäßig zu. Infolge der massiv gestiegenen Ansprüche an die Armenverwaltung trat am 9. Juli des Jahres 1852 die ‚Armenordnung für die Stadt Elberfeld' in Kraft.[307] Wie bereits in den vorangegangenen rationellen Armenordnungen wurde hier zwischen arbeitsunfähigen und arbeitsfähigen Armen unterschieden.[308] Unter der Aufnahme vieler bereits im Ansatz durchgeführter Regelungen wurden vier Grundsätze der Organisation im ‚Elberfelder System' maßgebend: Ehrenamtlichkeit, Individualisierung, Dezentralisierung und Vermeidung von Dauerleistungen.[309] Das Stadtgebiet wurde in 252 Quartiere aufgeteilt, wobei je ein ehrenamtlicher Armenpfleger oder eine ehrenamtliche Armenpflegerin für einen solchen Bereich zuständig war. Zum Prinzip der Ehrenamtlichkeit ist an dieser Stelle anzumerken, dass nach den Städteordnungen des 19. Jahrhunderts jeder Bürger zum Nutzen der Gemeinschaft zur Übernahme eines solchen Amtes verpflichtet war und dass das Armenpflegeramt häufig die unterste Stufe der kommunalen Karriereleiter darstellte.[310] Es sollten jedoch nicht mehr als vier Armen-Familien oder Einzelpersonen einem Helfer unter-

304 Vgl. Aschoff, „Von der Armen- zur Wohlfahrtspflege", 54.
305 Baron, Die Entwicklung der Armenpflege, 24.
306 Aschoff, „Von der Armen- zur Wohlfahrtspflege", 54.
307 Abgedruckt bei Carl Victor Böhmert, Das Armenwesen in 77 deutschen Städten und einigen Landarmenverbänden. Dargestellt auf Grund der Verhandlungen und statistischen Untersuchungen des Deutschen Vereins für Armenpflege und Wohlthätigkeit, Dresden 1886, 71-72.
308 Vgl. Sachße/Tennstedt, Geschichte der Armenfürsorge, Bd. 1, 217.
309 Vgl. ebd., 215.
310 Vgl. ebd., 218.

stellt werden, damit er die Situation der Armen angemessen untersuchen und beurteilen konnte. Jede Unterstützung sollte nur auf 14 Tage gewährt und dann einer erneuten Prüfung unterzogen werden. Dies war auch dazu gedacht, dass der Pfleger mit den ihm anvertrauten Armen in engem Kontakt bleiben konnte.[311] Die Hauptaufgabe der Armenpfleger bestand darin, den arbeitsfähigen Armen so schnell wie möglich eine Arbeit zu verschaffen. Es bestand Arbeitspflicht, d.h. jeder Hilfsbedürftige musste die ihm zugewiesene Arbeit annehmen. Für die meist wohlhabenden Bürger, die die Aufgabe eines Armenpflegers übernahmen, war die Vermittlung des Hilfsbedürftigen im Normalfall kein Problem.[312] Neben dieser ‚Arbeitsvermittlung' durch die Armenpfleger erfolgten aber generelle Maßnahmen der Arbeitsbeschaffung. Diese wurden in Elberfeld in der Weise durchgeführt, dass die Gemeinde selbst zum Arbeitgeber wurde. Sie war mittelbarer Arbeitgeber, indem sie bestimmte öffentlich ausgeschriebene Arbeiten nur an die Unternehmen vergab, die bereit waren, einen Teil der Arbeitslosen als Arbeiter zu beschäftigen.[313] Die Gemeinde konnte aber auch direkt Arme z.B. zum Bau eines Straßennetzes beschäftigen.[314] Betrachtet man diese Arbeitsbeschaffungsmaßnahmen, so kann mit Günther Schulz als weiteres Prinzip des ‚Elberfelder Systems' die Hilfe zur Selbsthilfe angesehen werden.[315]

Das ‚Elberfelder System' wurde auf Grund seines Erfolges – bis 1882/83 hatten durchschnittlich nie mehr als 2,5% der Einwohner Elberfelds Armenunterstützung beantragen müssen[316] – in den folgenden Jahren zur Grundlage zahlreicher Armenordnungen größerer Städte und Industriezentren. Schwierig war die Anwendung der Prinzipien der Elberfelder Armenfürsorge auf dem Land oder in der Kinderfürsorge.[317] Aber auch in den Städten kam es nach und nach zu verschiedenen Veränderungen des ‚Elberfelder Systems', das noch auf überschaubare und eher statische Verhältnisse abgestimmt war und mit den rapiden wirtschaftlichen und gesellschaftlichen Entwicklungen vieler Städte nicht mehr mithalten konnte.[318]

[311] Vgl. ebd., 216.
[312] Vgl. Baron, „Die Entwicklung der Armenpflege", 25.
[313] Vgl. Sachße/Tennstedt, Geschichte der Armenfürsorge, Bd. 1, 216.
[314] Vgl. ebd.
[315] Vgl. Schulz, „Armut und Armenpolitik", 399.
[316] Vgl. Böhmert, Das Armenwesen in 77 deutschen Städten und einigen Landarmenverbänden, 62.
[317] Vgl. Sachße/Tennstedt, Geschichte der Armenfürsorge, Bd. 1, 218.
[318] Vgl. Aschoff, „Von der Armen- zur Wohlfahrtspflege", 55.

2.4.1.2 Die geschlossene Fürsorge

Die beiden Grundtypen der geschlossenen Armenpflege waren das Hospital sowie das Zucht- und Arbeitshaus.[319] Die Hospitäler differenzierten sich im 19. Jahrhundert in Anstalten für Kranke, körperlich und geistig behinderte Menschen und in Waisenhäuser aus. Die verschiedenen Bereiche wurden nun institutionell getrennt und als eigenständige Anstalten mit spezifischer Funktion weitergeführt. In den Waisenhäusern stammte der Großteil der dort lebenden elternlosen Kinder und Jugendlichen aus den sozialen Unterschichten. „Der Stellenwert der Waisenpflege in der öffentlichen Armenfürsorge war gemessen an den staatlichen Pflegezuschüssen und der vergleichsweise frühen Reglementierung recht hoch".[320]

Auf Grund seiner systematischen Bedeutung in Bezug auf Wahrnehmung und Bewertung von Armut soll im Folgenden der Blick allein auf die arbeitsfähigen Armen und somit auf die Zucht- und Arbeitshäuser gerichtet werden. Die ersten Zucht- und Arbeitshäuser entstanden an der Wende zum 17. Jahrhundert in Amsterdam. Erste Gründungen folgten in Deutschland zu Beginn des 17. Jahrhunderts in Bremen, Lübeck und Hamburg. „Ein wesentlicher Unterschied zwischen Zuchthaus, Gefängnis, Armen- oder Arbeitshaus existierte noch nicht".[321] Hierauf weisen auch die unterschiedlichen Bezeichnungen wie Werkhaus, Arbeitsanstalt, Armenarbeitshaus, freiwillige Beschäftigungsanstalt, Armenhaus, Korrektionsanstalt oder Zucht- und Arbeitshaus hin. Die weitaus meisten Zucht- und Arbeitshausgründungen in Deutschland erfolgen im Laufe des 18. Jahrhunderts, in katholischen Gebieten wie Bayern sogar erst an der Grenze zum 19. Jahrhundert. Michael Doege nimmt für die spätere Einrichtung solcher Anstalten in bestimmten Regionen einen konfessionellen Hintergrund an. Er geht davon aus, dass im Gegensatz zu der protestantischen Arbeitsethik „eine solche Art der Armenfürsorge, die sowohl erzieherische, als auch bestrafende und wirtschaftliche Elemente verband, den sozialen Vorstellungen des Katholizismus völlig zuwiderlief".[322] Denn auch im 19. Jahrhundert wurden in diesen Zwangseinrichtungen die Elemente Bestrafung, Erziehung, Zwangsarbeit und Fürsorge miteinander vereint, so dass sich trotz einsetzender Kritik keine grundlegende räumliche Trennung von Schwerverbrechern und Bettlern vollzog:

„Zwar versuchte man in einigen Gemeinden, die Armen- und Arbeitshäuser von den übrigen Strafanstalten, wie Zuchthaus und Gefängnis, auszugliedern ... doch das auf möglichst große Wirtschaftlichkeit abzielende Inter-

[319] Vgl. Sachße/Tennstedt, Geschichte der Armenfürsorge, Bd. 1, 244.
[320] Grindel, Armenpolitik und Staatlichkeit, 333.
[321] Doege, Armut in Preußen und Bayern, 311.
[322] Ebd., 362.

nierungssystem ließ in den meisten Fällen keine weitergehende Aufteilungen von Zwangsanstalten zu".[323]

Diese Vermischung wird auch an den drei Möglichkeiten deutlich, die nach Christoph Sachße und Florian Tennstedt im 19. Jahrhundert zu einer Einweisung in eine preußische Arbeitsanstalt führen konnten.[324] Der befristete Aufenthalt in einer Arbeitsanstalt konnte zum einen als Maßnahme polizeilichen Zwanges für Obdachlose angeordnet werden. Zum zweiten konnte die befristete Einweisung in ein Arbeitshaus als Strafe gegen jene Arme angewendet werden, die eine ihnen im Rahmen der öffentlichen Armenpflege zugewiesene Arbeit nicht annahmen. Als dritte Möglichkeit nennen Sachße und Tennstedt die sogenannte Korrektionshaft. Diese bis zu drei Jahre dauernde Einweisung war für straftätige Landstreicher, Bettler und Arbeitsscheue vorgesehen, die ihre reguläre Gefängnisstrafe verbüßt hatten und nun wieder in die Gesellschaft eingegliedert werden sollten. Ziel der Arbeitshäuser war somit weiterhin die ‚Sozialdisziplinierung' ihrer Insassen, die mit Hilfe repressiver Maßnahmen in den Arbeitszyklus eingegliedert werden sollten.[325] Wie Eva-Maria Lerche für das Landarmen- und Arbeitshaus Benninghausen herausarbeitet, war auch die Tätigkeit der in den Arbeitsanstalten wirkenden Geistlichen diesem Ziel untergeordnet. „Das Arbeitshaus war zudem eine Disziplinierungsanstalt, bei der jedoch die Erziehung durch Arbeit zur Arbeit im Mittelpunkt stand, während die religiöse Erziehung nur ergänzend wirkte".[326]

Die Zucht- und Arbeitshäuser blieben jedoch nicht nur in ihrer Zielsetzung den Prinzipien des 17. und 18. Jahrhunderts verhaftet, sondern auch in der konkreten beruflichen Ausbildung der Eingewiesenen:

„Denn die dort vermittelten Fertigkeiten orientierten sich nicht an den Anforderungen der fortgeschrittenen Gewerbe, etwa der Metallverarbeitung, sondern an denen des gewohnten ländlichen Nebengewerbes, das keine lange Ausbildung und wenig Kapitaleinsatz erforderte".[327]

---

323 Ebd., 321.

324 Vgl. ebd., 245.

325 Eine ausführliche Untersuchung der sozialdisziplinierenden Prozesse in Arbeitshäusern bietet die Fallstudie von Frank Zadach-Buchmeier zur Arbeitsanstalt Bevern, vgl. Frank Zadach-Buchmeier, Integrieren und Ausschließen. Prozesse gesellschaftlicher Disziplinierung: Die Arbeits- und Besserungsanstalt Bevern im Herzogtum Braunschweig auf dem Weg zur Fürsorgeerziehungsanstalt (1834 bis 1870), Hannover 2003.

326 Eva-Maria Lerche: „Seelsorge oder Disziplinierung. Religion im Alltag des Westfälischen Landarmen- und Arbeitshauses Benninghausen im 19. Jahrhundert", in: Bernhard Schneider (Hg.), Konfessionelle Armutsdiskurse und Armenfürsorgepraktiken im langen 19. Jahrhundert, Frankfurt a. M. u.a. 2009, 297-323, 320.

327 Schulz, „Armut und Armenpolitik", 400.

Fragt man nach den Lebensumständen der Menschen in den Zucht- und Arbeitshäusern, so zeigt sich für die im Zeitalter des Absolutismus gegründeten Arbeitshäuser in größeren Städten wie Berlin, Hamburg, Bremen oder Breslau in der Mitte des 19. Jahrhunderts ein erschreckendes Bild: „Es war vielfach alles an menschlichem Elend zusammengepfercht, was nach den Prinzipien der geschlossenen Armenpflege eigentlich differenziert therapiert oder verwahrt hätte werden müssen".[328] Dies spiegelt sich auch in der Sterblichkeitsrate des Berliner Arbeitshauses von fast 15% wider.[329] Trotz der katastrophalen hygienischen Verhältnisse und einer ungenügenden Ernährung wurden die Insassen zu schweren Arbeiten angehalten, auch wenn der ökonomische Nutzen der Häuser auf Grund der zunehmenden industriellen Produktion in der freien Wirtschaft immer mehr abnahm.[330] Das Leben war von einem strengen Tagesablauf und zahlreichen Regeln, die selbst für schwangere Frauen, Kranke und Kinder galten, geprägt: „Die überaus harten Hausordnungen sollten zum einen den Bestrafungscharakter hervorheben und zum anderen als Disziplinierungsinstrument dienen".[331]

Während in England das ganze Armenwesen auf ein System der geschlossenen Arbeitshauspflege umgestellt und landesweit Anstalten errichtet wurden, die auf Grund ihrer diskriminierenden Bedingungen die freie Lohnarbeit als attraktive Alternative erscheinen ließen, war die generelle Durchführung des Arbeitshausprinzips in Deutschland nicht möglich.[332] Die konsequente Einhaltung dieses Prinzips hätte die nach den gesetzlichen Bestimmungen für die Armenpflege zuständigen Gemeinden finanziell überlastet oder eine stärkere Einbindung des Staates als Träger der Armenlast gefordert.[333] Die Entwicklung und Ausbreitung der Arbeitshäuser sowie ihre Rolle im Gesamtbild der staatlichen Armenfürsorge war in den deutschen Staaten aus diesen und anderen politischen Gründen nicht gleichförmig.[334] Eine ähnliche Entwicklung wie in England vollzog sich nur in Schleswig-Holstein und in Sachsen.

In Bayern fehlte auf dem Land größtenteils ein funktionsfähiges Netz von staatlichen Wohltätigkeitsvereinen. Dies hing vor allem mit der finanziellen Begünstigung der Städte zusammen, die immer noch auf den starken Zuzug der verarmten Landbevölkerung reagieren mussten.[335] In Preußen bestanden auf dem Land meist reine Armenhäuser. Die bedürftigen Einwohner wurden

---

328 Sachße/Tennstedt, Geschichte der Armenfürsorge, Bd. 1, 248.
329 Vgl. ebd.
330 Vgl. Doege, Armut in Preußen und Bayern, 330.
331 Ebd., 324.
332 Vgl. Sachße/Tennstedt, Geschichte der Armenfürsorge, Bd. 1, 248.
333 Vgl. ebd., 248-249.
334 Vgl. ebd., 244.
335 Vgl. Doege, Armut in Preußen und Bayern, 373.

in diesen Häusern untergebracht und mussten sich dann bei den in der Umgebung wohnenden Bürgern mit dem Lebensnotwendigen versorgen. „In den meisten Ortsarmenhäusern herrschten in der Mehrzahl so mangelhafte und zweckwidrige Zustände, daß von ihnen auch ‚ohne gehörige Beschäftigung der Armen‘ ein ähnlicher Abschreckungseffekt ausging wie von der Reihepflege“.[336] Bei der vor allem in Preußen, Württemberg, im Großherzogtum Hessen, Bayern und Sachsen üblichen Reihepflege, wurden die bedürftigen Einwohner reihum durch die (Klein-)Bauern der Gemeinde unterstützt. Faktisch stellte diese Form der Armenunterstützung jedoch eine durch das öffentliche Recht bedingte, aber kaum kontrollierbare Form der Zwangsarbeit dar.[337]

Florian Sachße und Christoph Tennstedt stellen bei ihrer abschließenden Bewertung der Arbeitshäuser im Prozess der Industrialisierung heraus, dass die Arbeitshäuser nur sekundäre Bedeutung hatten und die eigentlichen Anreize zur Arbeitsaufnahme vom Markt und der Ausgestaltung der offenen Armenpflege in den Städten ausging.[338]

2.4.2 Die nicht-staatliche Armenfürsorge

Auch wenn seit dem 18. Jahrhundert die staatliche Einflussnahme im Bereich der Armenfürsorge immer mehr zunahm, bestand die private Wohltätigkeit weiterhin als Ergänzung zu der von den staatlichen Armenverwaltungen und den Kommunen getragenen Armenversorgung. Es ist hierbei nicht immer möglich, die kirchlich-konfessionelle von der privat-bürgerlichen Wohltätigkeit strikt zu trennen.[339]

2.4.2.1 Die bürgerliche Privatwohltätigkeit

Neben die Armenfürsorge durch Stiftungen als traditionelle Form der bürgerlichen Privatwohltätigkeit trat im 19. Jahrhundert eine rege Vereinstätigkeit. Die zahlreichen Bürgervereine haben neue Initiativen bei der Armenfürsorge aufgegriffen und waren dabei flexibler als der schwerfällige und wenig innovative Verwaltungsapparat.[340] Die Vereine verfolgten meistens das Ziel, Hilfe zur Selbsthilfe zu geben. Günther Schulz sieht darin einen „Ausdruck des liberalen Zeitalters und der optimistischen Grundhaltung, man könne den Pauperismus durch individuelle Anstrengungen überwinden“.[341]

336 Sachße/Tennstedt, Geschichte der Armenfürsorge, Bd. 1, 251.
337 Vgl. ebd.
338 Vgl. ebd., 255.
339 Vgl. ebd., 241.
340 Vgl. Doege, Armut in Preußen und Bayern, 100.
341 Schulz, „Armut und Armenpolitik“, 400.

Die Vereine richteten sich insbesondere an die einheimischen, ehrbaren, unverschuldet in Not geratenen Armen, nicht an die außerhalb der noch ständisch geprägten Ordnung stehenden Unterschichten.[342] Sie finanzierten sich durch die Spenden ihrer Mitglieder und turnusmäßige Haus- und Festkollekten sowie durch Nachlassübernahmen.[343] Erste Gründungen erfolgten als Reaktion auf die schwere Hungerkrise 1816/17, so etwa der in Württemberg gegründete ‚Allgemeine Wohltätigkeitsverein'.[344] Weitere Gründungen hatten vor allem die Not der Arbeiter im Blick. Hierzu zählt der 1844 ins Leben gerufene ‚Zentralverein für das Wohl der arbeitenden Klassen'.[345] Er entstand aus der Reaktion der Bevölkerung auf den schlesischen Weberaufstand und verfolgte das Ziel, die Lage der Arbeiter durch Unterstützung der Volksbildung sowie durch die Schaffung von Sparkassen, Versicherungen und Genossenschaften zu verbessern. Eine ähnliche Zielsetzung hatte der 1834 durch den Aachener Kaufmann David Hansemann gegründete ‚Aachener Verein zur Beförderung der Arbeitsamkeit'.[346] Er finanzierte Kindergärten sowie Spar- und Prämienkassen. Die Jahre 1815 bis 1839 gelten allgemein als die Gründerjahre der deutschen Sparkassen, die für die vermögens- und besitzlosen unteren Einkommensschichten errichtet wurden.[347] Somit versuchten auch sie, das Prinzip Hilfe zur Selbsthilfe zu verwirklichen. „Vereine erwiesen sich offensichtlich als sehr effektive Arbeits- und Wirkungsform, sie bewährten sich, wenn man einen bestimmten Zweck erreichen wollte".[348] Die bürgerliche Privatwohltätigkeit zeichnete sich außerdem durch das starke Engagement von Frauen bei der Gründung von Vereinen und in der aktiven Vereinsarbeit aus. Hierbei spielte auch die Einführung der allgemeinen Wehrpflicht eine Rolle, da die Frauen nun auch von politischer Seite motiviert wurden, sich ehrenamtlich der Armen- und Krankenpflege zu widmen.[349] Als besondere Form bürgerlicher Armenpolitik in Bezug auf die arbeitenden Unterschichten nennt Günther Schulz die betriebliche Sozialpolitik frühindustrieller, meist patriarchalischer Unternehmer. Ziel dieser betrieblichen Maßnahmen war es, „durch Belohnung und Strafe die Mentalität des ‚industriellen' Menschen herauszubilden, wie es ähnlich, doch mit charakteristischen Unter-

342 Vgl. ebd.

343 Vgl. Doege, Armut in Preußen und Bayern, 101.

344 Vgl. Lisgret Militzer-Schwenger, Armenerziehung durch Arbeit. Eine Untersuchung am Beispiel des württembergischen Schwarzwaldkreises 1806–1914, Tübingen 1979, 21.

345 Vgl. Sachße/Tennstedt, Geschichte der Armenfürsorge, Bd. 1, 226.

346 Vgl. Schulz, „Armut und Armenpolitik", 401.

347 Vgl. ebd.

348 Sylvelin Wissmann, „Wohltätigkeit im Verein", in: Christoph Kühberger/Clemens Sedmark (Hgg.), Aktuelle Tendenzen der historischen Armutsforschung, Wien 2005, 167-188, 175.

349 Vgl. Sachße/Tennstedt, Geschichte der Armenfürsorge, Bd.1, 223.

schieden auch im Schulwesen, in den Zucht- und Arbeitshäusern bei der Vermittlung von Arbeitsamkeit der Fall war".[350]

Die Zunahme des privaten bürgerlichen Engagements sehen Florian Sachße und Christoph Tennstedt vor allem in der Furcht vor der Auflösung der bürgerlich-staatlichen Ordnung durch Aufruhr und Revolution begründet.[351] Als Ursachen nennen sie neben der dauerhaft bestehenden Massenarmut auch konkrete Ereignisse wie Cholera- und Pockenepidemien, den schlesischen Weberaufstand sowie die Revolution von 1848/49.

Die Frage nach dem Verhältnis von öffentlicher und privater Armenpflege bildet nach Christoph Sachße und Florian Tennstedt eine der am häufigsten erörterten Problembereiche in der Armenwissenschaft.[352] Für Andreas Voß bestand die neue Qualität bürgerlicher Privatwohltätigkeit im 19. Jahrhundert darin, dass sie trotz der Orientierung an Vorgaben der öffentlich-staatlichen Armenfürsorge formal unabhängig vom Staat blieb.[353] Was die konkrete Arbeit der privaten Armenfürsorge und Gemeinden betrifft, kann man nach Susanne Grindel eine enge Kooperation der Privatwohltätigkeit mit den Kommunen annehmen, die durch das bürgerliche Engagement deutlich entlastet wurden.[354] Nach und nach wurden die karitativ tätigen Vereine und Verbände immer stärker in das öffentliche Armenwesen eingebunden, so dass eine duale Fürsorgestruktur entstand.[355] Dies betonen auch Christoph Sachße und Florian Tennstedt und weisen darauf hin, dass in vielen Städten bereits bestehende Vereine oder dafür gegründete Abteilungen der Armenpflege an die öffentliche Armenpflege angeschlossen wurden.[356]

Neben der bürgerlichen Privatwohltätigkeit im engeren Sinne kam es im 19. Jahrhundert auch zu neueren Entwicklungen in der kirchlichen Armenfürsorge. Hierzu sollen nun die evangelische Innere Mission und die katholische Caritas als Beispiele einer solchen konfessionellen Fürsorge vorgestellt werden.

---

350 Schulz, „Armut und Armenpolitik", 401-402.

351 Vgl. Sachße/Tennstedt, Geschichte der Armenfürsorge, Bd.1, 225.

352 Vgl. ebd., 241.

353 Vgl. Andreas Voß, Betteln und Spenden. Eine soziologische Studie über Rituale freiwilliger Armenunterstützung, ihre historischen und aktuellen Formen sowie ihre sozialen Leistungen, Berlin – New York 1993, 18.

354 Vgl. Grindel, Armenpolitik und Staatlichkeit, 307.

355 Vgl. ebd., 308.

356 Sachße/Tennstedt, Geschichte der Armenfürsorge, Bd. 1, 244.

2.4.2.2 Konfessionelle Armenfürsorge – die evangelische Innere Mission

In der folgenden Darstellung kann nur ein kursorischer Überblick über die protestantischen Fürsorgemaßnahmen des frühen 19. Jahrhunderts erfolgen. Hierbei sollen vor allem die Einrichtungen zur Sprache kommen, auf die in den untersuchten Verkündigungstexten Bezug genommen wird.

Die Maßnahmen der evangelischen Wohltätigkeit erfolgten im 19. Jahrhundert zunächst durch einzelne Initiativen in Form von privaten Zusammenschlüssen, die in der Armen- und Krankenpflege tätig waren. Eine breite Entfaltung der protestantischen Hilfsmaßnahmen fand dann in den 1830er Jahren statt. Wichtige Initiativen gingen hierbei vom protestantischen Pfarrer Theodor Fliedner aus. Der aus Kaiserswerth bei Düsseldorf stammende Pfarrer begann in den 1820er Jahren verschiedene Fürsorgemaßnahmen zu veranlassen. Zunächst gründete er die Rheinisch-westfälische Gefängnisgesellschaft und kurze Zeit später einen Frauenverein zur Betreuung der entlassenen weiblichen Gefangenen. Weitaus größere Kreise schlug allerdings die von Theodor Fliedner und seiner Frau Friederike getragene Sorge für die Krankenpflege. Im Jahr 1836 begannen sie mit der Ausbildung von protestantischen Krankenpflegerinnen und gründeten das über Spenden finanzierte Diakonissenhaus in Kaiserswerth. In Anlehnung an die katholischen Pflegegenossenschaften wurde hier ein Modell professionalisierter Krankenpflege geschaffen, welches die Möglichkeit von Berufsarbeit und existentieller Absicherung für unverheiratete Frauen mit dem Angebot einer geistlichen Gemeinschaft verband.[357] Bis zum Tod Theodor Fliedners im Jahr 1864 waren dort bereits 425 Schwestern ausgebildet worden. Von der Kaiserswerther Diakonissenanstalt ging eine Initialzündung für eine neue Förderung der Krankenpflege in den protestantischen Gegenden aus. „So gab es 1864 insgesamt schon 32 Diakonissenmutterhäuser mit 1600 Diakonissen auf mehr als 400 Arbeitsstätten".[358]

Neben der Initiative Theodor Fliedners und seiner Frau ist für die protestantische Fürsorge das Werk des evangelischen Theologen Johann Hinrich Wichern von herausragender Bedeutung. Im Jahr 1833 wurde durch Wichern in Horn bei Hamburg das sogenannte ‚Rauhe Haus' als Rettungshaus für verwahrloste Kinder eingerichtet. Ab 1834 entstanden dann weitere wohltätige Einrichtungen. Um genügend Helfer für seine Häuser zu haben, bildete Wichern die in der Fürsorge tätigen Mitarbeiter selber aus. So ist das ‚Rauhe Haus' dann „auch zu einer Erziehungs- und Ausbildungsstätte für

[357] Vgl. Gerhard K. Schäfer/Volker Herrmann, „Geschichtliche Entwicklung der Diakonie", in: Günter Ruddat (Hg.), Diakonisches Kompendium, Göttingen 2005, 36-67, 57-58.

[358] Sachße/Tennstedt, Geschichte der Armenfürsorge, Bd. 1, 230.

Laienhelfer geworden, die sich ‚Brüder' nannten".[359] Wichern galt in seiner Zeit als „einer der herausragendsten Sozialexperten des Protestantismus".[360] Hierzu trug wesentlich seine Stegreifrede auf dem Wittenberger Kirchentag im September 1848 bei, auf welche die Gründung des ‚Central-Ausschusses für die Innere Mission der deutschen evangelischen Kirche' (CA) folgte. Dem Central-Ausschuss wurden nach und nach die verschiedenen evangelischen Fürsorgeeinrichtungen angegliedert und somit der protestantischen Wohltätigkeit ein fester organisatorischer Rahmen gegeben. Für Wicherns Konzept der Inneren Mission war die Verbindung von Wohltätigkeit und Mission grundlegend. „Diese zielte auf die Rechristianisierung des gesamten Volkes und seiner tragenden Institutionen (Familie, Staat, Kirche) und damit letztendlich auf den Aufbau des Reiches Gottes".[361]

Im Folgenden soll nun die katholische Caritasarbeit des frühen 19. Jahrhunderts in ihren Grundzügen dargestellt werden. Anders als die evangelische Wohltätigkeit erhielt sie ihren organisatorischen Rahmen allerdings erst mit der Gründung des ‚Charitasverbandes für das katholische Deutschland' im Jahr 1897.

2.4.2.3 Konfessionelle Armenfürsorge – die katholische Caritas

Einen bedeutenden Einschnitt in der Geschichte der kirchlichen Armenfürsorge stellt die infolge des Reichsdeputationshauptschlusses von 1803 in den deutschen Staaten durchgeführte Säkularisation dar. Durch die Auflösung der geistlichen Kurfürstentümer im Zusammenhang mit der Herrschaftssäkularisation wurden die Möglichkeiten einer direkten kirchlichen Armenpolitik und -gesetzgebung beseitigt. Außerdem gingen ihr durch die Aufhebung zahlreicher Klöster traditionelle Orte der Armenfürsorge verloren.[362] Die Kirche war nun auf ihre elementaren Tätigkeitsfelder in Gottesdienst und Seelsorge beschränkt. Trotzdem bestand für die Pfarrer weiterhin die Möglichkeit, in der kommunalen offenen Armenfürsorge mitzuwirken, was sogar in zahlreichen Schriften der staatlichen Armengesetzgebung ausdrücklich gewünscht wurde.[363] Die Pfarrer besaßen häufig genaue Kenntnisse über

---

[359] Ebd.

[360] Schäfer/Herrmann, „Geschichtliche Entwicklung der Diakonie", 58.

[361] Ebd.

[362] Rüdiger Nolte zeigt in seiner Studie zur klösterlichen Armen-, Kranken- und Irrenpflege jedoch auf, dass der Prozentsatz der Almosen am Gesamtbudget eines Klosters vor der Säkularisation selten mehr als 3% betrug und der Beitrag der Klöster zur Armenfürsorge daher eklatant überschätzt wurde. Vgl. Rüdiger Nolte, Pietas und Pauperes. Klösterliche Armen-, Kranken- und Irrenpflege im 18. und frühen 19. Jahrhundert, Köln u.a. 1996, 87.

[363] Vgl. hierzu Kapitel 2.2.2.

die Situation in den Gemeinden. „Die Übergänge zwischen ‚kirchlicher' und ‚bürgerlicher' Armenpflege blieben daher fließend".[364]

Es blieb jedoch nicht bei der Reduzierung der kirchlichen Armenfürsorge auf diese reine ‚Mitarbeiterfunktion' in der kommunalen Wohltätigkeit. Denn letztlich bildete die Säkularisation eine wichtige Voraussetzung für den karitativen Aufschwung, der sich seit dem frühen 19. Jahrhundert in Deutschland vollzog.[365] Unabhängig von der amtlichen Kirche entstanden sogenannte Caritaskreise. Es handelt sich hierbei um eine auf den Bereich der offenen Armenfürsorge bezogene Variante der für die katholische Bewegung des frühen 19. Jahrhunderts charakteristischen Freundeskreise.[366] „Die Interessenlage und das Profil dieser Kreise waren sehr unterschiedlich, und gerade ihre Vielfalt zeigt, daß es sich dabei nicht um eine gesteuerte Bewegung handelte".[367] Außerdem wirkten sie häufig in den Bereichen, in denen die öffentliche Armenverwaltung oft gar nicht engagiert war.[368] Erste Initiativen hierzu erfolgten in Münster im Umfeld des damaligen Generalvikars Clemens August Droste zu Vischering. Er regte die Gründung einer Krankenpflegeanstalt an, in der die später sogenannten Klemensschwestern ihre Tätigkeit aufnahmen.[369]

Einer der bedeutendsten Kreise war derjenige von Koblenz.[370] Er entstand aus einer Initiative von Joseph Görres, der, nachdem die Koblenzer Behörden nach der Missernte von 1816 der Entwicklung in den Notstandsgebieten freien Lauf ließen, im ‚Rheinischen Merkur' zu einer Hilfsaktion aufgerufen hatte. Es bildete sich daraufhin um den Stadtrat Joseph Dietz 1817 ein Hilfsverein, der Lebensmittel und Saatgut in die Notstandsgebiete brachte und später weitere Aufgaben übernahm.[371] Im gleichen Jahr gründete sich ein in

364 Erwin Gatz, „Kirchliche Mitarbeit in der öffentlichen Armenpflege. Die Neuanfänge einer eigenständigen kirchlichen Armenpflege", in: Ders. (Hg.), Geschichte des kirchlichen Lebens in den deutschsprachigen Ländern seit dem Ende des 18. Jahrhunderts, Bd. 5: Caritas und soziale Dienste, Freiburg i. Br. 1997, 57-70, 58.

365 Vgl. Ders., „Caritas und soziale Dienste", in: Anton Rauscher (Hg.), Der soziale und politische Katholizismus. Entwicklungslinien in Deutschland 1803–1896, München – Wien 1982, 312-351, 313.

366 Vgl. ebd., 314.

367 Ders., „Kirchliche Mitarbeit", 59.

368 Vgl. ders., „Caritas und soziale Dienste", 315.

369 Vgl. Erwin Gatz/Wolfgang Schaffer, „Sozial-caritativ tätige Orden", in: Erwin Gatz (Hg.), Geschichte des kirchlichen Lebens in den deutschsprachigen Ländern seit dem Ende des 18. Jahrhunderts, Bd. 5: Caritas und soziale Dienste, Freiburg i. Br. 1997, 91-110, 97. Zur diskursiven Begründung der Krankenpflege durch Clemens August Droste zu Vischering vgl. Kapitel 4.2.3.

370 Siehe dazu: Gatz, Kirche und Krankenpflege im 19. Jahrhundert, 359-366; Liese, Geschichte der Caritas, 333-339.

371 Görres und Dietz hatten sich damals unter dem Einfluss der Revolution von der Kirche entfremdet, schlossen sich ihr aber später wieder an. Vgl. Gatz, „Kirchliche Mitarbeit", 59-60.

der Armenpflege tätiger Koblenzer Frauenverein, der eine Suppenküche einrichtete, eine Freischule gründete und später in einem ehemaligen Kloster ein Waisenhaus und ein Schulgebäude betreute. Die bedeutendste Leistung des Koblenzer Caritaskreises sieht Erwin Gatz jedoch in der Reorganisation des Bürgerspitals und in der Vermittlung Barmherziger Schwestern nach Deutschland.[372] 1826 übernahmen Borromäerinnen aus Nancy im Koblenzer Spital die Pflege der Kranken, die zuvor durch die Konvertitin Luise Hensel und andere karitativ tätige Frauen aus ihrem Umfeld ausgeführt worden war.

Wenige Jahre später kam es in Aachen zur Gründung eines Caritaskreises, der noch größere Ausmaße annahm.[373] Initiatorin war die bereits im Koblenzer Kreis wirkende Luise Hensel, die mittlerweile als Lehrerin in Aachen arbeitete. Nach dem Ausbruch der Choleraepidemie im Jahr 1832 begann sie mit einer Gruppe von Frauen und dem Arzt Dr. Heinrich Hahn die Pflege von Kranken sowie die Durchführung von Geld- und Materialsammlungen. Als Luise Hensel Aachen 1833 verließ, führten ihre Schülerinnen die Arbeit weiter. 1837 begannen die aus einer Fabrikantenfamilie stammenden Schwestern Clara und Netta Fey auf Anregung ihrer Bruders Andreas mit dem kostenlosen Unterricht armer Fabrikarbeiter. 1844 gründete Clara Fey mit drei Gefährtinnen die Genossenschaft der ‚Schwestern vom armen Kinde Jesus', die dann wenige Jahre später die kirchliche Anerkennung erhielt. Die Motivation zur Gründung kann nach Relinde Meiwes sowohl im Zusammenhang mit der Ausstellung des heiligen Rockes in Trier als auch mit dem schlesischen Weberaufstand gesehen werden.[374] Es kamen somit die religiösen Orientierungen der Gründerinnen und die Wahrnehmung des vormärzlichen Pauperismus zum Tragen.[375] Die seit 1841 durch den Aachener Kaplan Josef Istas durchgeführten Armenspeisungen führten 1845 zur Gründung einer weiteren Genossenschaft unter dem Namen ‚Armenschwestern vom hl. Franziskus' um Franziska Schervier. Als die Gründerin 1876 starb, wirkten bereits 600 Schwestern in 30 deutschen und zehn amerikanischen Niederlassungen im Sinne ihrer Stifterin für die Armen.[376] Darüber hinaus inspirierte sie zahlreiche weitere Genossenschaftsgründungen.

Neben der von den Caritaskreisen ausgehenden Gründung neuer in der Armenpflege tätiger Genossenschaften spielte die häufig auch von den Caritaskreisen initiierte Berufung bereits bestehender Gemeinschaften nach Deutschland eine Rolle. Diese sollten für einen Aufschwung in dem bisher eher dünn besiedelten Feld der karitativ tätigen Ordensgemeinschaften sorgen.

---

372 Vgl. ebd., 60.
373 Siehe dazu: Liese, Geschichte der Caritas, 339-345.
374 Vgl. Meiwes, „Arbeiterinnen des Herrn", 49.
375 Vgl. ebd.
376 Vgl. Liese, Geschichte der Caritas, 343.

„Im Rheinland und in Westfalen, in Bayern und Schlesien gab es zwar eine Reihe kleiner, meist autonomer und daher isolierter Kommunitäten von krankenpflegenden Ordensleuten, die die allgemeine Klosteraufhebung überdauert hatten (Cellitinnen, Alexianer, Elisabethinnen, Barmherzige Brüder), allein ihre Leistungen waren im allgemeinen sehr gering“.[377]

Für die notwendige Neubelebung sorgten vor allem französische Schwesterngemeinschaften, die im Zusammenhang mit der Verbesserung des Hospitalwesens nach Deutschland kamen. Erwin Gatz und Wolfgang Schaffer unterscheiden hierbei drei Ansätze, die sich alle auf das Gedankengut des heiligen Vinzenz von Paul beriefen.[378] Vinzenz von Paul hatte bereits im 17. Jahrhundert eine Vereinigung von Frauen gegründet, die sich als ‚Confrérie de Charité‘ um das Wohl notleidender Menschen kümmerten und gleichzeitig in der Welt lebten.[379] Um dafür die Klausurbestimmungen zu umgehen, legten die Schwestern nur einfache und keine feierlichen Gelübde ab. Die sich in Deutschland im frühen 19. Jahrhundert ansiedelnden Gemeinschaften gehen allerdings nicht direkt auf die Gründung des heiligen Vinzenz zurück, auch wenn sie sich an seinen Prinzipien orientierten. Hierzu zählten zum einem die bereits erwähnten Klemensschwestern, zum anderen die seit 1810 in Saarlouis und Trier und seit 1826 auch in Koblenz tätigen Borromäerinnen aus dem Mutterhaus in Nancy sowie die seit 1829 in München wirkenden Barmherzigen Schwestern aus dem Mutterhaus in Straßburg. In den folgenden Jahren breiteten sich die Borromäerinnen vor allem im nordwestlichen Deutschland aus, während die Barmherzigen Schwestern im übrigen Deutschland wirkten.[380] Die Barmherzigen Schwestern erlangten schnell – gerade auch nach der von Clemens Brentano über sie 1831 veröffentlichten Werbeschrift – eine ungeahnte Popularität, so dass sie nicht mehr alle an sie ergehenden Einladungen annehmen konnten. Erwin Gatz sieht hierin einen Grund für die zahlreichen Neugründungen von Kongregationen, die noch vor der Mitte des Jahrhunderts einsetzte.[381] Interessanterweise spielten männliche Kongregationen bei diesem karitativen ‚Ordensfrühling‘ nur eine untergeordnete Rolle, so dass man hierauf sicherlich die These von der ‚Feminisierung der Religion‘ beziehen kann.[382]

Neben den vorgestellten Gründungen der Caritaskreise in Münster, Koblenz und Aachen kam es in vielen weiteren Städten zur Einrichtung solcher lokal geprägter Initiativen, die sich jedoch nie fest zusammenschlossen.

---

[377] Gatz, „Caritas und soziale Dienste“, 317.

[378] Vgl. Gatz/Schaffer, „Sozial-caritativ tätige Orden“, 97.

[379] Vgl. Gatz, Kirche und Krankenpflege im 19. Jahrhundert, 258-260.

[380] Vgl. ders., „Caritas und soziale Dienste“, 319.

[381] Vgl. ebd., 320.

[382] Vgl. Schneider, „Feminisierung“, 129. Sowie: Ders., „The Catholic discourse“.

Sie können als Vorläufer der seit den 40er Jahren des 19. Jahrhunderts in Deutschland gegründeten Vinzenz- und Elisabethvereine angesehen werden, die im Gegensatz zu den Caritaskreisen über eine feste Organisation verfügten. Der Impuls hierzu ging von Frankreich aus, wo Frédéric Ozanam in Paris 1833 gemeinsam mit sechs Studenten die erste Vinzenzkonferenz gebildet hatte, die arme Familien besuchte und unterstützte.[383] Sie waren nach dem Pfarrprinzip als regelmäßig tagende Gesinnungsgemeinschaft organisiert.[384] Die erste deutsche Gründung erfolgte zwölf Jahre später in München. Eine weite Verbreitung fanden die Vinzenzvereine infolge des Katholikentages von Mainz im Jahre 1848, wo August Reichensperger und Franz Josef Buß für die Errichtung der Vereine warben.[385] Während in den deutschen Vinzenzvereinen vor allem – aber nicht ausschließlich – Männer in der Armenfürsorge tätig wurden, engagierten sich die Katholikinnen in den Elisabethvereinen. Die erste Gründung auf deutschem Boden erfolgte 1840 in Trier.[386] Die Elisabethvereine wuchsen langsamer als die Vinzenzkonferenzen, breiteten sich aber dennoch in vielen deutschen Gebieten aus, wobei ein gewisser Schwerpunkt im west- und süddeutschen Raum lag.[387] Sie widmeten sich insbesondere den armen Kranken, richteten Suppenküchen ein und betreuten gefährdete Jugendliche oder alte Menschen.[388] Ähnlich wie bei den Caritasvereinen und karitativ tätigen Kongregationen stand bei den Vinzenz- und Elisabethvereinen die auf einen regionalen Raum begrenzte und durch die persönliche Hinwendung zu den Hilfsbedürftigen gekennzeichnete Fürsorge im Vordergrund.

Die kirchliche Armenfürsorge im 19. Jahrhundert zeichnete sich durch eine Vielfalt an Kreisen, Vereinen und Kongregationen aus. Die verschiedenen Zusammenschlüsse erfuhren durch die Gründung des ‚Charitasverbandes für das katholische Deutschland' im Jahre 1897 eine Bündelung im Sinne eines Dachverbandes.

„Dieser Zusammenschluss war also nicht von der amtlich verfassten Kirchenorganisation, sondern von den Laienorganisationen ausgegangen, worin

383 Vgl. Gatz, „Kirchliche Mitarbeit", 62.

384 Vgl. Ewald Frie, „Was ist katholisch an der Armenfürsorge? Die Vinzenzvereine in Deutschland vor 1914", in: Bernhard Schneider (Hg.), Konfessionelle Armutsdiskurse und Armenfürsorgepraktiken im langen 19. Jahrhundert, Frankfurt a. M. 2009, 283-296, 283.

385 Vgl. Gatz, „Kirchliche Mitarbeit", 63.

386 Zur Geschichte der Elisabethvereine vgl. Magdalena Lüttgen, Die Elisabethvereine. Frauen im Dienst am Nächsten seit dem Jahre 1840, insbesondere in Rheinland und Westfalen, Siegburg 2003.

387 Vgl. Kall, Katholische Frauenbewegung in Deutschland, 68-70.

388 Vgl. ebd., 68.

sich erneut bestätigte, daß die Caritasbewegung ein Phänomen war, das vom gesamten deutschen Katholizismus mitgetragen wurde“.[389]

Wie bereits bezüglich der bürgerlichen Privatwohltätigkeit soll auch am Ende dieses Kapitels nach dem Verhältnis der katholischen Armenfürsorge zur staatlichen bzw. kommunalen Fürsorge gefragt werden. In vielen Fällen erfolgte eine Zusammenarbeit mit der öffentlichen Armenverwaltung. In Paderborn beispielsweise gründete Pauline von Mallinckrodt, eine Schülerin Luise Hensels, einen Frauenverein, der sich der Armenverwaltung als ‚Hülfsverein‘ unterstellte.[390] Die Haltung der neuen Kongregationen gegenüber der staatlichen und kommunalen Fürsorge war unterschiedlich. Zahlreiche Ordensgemeinschaften und Katholiken arbeiteten in nichtkirchlichen Anstalten mit. In Süddeutschland beispielsweise machten vor dem Ersten Weltkrieg Ordensleute über die Hälfte der in kommunalen oder staatlichen Sozialeinrichtungen tätigen Personen aus.[391] Insbesondere infolge der Kölner Wirren von 1837 kam es jedoch auch zu Bestrebungen einer rein kirchlichen Gestalt der Armenpflege. Als Beispiel zu nennen wäre hier der Streit um die Berufung Barmherziger Schwestern in das Hospital nach Bonn.[392] Von einem Misstrauen gegenüber dem preußischen Staat geprägt betonte auch die Gründerin der ‚Armen Schwestern vom hl. Franziskus‘ Franziska Schervier die Eigenständigkeit ihrer kirchlichen Gemeinschaft und lehnte die Betreuung nichtkirchlicher Anstalten vollkommen ab.[393] Eine drastische Reduzierung der bestehenden kirchlichen armenpflegerischen Ansätze erfolgte von staatlicher Seite im Kulturkampf.[394]

---

389 Gatz, „Caritas und soziale Dienste“, 330.

390 Vgl. ders., „Kirchliche Mitarbeit“, 61.

391 Vgl. ebd.

392 Vgl. ebd.

393 Vgl. ders., „Caritas und soziale Dienste“, 323.

394 Vgl. ebd., 325.

3 Allgemeine Beobachtungen zur Thematisierung von Armut und Armenfürsorge in der Verkündigung des späten 18. und frühen 19. Jahrhunderts

3.1 Produktions- und Rezeptionsbedingungen

Die Thematisierung von Armut und Armenfürsorge in der Verkündigung muss von der Materialität des untersuchten Diskurses ausgehen. In Anlehnung an Philipp Sarasin verstehe ich unter dieser Materialität die „Eigenlogik der entsprechenden Medien".[395] „Diskurse sind auf Medien angewiesen, die in ihrer je spezifischen materiellen und sozialen Eigenart Bedingungen des Aussagens darstellen und die Rezeption beeinflussen, noch lange bevor ein Autor etwas sagen wollte".[396] Daher sei der inhaltlichen Darstellung des Diskurses ein Blick auf die Form, Bedeutung und Verbreitung der untersuchten Quellengattungen vorangestellt. Neben der Reichweite sind die Träger und Teilnehmer des Diskurses zu bestimmen. Hierbei stellt sich auch die Frage, welche Rolle die ‚Armen' innerhalb des Diskurses übernehmen, ob sie ausschließlich Objekte des Diskurses sind oder auch als dessen Träger in Erscheinung treten.

Sowohl die untersuchten Predigten als auch die Hirtenbriefe stellten zentrale Elemente der katholischen Verkündigung dar. Allerdings unterscheiden sie sich hinsichtlich ihrer Träger und Gestalt. Aus diesem Grund werden die Gattungen an dieser Stelle getrennt voneinander vorgestellt.

3.1.1 Das Medium ‚Predigten'

Wie bereits in der Einleitung dargestellt werden in der vorliegenden Arbeit ausschließlich gedruckte Predigten betrachtet, die in Predigtsammlungen veröffentlicht wurden. Auf die Gestalt der Predigtsammlungen und der hierin publizierten Texte soll in einem zweiten Schritt eingegangen werden, zunächst erfolgen einige allgemeine Anmerkungen zum liturgischen Ort der Predigt im späten 18. und frühen 19. Jahrhundert.

---

395 Philipp Sarasin, Geschichtswissenschaft und Diskursanalyse, Frankfurt a. M. 2006, 37.

396 Ebd.

3.1.1.1 Der liturgische Ort der Predigt

Die Predigt blieb im späten 18. und frühen 19. Jahrhundert neben der Katechese der traditionelle Ort der christlichen Glaubensverkündigung.[397] Auf die regelmäßige Abhaltung derselben wurde insbesondere an Sonn- und Festtagen, sowie in liturgisch besonders geprägter Zeit wie etwa der Fastenzeit nachdrücklich Wert gelegt. Mit Nicholas Saul kann die Predigt in der Vormoderne als „eine der wichtigsten Kommunikationsformen" angesehen werden.[398] Trotz dieser Bedeutung fanden sich im bis zum Zweiten Vatikanischen Konzil geltenden Missale Romanum von 1570 kaum Hinweise zur Predigt und somit scheint sie, obgleich der Forderung nach ihrer Verkündigung im Gottesdienst, kein großes liturgisches Gewicht besessen zu haben.[399] Die Predigt gehörte im Untersuchungszeitraum nicht wesentlich zur Feier der Heiligen Messe dazu, sondern galt eher als ein muttersprachlicher Fremdkörper, der auch ausgegliedert werden konnte und wurde.[400] Als Begründung für diese fehlende Verbindung zwischen der Verkündigung und der Feier der Eucharistie wird auf die lange Dauer des muttersprachlichen Predigtteils verwiesen.

„Zwar waren die Schriftauslegung und die Glaubenslehre an ihrem ursprünglichen Platz innerhalb der Meßfeier belassen worden. Aber der muttersprachliche ‚Pronaus', bestehend aus der deutschen Perikopenlesung, der Predigt, Gebeten, Fürbitten und Vermeldungen, stand unverbunden mitten in der in zwei Teile gespalteten Pfarrmesse, ein voll ausgebauter Pfarrgottesdienst, eingerahmt von den Texten und Zeremonien der lateinischen Messe. Schon die dem Predigtteil eingeräumte Zeit stand in keinem ausgewogenen Verhältnis zur Gesamtdauer der Feier".[401]

Während Andreas Heinz für die von ihm untersuchten Gottesdienste in der Erzdiözese Trier von einem festen Ort der Predigt in der Mitte der Eucharistiefeier zwischen Evangelium und Gabenbereitung ausgeht, zeigt Christof Gärtner für das Bistum Paderborn eine starke Beliebigkeit in Bezug auf die Position der Predigt. „An welcher Stelle das [die Verkündigung] genau geschah, ob nach den auf das Evangelium folgenden Vermeldungen, nach dem Credo oder an noch anderer Stelle, muss im Einzelnen nach der Quellenlage entschieden werden".[402]

---

397 Vgl. einführend Bitter, Art. „Predigt".

398 Nicholas Saul, „Prediger der neuen romantischen Clique". Zur Interaktion von Romantik und Homiletik um 1800, Würzburg 1999, 5.

399 Vgl. Bär, Homiletik, 81.

400 Vgl. Gärtner, Predigtverständnis und Predigtpraxis, 276. Siehe auch Bär, Homiletik, 192.

401 Heinz, Die sonn- und feiertägliche Pfarrmesse, 227.

402 Gärtner, Predigtverständnis und Predigtpraxis, 277.

Mit dem Verweis auf die lange Dauer der Predigten des späten 18. und frühen 19. Jahrhunderts ist die formale Gestalt der Predigten angesprochen, welche nun weiter untersucht werden soll.

3.1.1.2 Die Gestalt der Predigten

Die in der vorliegenden Arbeit untersuchten Predigten wurden in Predigtsammlungen veröffentlicht. Hierbei handelt es sich um Sammelwerke, die entweder durch den Prediger selbst oder durch seine Freunde und Verehrer zu Lebzeiten des Geistlichen oder auch posthum herausgegeben wurden. Der Umfang der untersuchten Werke schwankt zwischen zehn und 70 veröffentlichten Texten. Die Zusammenstellung der Verkündigungstexte erfolgte unter verschiedenen Gesichtspunkten. Es finden sich in den betrachteten Predigtsammlungen Werke mit pastoralen Schwerpunkten (Predigten für das Landvolk, Bauernpredigten), thematisch ausgerichtete Sammlungen (Christliche Gerechtigkeit, Bergpredigt, wahre Aufklärung, Glaubens- und Sittenfragen) sowie Predigtwerke zum Kirchenjahr (Sonn- und Festtagspredigten, Fastenpredigten). Die thematischen Schwerpunkte lassen für die untersuchten Predigten bereits verschiedene Adressatenkreise erkennen. Hierbei ist zwischen der Ausrichtung der Predigtsammlungen und der Ausrichtung der hierin veröffentlichten Predigten zu unterscheiden. So wurden beispielsweise die unter dem Titel ‚Bauernpredigten' oder ‚Predigten für das Landvolk' zusammengefassten Predigten nach den Angaben der Geistlichen auch vor einer solchen Zuhörerschaft gehalten.[403] Die Predigtsammlungen hingegen richteten sich zum einem als Musterpredigten an Geistliche oder waren zum anderen auch als Erbauungsliteratur für die einzelnen Gläubigen gedacht.[404] Die unterschiedliche Ausrichtung macht sich in den Themen der einzelnen Predigten bemerkbar.

In sprachlicher Hinsicht lassen sich hingegen keine signifikanten Unterschiede erkennen. Insgesamt überwiegt in den Predigten eine anschauliche Sprache, die keine Fremdwörter oder theologischen Fachausdrücke enthält. Es ist zu vermuten, dass die immer wiederkehrenden biblischen Aussprüche den Gläubigen bekannt waren und daher auch zur Verständlichkeit der Texte beitrugen. Zur Unterstreichung ihrer Argumentation greifen die Prediger häufig auf rhetorische Mittel wie Anaphern oder metaphorische Wendungen

403 Vgl. Anton Westermayer, Bauernpredigten, die auch manche Stadtleute brauchen können, auf alle Sonn-und Festtage des Kirchenjahres zugleich ein Hausbuch für's katholische Landvolk. 1. Jahrgang, Bd. 1, 2. verbesserte Aufl. Regensburg 1848, III.

404 Vgl. Joseph Bauerschubert, Kurze Volkspredigten zum Unterrichte und zur Erbauung auf alle Sonn- und Festtage des katholischen Kirchen-Jahres, Bd. 1, Erfurt 1798, IX; Caspar Riffel, Predigten auf alle Sonn- und Festtage des Jahres, Bd. 1: Vom ersten Sonntage des Advents bis Ostern, 3. verbesserte Aufl. Mainz 1854, III–IV.

zurück. Außerdem verwenden sie vielfach eine emotional aufgeladene Sprache. Hierauf wird im Hinblick auf die unterschiedlichen Argumente noch näher einzugehen sein.

Fragt man nach der Predigtart der in den untersuchten Predigtsammlungen veröffentlichten Texte so kann man sich an den von Andreas Heinz entwickelten Kategorien orientieren. Heinz unterscheidet für das Bistum Trier an Hand der Visitationsberichte der Jahre 1827 bis 1832 zwischen drei im 19. Jahrhundert üblichen Predigtarten.[405] An den großen Feiertagen und an besonders festlich begangenen Heiligengedenktagen hielten die Pfarrer eine nach den Regeln der Rhetorik aufgebaute Festpredigt, die ‚concio', welche in ihrer Länge über die Zeit der sonst üblichen Sonntagshomilie hinausging. Die gewöhnliche Sonntagspredigt hatte nach Christof Gärtner um die Mitte des 19. Jahrhunderts in der Regel eine Dauer von wenigstens 30 Minuten, während besonders in der Frühzeit des Jahrhunderts auch noch von längeren Predigten auszugehen sei.[406] Die genaue Dauer der untersuchten Predigten lässt sich aufgrund ihrer Verschriftlichung nicht mehr nachvollziehen. Anhaltspunkte geben die Seitenzahlen der jeweiligen Texte. Hiernach lag die Mehrzahl der betrachteten Predigten bei etwa 12–20 Seiten, so dass man durchaus von einer 30–60-minütigen Predigtdauer ausgehen kann. Die übliche Sonntagshomilie enthielt die Auslegung der Perikopen – des Evangeliums oder der Epistel – der betreffenden Sonn- oder Feiertagsmesse. Als dritte Art der Predigt ist die Katechese innerhalb der Pfarrmesse zu nennen.[407] Hierbei wurden anhand des Katechismus in fortlaufenden Predigtreihen die wichtigsten Stücke der katholischen Glaubens- und Sittenlehre den Gläubigen nahegebracht. Dieser dritte Predigttyp findet sich bei den hier betrachteten Quellen insbesondere bei den (spät-)aufklärerischen Predigten.

„Der Katechismuspredigt als dem Prototyp der belehrenden Predigt, der Christenlehrpredigt, kommt eine besondere Bedeutung in der Aufklärungszeit zu. Dabei steht nicht mehr der apologetische Charakter im Hinblick auf konfessionsverschiedene Christen im Vordergrund, sondern das Bemühen, eine klar gegliederte und leicht faßliche Form des Inhaltes der christlichen Lehre und Ethik zu geben".[408]

Der Großteil der in dieser Arbeit untersuchten Predigten stellt allerdings eine Mischform zwischen den letzten beiden Typen dar. Zu Beginn der Predigten wird ausgehend von einer zentralen Stelle der Perikope (Evangelium oder Epistel) das Thema der nun folgenden Rede genannt. Meist erfolgt dann noch eine sich an der Bibelstelle orientierende Einführung, die zur Er-

---

[405] Heinz, Die sonn- und feiertägliche Pfarrmesse, 223.

[406] Vgl. Gärtner, Predigtverständnis und Predigtpraxis, 276.

[407] Vgl. Heinz, Die sonn- und feiertägliche Pfarrmesse, 225.

[408] Bendel, Der Seelsorger, 363.

läuterung des Themas dient und die Gliederung der Predigt vorstellt. Den biblischen Text als Grundlage nehmend werden dann vorwiegend in Form zweier Hauptteile die zu diskutierenden Grundsätze des katholischen Glaubenslebens dargestellt. Neben diesen allgemeinen Predigtarten entwickelten sich im Laufe des 19. Jahrhunderts mit wachsender Intensivierung und Ausdifferenzierung des kirchlichen Lebens verstärkt gruppenspezifisch orientierte Genera von Predigten, wie beispielsweise Predigten für Kinder oder bestimmte kirchliche Vereine.[409] Hierunter kann man beispielsweise auch die in dieser Arbeit betrachteten Bauernpredigten zählen.

Die beschriebenen Predigtarten lassen sich wiederum hinsichtlich ihrer stilistischen Gestalt und inhaltlichen Ausrichtung näher charakterisieren. Hierbei ist ein Blick auf die Entwicklung des Predigtwesens in der Untersuchungszeit hilfreich. So setzte ab Mitte des 18. Jahrhunderts im katholischen Raum die Abkehr von den bildhaften und stark narrativen ‚Barockpredigten' ein.[410] An ihre Stelle traten stilistisch schlichtere Predigten, die sich vor allem ethischen, moralischen und pragmatischen Fragestellungen widmeten. Man kann allerdings nicht von einem strickten Bruch zwischen den Predigten des Barocks und der Aufklärungszeit sprechen. So war bereits die barocke Predigt trotz ihrer starken Ausrichtung auf den ästhetischen Genuss zweckgebunden und moralistisch.[411] Gleichzeitig bleiben manche Züge, die als charakteristisch für die Barockpredigt gelten, wie die enge Bindung an die Rhetorik, auch in der Aufklärungszeit erhalten.[412] In der Aufklärung schiebt sich dann aber der Zweck der Belehrung und der sittlichen Besserung stärker in den Vordergrund.[413] Den Predigern ging es um die Umsetzung allgemeiner sittlicher Kenntnisse anhand konkreter Beispiele:[414]

„Nicht Theologie sollte in den Predigten und liturgischen Formularen gelehrt werden, sondern praktische Religion; Aufklärung sollte hinein in die breiten Volksschichten getragen werden. Konkret bedeutet dies, die Menschen dazu anzuhalten, sich ihrer Vernunft zu bedienen, ihre Natur, ihre Bestimmung zu erkennen, nachzudenken über das, was ihnen widerfährt ... sie waren dazu zu führen, Tugend und Laster richtig einzuschätzen, ihren Beruf gerne auszuüben, über ihre Stellung und ihren Stellenwert im Staat zu

409 Vgl. Vonderau, Die Geschichte der Seelsorge, 226-227.

410 Zur katholischen Barockpredigt vgl. Urs Herzog, Geistliche Wohlredenheit. Die katholische Barockpredigt, München 1991.

411 Vgl. Nickel, Predigt als Dialog, 446.

412 Vgl. ebd., 443.

413 Vgl. ebd.

414 Vgl. Heidrun Alzheimer-Haller, Handbuch zur narrativen Volksaufklärung. Moralische Geschichten 1780–1848, Berlin 2004, 83.

reflektieren und nicht zuletzt Religion und Christentum ihrer Bestimmung gemäß zu gebrauchen".[415]

Aufgrund der stark moralischen Ausrichtung hat die aufklärerische Predigt nach Chrysostomus Schreiber zum Verlust der christlichen Frömmigkeit beigetragen: „Da sie das Wesentliche vergaß, hat sie Anregungen, die das Leben bot, zur falschen Wesenheit erhoben. Das war eigentlich ein homiletisches Abgleiten ins Unwesentliche".[416]

Eine solche einseitige Ausrichtung lässt sich für die in der vorliegenden Arbeit untersuchten (spät-)aufklärerischen Predigten in ihrer Gesamtheit nicht feststellen. Vielmehr wird eine Verbindung zwischen sittlichen und theologischen Themen vorgenommen. Auch wenn Fragen der sittlichen Lebensführung in den Verkündigungstexten einen großen Stellenwert haben, werden sie nicht allein unter moralischen Gesichtspunkten betrachtet. So wird beispielsweise bei Gottlieb Ackermann auf dem Hintergrund des Erntedankfests der rechte Gebrauch der weltlichen Güter aufgezeigt und gleichzeitig die eschatologische Freude an der ewigen Ernte erläutert.[417] Ausgehend von der Kritik an der moralisierenden und diesseitsorientierten Ausrichtung vieler aufklärerischer Predigten fand im 19. Jahrhundert innerhalb der geistigen Erneuerungsbewegung eine Reform des Predigtwesens statt. Als „Brückenbauer zwischen der katholischen Aufklärung des 18. Jahrhundert und der katholischen Erneuerung des 19. Jahrhundert"[418] fungierte der Pastoraltheologe und spätere Regensburger Bischof Johann Michael Sailer. Er gab den Anstoß für eine stärkere biblische Orientierung der Predigten.

„Sailer baut seine ganze Homiletik nach den Gesichtspunkten der materialkerygmatischen Erneuerung auf. Er verwendet viele Abschnitte seiner Pastoraltheologie, um den Theologen die wesentlichen Aussagen aus dem Evangelium aufzuschließen, aus Väterstellen zu beleuchten und für seine Mitmenschen zurecht zurichten".[419]

Für die Entwicklung des Predigtwesens ultramontaner Prägung war der Mainzer Kreis um den Mainzer Bischof Joseph Ludwig Colmar von Bedeutung. Anders als die aufklärerische Predigt enthielt der ultramontane Verkündigungstext häufig nicht nur Anweisungen für das moralische Verhalten,

[415] Bendel, Der Seelsorger, 475.

[416] Vgl. Schreiber, Die katholische Predigt, 3.

[417] Vgl. Gottlieb Ackermann (Hg.), Predigten nach den Bedürfnissen des gemeinen Mannes. Predigten zum gemeinnützigen Kanzelvortrag und christlichen Familien zur Selbstbelehrung und Erbauung dienlich, Bd. 1, München 1786, 153-172.

[418] Bitter, Art. „Predigt", 276.

[419] Karl Gastgeber, Gotteswort durch Menschenwort. J. M. Sailer als Erneuerer der Wortverkündigung. Ein Beitrag zur Geschichte der Kerygmatik seit dem 18. Jahrhundert, Wien 1964, 278.

sondern war geprägt von Bekehrungseifer.[420] In den hier untersuchten ultramontanen Texten werden in diesem Sinne in einem stärkeren Maße das konfessionelle Moment und die besonderen Leistungen der katholischen Kirche betont. Gleichzeitig zeigt sich in den ultramontan ausgerichteten Predigten häufig ein dozierender und autoritativ-lehrhafter Charakter.[421]

Im Sinne des veränderten Seelsorgeverständnisses nahmen im 19. Jahrhundert auch die Bischöfe ihre Predigtverpflichtung verstärkt war.[422] Außerdem achteten sie auf die korrekte Abhaltung der Predigten in ihren Bistümern. Von Bischof Joseph Ludwig Colmar wird beispielsweise berichtet, dass er sofort einschritt, wenn er von Predigten hörte, die in Inhalt und Form der Würde des Gegenstandes nicht angemessen waren.[423]

3.1.1.3 Die Rezeption der Predigten

Nachdem die Formen und grundsätzliche Ausrichtung der Predigten des späten 18. und frühen 19. Jahrhunderts beschrieben wurden, stellt sich nun die Frage nach der Rezeption der untersuchten Verkündigungstexte durch die Gläubigen. Aufgrund verschiedener biographischer Angaben und einzelner Verweise in den Predigten kann man konkrete Vortragsorte und -zeiten der publizierten Predigten voraussetzen. Dies berechtigt zur grundsätzlichen Annahme, dass die untersuchten Texte neben der Publikation auch ihrer Funktion als Predigt entsprachen und vor Gottesdienstgemeinden gehalten wurden. In Anbetracht der Tatsache, dass das 19. Jahrhundert immer noch als kirchlich geprägtes Zeitalter angesehen werden kann[424] und die Sonn- und Feiertagsgottesdienste von einem großen Teil der Katholiken regelmäßig besucht wurden,[425] kann man davon ausgehen, dass die Predigten eine breite Rezeption erfahren haben. Daher lässt sich vermuten, dass auch die bedürftigen Gläubigen bei ihren Gottesdienstbesuchen zu Hörern der Predigten wurden. Die Vermutung wird bei einem genaueren Blick in die Predigten bestätigt, da

420 Vgl. Nickel, Predigt als Dialog, 503.

421 Vgl. ebd.

422 Vgl. Bitter, Art. „Predigt“, 277; Vonderau, Die Geschichte der Seelsorge, 226.

423 Vgl. Georg May, Das Recht des Gottesdienstes in der Diözese Mainz zur Zeit von Bischof Joseph Ludwig Colmar (1802–1818), Amsterdam 1987, 533-548.

424 Vgl. Nipperdey, Deutsche Geschichte, 403.

425 Bernhard Schneider konnte für das Bistum Trier durch die Auswertung der Visitationsprotokolle zeigen, dass die Pfarrer ihren Pfarrangehörigen einen regelmäßigen Besuch des Sonntagsgottesdienstes bescheinigten. Vgl. Bernhard Schneider, „Katholiken und Seelsorge im Umbruch von der traditionalen zur modernen Lebenswelt“, in: Martin Persch/Bernhard Schneider (Hgg.), Auf dem Weg in die Moderne. 1802–1880, Trier 2000, 275-369, 353-354.

sich dort direkte Ansprachen an eine arme Zuhörerschaft finden. Hierauf wird bei der Darstellung der einzelnen Argumentationsmuster näher eingegangen.

Aber auch wenn nicht alle publizierten Predigten wortwörtlich in der Messe vorgetragen wurden, erreichten ihre Inhalte dennoch eine breite Öffentlichkeit. Insbesondere infolge der Säkularisation begegnete den Gläubigen eine größere Anzahl der aus den Klöstern stammenden zerstreuten Bände und ermöglichten über Generationen eine intensive Lektüre.[426] Allerdings muss beachtet werden, dass eine das wirkliche Verstehen von Texten beinhaltende Lesefähigkeit um 1800 im deutschsprachigen Raum nur bei 10% der Bevölkerung vorlag und bis 1850 auf 25% der Bevölkerung angestiegen war.[427] Hierbei sind aber nach verschiedenen Gesichtspunkten ausgestaltete Differenzierungen vorzunehmen.[428] Die häufig in mehreren Neuauflagen publizierten Sammlungen wurden außerdem von vielen Pfarrern als Vorlagen für ihre Predigttexte verwendet. Die Popularität solcher Textsammlungen zeigen auch die zahlreichen Rezensionen, die in katholischen Zeitschriften zu den Predigtwerken veröffentlicht wurden. Die Pfarrer wirkten dann wiederum als Multiplikatoren der Predigten und ihrer Inhalte. Auch wenn die katholischen Kleriker wesentliche Träger des Diskurses zur Armutsfrage in der Verkündigung waren und ihn sprachlich und inhaltlich prägten, kann man aufgrund der insgesamt breiten Rezeption nicht von einem unter Fachleuten geführten Spezialdiskurs sprechen. Dies gilt auch für das zweite Medium des untersuchten Diskurses, für die nun zu charakterisierenden Hirtenbriefe.

3.1.2 Das Medium ‚Hirtenbriefe'

Im Laufe des 18. Jahrhunderts werden Hirtenbriefe als regelmäßige Einrichtung in den Bistümern der deutschsprachigen Länder in Form einer jährlichen Ermahnung für die Fastenzeit, einer Antrittsrede bei Neubesetzung des Bischofsstuhles oder auch als oberhirtliche Stellungnahme zu aktuellen Zeitfragen üblich.[429] Hirtenbriefe stellen eine spezielle Form der katholischen

[426] Vgl. Franz M. Eybl, „Die gedruckte katholische Barockpredigt zwischen Folklore und Literatur. Eine Standortbestimmung", in: Hans Erich Bödeker (Hg.), Le livre religieux et ses pratiques. Études sur l'histoire du livre religieux en Allemagne et en France à l'époque moderne. Der Umgang mit dem religiösen Buch. Studien zur Geschichte des religiösen Buches in Deutschland und Frankreich in der frühen Neuzeit, Göttingen 1991, 221-241, 230.

[427] Vgl. Reinhard Wittmann, Geschichte des deutschen Buchhandels, 2. durchgesehene und erweiterte Aufl., München 1999, 232.

[428] Vgl. Rudolf Schlögl, Glaube und Religion in der Säkularisierung. Die katholische Stadt. Köln, Aachen, Münster 1700–1840, München 1995, 45-57.

[429] Vgl. Leitgöb, Vom Seelenhirten, 40; Scheidgen, Der deutsche Katholizismus, 89.

Verkündigung dar und werden anstelle der Predigt im Gottesdienst verlesen.[430]

Allerdings hat sich ihre Gestalt im Untersuchungszeitraum stark geändert. So umfasst der in der vorliegenden Arbeit untersuchte Hirtenbrief des Bamberger und Würzburger Fürstbischofs Franz Ludwig von Erthal aus dem Jahr 1786 84 Seiten. Es ist daher davon auszugehen, dass der Hirtenbrief in mehreren Teilen verlesen wurde. Bei dem Schreiben Erthals, das sich ganz dem Thema Armenfürsorge widmet, handelt es sich trotz der theologischen Argumente eher um eine das Armenwesen regelnde weltliche Verordnung als um das Schreiben eines Seelsorgers. Diese Beobachtung wird bei der Vorstellung der Problematik des Bettels weiter ausgeführt. Die nach der Säkularisation veröffentlichten bischöflichen Schreiben entsprechen in ihrem Umfang hingegen eher den untersuchten Predigten. Allerdings kann die Seitenzahl je nach Bischof und Jahr recht stark schwanken. So finden sich in den untersuchten Texten Hirtenbriefe von fünf, aber auch von 30 Seiten. In ihren Schreiben greifen die Bischöfe vor allem pastorale Fragen auf und geben ihren Gläubigen Hinweise zur christlichen Glaubenslehre und zu einer tugendhaften Lebensführung. Sie verwenden eine anschauliche Sprache und untermauern ihre Argumentation mit biblischen Beispielen.

Neben den an die Gemeinden gerichteten Schreiben finden sich in der Untersuchungszeit auch Hirtenbriefe, die sich nur an den Klerus richten und pastorale Anweisungen und Verordnungen enthalten. Diese werden in dieser Arbeit allerdings nicht betrachtet, da sie eine zur Aus- und Weiterbildung des Klerus veröffentlichte Spezialform darstellen und nicht direkt zur gottesdienstlichen Verkündigung zu zählen sind.

In ihren Hirtenschreiben üben die Bischöfe als Nachfolger der Apostel ihre Verkündigungs-, Lehr- und Leitungsaufgabe über eine größere räumliche Distanz hinweg aus. Sie boten den Bischöfen die Möglichkeit, den Gläubigen ihre zentralen pastoralen Anliegen mitzuteilen und sie zu einer christlichen Lebensführung zu ermahnen. Daher waren die Bischöfe darauf bedacht, dass ihre Schreiben in den Gottesdiensten verlesen wurden. So verpflichtete der Kölner Erzbischof Ferdinand August Graf von Spiegel seine Landdechanten, darauf zu achten,

„dass die Bestimmungen zu Beginn der Fastenzeit in allen Pfarreien seines Bistums nicht nur einfach von den Kanzeln verlesen, sondern auch ›vorschriftsmäßig erklärt und empfohlen‹ wurden. In bestimmten Abständen fragte er in den Dekanaten dann nach, ob dies tatsächlich an allen Orten in seinem Sinne geschehen sei“.[431]

---

430 Leitgöb, Vom Seelenhirten, 44.

431 Evertz, Seelsorge im Erzbistum Köln, 275.

Die geistlichen Oberhirten waren somit auf der Grundlage ihrer Persönlichkeit und ihres theologischen Wissens die wesentlichen Träger des untersuchten Armutsdiskurses. Wegen ihrer Schriftlichkeit und ihres Anspruchs, grundlegende Orientierungslinien in Fragen des Glaubens, der Sitte, der Frömmigkeit und des gesellschaftlichen Lebens zu definieren, kommt den Hirtenbriefen eine hohe autoritative Bedeutung zu.[432] Es ist anzunehmen, dass die Gläubigen den bischöflichen Verlautbarungen unter Berücksichtigung dieses offiziellen Autoritätscharakters einen höheren Rang zugeschrieben haben als den wöchentlichen Gemeindepredigten.[433] Hierbei sind vor allem die Antrittshirtenbriefe von besonderer Bedeutung, da sie häufig eine Art ‚Programmschrift' darstellten und wichtige Hinweise auf das Seelsorgekonzept des neuen Oberhirten gaben.[434]

Auch wenn die Bischöfe die Träger des untersuchten Armutsdiskurses waren, handelt es sich aufgrund der Verbreitung der Hirtenbriefe nicht um einen Diskurs, den die kirchlichen Würdenträger innerhalb eines geschlossenen Kreises führten. Unter der Voraussetzung, dass die Pfarrer die Hirtenbriefe wie angeordnet im Sonntagsgottesdienst verlesen haben, kann man ähnlich wie bei den Predigten davon ausgehen, dass die Hirtenbriefe eine breite Rezeption erfahren haben. Außerdem wurden die Hirtenbriefe teilweise bereits vor dem ab Mitte des 19. Jahrhunderts einsetzenden Erscheinen kirchlicher Amtsblätter in katholischen Zeitschriften ganz oder in Auszügen abgedruckt.[435] Da diese Organe auf eine öffentliche Wirksamkeit abzielten und zumindest regional eine erhebliche Verbreitung erreichten, erweiterte sich so auch der Rezipientenkreis der Hirtenbriefe um Kleriker anderer Diözesen und um gebildete oder zumindest lesekundige Laien.[436]

Nachdem mit der Vorstellung der untersuchten Medien nun die Grundbedingungen des untersuchten Diskurses betrachtet wurden, werden im Folgenden generelle Entwicklungslinien des Armuts- und Armenfürsorgediskurses in der Verkündigung aufgezeigt.

---

432 Leitgöb, Vom Seelenhirten, 44.

433 Lang, Textsorte Hirtenbrief, 11.

434 Vgl. Baumgartner, Die Seelsorge im Bistum Passau, 274.

435 Vgl. beispielsweise: Johannes von Geissel, „Antrittshirtenbrief", in: Der Katholik. Religiöse Zeitschrift zur Belehrung und Warnung 17. 1837, 1-33; Johann Theodor Laurent, „Der Pauperismus und das christliche Almosen/ Fastenhirtenbrief 1847", in: Der Katholik. Religiöse Zeitschrift zur Belehrung und Warnung 27. 1847, 333-335, 336-339.

436 Vgl. Bernhard Schneider, Katholiken auf die Barrikaden? Europäische Revolutionen und deutsche katholische Presse 1815–1848, Paderborn 1998, 81-85.

3.2 Zeitliche und thematische Konjunkturen des Armuts- und Armenfürsorgediskurses

Bei der Darstellung der zeitlichen und thematischen Konjunkturen des untersuchten Diskurses soll der Frage nachgegangen werden, welche quantitative und qualitative Bedeutung die Themenfelder Armut und Armenfürsorge in den betrachteten Medien einnimmt.

3.2.1 Armut und Armenfürsorge in Predigten

Von den 2836 untersuchten Predigten, die in 91 Predigtsammlungen erschienen sind, beschäftigen sich 675 in unterschiedlicher Form und Ausführlichkeit mit den Themenfeldern Armut und Armenfürsorge. Die Armutsproblematik kann mit knapp 24% als eine beachtenswerte Fragestellung der priesterlichen Verkündigung angesehen werden. Diese Zahl ist allerdings mit Blick auf die Intensität der Thematisierung von Armut und Armenfürsorge näher zu betrachten. Zur Kennzeichnung der unterschiedlich stark ausgeprägten Darstellung unterteile ich die ‚Armutspredigten' in die drei Kategorien Haupt-, Neben- und Randthema.

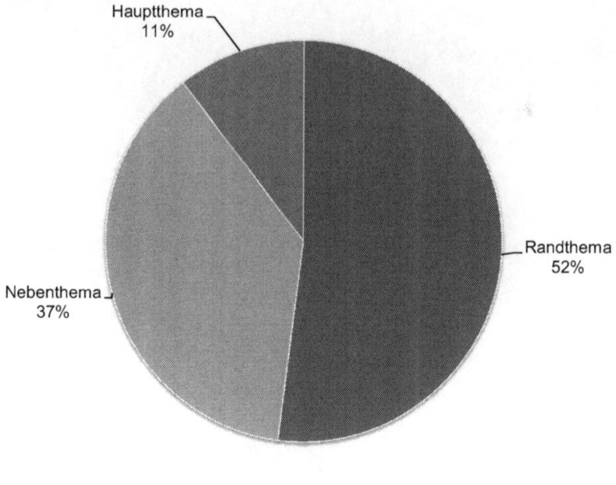

Abbildung 1: Intensität der Thematisierung von Armut und Armenfürsorge in den untersuchten ‚Armutspredigten'

In der größten Gruppe von 351 Predigten wird die Armutsthematik am Rande anderer Inhalte angesprochen. Armut und vor allem die Verpflichtung zur Armenfürsorge als christliches Gebot finden in zahlreichen Zusammenhängen des Glaubens- und Sittenlebens eine kurze Erwähnung, ohne dass eine konkrete Auseinandersetzung mit der Thematik stattfindet. So verweisen die Prediger beispielsweise in ihren Verkündigungstexten zum Weihnachtsfest häufig auf die Dürftigkeit Jesu und seiner Familie oder es findet in Bezug auf die Laster- und Tugendlehre eine kurze Charakterisierung des Besitzstandes der beschriebenen guten oder schlechten Vorbilder statt.[437] Außerdem wird im Zusammenhang des christlichen Gebots der Nächstenliebe immer wieder die Bedeutung der Almosengabe gegenüber den Bedürftigen angerissen. Diese selbstverständliche Erwähnung von Armut und Armenfürsorge im Zusammenhang mit den verschiedenen Predigtthematiken zeigt deren Einordnung in die zahlreichen Lebens- und Glaubensvollzüge der Menschen.

Als zweite Kategorie ist die Gruppe von 253 Predigten zu nennen, welche sich ausführlich, aber nicht ausschließlich mit der Armut als Predigtinhalt auseinandersetzen. Die soziale Problematik wird hier unter einer Hauptfragestellung gemeinsam mit anderen Themen diskutiert. Die Zuordnung der Überthemen dieser Predigten zu bestimmten Bereichen lässt eine starke systematisch-theologische Ausrichtung der Verkündigungstexte, die sich mit Armut und Armenfürsorge beschäftigen, erkennen.

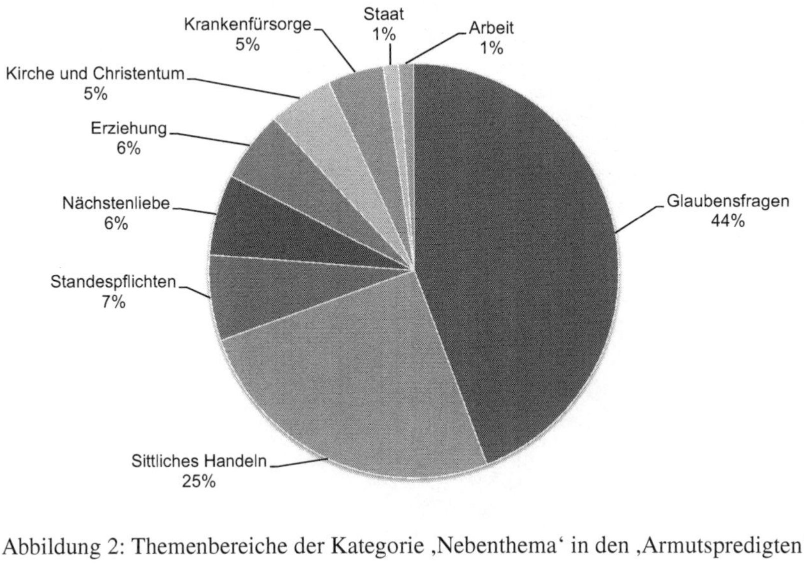

Abbildung 2: Themenbereiche der Kategorie ‚Nebenthema' in den ‚Armutspredigten'

Wie in der Grafik deutlich wird, haben fast die Hälfte aller Predigten dieser Obergruppe verschiedene Glaubensfragen zum Thema. Unter der Kategorie

[437] Zur katholischen Tugend- und Lasterlehre vgl. einführend: Konrad Hilpert, Art. „Tugend, Tugendlehre. III. Theologisch-ethisch", in: Lexikon für Theologie und Kirche (3. Aufl.), Bd. 10, 297-300; Walter Lesch, Art. „Laster. I. Theologisch-ethisch", in: Lexikon für Theologie und Kirche (3. Aufl.), Bd. 6, 657-658.

'Glaubensfragen' werden die Predigten zusammengefasst, welche die Aufforderung zur Annahme christlicher Glaubensgrundsätze und die Beziehung des Zuhörers zu Gott beinhalten. Themen sind hier beispielsweise das Schöpferhandeln Gottes, das Vertrauen auf die Güte des göttlichen Vaters, das Erlöserhandeln Christi und die Aufforderung zu seiner Nachfolge. Den Predigern geht es vor allem um eine den Lehren des Evangeliums entsprechende Haltung und einen christlichen Lebenswandel ihrer Gläubigen. Mit der geforderten Lebensführung stehen die Verkündigungstexte zum sittlichen Handeln und zur christlichen Erziehung in direktem Zusammenhang. In der zweitstärksten Kategorie 'sittliches Handeln' finden sich alle Predigten, welche der traditionellen christlichen Lehre entsprechend zur Vermeidung der Laster und zu einem tugendhaften Leben auffordern.[438] In diesem Zusammenhang werden häufig die Ursachen der Armut und der richtige Umgang mit dem weltlichen Besitz erläutert. In den Predigten zu den Standespflichten finden sich diese Ermahnungen in Bezug auf bestimmte Zielgruppen (Ehefrauen und -männer, Hausmütter und -väter, Dienstboten, Handwerker und Arbeiter) und werden mit Blick auf deren Pflichten konkretisiert. Die kleine Gruppe der Predigten zur Erziehung umfasst alle an (Haus-)Eltern gerichteten Anweisungen, die ihnen den korrekten Umgang mit ihren Schutzbefohlenen erläutern und aufzeigen, wie sie diese in ihrer christlichen Lebensweise fördern sollen. Dies kann neben der Erziehung zur Tugend sowohl die Bildung in religiösen als auch in weltlichen Fragen beinhalten. Die Prediger sprechen nicht nur die leiblichen Eltern der Kinder, sondern auch die Dienstherren als Väter und Mütter der Hausangestellten an. Dahinter steht das bis ins 19. Jahrhundert hineinwirkende frühneuzeitliche Verständnis von Familie als „einem unter der Leitung eines Hausvaters stehenden Rechtsverband, der über die eigentliche, aus Eltern und Kindern bestehende Kernfamilie hinaus auch noch alle anderen Mitglieder des Haushalts umfaßte".[439] Zu diesen allgemeinen Anforderungen an die christliche Lebensführung tritt der Aufruf zur Ausübung der Caritas. Dieser integrale Bestandteil des christlichen Glaubens findet eine ausführliche Behandlung in den Predigten zur tätigen Nächstenliebe und zur Krankenfürsorge. Arme sind hierbei eine, aber nicht die einzige Zielgruppe der christlichen Fürsorge. Daher erfolgt die Zuordnung dieser Predigten zur Kategorie des 'Nebenthemas'.

Neben den Predigtkategorien zum Glauben und zur christlichen Lebensführung gibt es einige wenige Texte, die sich unter praktischen Gesichtspunkten mit Fragen des Arbeitslebens (Bedeutung des Lohns, Arbeitszeiten) auseinandersetzen. Doch auch diese Predigten betonen immer wieder

438 Vgl. Hilpert, Art. „Tugend"; Lesch, Art. „Laster".

439 Andreas Gestrich, Geschichte der Familie im 19. und 20. Jahrhundert, München 1999, 4.

die Bedeutung des göttlichen Segens für das weltliche Fortkommen. Die letzte Kategorie an Predigten betrachtet die Stellung des Christentums und der katholischen Kirche in der damaligen Gesellschaft. Hierbei kann auch die Beziehung zu den weltlichen Machthabern zur Sprache kommen. Diese Überthemen lassen erkennen, dass die Prediger in ihren Inhalten vor allem ihrem Auftrag als Seelsorger nachkamen und eine sittliche und glaubensgemäße Förderung der Gläubigen anstrebten.

Im vorangegangenen Kapitel wurde auf die unterschiedliche thematische Ausrichtung der Predigten der großen theologischen Strömungen des späten 18. und frühen 19. Jahrhunderts hingewiesen. Es stellt sich nun die Frage, ob sich deren inhaltliche Schwerpunktsetzung auch bei der Zuweisung der Predigten zu den soeben erläuterten Kategorien feststellen lässt. In Bezug auf die beiden großen Gruppen der Glaubensfragen und des sittlichen Handelns sowie in Bezug auf die Felder Nächstenliebe und Krankenfürsorge findet sich bei den Predigten der (Spät-)Aufklärung, des Ultramontanismus und des Sailers-Kreises eine recht gleichmäßige Verteilung. Die fünf weiteren Kategorien hingegen lassen lagerspezifische Präferenzen erkennen und erfüllen in Bezug auf die (Spät-)Aufklärung und den Ultramontanismus die mit der jeweiligen Ausrichtung zusammenhängenden Erwartungen. So werden die Themen der Standespflichten, der Erziehung und des Arbeitslebens bis auf kleinere Ausnahmen nur in den Texten der aufklärerischen Predigtautoren diskutiert. Dies entspricht dem allgemein stark moralisierenden und die Pflichten des einzelnen Bürgers betonenden Charakter der aufklärerischen Predigten. Die Wertschätzung der Erziehung lässt Anklänge an die allgemeinen Tendenzen der häufig mit dem zeitgenössischen Begriff ‚Pädagogisches Jahrhundert‘ bezeichneten Aufklärungszeit erkennen.[440] Ausgehend von einem neuen Bild des Kindes und der Kindheit wurde in dieser Zeit Pädagogik zu einer gesamtgesellschaftlichen Angelegenheit.[441] Die Frage der Stellung von Kirche und Christentum in der Welt wird vor allem von ultramontanen Predigtautoren verkündet, während der Blick auf den Staat und die Pflichten der Regenten eher auf der (spät-)aufklärerischen Seite zu finden ist. Auf ultramontaner Seite stehen in diesen Predigten häufig die als Angriffe auf die Kirche empfundenen Zeitumstände und die Forderung nach einer freien Entfaltung der kirchlichen Wohltätigkeitsanstalten im Hintergrund. Allerdings spielt die Frage der ‚Freiheit der Kirche‘ in den ultramontanen Verkündigungstexten im Vergleich zum kirchenpolitischen Armutsdiskurs in katholischen Zeitschriften eine eher geringe Rolle.[442]

[440] Zum Erziehungsgedanken des Aufklärungszeitalters vgl. Heinz-Elmar Tenorth, Geschichte der Erziehung. Einführung in die Grundzüge ihrer neuzeitlichen Entwicklung, 5. verbesserte Aufl., Weinheim 2010, 78-120.

[441] Vgl. ebd., 81-82.

[442] Vgl. Schneider/Bircher, „Katholische Armutsdiskurse“, 339; Franz, „Katholische Publizistik“, 88-91.

In den restlichen 71 Predigten wird die Frage von Armut und Armenfürsorge als alleiniges Thema in den Mittelpunkt gestellt. Dies sind nur 2,5% der insgesamt untersuchten Zahl von 2836 Predigten. Somit spielte Armut und Armenfürsorge für die Prediger als Hauptpredigtthema nur eine absolut untergeordnete Rolle. Diese Zahl bezieht sich allerdings ausschließlich auf den Aspekt Armut und Armenfürsorge und nicht auf andere Felder des sozialen Wirkens der Kirche und der Gläubigen. So finden sich – wie gesehen – inmitten der Predigtkategorie ,Nebenthema' Verkündigungstexte, die sich unter dem Gesichtspunkt der Krankenfürsorge oder auch der allgemeinen Nächstenliebe ausführlich mit dem weiten Feld der Caritas auseinandersetzen. Fragt man nach der Ausrichtung dieser mit dem Begriff ,Hauptthema' charakterisierten 71 Predigten, so kann man ähnlich wie bei der soeben beschriebenen Gruppe den Wunsch nach einer sittlichen und glaubensgemäßen Förderung des einzelnen Zuhörers als Ziel dieser Verkündigungstexte feststellen. Anders als in der von Bernhard Schneider und Patrick Bircher untersuchten Zeitschrift ,Archiv für die Pastoralkonferenzen in den Landkapiteln des Bistums Konstanz', in welcher sich die Autoren vor allem den praktischen Anforderungen einer Armenfürsorge und Armutsbekämpfung widmen,[443] geht es auch in den Armutspredigten der Kategorie ,Hauptthema' vor allem um systematisch-theologische Fragen. Ordnet man die Predigten dieser Kategorie nach Themenbereichen, so fällt eine intensive Bezugnahme auf Fragen der Wohltätigkeit auf. Bei dieser Zuweisung muss beachtet werden, dass sich in manchen Predigten die Themenbereiche auch überschneiden. Die Predigt wurde dann dem Bereich zugeordnet, der am stärksten im jeweiligen Text auftritt.

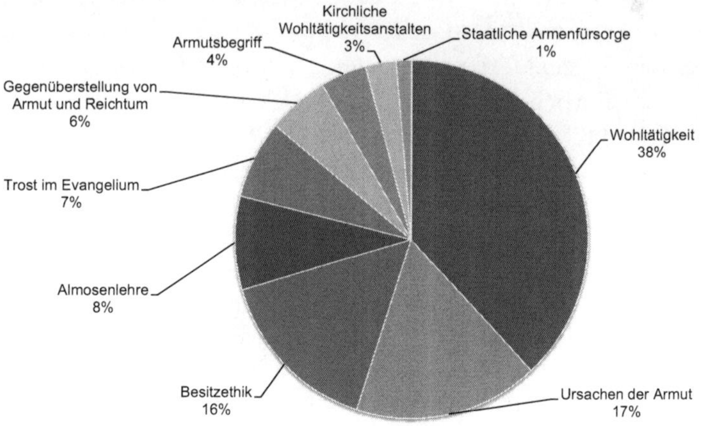

Abbildung 3: Themenbereiche der Predigtkategorie ,Hauptthema'

[443] Vgl. Schneider/Bircher, „Katholische Armutsdiskurse", 318.

Die Betrachtung dieser Oberthemen ermöglicht einen ersten Blick auf die Rolle ‚der' Armen im katholischen Armutsdiskurs. Zum einen fällt die starke Ausrichtung der Predigten auf die christliche Almosenlehre und die in der Nächstenliebe verankerte Wohltätigkeit gegenüber den Notleidenden auf. Hier bleiben ‚die' Armen bis auf einige wenige Ausnahmen, welche die von ihnen auszuübenden Maßnahmen der Fürsorge beschreiben, Objekt der Verkündigung. Während Wohltätigkeit hier vor allem als individuelle christliche Pflicht umschrieben wird, haben zwei ultramontane Predigten konkrete Institutionen der katholischen Armenfürsorge zum Thema. Eine aufklärerische Predigt beschäftigt sich ausschließlich mit den Anforderungen an die staatlichen Fürsorgemaßnahmen. Auch in diesen drei Texten werden vor allem die Reichen als Zuhörer angesprochen. Eine Ausrichtung der Predigten auf Arme und Reiche findet sich bei der Gegenüberstellung der beiden Stände und bei der Erläuterung des richtigen Umgangs mit den von Gott verliehenen Gütern. Die Armen werden vor allem dann zu Adressaten, wenn die Ursachen der Armut, die theologische Bedeutung der Bedürftigkeit, die im Glauben zu findende Trosterfahrung oder auch die Möglichkeiten einer persönlichen Fürsorge beschrieben werden.

Blickt man auf die Verbreitung der genannten drei Kategorien über das Kirchenjahr, so lässt sich bei allen Predigten, die sich auf einen bestimmten Sonn- oder Feiertag beziehen, eine recht gleichmäßige Verteilung feststellen. Die Prediger nutzten die Sonn- und Feiertage der Advents- und Weihnachtszeit, aber auch die Fasten- und Osterwochen sowie die übrigen Tage des Kirchenjahres dazu, den Gläubigen die Bedeutung von Armut und Armenfürsorge darzulegen.

Betrachtet man die einzelnen Zeiten etwas genauer, so lassen sich aber doch spezifische ‚Armutspredigttage' herausarbeiten. Hierbei sind vor allem die Verkündigungstexte, die sich unter der Kategorie des Haupt- und Nebenthemas ausführlich mit der sozialen Problematik auseinandersetzen, von Interesse. Beliebt waren im Kirchenjahr vor allem der sechste, achte und zwölfte Sonntag nach Pfingsten, aber auch der zweite Advents- und der vierte Fastensonntag, sowie das Fest Allerheiligen. Die Bevorzugung dieser Tage für Predigten zur Armutsproblematik hängt mit der Auswahl der Evangelien zusammen, die an diesen Tagen nach den Vorgaben der Leseordnung des Missale Romanum vorgetragen wurden. Aufgrund der Konzentration auf bestimmte Tage und Perikopen lassen sich drei thematische Schwerpunkte der ‚Armutspredigten' erkennen, die sich in ähnlicher Weise auch in den Verkündigungstexten anderer Sonn- und Feiertage finden. Grundlegend für die Verkündigung an den Weihnachtsfesttagen sind die in Lk 2 geschilderte Ankunft Christi in Niedrigkeit und der damit verbundene Trost für die Armen. Diese Wertschätzung der Armut und der Armen greifen die Prediger auch am zweiten Sonntag im Advent mit ihrer sich auf Mt 11,5 beziehenden Kennzeichnung des Evangeliums als frohe Botschaft der Armen auf. Eine ähnliche Intention verbinden sie mit der Auslegung der Seligpreisungen (Mt 5) an Allerheiligen. Neben dieser aus der Armut Christi erwachsenen Hervorhebung der Bedürftigen ist den Priestern der richtige Umgang mit Krisenzuständen ein Anliegen. Anhand der Deutung der Speisungswunder am sechsten Sonntag nach Pfingsten (Mk 8,1–10) und am vierten Fastensonntag (Joh 6,1–15) erinnern die Prediger an die Notlage vieler Menschen und die immer anhaltende Fürsorge Gottes und Christi. Sie ermahnen die Gläubigen hierbei, darauf zu vertrauen und einen entsprechenden Lebenswandel einzuschlagen. Als dritter großer Schwerpunkt der Armutspredigten ist der Aufruf zur Wohltätigkeit zu nennen. Mit dem Gleichnis vom klugen Verwalter (Lk 16,1–9) als Perikope am achten Sonntag nach Pfingsten und dem Gleichnis vom barmherzigen Samariter (Lk 10,25–37) am zwölften Sonntag nach Pfingsten werden die Gläubigen zur Nächstenliebe gegenüber den Notleidenden und zum richtigen Umgang mit ihren weltlichen Gütern aufgefordert.

Neben diesen Sonn- und Feiertagen spielen in allen Kategorien die Verehrungszeiten bestimmter Heiliger eine große Rolle. An erster Stelle sind hier die Gedenktage Mariens zu nennen. Maria wird den Gläubigen als eine trotz aller Armut fromme und ihre häuslichen Pflichten erfüllende Ehefrau und Mutter vorgestellt. In ähnlicher Weise spielt der Festtag des heiligen Joseph eine Rolle. Die Prediger beschreiben ihn als Vorbild für die bedürftigen, ihre Arbeit fleißig ausführenden Hausväter. Außerdem werden unter Berücksichtigung ihrer wohltätigen Taten die Festtage des heiligen Stephanus und des heiligen Martin häufig zur Verkündigung von ‚Armutspredigten‘ genutzt. Zusätzlich zu den Predigten an Sonn- und Feiertagen finden sich zu bestimmten Anlässen Verkündigungstexte, die sich mit der sozialen Problematik auseinandersetzen. Neben den Kirchweihfesten waren dies vor allem Bruderschaftsandachten. Hier wurde das wohltätige Wirken der Mitglieder als nachahmungswürdig herausgestellt. Eine Besonderheit dieser Gruppe bilden zwei Predigten, die bei der Gelegenheit von Messfeiern in Armenhäusern gehalten wurden. Ausgehend von ihrer bedürftigen Situation erfahren die Insassen, worin für sie Möglichkeiten zur Ausübung der tätigen Nächstenliebe bestehen.

3.2.2 Armut und Armenfürsorge in den Hirtenbriefen

Die starke Beschäftigung mit der Armutsproblematik im weiteren Sinn, die sich für die Predigten beobachten ließ, kann auch für das Medium der Hirtenbriefe festgestellt werden; dies allerdings in einem noch weitaus größeren Maße. Etwa 62% (n=151) der untersuchten Hirtenbriefe behandeln in unterschiedlicher Intensität die Themen Armut und Armenfürsorge. Dieser im Vergleich zu den Predigten mehr als doppelt so hohe Wert lässt sich hauptsächlich mit der bischöflichen Verkündigungspraxis zur Fastenzeit erklären. Rund 86% der untersuchten Armutshirtenbriefe wurden von den Bischöfen zur Fastenzeit erlassen. Die besondere Bedeutung der Fastenzeit verwundert nicht, da in Anlehnung an Mt 2,2–18 die Almosengabe neben dem Beten und Fasten zu den drei Bußwerken zählt und diese zur traditionellen Vorbereitung auf Ostern dazugehören. Noch heute werden die Gläubigen insbesondere in der österlichen Bußzeit durch die deutschen Bischöfe zur Unterstützung der seit 1959 bestehenden Fastenaktion ‚Misereor' aufgerufen. Allerdings dienten etliche der untersuchten Fastenhirtenbriefe nicht zur ausführlichen Analyse der Armutsproblematik, vielmehr erfolgte innerhalb der Erläuterung der allgemeinen Fastengebote eine kurze Erwähnung der traditionellen Almosenlehre. So muss die hohe Zahl von 62% Armutshirtenbriefen in Bezug auf die Ausführlichkeit der Behandlung von Armut und Armenfürsorge relativiert werden. Unter Beachtung der bereits oben definierten Kategorien (Haupt-, Neben- und Randthema) zeigt sich hier ein im Vergleich zu den Predigten ähnliches Bild mit leichten Verschiebungen.

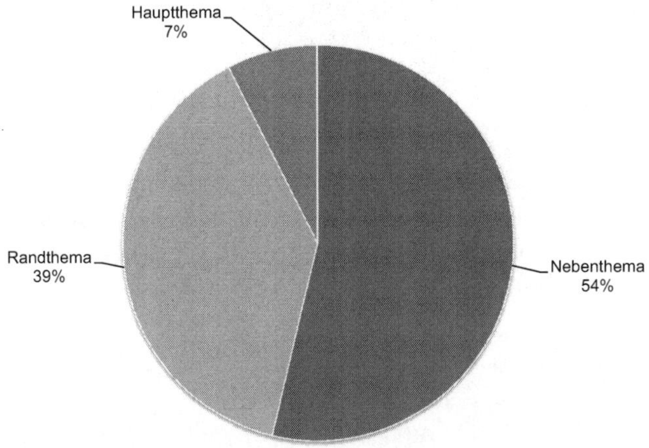

Abbildung 4: Intensität der Thematisierung von Armut und Armenfürsorge in den untersuchten ‚Armutshirtenbriefen'

Die größte Gruppe der untersuchten bischöflichen Schreiben untersucht die Problematik der Armut und Armenfürsorge – insbesondere in Form der Almosenlehre – als einen Teilbereich neben anderen Fragestellungen. Gliedert man diese 50 Hirtenbriefe, in denen Armut als Nebenthema behandelt wird, nach den übergeordneten Hauptthemen, dann ergibt sich der in der folgenden Grafik abgebildete Befund.

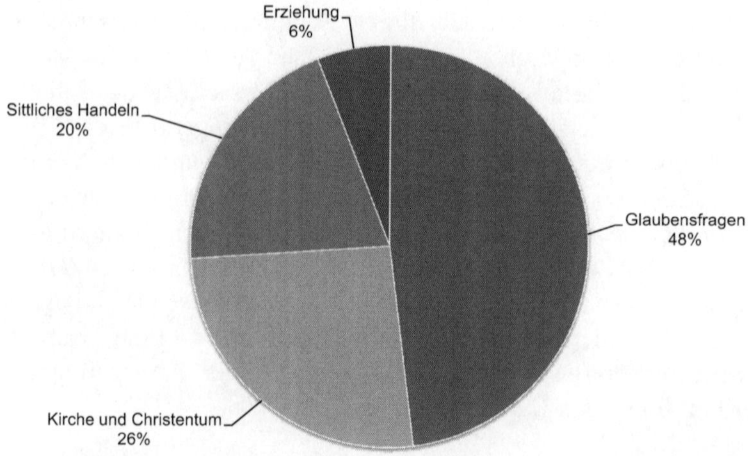

Abbildung 5: Themenbereiche der ‚Armutshirtenbriefe' der Kategorie ‚Nebenthema'

Auch hier zeigt sich eine Parallele zur Thematisierung von Armut und Armenfürsorge in den untersuchten Predigten. Es wird deutlich, dass der Armutsdiskurs in den Hirtenbriefen dieser Kategorie nicht praktisch mit Bezug auf konkrete Formen der Armutsbekämpfung und Armenfürsorge, sondern theologisch ausgerichtet war. Das Ziel der Bischöfe war ihrer Aufgabe als Seelsorger entsprechend die Stärkung ihrer Zuhörer in Glaubensfragen und die Besserung ihrer sittlichen Lebensführung. Allerdings finden sich keine bischöflichen Lehrschreiben mit dem Oberthema der Standespflichten. Dies könnte in der gewünschten Allgemeingültigkeit der Hirtenbriefe begründet liegen. Während der Prediger die unterschiedliche Herkunft und die Lebensumstände seiner Pfarrangehörigen im Blick hatte, richteten sich die Bischöfe an alle Gläubigen ihrer Diözese. Eine im Vergleich zu den Predigten leichte Akzentverschiebung findet in Bezug auf den Bereich ‚Kirche und Christentum' statt. Die Bischöfe beziehen sich verstärkt auf aktuelle Zeitereignisse, welche für die katholische Kirche als Bedrohung wahrgenommen werden. Armut und Armenfürsorge wird dann zum Thema, wenn die kirchlichen Würdenträger die Gläubigen angesichts der bedrängten Lage von Religion und Kirche zur Standhaftigkeit ermahnen. Wie in obiger Grafik zu sehen ist, setzen sich nur sieben Prozent der Hirtenbriefe, in denen die Fragen von Armut und Armenfürsorge behandelt werden, mit der sozialen Frage als Hauptthematik auseinander. Neben dem als thematischer Hirtenbrief zur Armenpflege gekennzeichneten Schreiben Fürstbischof Erthals aus dem Jahr 1786 finden sich in allen untersuchten Bistümern ausschließlich in den 1840er Jahren Hirtenbriefe, in denen die Bischöfe die soziale Problematik der Massenarmut ausführlich deuten und Konzepte zur Linderung der Not entwickeln. Die bischöflichen Schreiben können als direkte Reaktion auf die krisenhaften Ereignisse dieser Zeit angesehen werden. Im Jahr 1847 litten die Menschen infolge der durch Kartoffelfäulnis ausgelösten Missernten der Jahre 1845 und 1846 unter der letzten großen europaweiten Hungerkrise des 19. Jahrhunderts.[444] Diese mit enormen Teuerungsphasen verbundenen Agrarkrisen waren so verheerend, dass sie auch bessergestellte Bauern, Handwerksmeister, Angestellte und Beamte der Städte, sowie das Bildungsbürgertum betrafen.[445] Die Bischöfe erkennen in ihren Hirtenbriefen der Jahre 1847/1848 den neuen Charakter der Armutsproblematik und fassen diesen auch begrifflich. Ob dies eine Besonderheit war und wie die Bischöfe und Priester insgesamt mit der begrifflichen Bestimmung ,der' Armut und ,der' Armen umgegangen sind, wird im folgenden Kapitel untersucht.

444 Vgl. Abel, Massenarmut. Zur Situation in Preußen vgl. Hans-Heinrich Bass, Hungerkrisen in Preußen während der ersten Hälfte des 19. Jahrhunderts, St. Katharinen 1991.

445 Vgl. Schulz, „Armut und Armenpolitik", 394.

4 Wahrnehmung und Deutung von Armut

4.1 Das Verständnis von Armut

Im folgenden Kapitel steht der historische Gebrauch des Begriffs Armut im Mittelpunkt. Es geht um die Frage, welches Bild die Kleriker in den untersuchten Verkündigungstexten von ‚der' Armut zeichnen, ob sie die Unterschiede zwischen den traditionellen Erscheinungsformen von Armut und dem Pauperismus des 19. Jahrhunderts begrifflich fassen und inwiefern religiöse Semantiken bei der Charakterisierung von Armut eine Rolle spielen. In einem zweiten Schritt werden die theologischen Deutungsmuster betrachtet, die hinter diesem Verständnis von Armut stehen.

4.1.1 Der Armutsbegriff

Im Einleitungskapitel hat sich gezeigt, dass es in der heutigen Zeit keine eindeutige Definition von ‚der' Armut gibt. Diese Beobachtung gilt auch für die untersuchten Predigten und Hirtenbriefe. Der Begriff ‚Armut' wird von den Bischöfen und Priestern zur Bezeichnung verschiedener Zustände verwendet und dann zur näheren Charakterisierung häufig mit Adjektiven verbunden. Die Kleriker unterscheiden zwischen ‚der' Armut auf einer weltlichen (materielle/leibliche Armut) und auf einer theologischen Ebene (freiwillige, geistige Armut). Eine ähnliche Einteilung findet sich auch in einem in den 1850er Jahren erstmals erschienenen und weit verbreiteten homiletischen Lexikon.[446] Betrachtet man hier die Anordnung und Fülle der drei Beiträge, so lässt sich ein Schwerpunkt bei den theologischen Begriffen der ‚freiwilligen Armuth' und der ‚Armuth im Geiste' festmachen.[447] Aber auch die ‚leibliche Armuth' wird nicht als gesellschaftliches und ökonomisches Problem betrachtet, sondern als individuelles Einzelschicksal beschrieben, das unter sittlich-moralischen Gesichtspunkten zu verkündigen sei.[448] Ob diese Beobachtung auch für die untersuchten Predigten und Hirtenbriefe gilt und wie die jeweiligen Armutsbegriffe bestimmt werden, steht im Mittelpunkt der folgenden Betrachtung.

---

[446] Vgl. Franz Edmund Krönes, Homiletisches Real-Lexikon, oder: alphabetisch-geordnete Darstellung geeigneter Predigtstoffe, Bd. 1, Regensburg ^{2}1872, 368-390.

[447] Vgl. ebd., 368-384.

[448] Vgl. ebd., 384-390.

4.1.1.1 Materielle Armut

Die Darstellung materieller Armut, ihrer Ursachen und der richtige Umgang mit der Notlage nimmt in den untersuchten ‚Armutspredigten' und ‚-hirtenbriefen' einen breiten Raum ein. Priester und Bischöfe sprechen in diesem Zusammenhang entweder allgemein von Armut, (Be-)Dürftigkeit, Elend, Leiden, Mangel und/oder Not oder sie konkretisieren diese durch Adjektive wie leiblich, äußerlich oder irdisch. Außerdem finden sich häufig Verbindungen der allgemeinen Armutsbezeichnungen mit Superlativen wie – äußerste, bitterste, größte oder tiefste – um die Schwere der Notlage zu unterstreichen. Mit den genannten Armutsbegriffen kennzeichnen die Bischöfe und Priester einen von der Sorge um Nahrung und Kleidung bestimmten materiellen Mangelzustand. In einer Predigt Caspar Riffels wird diese von dem Kampf um das tägliche Überleben geprägte Armutssituation beispielhaft dargestellt:

„Siehe, unter diesem dürftigen Dache lebet eine zahlreiche Familie in stetem Mangel; der Vater legt am Abende, nach ausgestandener Tageshitze und schwerer Arbeit, mit geringer Kost gesättiget, seine müden Glieder auf hartes Lager, und der erste Strahl der Morgensonne findet ihn schon wieder am Tagewerk, damit er die Blöße seiner Kinder decken, und ihren Hunger stillen könne".[449]

Eine ähnliche, aber weniger bildreiche Definition findet sich in den Predigten Sebastian Winkelhofers. Die dortige Kennzeichnung kann als beispielhaft für das Verständnis materieller Armut in den Verkündigungstexten angesehen werden. Armut betrifft seines Erachtens all „jene Menschen, welche aus Abgang der Leibeskräfte oder der Lebensmittel sich ohne fremder Beihülfe ihres Nächsten nicht ernähren und fortbringen können".[450] Neben der Sorge um Nahrung tritt hier der Aspekt der Abhängigkeit von anderen als Kennzeichen der Armutssituation hinzu. Beide vorgestellten Umschreibungen materieller Armut entsprechen der in der Forschung zu findenden Festlegung von primärer, d.h. absoluter Armut. Die Prediger und Bischöfe stimmen in ihren sich auf das ‚Unentbehrliche' beziehenden Definitionen mit denen des allgemeinen Armutsdiskurses der vorindustriellen Zeit überein.[451] In Einzelfällen finden sich in den Verkündigungstexten aber auch Umschreibungen eines relativen von Vergleichsebenen abhängigen Armutsverständnisses. So werden in einer in einem Armenhaus gehaltenen Predigt verschiedene

[449] Riffel, Predigten Sonn- und Festtage, Bd. 1, 255-256.

[450] Sebastian Winkelhofer, Sebastian Winkelhofers zusammenhängende Predigten über die christliche Gerechtigkeit, Bd. 2: Von den Sünden in den heiligen Geist, von den himmelschreienden, fremden und Kirchensünde, hg. von einem Geistlichen des Erzbisthums München und Freysing, München 1834, 138.

[451] Vgl. Doege, Armut in Preußen und Bayern, 15.

‚Grade der Dürftigkeit' unterschieden und der Armutszustand der Insassen nach noch vorhandenem Besitz von Vermögen und Kleidung, nach der Unterstützungsleistung durch Verwandte oder auch nach der Möglichkeit des Zuverdiensts durch Handarbeit klassifiziert.[452] Es handelt sich hierbei also um die Kennzeichnung einer relativen Armut innerhalb einer Gruppe von Bedürftigen. Daneben beschreiben die Kleriker materielle Armutsvorstellungen, die nicht einen existentiellen Mangel betreffen, sondern durch den Vergleich mit anderen Ständen entstehen. Dieses Armutsverständnis, welches auf dem Wunsch nach Verbesserung der als zu gering empfundenen eigenen Lage beruht, erkennen die Prediger allerdings nicht als ‚wahre Armut' an: „Manche Menschen dünken sich arm zu seyn! aber sie sind es nicht. Ihre bösen Begierden, der Geiz, die Ungenügsamkeit und die Einbildung machet sie zu armen Leuten".[453]

Die mit den oben genannten Begriffen der materiellen Armut (Not, Bedürftigkeit, Elend etc.) beschriebenen Zwangslagen kennzeichnen in der Regel das Schicksal einzelner Personen und ihrer Familien und keine gesamtgesellschaftlichen Probleme. Eine Bezugnahme auf die Not ganzer Gemeinden und/oder Regionen zeigt sich dann, wenn das Fehlen finanzieller und gegenständlicher Ressourcen im Zusammenhang mit Naturkatastrophen oder anderen krisenhaften Ereignissen (Feuersbrunst, Krieg, Hungersnot, Seuchen) thematisiert wird. Unter Berücksichtigung dieser Krisenzeiten wird in Einzelfällen die sehr allgemeine Semantik von materieller Armut durchbrochen und es werden konkrete Ereignisse und Umstände der Not beschrieben. So findet sich eine ausführliche Darstellung verschiedener Faktoren des Leids in einer von Johann Heinrich Brockmann im Krisenjahr 1816 in Münster gehaltenen Predigt:

„Ein solches Jahr, wie das gegenwärtige, haben auch die Aeltesten unter uns nicht erlebt. Durch die anhaltenden Regengüsse im verflossenen Sommer und Herbste sind unsere Saaten auf den Feldern und unsere Gartenfrüchte verdorben, zum Theile gänzlich vernichtet worden; noch jetzt, beim Anbruch des Winters, liegt auf vielen Aeckern geschnittenes Korn unter dem Schnee, und wartet auf einen flüchtigen Sonnenblick, um halb verfault von dem trauernden Landmann eingescheuert zu werden. Schon sind deßwegen

452 Vgl. Gottlieb Ackermann (Hg.), Predigten nach den Bedürfnissen des gemeinen Mannes. Predigten zum gemeinnützigen Kanzelvortrag und christlichen Familien zur Selbstbelehrung und Erbauung dienlich, Bd. 3, München 1787, 425-445.

453 Ders. (Hg.), Predigten nach den Bedürfnissen des Landvolkes, Bd. 1: Enthält die Sonn- und Festtage des Herrn vom ersten Adventssonntage bis zum fünften Sonntage in der Faste, München 1791, 321.

die nothwendigsten Lebensbedürfnisse auf einen ganz ungewöhnlichen, ungeheueren Preis gestiegen".[454]

Brockmann bezieht sich hierbei auf den fast ganz Westeuropa betreffenden Nahrungsmittelnotstand, unter dem in Deutschland insbesondere die rheinischen und westfälischen Provinzen Preußens litten.[455] Diese konkrete Thematisierung der Hungersnot von 1816/17 stellt in den untersuchten Predigten einen Einzelfall dar. Allerdings spielt die in den 1840er Jahren auftretende große Krise eine bedeutendere Rolle in der Verkündigung und hierbei insbesondere in den bischöflichen Texten. Wie bereits in Kapitel 3.2.2 beschrieben, wird die durch Missernten und Teuerung bestimmte Hungersnot der Jahre 1846/47 zum Thema zahlreicher Fastenhirtenbriefe. Diese intensivere Behandlung der Krise in den bischöflichen Schreiben als in den Predigttexten lässt sich zum einen mit der stärkeren gesellschaftlichen Ausrichtung der Hirtenbriefe erklären, die sich häufig auch auf aktuelle Zeitfragen bezogen. So erschienen in den 1830er Jahren zahlreiche Hirtenbriefe zur Choleraproblematik. Außerdem ist aufgrund der späteren Veröffentlichung der Predigten in den Sammelbänden nicht immer eindeutig festzustellen, welche und wie viele der untersuchten Texte in den Krisenjahren vorgetragen wurden. Ob die starke Beachtung der Krise der 1840er Jahre in den Fastenhirtenbriefen einen veränderten Umgang der Bischöfe mit Hungerkrisen widerspiegelt, lässt sich leider nicht eindeutig feststellen. Wie im Einleitungskapitel erläutert, konnten auf Grund der Vakanz vieler Bischofsstühle keine Hirtenbriefe der Jahre 1816/1817 untersucht werden.

Die Hungerkatastrophen der Jahre 1816/17 und 1846/47 werden in der Forschung den Krisen des ‚type ancien' zugeordnet und sind gleichzeitig Bestandteil einer von den Zeitgenossen mit dem Begriff ‚Pauperismus' bezeichneten neuen Armut.[456] Leicht versetzt zum gesamtgesellschaftlichen Diskurs lässt sich in den Predigten und Hirtenbriefen erst zum Ende der Untersuchungszeit ein breites Bewusstsein für diesen neuen Charakter der sich rasant ausbreitenden Massenarmut und eine ausführliche Beschäftigung mit der Frage nach ihren möglichen Ursachen feststellen. Die Priester und Bischöfe sprechen von einer Ländergrenzen überschreitenden Notlage, die auch bisher nicht von Armut betroffene Bevölkerungsschichten erfasse.[457] Ein Beispiel

---

454 Johann Heinrich Brockmann, Homilien und Predigten an allen Sonn- und Festtagen des Jahrs, Bd. 4: Vom dreizehnten bis zum letzten Sonntage nach dem Feste der heil. Dreifaltigkeit, Münster 1829, 406.

455 Vgl. Bass, Hungerkrisen in Preußen, 128. Vgl. auch Kapitel 2.3.

456 Vgl. Kap. 2.3.1.

457 Vgl. Wilhelm Arnoldi, „Fastenhirtenbrief vom 25. Januar 1847", in: Johann Jakob Blattau (Hg.), Statuta synodalia, ordinationes et mandata Archidiocesis Trevirensis, Bd. 9, Trier 1859, 103-110, 103; Peter Josef Blum, Fastenhirtenbrief vom 5. Februar 1847, Limburg 1847, 13; Petrus Leopold Kaiser, Fastenhirtenbrief vom 18. Januar 1847, Mainz

für die in dieser Zeit aufkommende intensive semantische Auseinandersetzung mit der neuen Bedrohung stellt der zur Fastenzeit 1847 erschienene Hirtenbrief des Luxemburger Vikars Johann Theodor Laurent dar:

„Wie ein fressender Krebsschaden breitet sich die Wunde der Verarmung unaufhaltsam über den Körper der Gesellschaft aus, verursacht ihr jetzt schon die gewaltsamsten Zuckungen und Erschütterungen, und bedroht sie in nicht gar ferner Frist mit Auflösung und Untergang".[458]

Trotz der ausführlichen bischöflichen Verkündigung zum Thema Massenarmut taucht der zeitgenössische Begriff ‚Pauperismus' in den untersuchten Hirtenbriefen nicht auf.[459] Er findet sich aber in einigen der betrachteten Predigten, welche den Charakter der sich immer mehr ausbreitenden Not und ihre Ursachen beleuchten. Allerdings wurden diese Predigten erst in den frühen 1850er Jahren publiziert.[460]

4.1.1.2 Soziale Armut

Neben der ausführlich behandelten materiellen Armut kennen die Bischöfe und Prediger in ihren Verkündigungstexten auch eine soziale Armut im Sinne einer fehlenden gesellschaftlichen Teilhabe und einer auf verschiedenen Ebenen des Zusammenlebens stattfindenden Exklusion der Armen durch ihre reicheren Nachbarn und Gemeindemitglieder. Nach Ansicht der Kleriker bedeutet ‚arm sein' in diesem Zusammenhang, entweder allgemein Verachtung zu erfahren oder auch nicht an Diskussionen der Reichen teilnehmen zu dürfen, weniger Besuch zu empfangen und im Krankheitsfalle keine Unterstützung zu erhalten.[461]

1847, 23; Caspar Riffel, Predigten auf alle Sonn- und Festtage des Jahres, Bd. 3: Predigten auf die verschiedenen Festtage, nebst einigen Fasten- und Gelegenheitsreden, Mainz 1853, 424; Anton Westermayer, Das katholische Kirchenjahr in seinem innern Zusammenhange dargestellt in Predigten auf alle Sonntage des Kirchenjahres, mit einer Beigabe sämmtlicher Festtags-, von vier Jubiläums- und andern Gelegenheitspredigten, Bd. 2, Schaffhausen 1854, 55.

458 Johann Theodor Laurent, Fastenhirtenbrief vom 28. Januar 1847, Luxemburg 1847, 2.

459 Allerdings wird der in zwei Heften der ultramontanen Zeitschrift ‚Der Katholik' vollständig abgedruckte Fastenhirtenbrief von Johann Theodor Laurent mit dem Titel ‚Der Pauperismus und das christliche Almosen' überschrieben, ohne dass der Begriff in der Originalfassung des Hirtenbriefs auftaucht, vgl. ders., „Pauperismus".

460 Vgl. Riffel, Predigten Sonn- und Festtage, Bd. 3, 119; Anton Westermayer, Predigten für wahre Aufklärung und Bildung. Gehalten in der St. Michaelshofkirche zu München, Bd. 4, Schaffhausen 1858, 180.

461 Vgl. Gottlieb Ackermann (Hg.), Volkspredigten und Homilien auf alle Sonn- und Festtage des katholischen Kirchenjahrs, Bd. 1: Predigten auf die Sonntage, Landshut 1821, 18-19; Joseph Bauerschubert, Kurze Volkspredigten zum Unterrichte und zur Erbauung auf alle Sonn- und Festtage des katholischen Kirchen-Jahres, Bd. 2, Erfurt 1799, 6; ders.: Kurze Volkspredigten zum Unterrichte und zur Erbauung auf alle Sonn- und Festtage des

Diese von mir als ‚soziale Armut' bezeichnete Situation wird von Bischöfen und Priestern allerdings nicht eigens begrifflich erfasst, sondern als eine Begleiterscheinung der materiellen Armut umschrieben. Interessant ist, dass dieser Zustand nie aus der Sicht der Armen geschildert wird, sondern immer in Zusammenhang mit an die Reichen gerichteten Appellen steht. Die Wohlhabenden werden aufgefordert, das als falsch gekennzeichnete Verhalten gegenüber den Notleidenden abzulegen und diese als gleichwertige Menschen zu behandeln. Dies gilt auch für die Ermahnung reicher Eltern durch Joseph Bauerschubert:

„In den Augen der Reichen und Vornehmen ist gewöhnlich Niemand geringer geachtet, als die Kinder armer und geringer Aeltern. ... So manche reiche und angesehene Aeltern können es nicht einmal ertragen, wenn ihre Kinder irgend einen Umgang mit armen haben; in der Schule werden sie oft zurückgesetzt und weniger Mühe auf sie verwandt ...".[462]

Hiermit spricht Joseph Bauerschubert einen weiteren Aspekt der sozialen Armut an, das Fehlen von Bildungsmöglichkeiten. Insbesondere von den aufklärerischen Predigern wird das Problem einer mangelnden schulischen Ausbildung der Kinder armer Eltern thematisiert. Außerordentlich betroffen sind nach Ansicht der Priester die jungen Dienstboten, welche sehr früh und ohne Ausbildung ihre Familien verlassen.[463] Bildungsarmut bedeutet nach Ansicht der Kleriker vor allem eine fehlende Absicherung für das zukünftige Leben der Kinder und somit einen Mangel an gesellschaftlichen Mitwirkungsrechten.

Die Prediger erörtern in diesem Zusammenhang nicht nur die Problemlage, sondern suchen gleichzeitig nach Lösungen, wie diesen Kindern eine Schul- und Berufsausbildung ermöglicht werden kann. Diese Frage erfährt in Kapitel 4.6.1 eine nähere Erläuterung.

Neben der materiellen und sozialen Armut als Dimensionen eines weltlichen Armutsverständnisses, setzen sich die Prediger und Bischöfe intensiv mit den religiösen Armutsbegriffen der freiwilligen Armut und der Armut im Geiste auseinander.

---

katholischen Kirchen-Jahres, Bd. 3, Erfurt 1799, 6; Johann Wilhelm Bausch, Fastenhirtenbrief vom 20. Januar 1838, Limburg 1838, 32; Winkelhofer, Winkelhofers Predigten über die christliche Gerechtigkeit, Bd. 2, 143.

462 Bauerschubert, Kurze Volkspredigten, Bd. 3, 20-21.

463 Vgl. Gottlieb Ackermann (Hg.), Katechetische Predigten über die ganze christliche Sittenlehre mit Hinsicht auf die Sonn- und Festtagsevangelien vor einer vermischten Gemeinde vorgetragen, Bd. 6: Katechetische Predigten über die Pflichten im häuslichen Leben mit Hinsicht auf die Sonn- und Festtagsevangelien, München 1805, 341; Bauerschubert, Kurze Volkspredigten, Bd. 3, 18.

4.1.1.3 Freiwillige Armut

Unter freiwilliger Armut verstehen die Prediger und Bischöfe den aus eigenem Antrieb gewählten Verzicht auf alle materiellen Güter. Mit der Vorstellung dieses Armutsbegriffes werden in den Predigten und Hirtenbriefen verschiedene Funktionen verbunden.

Unter Bezugnahme auf die Lebensform Jesu dient die Begrifflichkeit den Klerikern zum einen als Ausdruck der geringen Bedeutung weltlicher Güter und somit der Wertschätzung der unfreiwillig in materieller Bedürftigkeit lebenden Menschen. Die Bischöfe und Priester betonen hierbei, dass Jesus Christus als Sohn Gottes trotz seiner Macht und der damit verbundenen Möglichkeiten nicht in Reichtum, sondern in Armut aufwuchs. Als beispielhaft für dieses Verständnis freiwilliger Armut kann das folgende Zitat aus der Predigtsammlung Gottlieb Ackermann angesehen werden:

„Und wie leicht wäre es ihm gewesen, sich aller Schätze und Reichthümer zu bemächtigen? Aber statt dessen hat er freywillig eben das, was vor den Augen der Welt so klein, so unedel und verächtlich ist, nämlich den Stand der Armuth erwählet, um durch dieses sein Beyspiel zu zeigen, daß Reichthum und Vermögen an und für sich selbst allein dem Menschen keinen Werth geben könne“.[464]

Die Beschreibung der freiwilligen Armut Jesu erfüllt in Verbindung mit der Hochachtung der unfreiwillig in materieller Armut aufwachsenden Menschen noch eine weitere Funktion. Die Prediger und Bischöfe appellieren in diesem Zusammenhang häufig zur Nächstenliebe gegenüber den Bedürftigen. Im folgenden Ausspruch Johann Heinrich Brockmanns wird die Ermahnung mit einem Aufruf zum sparsamen Umgang mit weltlichen Gütern verbunden:

„Wenn Er ... für Seine Person als Mensch nicht so viel zum Eigenthum behielt, daß er nicht einmal hatte, worauf Er Sein Haupt niederlegen konnte; wenn Er, der Herr von Allem, arm unter den Armen einherging; so werden wir durch dieses Beispiel um desto dringender aufgefordert, treu zu seyn im Kleinen, auch das Geringe nicht zu verschwenden oder unnütz verkommen zu lassen, im Kleinen sorgfältig und sparsam zu seyn, um, wenn es seyn muß, auch im Großen uns treu beweisen zu können, um Freigebigkeit und Wohlthätigkeit beweisen zu können“.[465]

Die Ermahnung zu einer freigebigen Nächstenliebe lässt erkennen, dass trotz der Hochschätzung der Armut die strikte Nachahmung dieser asketischen Lebensweise Jesu nach Ansicht der Prediger keine Pflicht für alle

---

[464] Gottlieb Ackermann (Hg.), Faßliche und gemeinnützige Predigten auf christliche Festtage, Bd. 1, München 1809, 26.

[465] Brockmann, Homilien und Predigten, Bd. 4, 411.

Christen darstellt.[466] Sie sehen diese vielmehr als eine für die Gläubigen geltende Anregung, den Wert weltlicher Güter kritisch zu hinterfragen. Die Kleriker entsprechen der Haltung des Kirchenvaters Clemens von Alexandrien. Dieser hatte sich gegen die radikalen Formen der freiwilligen Armut ausgesprochen, da diese in Widerspruch zu den christlichen Forderungen nach Wohltätigkeit stehen.[467]

Neben dem die Gläubigen zur Tugendhaftigkeit ermahnenden Verständnis der freiwilligen Armut nimmt der theologische Armutsbegriff als ein Bestandteil des Ordenslebens insbesondere bei den ultramontan ausgerichteten Predigern und Bischöfen einen breiten Raum ein.[468] Ausgehend von den für die Ordensangehörigen geltenden evangelischen Räten der Armut, der Keuschheit und des Gehorsams wird auch von der ‚evangelischen Armut' gesprochen.[469] Unter Berücksichtigung des Gedankens der Nachfolge Christi wird die freiwillige Armut dann insbesondere im Zusammenhang mit dem Lob auf die besonderen Leistungen der karitativ wirkenden Brüder und Schwestern thematisiert.[470] Die von diesen gewählte materielle Besitzlosigkeit bildet nach Ansicht der Prediger und Bischöfe die Grundlage für eine bedingungslose Nächstenliebe gegenüber den Notleidenden. Die Geistlichen stellen die in freiwilliger Armut lebenden Ordensangehörigen aber nicht nur als Vorbilder im wohltätigen Handeln, sondern auch als Element des Trostes und der Ermahnung für die unfreiwillig in Armut lebenden Menschen dar.

Die mit den vorgestellten Funktionen verbundene positive Wertung der freiwilligen Armut beinhaltet allerdings auch die Gefahr, dass die mit einer zwanghaften materiellen Notlage einhergehenden sozialen und wirtschaftlichen Belastungen verdeckt werden. Die Frage, ob diese Befürchtung berechtigt ist, wird im weiteren Verlauf näher betrachtet. Zunächst erfolgt ein Blick auf einen weiteren theologischen Armutsbegriff, der in den Verkündigungstexten einen breiten Raum einnimmt.

---

[466] Vgl. Ackermann, Faßliche und gemeinnützige Predigten, Bd. 1, 26-27; Johann Heinrich Brockmann, Homilien und Predigten auf alle Sonn- und Festtage des Kirchenjahrs, Bd. 1: Vom Advent bis Fastnacht, Münster 1826, 349; Caspar Riffel, Predigten auf alle Sonn- und Festtage des Jahres, Bd. 2: Vom ersten Sonntage nach Ostern bis zum Schlusse des Kirchenjahres, 3. verbesserte Aufl. Mainz 1854, 390; Eulogius Schneider, Predigten für gebildete Menschen und denkende Christen, Frankfurt – Leipzig 1790, 39.

[467] Vgl. Michaela Puzicha, Christus peregrinus. Die Fremdenaufnahme (Mt 25,35) als Werk der privaten Wohltätigkeit im Urteil der Alten Kirche, Münster 1980, 29.

[468] Vgl. Laurent, Fastenhirtenbrief 1847, 4; Riffel, Predigten Sonn- und Festtage, Bd. 2, 317-318; Anton Westermayer, Das katholische Kirchenjahr in seinem innern Zusammenhange dargestellt in Predigten auf alle Sonntage des Kirchenjahres, mit einer Beigabe sämmtlicher Festtags-, von vier Jubiläums- und andern Gelegenheitspredigten, Bd. 3, Schaffhausen 1854, 308.

[469] Vgl. Westermayer, Das katholische Kirchenjahr, Bd. 3, 309.

[470] Vgl. hierzu Kapitel 5.3.2.2.

4.1.1.4 Armut im Geiste

Die bereits in Bezug auf den Begriff der ‚freiwilligen Armut' angesprochene geringe Bedeutung weltlicher Güter wird weitaus häufiger mit einer zweiten Begrifflichkeit in Verbindung gebracht, und zwar mit der ‚Armut im Geiste'. Ausgehend von der Seligpreisung der ‚Armen im Geiste' in Mt 5,2f. findet sich hierzu insbesondere in den Predigten eine intensive Auseinandersetzung. Die Verwendung dieses theologischen Armutsbegriffes in den untersuchten Predigten und Hirtenbriefen entspricht der Darstellung in dem zu Anfang des Kapitels erwähnten homiletischen Lexikon:

„Die Armuth, als eine Tugend betrachtet (Armuth im Geiste), besteht nicht in der Entblößung von irdischen Gütern oder in dem Mangel der täglich notwendigsten Lebensbedürfnisse, sondern sie ist eigentlich die Bezähmung der Begierde nach irdischen Gütern und die Bereitwilligkeit, eher Alles zu verlassen, als gegen Gottes Gebote zu handeln".[471]

Von dieser Grunddefinition ausgehend zeigt sich in den Verkündigungstexten ein auf die jeweilige Zielgruppe ausgerichtetes Verständnis.

Für die unter materieller Not leidenden Menschen bedeutet die von den Predigern und Bischöfen ausgesprochene Verpflichtung zur ‚Armut im Geiste' eine geduldige Annahme der eigenen Lebenssituation. „In der berühmten Bergpredigt pries Er als Mann selig die Armen im Geiste, die Armen, sage ich, welche über ihre Armuth nicht klagen und murren, welche mit dem Loose der Armuth, das der Schöpfer und Austheiler der irdischen Güter über sie verhängt hat, zufrieden sind".[472] Diese Zufriedenheit mit dem eigenen Stand beinhaltet nach Ansicht von Caspar Riffel auf der einen Seite eine Erfüllung der beruflichen Pflichten und gleichzeitig eine Zurückhaltung von Missgunst und Neid gegenüber bessergestellten Nachbarn.[473] Sebastian Winkelhofer betrachtet noch eine weitere Ebene und ermahnt die Bedürftigen, welche ihr Leben unter das christliche Gebot der ‚Armut im Geiste' stellen, keine kriminellen Handlungen zur Erlangung materiellen Reichtums vorzunehmen. „... wenn sie lieber arm bleiben, als durch unerlaubte Mittel reich werden wollen; denn durch diese Gesinnungen beweisen sie offenbar und handgreiflich, daß sie alle unordentliche Neigung und Liebe zu den irdischen Gütern abgelegt haben".[474]

471 Krönes, Homiletisches Real-Lexikon, Bd. 1, 376.

472 Johann Michael Feder, Predigten auf alle Festtage des Jahres. Erster Theil, Würzburg 1817, 39.

473 Vgl. Riffel, Predigten Sonn- und Festtage, Bd. 2, 391.

474 Sebastian Winkelhofer, Sebastian Winkelhofers Reden über die Bergpredigt unsers Herrn, Jesu Christi, hg. von Johann Michael Sailer, 2. verbesserte Aufl. München 1812, 20-21.

Der letztgenannte Hinweis beinhaltet nochmals den bereits erwähnten Grundgedanken des Begriffs der Armut im Geiste, die Einschränkung der Begierde nach dem Besitz materieller Güter. In diesem Sinne wird er von Predigern auch auf die Gruppe der in materiellem Reichtum lebenden Gläubigen bezogen. Ähnlich wie der von den Armen geforderte Verzicht auf die Verwendung unerlaubter Mittel zum Erwerb von Reichtum beinhaltet das Gebot für die Reichen, dass „sie bereit und entschlossen sind, lieber den Verlust ihres ganzen Vermögens zu ertragen, als eine Sünde zu begehen".[475] Für den Fall dieses angesprochenen Verlusts kann nach Ansicht der Prediger das biblische Beispiel Ijobs den ehemals Reichen als Vorbild dienen, da dieser seinen erlittenen Schaden nicht betrauerte und am Glauben an Gott festhielt.[476] Doch nicht nur Ijob, sondern auch die Heiligen und Ordensgeistlichen werden den Gläubigen als positive Beispiele für ein von der ‚Armut im Geiste' geprägtes Leben vorgestellt.[477] In Bezug auf diese vorbildhafte Rolle findet sich in einigen Predigten eine enge Verbindung zwischen den beiden theologischen Armutsbegriffen. Nach Sebastian Winkelhofer sind so auch die in freiwilliger Armut lebenden Apostel und Ordensgeistlichen als ‚Arme im Geiste' anzusehen, da diese „beseelt von dem reinsten Triebe, Gott allein anzuhängen, sich nicht bloß dem Leibe, sondern auch dem Geiste nach von der Welt trennen ...".[478] Die als ‚Arme im Geiste' angesehenen Heiligen erfüllen ihre Vorbildfunktion nach Ansicht der Prediger insbesondere auf Grund ihrer Haltung gegenüber den materiell Bedürftigen. Wesentlich ist für die Kleriker daher, dass die Reichen für ein Leben nach der Tugend der ‚Armut im Geiste' ihren Besitz zu wohltätigen Zwecken verwenden. „Bist du aber bei deinem Reichthum dennoch arm im Geiste; sind deine Silbermünzen in deinen Händen wie ein wohlthätiger Regen auf lechzende Felder".[479] Die Armenfürsorge soll neben der Almosengabe eine generelle Offenheit und eine freundliche

[475] Ebd. Siehe auch: Ludwig Buchegger, Predigten auf Festtage der katholischen Kirche. Gehalten in der Domkirche zu Freiburg, Bd. 1, Freiburg i. Br. 1849, 266; Johann Michael Feder, Predigten auf alle Festtage des Jahres. Zweyter Theil, Bamberg – Würzburg 1818, 295-296; Johannes von Geissel, „Fastenhirtenbrief vom 7. März 1840", in: Karl Theodor Dumont (Hg.), Schriften und Reden von Johannes Cardinal von Geissel, Bd. 2, Köln 1869, 404-441, 420.

[476] Vgl. Ackermann, Predigten nach den Bedürfnissen des Landvolkes, Bd. 1, 318; Winkelhofer, Reden über die Bergpredigt unsers Herrn, 21.

[477] Vgl. Riffel, Predigten Sonn- und Festtage, Bd. 2, 391; Clemens August Freiherr Droste zu Vischering, Predigten, Betrachtungen und Unterweisungen in frühern Jahren gehalten von dem jetzigen Erzbischofe von Cöln, Clemens August Freiherrn Droste zu Vischering, Münster 1843, 222.

[478] Winkelhofer, Reden über die Bergpredigt unsers Herrn, 19.

[479] Georg Alois Dietl, G. A. Dietl's Predigten an seine Pfarrgemeinde, 4. verbesserte Aufl. München 1829, 133.

Zuneigung gegenüber den materiell Armen umfassen.[480] Auf Grund all dieser Anforderungen übernimmt die Tugend der ‚Armut im Geiste' in den Verkündigungstexten für die materiell Reichen eine eschatologische Funktion. Sie kann nach Ansicht der Kleriker als Bedingung angesehen werden, dass die Reichen ein christliches Leben führen und nach ihrem Tod ewiges Seelenheil erlangen.

„Denn, wer so beschaffen ist, der ist dem Geiste, der Neigung, dem Willen nach arm, ob er gleich Geld und Gut, Haus und Hof, Aecker und Wiesen besitzt. Sein Herz hängt nicht an den zeitlichen Gütern, mithin kann ihm auch der bloße Besitz und Gebrauch derselben nicht schaden, oder ihn von der Seligkeit ausschließen, die der göttliche Bergprediger den Armen im Geiste versprochen hat".[481]

Von dieser ‚Armut im Geiste' mit ihren unterschiedlichen Verpflichtungen ist die ‚geistige Armut' oder auch die ‚Armut des Geistes' zu unterscheiden. Die Prediger und Bischöfe meinen hiermit das Fehlen des christlichen Glaubens und der christlichen Tugenden.[482] Die Kleriker verwenden die genannten Begrifflichkeiten zum einen zur historischen Umschreibung einer noch ohne den christlichen Glauben existierenden Welt, aber auch zur Kennzeichnung der Säkularisierungstendenzen ihrer Zeit. Ähnlich wie die ‚Armut im Geiste' kann dieser Armutsbegriff sowohl die materiell Reichen als auch die materiell Armen betreffen. Der Limburger Bischof Johann Wilhelm Bausch betont, dass diese Glaubensarmut in früheren Jahren vor allem bei den materiell Begüterten vorhanden gewesen sei, nun aber auch die niederen Stände umfasse und sich in den Gesellschaftsschichten immer mehr ausbreite.[483] Diese enorme Verbreitung der Glaubensferne und die damit verbundene Notlage wird von Caspar Riffel in einer seiner Predigten ausführlich geschildert:

„Ach, m. Ch., unendlich mehr Arme und Elende wandeln unter uns umher, als wir bemerken; sie sind nicht in Lumpen und dürftige Kleider eingehüllt, tragen nicht sichtbar das Elend ausgeprägt auf ihrem Antlitze, und doch sind sie bemitleidenswerther und ärmer als die letztern".[484]

Seines Erachtens nimmt die Glaubensarmut Ende der 1840er Jahre solche Ausmaße an, dass sie für das Wohlergehen der Menschen weitaus schlimmere Folgen als die sich stark ausbreitende materielle Massenarmut in sich trage.[485] Betrachtet man nun etwas genauer, was diese ‚geistige Notlage'

[480] Vgl. Kaiser, Fastenhirtenbrief 1847, 25; Riffel, Predigten Sonn- und Festtage, Bd. 2, 391.
[481] Winkelhofer, Reden über die Bergpredigt unsers Herrn, 21.
[482] Vgl. Arnoldi, Fastenhirtenbrief 1847, 104; Johann Wilhelm Bausch, Antrittshirtenbrief vom 25. Januar 1835, Limburg 1835, 10; Riffel, Predigten Sonn- und Festtage, Bd. 3, 83.
[483] Vgl. Bausch, Antrittshirtenbrief, 10.
[484] Riffel, Predigten Sonn- und Festtage, Bd. 3, 83.
[485] Vgl. ebd.

nach Ansicht der Prediger und Bischöfe bedeutet, so sind dies vor allem fehlendes Gottvertrauen, seltener Gottesdienstbesuch und eine auf der Glaubensarmut beruhende Tugendlosigkeit im Umgang mit irdischen Gütern und mit den Mitmenschen (Habsucht, Maßlosigkeit, Neid).[486] Bei der Kennzeichnung dieser ‚geistigen Armut' fällt der enge Zusammenhang zur ‚Armut im Geiste' auf. Bischof Wilhelm Arnoldi sieht die geistige Massenarmut letztlich im Fehlen dieser christlichen Tugend begründet. „Und nun, wie Viele suchen vor Allem ängstlich, was zum Unterhalt des Leibes dient, und vergessen ihre unsterbliche Seele! Sie fühlen nicht die Armuth und Noth des Geistes ...".[487]

Trotz der Ausführlichkeit der von den Klerikern in Bezug auf diese ‚geistige Armut' aufgezeigten Gefahren, beschreiben sie auch die positive Gegenseite dieses Begriffes. So kann es gemäß der Darstellung in den Verkündigungstexten zu einer Umkehrung der Besitzverhältnisse kommen. Die materiell Besitzlosen leben dank ihres christlichen Glaubens und der damit verbundenen Hoffnung auf ein Leben nach dem Tod in geistigem Reichtum.[488]

Blickt man nun in einer kurzen Zusammenschau auf die in den vorangegangenen Kapiteln beschriebenen Armutsbegriffe, so fällt auf, dass keine der vier Bedeutungen (materiell, sozial, freiwillig, geistig) isoliert betrachtet werden kann. Das den theologischen Armutsbegriffen zugrunde liegende Glaubensverständnis bildet für die Bischöfe und Priester den Hintergrund für die Darstellung und Bewertung der leiblichen Not, welche in den untersuchten Verkündigungstexten häufig einen breiten Raum einnimmt.

4.1.2 Notwendigkeit des Gegensatzes von Armut und Reichtum

Die Analyse der in den Verkündigungstexten verwendeten unterschiedlichen Armutsbegriffe macht bereits deutlich, dass die Bischöfe und Priester auf der weltlichen Ebene einen Gegensatz zwischen materiell Armen und Reichen voraussetzen und ausschließlich auf der geistigen Ebene eine Beseitigung der Unterschiede fordern. Im Folgenden soll der Frage nachgegangen werden, wie die ungleichen materiellen Besitzverhältnisse begründet werden und welche Funktion sie im Gesellschaftsmodell der Kleriker übernehmen.

---

486 Vgl. Arnoldi, Fastenhirtenbrief 1847, 104; Bausch, Antrittshirtenbrief, 10, 22; Wilhelm Arnoldi, Sonntagspredigten des Bischofs Wilhelm Arnoldi von Trier, hg. von Johann Jakob Kraft, Trier 1869, 235; Riffel, Predigten Sonn- und Festtage, Bd. 3, 81-83.

487 Arnoldi, Fastenhirtenbrief 1847, 104.

488 Vgl. Ackermann, Predigten nach den Bedürfnissen des Landvolkes, Bd. 1, 31; Bauerschubert, Kurze Volkspredigten, Bd. 3, 252; Arnoldi, Sonntagspredigten des Bischofs Wilhelm Arnoldi, 250.

Das grundsätzliche Vorhandensein von materiellem Reichtum und materieller Armut wird in den Verkündigungstexten theologisch gedeutet. Die Prediger und Bischöfe betonen die im göttlichen Heilsplan verankerte Verschiedenheit der Menschen hinsichtlich ihres Standes und ihres Vermögens. „Gott ist der Ursprung aller Dinge; Gott ist es, von dem du, o Mensch! Alles hast, was du immer auf Erde als Eigenthum besitzest".[489] Aus diesem Grund stellt eine vollkommene Beseitigung der unterschiedlichen Besitzverhältnisse in den Augen der Kleriker einen Eingriff in die göttliche Schöpfung dar und ist zu verurteilen.

Die Deutung der Ungleichheit als Teil der gottgegebenen Ordnung wird in den untersuchten Verkündigungstexten als grundlegendes Element vorausgesetzt, unabhängig davon, ob sie in der frühen oder späten Untersuchungszeit publiziert wurden.[490] Diese Beobachtung verdient eine besondere Erwähnung, da die Kleriker mit ihrer Begründung weiterhin dem öffentlichen Diskurs der vorindustriellen Zeit entsprechen. Dieser war nach Robert Jütte dadurch gekennzeichnet, dass die Begriffe ‚arm' und ‚reich' auf eine göttliche Gesellschaftsordnung verwiesen und bis zum Ende des Absolutismus bei den Armutsbegriffen mittelalterliche Vorstellungen von gesellschaftlichen Verhältnissen eine Rolle spielten.[491] In den Verkündigungstexten findet sich somit in Bezug auf diese Frage trotz der Umbruchzeit zur Moderne eine traditionale Armutstheologie. Zusätzlich zu der religiösen Deutung der Ungleichheit zwischen arm und reich gibt es bei dem (spät-)aufklärerischen Prediger Gottlieb Ackermann auch eine gesellschaftliche Erklärung der Ständeunterschiede. Unter Berücksichtigung der negativen Erfahrungen der Französischen Revolution sei eine völlige Gleichheit zwischen den Ständen nicht möglich, da diese den Frieden der bürgerlichen Gesellschaft gefährde.[492] Von diesen beiden Begründungen einer prinzipiellen Ungleichheit unter den Menschen sind allerdings die verschiedenen Ursachen individueller und kollektiver Armutserfahrungen zu unterscheiden. Die in diesem Zusammenhang von den Klerikern genannten Gründe werden in Kapitel 4.3 näher erläutert.

Die Bischöfe und Priester setzen in den untersuchten Verkündigungstexten den Gegensatz von materieller Armut und materiellem Reichtum aber nicht nur als eine von Gott gegebene Notwendigkeit voraus, sondern erörtern auch deren Funktion im göttlichen Heilsplan. Besonders wichtig ist den

[489] Ackermann, Volkspredigten und Homilien, Bd. 1, 368-369.

[490] Vgl. ders., Predigten nach den Bedürfnissen des Landvolkes, Bd. 1, 172; Kaiser, Fastenhirtenbrief 1847, 24; Christoph Florentius Kött, Fastenhirtenbrief vom 15. Januar 1850, Fulda 1850, 3-4; Winkelhofer, Winkelhofers Predigten über die christliche Gerechtigkeit, Bd. 2, 152.

[491] Vgl. Robert Jütte, Arme, Bettler, Beutelschneider. Eine Sozialgeschichte der Armut in der Frühen Neuzeit, Weimar 2000, 11-12.

[492] Vgl. Ackermann, Volkspredigten und Homilien, Bd. 1, 20.

Geistlichen die Tatsache, dass die Armen und Reichen auf Grund der vorhandenen Unterschiede wechselseitig aufeinander bezogen sind und so zu „einer einzigen großen Familie“ vereinigt werden.[493] Reiche haben nach Ansicht der Kleriker zur Beseitigung der Notlage ihrer Mitmenschen die Möglichkeit gegenüber diesen die „schönsten Tugenden“ der Wohltätigkeit und Barmherzigkeit auszuüben und sich hierdurch Gott zum Freund zu machen.[494] Der Luxemburger Apostolische Vikar Johann Theodor Laurent sieht in diesem Abhängigkeitsverhältnis eine im Naturgesetz verankerte Notwendigkeit zur Erhaltung der menschlichen Gesellschaft.[495] Für Georges Hellinghausen ist in dieser Deutung der Gedanke „der Solidarität im Sinne einer sozialen Verbundenheit, eines wechselseitigen Verhältnisses, einer gegenseitigen Integration und Verflechtung der einzelnen Gesellschaftsschichten“[496] gegeben. Das Solidaritätsprinzip wird bei Laurent allerdings um die bereits angedeutete theologische Komponente erweitert. Wie seine geistlichen Mitbrüder versteht er den wohltätigen Akt als einen Dienst des Gläubigen an Gott. Dieser in zahlreichen Verkündigungstexten erörterte Hintergrund der gegenseitigen Abhängigkeit von Armen und Reichen wird im Kapitel zur Armenfürsorgetheorie näher erläutert.

Neben der theologischen Funktion spielt nach Ansicht der Kleriker die Ungleichheit der Besitzverhältnisse auch für das wirtschaftliche Leben eine Rolle. Sie stellen hierbei insbesondere die Bedeutung der begüterten Menschen als Arbeitgeber und der weniger Begüterten als Arbeitnehmer heraus. Auch hier zeigt sich wieder die bereits in Bezug auf die Ausübung der Wohltätigkeit erläuterte Wechselseitigkeit im Verhältnis von Armen und Reichen.

„Wäre der Arme nicht, so könnte der Reiche nicht leben – und gäbe der Reiche dem Armen nichts zu verdienen, so müßte der Arme verhungern. An und für sich hätte Gott alle reich machen können; aber wenn alle reich wären, wer würde dem Reichen dienen, arbeiten, ackern wollen? und ohne diese Arbeiten, was bekämen die Reichen zu essen“.[497]

---

493 Dietl, G. A. Dietl's Predigten an seine Pfarrgemeinde, 165. Siehe dazu auch: Riffel, Predigten Sonn- und Festtage, Bd. 1, 180.

494 Johann Michael Feder, Michael Feder's, der h. Schrift Doctors, geistlichen Rathes zu Würzburg, Predigten auf alle Sonntage des Jahres, Bd. 2: Des ersten Jahrgangs zweiter Theil, Würzburg 1816, 92.

495 Vgl. Laurent, Fastenhirtenbrief 1847, 8.

496 Georges Hellinghausen, „Luxemburger Sozialverkündigung im Umfeld von ‚Rerum Novarum' (I). Bischof Laurent und die soziale Frage“, in: Nos cahiers. Lëtzebuerger Zäitschrëft fir Kultur 12. 1991, 47-60, 56.

497 Winkelhofer, Winkelhofers Predigten über die christliche Gerechtigkeit, Bd. 2, 152. Siehe dazu auch: Gottlieb Ackermann (Hg.), Predigten nach den Bedürfnissen des gemeinen Mannes. Predigten zum gemeinnützigen Kanzelvortrag und christlichen Familien zur Selbstbelehrung und Erbauung dienlich, Bd. 4, München 1787, 89.

Die in Bezug auf die Armutsbegrifflichkeit gemachten Äußerungen und das hier beschriebene Abhängigkeitsverhältnis von Armen und Reichen deuten ein bestimmtes Bild des Armen an. Wie die Semantik ‚des' Armen in den Verkündigungstexten im Einzelnen aussieht und mit welchen Wertungen diese verbunden ist, wird im Folgenden Kapitel untersucht.

4.2 Das Bild ‚des' Armen – die Würde ‚des' Armen

Während im vorangegangen Kapitel der Begriff ‚Armut', seine verschiedenen Ebenen und die theologische Deutung von Armut und Reichtum näher betrachtet wurden, steht im folgenden Teil das von den Klerikern gezeichnete Bild ‚des' Armen im Mittelpunkt der Untersuchung. Wie der Zusatz zur Kapitelüberschrift bereits betont, zeigt sich in der von den Geistlichen verwendeten Semantik ‚des' Armen eine große Wertschätzung der Bedürftigen. Dies spiegelt sich in den allgemeinen Begrifflichkeiten, aber auch in den vorgestellten Armengruppen wider. Die Würde ‚des' Armen findet ihren Ausdruck insbesondere in den religiösen Inklusionssemantiken, die zum Ende dieses Kapitels vorgestellt werden. Dass eine derartige Wertschätzung allerdings nicht automatisch mit der Bedürftigkeit verknüpft, sondern von den Geistlichen an gewisse Bedingungen gebunden ist, wird bei der Unterscheidung zwischen ‚wahren' Armen und ‚starken' Bettlern und der Erläuterung der religiösen Exklusionssemantiken zum Thema. In ähnlicher Weise wie beim Armutsbegriff finden sich auch in Bezug auf ‚den' Armen eine weltliche und eine religiöse Begriffsebene, die allerdings häufig miteinander verknüpft sind.

4.2.1 Allgemeine Charakterisierung ‚des' Armen

Die schon in Bezug auf die materielle Bedürftigkeit festgestellte allgemeine Begrifflichkeit zeigt sich auch bei der Armensemantik. So wird in den Predigten und Hirtenbriefen häufig von ‚den Armen', ‚den Elenden', ‚den Notleidenden' oder ‚den (Be-)Dürftigen' gesprochen. ‚Die Armen' scheinen kontrastierend zu ‚den Reichen' einem einheitlichen und allgemein bekannten Stand anzugehören, den man nicht genauer definieren muss. Auffallend ist die vielfache Verwendung der Begriffspaare ‚Arme und Niedrige' oder auch ‚Arme und Geringste'. Häufig finden sich diese als Gegensatz zu der Wortverbindung der ‚Reichen und Vornehmen'. Zur bildhaften Darstellung der Ungleichheit wird außerdem auf die ‚Kleiderpracht' der Reichen und die ‚Lumpen' der Bedürftigen verwiesen. ‚Die Armen' werden in den Predigten als eine Gruppe von schwachen und hilflosen Personen dargestellt, die der Unterstützung durch die Reichen bedürfen. „Wenn ein Gottessohn sich nicht schämt, den Seinigen, die so weit unter ihm standen, die Füße zu waschen, wie sollten wir uns schämen, dem Armen, dem Geringsten unter uns hülfreich die Hand zu bieten?“[498] Die in diesem Ausspruch verwendete religiöse Semantik einer Wertschätzung der Armen wird im dritten Punkt dieses Kapitels näher betrachtet.

Materiell Arme treten in den Predigten und Hirtenbriefen somit überwiegend als Objekt der von den Besitzenden zu leistenden Fürsorge auf. Selbst wenn sie als ‚Sprechende‘ in den Verkündigungstexten zu Wort kommen, hat dies ausschließlich eine auf die Reichen bezogene Funktion.[499] Die Worte der Bedürftigen sollen Mitleid erregen und die Besitzenden zu wohltätigen Handlungen ermutigen. Hierzu dienen auch die ausführlichen Schilderungen des erbärmlichen Aussehens der Armen und ihrer kläglichen Lebensverhältnisse. Häufig wird in diesem Zusammenhang ein Ekel hervorrufendes Bild gezeichnet.

„Vielleicht könnte Das auf sie einigen Eindruck machen, das Gefühl des Mitleidens wenigstens in Etwas aufwecken und sie zur Unterstützung derselben geneigt machen. Wenn sie z.B. sähen, daß so viele Hausarme in ihren elenden Hütten und Winkeln dem Hunger, dem Frost, dem Ungeziefer und anderm Ungemach ausgesetzt daliegen, ihr schwarzes schmales Stück Brod mit Thränen benetzen, und sich glücklich schätzen, wenn ihnen solches Brod zu Theil wird“.[500]

Neben der Kennzeichnung dieser von extremer Not geprägten Hilfsbedürftigkeit beschreiben die Prediger und Bischöfe die materiell Armen als eine häufig Verachtung und Beschimpfungen erfahrende Gesellschaftsschicht. Dies geschieht wiederum mit Blick auf die Reichen, deren falsches Verhalten von den Klerikern kritisiert wird, um sie zu einem anderen Umgang mit den Bedürftigen zu bewegen. Die Verachtung geht nach Joseph Bauerschubert soweit, dass die Armen von den Reichen wie „Insekten“ behandelt werden, welche man von sich wegstoße.[501] Nach Ansicht der Prediger stellen die Armen in den Augen der Reichen keine gleichwertigen Geschöpfe, sondern eine „schlechtere Menschenart“ dar.[502] In diesem Zusammenhang spielen dann auch die in Bezug auf den Begriff der ‚sozialen Armut‘ geschilderten Exklusionsmechanismen eine Rolle.

---

498 Bauerschubert, Kurze Volkspredigten, Bd. 2, 6.

499 Vgl. Brockmann, Homilien und Predigten, Bd. 4, 575.

500 Ackermann, Volkspredigten und Homilien, Bd. 1, 152. Sowie: Brockmann, Homilien und Predigten, Bd. 4, 132-133.

501 Vgl. Bauerschubert, Kurze Volkspredigten, Bd. 3, 19.

502 Vgl. Ackermann, Volkspredigten und Homilien, Bd. 1, 14.

Die Vorstellung der Armen als hilfsbedürftige und verachtete Gesellschaftsschicht wird von den Predigern und Bischöfen dadurch unterstrichen, dass sie die Tugendhaftigkeit der Bedürftigen betonen und diese von einer bei den Reichen häufig anzutreffenden Lasterhaftigkeit abgrenzen. Der in der Gesellschaft meist hochgeschätzte materielle Reichtum ist für die Kleriker also kein Zeichen einer besonderen Leistung oder von Sündlosigkeit, vielmehr ist es ihrer Ansicht nach so,

„... daß die besten und vorzüglichsten Menschen ihr Glück in der Welt nicht machen, und vielleicht ohne Brod und Obdach herumirren; indessen die verwerflichsten Bösewichter im größten Ueberflusse, und beym Genuß aller Bequemlichkeiten sich gütlich thun".[503]

Der charakterliche Gegensatz zwischen Armen und Reichen wird von Bischof Joseph Ludwig Colmar durch drei in Form einer Anapher aneinandergereihte rhetorische Fragen eindringlich dargestellt:

„Glaubet ihr, daß durch die schwere und anhaltende Arbeit der niederen Stände mehr Seelen verloren gegangen sind, als durch den Müßiggang und die Weichlichkeit der Reichen? Glaubet ihr, da in einem Zustande von Kummer und Schmerzen, oder in einem dürftigen, niederen Stande eben so viele, eben so große Sünden begangen werden, als in den höheren Ständen und in der Trunkenheit alles Ueberflusses? Glaubet ihr, daß man unter Drangsalen eben so tief falle, daß man eben so viele Mühe habe, sich zu bekehren, als in dem Genusse der Lustbarkeiten dieser Welt?"[504]

Diese Tugendhaftigkeit findet in der Predigtsammlung Gottlieb Ackermanns allerdings keine essentialistische, sondern eine praktische Erklärung. Sie liege darin begründet, dass der Arme seine Kraft für das eigene Überleben anwenden muss und ihm daher weder Mittel noch Zeit bleiben an Laster zu denken oder diese auszuleben.[505]

Trotz der von den Predigern und Bischöfen vorgenommenen grundsätzlichen Verbindung von Tugendhaftigkeit und Armut gibt es auch vereinzelt Beispiele, die von einer in der Mittellosigkeit begründeten Sündhaftigkeit ausgehen.[506] Die Geistlichen sehen insbesondere Unzufriedenheit und Neid gegenüber den Reichen als negative Charakterzüge der Armen an.

---

503 Bauerschubert, Kurze Volkspredigten, Bd. 1, 83.

504 Joseph Ludwig Colmar, Predigten von Joseph Ludwig Colmar, Bischof zu Mainz, Bd. 3: Fastenpredigten, hg. von Freunden und Verehrern des Verewigten, 2. verbesserte Aufl. Mainz 1843, 22.

505 Vgl. Gottlieb Ackermann (Hg.), Volkspredigten und Homilien auf alle Sonn- und Festtage des katholischen Kirchenjahrs, Bd. 2: Predigten auf die Festtage, 2. verbesserte Aufl. Landshut 1831, 435.

506 Vgl. Buchegger, Predigten auf Festtage der katholischen Kirche, Bd. 1, 196; Anton Westermayer, Predigten für wahre Aufklärung und Bildung. Gehalten in der St. Michaelshofkirche zu München, Bd. 2, Schaffhausen 1857, 130.

Außerdem führe die Not nach Ansicht der Prediger zu kriminellen Handlungen in Form von Diebstahl oder Betrügereien.[507]

4.2.2 Die Unterscheidung von ‚würdigen' und ‚unwürdigen' Armen

Die soeben genannten Hinweise zur Sündhaftigkeit der Bedürftigen lassen vermuten, dass auch die bisher vorgestellte uneingeschränkte positive Charakterisierung ‚des' Armen in den Verkündigungstexten nicht alle unter materieller Not leidenden Menschen betreffen. Diese Vermutung findet dort ihre Bestätigung, wo die Bischöfe und Priester Differenzierungen vornehmen und zeigen, dass sie nicht jeden Bedürftigen als schwach, hilfsbedürftig und tugendhaft ansehen. Bei dieser Kennzeichnung geht es ihnen vielmehr um den „wahrhaft Dürftigen"[508] und nicht um den „nur dürftig Scheinenden"[509]. Bei Gottlieb Ackermann wird der Klassifizierung der Bedürftigen in diese beiden Gruppen sogar eine ganze Predigt gewidmet.[510] Mit der Festlegung der genannten Kategorien entsprechen die Kleriker der seit der Frühen Neuzeit in Bezug auf die Frage der Unterstützungsberechtigung anzutreffenden Unterscheidung zwischen ‚würdigen' und ‚unwürdigen' Armen.[511] Diese Einordnung spielt auch für die Priester und Bischöfe bei der Erörterung der Almosenfrage eine entscheidende Rolle. Anders als in der Praxis der kommunalen und staatlichen Armenfürsorge führt die genannte Unterscheidung aber nicht in allen Verkündigungstexten zur grundsätzlichen Ablehnung der ‚unwürdigen Armen' als Unterstützungsempfänger.[512]

In ihren Verkündigungstexten geben die Geistlichen verschiedene Kriterien an, wonach die auf dem Faktor ‚Würde' beruhende Unterscheidung vorzunehmen sei. Die ‚unwürdigen' Armen zeichnen sich ihrer Ansicht nach durch fehlenden Arbeitswillen und Vortäuschung von unverschuldeter – meist auf

---

507 Vgl. Bauerschubert, Kurze Volkspredigten, Bd. 1, 49; Johann Michael Feder, Jesus Erklärungen gegen gewisse Laster. In einem Curse von Fastenpredigten in der Universitäts-Kirche zu Wirzburg dargestellt, nebst einem Anhange von Predigten, welche an den Festen Mariens in besagter Kirche sind gehalten worden, Bamberg – Würzburg 1801, 57; Sebastian Winkelhofer, Sebastian Winkelhofers zusammenhängende Predigten, Bd. 5: Über die christliche Hoffnung, das Vater unser und den englischen Gruss, hg. von einem Geistlichen des Erzbisthums München und Freising, München 1841, 290.

508 Ackermann, Volkspredigten und Homilien, Bd. 2, 519.

509 Ebd.

510 Vgl. ders. (Hg.), Faßliche und gemeinnützige Predigten auf christliche Festtage, Bd. 2, München 1810, 155-172. Die Predigt ist überschrieben mit dem Titel: Ueber den Unterschied zwischen wahren Armen und eigentlichen Bettlern.

511 Vgl. Volker Hunecke, „Überlegungen zur Geschichte der Armut im vorindustriellen Europa", in: Geschichte und Gesellschaft 9. 1983, 480-512, 496-504.

512 Vgl. hierzu: Kapitel 5.3.3.2.

angeblichen Krankheiten und Behinderungen beruhender – Bedürftigkeit aus.[513] Die ,würdigen' Armen hingegen wollen arbeiten und werden auf Grund von Krankheit, Gebrechlichkeit oder anderer Unglücksfälle daran gehindert.[514] Diese Charakterisierung wird durch den Vergleich der ,wahren' Armen mit der biblischen Gestalt des armen Lazarus unterstrichen. „Er [Lazarus] war arm, nicht weil er nicht gearbeitet hatte, sondern weil er nicht arbeiten konnte: denn er war mit einer schweren und langwierigen Krankheit behaftet".[515] Auf der Gegenüberstellung von schwachen, aber arbeitswilligen und gesunden, aber arbeitsunwilligen Notleidenden beruht die Bezeichnung der ,wahrhaft' Bedürftigen als ,kraftlose Arme' und der ,unwürdigen' Armen als ,starke Bettler'. Im Zusammenhang mit der Thematik von Arbeitsfähigkeit und Arbeitswille werden von den Geistlichen auch die Ursachen der Armutssituation zur Kennzeichnung des Armen als ,würdig' oder ,unwürdig' herangezogen.[516] Konkret geht es den Priestern und Bischöfen hierbei um die Frage, ob die Armut eine Folge der oben angedeuteten Krankheiten und Gebrechen darstellt oder ob sie durch ein lasterhaftes Leben (Alkoholismus, Müßiggang, Verschwendung) selbstverschuldet sei.

Neben der Problematik von Arbeitswille und Armutsursachen ist auch der Umgang des Armen mit der empfangenen Almosengabe entscheidend für die Bewertung der Bedürftigkeit in den Verkündigungstexten. Im Gegensatz zu den unterstützungswürdigen Notleidenden seien die nur scheinbar Armen undankbar und unverschämt in der Durchsetzung immer neuer Forderungen.[517]

513 Vgl. Ackermann, Faßliche und gemeinnützige Predigten, Bd. 2, 161-162; Bauerschubert, Kurze Volkspredigten, Bd. 2, 306; Valentin von Riedel, „Fastenhirtenbrief vom 24. Februar 1848", in: Joseph Lipf (Hg.), Oberhirtliche Verordnungen und allgemeine Erlasse für das Bisthum Regensburg vom Jahre 1250–1852, Regensburg 1853, 499-506, 501; Sebastian Winkelhofer, Seb. Winkelhofers vermischte Predigten, Bd. 4: Predigten über die Apostelgeschichte, hg. von Johann Michael Sailer, 2. durchgesehene Aufl. München 1835, 320.

514 Vgl. Ackermann, Faßliche und gemeinnützige Predigten, Bd. 2, 167; Bauerschubert, Kurze Volkspredigten, Bd. 2, 306; Anton Westermayer, Bauernpredigten, die auch manche Stadtleute brauchen können, auf alle Sonn- und Festtage des Kirchenjahres, zugleich ein Hausbuch für's katholische Landvolk, 1. Jahrgang, Bd. 2, 2. verbesserte Aufl. Regensburg 1848, 187-188; ders., Bauernpredigten, die auch manche Stadtleute brauchen können, auf alle Sonn- und Festtage des Kirchenjahres, zugleich ein Hausbuch für's katholische Landvolk, 2. Jahrgang, Bd. 2, 2. verbesserte Aufl. Regensburg 1848, 19; von Riedel, Fastenhirtenbrief vom 24. Februar 1848, 501; Winkelhofer, Winkelhofers vermischte Predigten, Bd. 4, 320.

515 Johann Michael Feder, Zwanzig Fasten-Predigten, auf vier Jahrgänge, 2. verbesserte Aufl. Grätz 1820, 84.

516 Die Ursachen von Armut werden ausführlich in Kapitel 4.3 dargestellt.

517 Vgl. Ackermann, Faßliche und gemeinnützige Predigten, Bd. 2, 162; Winkelhofer, Reden über die Bergpredigt unsers Herrn, 17; Westermayer, Bauernpredigten, 2. Jahrgang, Bd. 2, 19.

Hiermit im Zusammenhang steht ein weiteres Kriterium zur Unterscheidung zwischen den beiden Kategorien von Armen:

„Ja, die Erfahrung lehrt, daß solche unwürdige, schlechte Menschen ihre Noth mit weit mehr Zudringlichkeit und Beredsamkeit zu schildern wissen, als die wahren Armen, die ihre Noth schüchtern und schamhaft macht, und die lieber im Stillen weinen, als mit vielen Worten ihr Elend beklagen".[518]

Nach dieser Darstellung tragen die ‚unwürdigen' Armen ihre Not offensiv nach außen und treten daher meist als fordernde Bettler in Erscheinung.[519] Die ‚wahren' Armen hingegen behalten ihr schlimmes Schicksal häufig für sich und wenn sie andere um Hilfe bitten, dann tun sie dies nach Ansicht der Geistlichen nur mit äußerster Zurückhaltung.

Wie die Bezeichnung des ‚starken Bettlers' und die Kritik an einem aggressiven Bittstellerdasein deutlich macht, findet sich in den Verkündigungstexten eine enge Verknüpfung zwischen der Bettlersemantik und der Vorstellung des ‚unwürdigen' Armen. Hinter dem Stereotyp des ‚starken' oder auch ‚unverschämten' Bettlers steht bei vielen Klerikern die Angst vor dem Missbrauch der Almosengabe. Sie befürchten, dass der Empfänger des Almosens weiterhin dem Müßiggang und anderen sündhaften Handlungen verfällt:[520]

„So lange der Arme nicht beschäftiget wird, bleibt ihm nichts, als das Betteln übrig: er gewöhnt sich daran, er gewinnt diesen Zustand lieb, weil er weniger beschwerlich ist, als die Arbeit, er reitzet auch andere durch sein Beispiel zum Müßiggange, und zu allen den unseligen Folgen, welche aus diesem Laster quellen".[521]

Während insgesamt vor allem die negativen Folgen des Bettelns für den Einzelnen und sein Seelenheil betrachtet werden und somit vor allem (moral-)theologisch argumentiert wird, treten in den aufklärerischen Predigten von Gottlieb Ackermann und Eulogius Schneider und im Hirtenbrief des Bamberger und Würzburger Fürstbischofs Franz Ludwig von Erthal außerdem

518 Ackermann, Volkspredigten und Homilien, Bd. 2, 520.

519 Zur generellen Bewertung des Bettelns als Überlebensstrategie der Armen vgl. Kapitel 4.4.3.

520 Mit der negativen Bewertung des starken und gesunden Bettlers und der Ablehnung des Bettels aus Müßiggang stehen die Priester und Bischöfe in einer langen kirchlichen Tradition. Bereits Thomas von Aquin lehnte auf Grund der auch für die Armen bestehenden Arbeitspflicht den Bettel gesunder und arbeitsfähiger Menschen ab. Vgl. Hans Scherpner, Theorie der Fürsorge, Göttingen 1962, 33. Die christlichen Kriterien der Bettelberechtigung werden in der Nürnberger Bettelordnung von 1370 erstmals rechtlich festgelegt, vgl. Schmidt/Wagner, „‚Gebt den Hußarmen umb Gottes willen'", 482-483. Ob und inwieweit sich die vorgestellten Semantiken auch auf die in den untersuchten Texten zu findenden Grundsätze zur Almosenvergabe auswirkten wird in Kapitel 5.3.3.2 vorgestellt.

521 Schneider, Predigten für gebildete Menschen, 64.

die Gefahren in den Blick, die für den Staat auf Grund der Nicht-Arbeit und des Bettels seiner arbeitsfähigen Bürger entstehen:[522]

„... wem also Gott gerade und brauchbare Glieder, Gesundheit und Kräfte mitgetheilt hat, und solche nicht zur Arbeit und Erwerbung seiner täglichen Nahrung verwendet ... und sein Leben mit Betteln fortzubringen sucht, der ist ein Müßiggänger, ein niederträchtiger Faullenzer, ein auf obenbesagte Weise schädliches, und unwürdiges Glied des Vaterlandes".[523]

Wie das Zitat Erthals andeutet, kennen die Prediger und Bischöfe neben dem am häufigsten verbreiteten Begriff des Müßiggängers weitere abwertende Bezeichnungen für die ‚unwürdigen' Armen wie Faulenzer, Gesindel oder Vagabunden. Allerdings verwenden sie diese nur selten. Keine direkte Verwendung findet in den Verkündigungstexten der Begriff des ‚fremden Bettlers', obwohl dieser seit dem 16. Jahrhundert den gesamtgesellschaftlichen Diskurs zum ‚unwürdigen' Armen bestimmte und noch im Allgemeinen Landrecht von Preußen aus dem Jahr 1794 festgelegt wurde, dass fremde Bettler ohne Hilfeleistung außer Landes geschafft werden sollten.[524]

Dass die Bewertung der öffentlichen Bettler durch die Geistlichen auch mit Widersprüchen behaftet sein kann, zeigt sich in zwei Predigten Sebastian Winkelhofers. Seiner Ansicht nach stellen die genannten negativen Bezeichnungen trotz einer möglicherweise selbstverschuldeten Armut Ausreden der Geizigen dar, welche die um Hilfe bittenden Armen nicht unterstützen wollen.[525] Ungeachtet dieser Bewertung bleibt Winkelhofer aber an anderer Stelle den Kategorien seiner Zeit verhaftet und kritisiert jene „Gassenbettler,

522 Nach Sebastian Schmidt wurden seit dem 16. Jahrhundert auch von katholischen Fürstbischöfen den Staat betreffende sicherheitspolitische und ökonomische Argumente zur Bekämpfung des öffentlichen Bettelns angeführt. Vgl. Schmidt/Wagner, „„Gebt den Hußarmen umb Gottes willen"". Sowie Sebastian Schmidt, „Armenfürsorge in Stadt und Land. Maßnahmen gegen Armut und Bettelei in Mainz sowie im Rheingau im 17. und 18. Jahrhundert", in: Helmut Bräuer (Hg.), Arme – ohne Chance? Protokoll der Internationalen Tagung „Kommunale Armut und Armutsbekämpfung vom Spätmittelalter bis zur Gegenwart" vom 23. bis 25. Oktober 2003 in Leipzig, Leipzig 2004, 71-98, 73.

523 Von Erthal, Hirtenbrief zur Unterstützung der Armenpflege, 68. Siehe dazu: Ackermann, Faßliche und gemeinnützige Predigten, Bd. 2, 161-162; Schneider, Predigten für gebildete Menschen, 64.

524 Eine Ausnahme stellt hierbei allerdings ein von Gottlieb Ackermann in sein Predigtwerk aufgenommener Text eines protestantischen Predigers dar, der sich mit der Thematik der fremden Bettler auseinandersetzt. Vgl. hierzu Kapitel 4.4.3. Zur Verwendung des Begriffs des ‚fremden Bettlers' in den Bettelverordnungen der Frühen Neuzeit vgl. Schmidt/Wagner, „Gebt den Hußarmen umb Gottes willen"". Die Bestimmungen des Allgemeinen Landrechts finden sich in einer neueren Quellenedition von Hattenhauer: Hattenhauer/Bernert, Allgemeines Landrecht für die Preußischen Staaten. Zur Nichtaufnahme oder Ausweisung der fremden Bettler siehe 19. Titel § 4.

525 Vgl. Sebastian Winkelhofer, Sebastian Winkelhofers zusammenhängende Predigten über die christliche Gerechtigkeit, Bd. 1: Von der Sünde, und von den sieben Tod- und Haupt-

die von Haus zu Haus herumgehen, und Almosen sammeln, aber dabey die größten Schelt- und Fluchworte aussprechen, wenn sie nicht so viel bekommen, als sie gehofft hatten".[526] Seiner Meinung nach sind diese Bettler „oft wohl auch die schlimmsten Leute. Sie betrügen und stehlen, wo sie können, und führen dabey ein recht ärgerliches Leben".[527] Die Bewertung der Bettler scheint also auch von der Zielsetzung der jeweiligen Predigt abzuhängen. Während im ersten Fall die Sündhaftigkeit des Geizes herausgestellt werden sollte, ging es in der zweiten Predigt um die Seligpreisung der Armen und die Definition des Begriffs der ‚Armen im Geiste'.

Ähnlich wie in diesem Ausschnitt aus einer Predigt Winkelhofers wird auch in anderen Verkündigungstexten die negative Darstellung der ‚unwürdigen' Bettler um kriminalisierende Zuschreibungen erweitert. Im Zitat Winkelhofers wird außerdem deutlich, dass bei einigen Predigern die Verbindung zwischen den Begriffen des ‚Bettlers' und des ‚unwürdigen' Armen soweit geht, dass der Bettler auch ohne ein charakterisierendes Adjektiv ein Synonym für den nicht arbeitswilligen und verachtungswürdigen Bedürftigen darstellt.[528] Auf Grund dieser Gleichsetzung kann die Benennung als Bettler eine Beleidigung bedeuten. Daher werden die Wohlhabenden zur kritischen Reflexion ihrer Begriffswahl ermahnt:

„O wüßtet ihr, wie weit es mancher Arme erst kommen läßt, wie lange er mit seinem natürlichen Ehrgefühl kämpft, bis er sich entschließt, Andere um Almosen anzusprechen; wüßtet ihr, wie sehr dann sein Herz blutet, wenn er sich von Manchem unter die Zahl der schamlosen Bettler versetzt sieht und sich als einen solchen muß behandeln lassen, wüßtet ihr, wie Mancher, der in der Jugend ununterbrochen arbeitete, aber itzt Alter und Gebrechlichkeit wegen nicht mehr kann, in der Stille zu Gott seufzet, die bittersten Thränen weinet, daß er das traurige Mittel der Almosensammlung ergreifen muß; wüßtet ihr dieß, ihr würdet gewiß mit dem erniedrigenden Namen eines Bettlers zurückhaltender seyn und nicht leicht Jemanden damit kränken, der ihn nicht verdient".[529]

---

sünden, hg. von einem Geistlichen des Erzbisthums München und Freysing, München 1833, 152.

526 Winkelhofer, Reden über die Bergpredigt unsers Herrn, 17.

527 Ebd.

528 Sebastian Schmidt kam zu einer ähnlichen Beobachtung für die Armensemantik in Normtexten der geistlichen Kurfürstentümer Trier, Köln und Mainz aus dem 16. Jahrhundert. In den von ihm untersuchten Texten kam das Wort ‚arm' nur im Zusammenhang mit den ‚würdigen' Armen vor, während man die nicht den Vorstellungen des ‚würdigen' Armen entsprechenden Bedürftigen als ‚Bettel- oder Lumpengesindel' bezeichnete. Vgl. Schmidt, „Die Abschaffung der Armut", 254.

529 Ackermann, Faßliche und gemeinnützige Predigten, Bd. 2, 164-165.

In diesem Zitat tritt mit der Gegenüberstellung des ‚ehrenvollen' Armen und des ‚schamlosen' Bettlers ein semantisches Feld auf, welches in der frühneuzeitlichen Gesellschaft für die Fremd- und Selbsteinschätzung von besonderer Bedeutung war.[530]

Allerdings gilt die Gleichsetzung der Begriffe des ‚unwürdigen' Armen und des ‚Bettlers' nicht immer. Insbesondere in Textpassagen, die sich auf biblische oder allgemein religiöse Sachverhalte beziehen, kann der Bettler auch als generelles Synonym für den Armen stehen, ohne dass damit automatisch negative Charaktereigenschaften verbunden sind. „O, wenn sie [die Reichen] doch bedächten, daß Gott sie eben so leicht zu Bettlern hätte machen können, wie Er sie zu einem ehrenvollen Stande erhoben hat …".[531] Diese religiöse Bettlersemantik lässt sich vor allem in den untersuchten Hirtenbriefen feststellen.[532] Außerdem finden sich ähnlich wie bei der näheren Beschreibung ‚des' Armen auch beim Begriff des Bettlers an einigen Stellen der Verkündigungstexte bewertende Adjektive, die den Bittsteller als tugendhaften Bedürftigen kennzeichnen:

„Ihr unterdrücket die Armen, wenn ihr den wahrhaft dürftigen Bettlern, die euch vor eurer Hausthüre oder auf der Gasse um ein kleines Almosen ansprechen, nicht nur nichts mittheilet; sondern noch dazu mit rauen Worten anfahret, und mit eingreifenden Beschimpfungen wegschaffet".[533]

Die Hinweise zur Kategorisierung in ‚würdige' und ‚unwürdige' Arme und der erwähnte Zusammenhang zur Bettlersemantik lassen erkennen, dass die Geistlichen nicht nur allgemein von den Armen und Bedürftigen sprechen, sondern auch verschiedene Armengruppen kennen. Während der Bettler häufig mit den ‚unwürdigen' Armen in Verbindung gebracht wird, lassen sich die nun vorzustellenden Armengruppen unter der Kategorie der ‚würdigen' Armen zusammenfassen.

---

530 Vgl. Andreas Holzem, Religion und Lebensformen. Katholische Konfessionalisierung im Sendgericht des Fürstbistums Münster 1570–1800, Paderborn 2000, 372-381.

531 Ackermann, Volkspredigten und Homilien, Bd. 1, 394-395.

532 Vgl. Arnoldi, „Fastenhirtenbrief 1847", 108; Johann Martin Manl, „Fastenhirtenbrief vom 14. Dezember 1829", in: Karl Theodor Dumont (Hg.), Schriften und Reden von Johannes Cardinal von Geissel, Bd. 3, Köln 1870, 106-119, 113.

533 Winkelhofer, Winkelhofers Predigten über die christliche Gerechtigkeit, Bd. 2, 143.

4.2.3 Die arme Witwe und ihre Waisen – Gruppen von ‚würdigen' Armen

Die vorgestellte negative Stereotypisierung des ‚starken' Bettlers wird häufig in Abgrenzung vom Begriff des ‚wahren' Armen vorgenommen und dient dann zur Betonung der Tugendhaftigkeit der angesehenen Bedürftigen. Insgesamt überwiegt in den Verkündigungstexten die Thematisierung dieser Kategorien von ‚würdigen' Armen, die in unverschuldeter Not leben und auf Grund von Arbeitsunfähigkeit ihren Lebensunterhalt nicht bestreiten können.

Das direkte positive Gegenüber der ‚starken' und daher ‚unwürdigen' Bettler stellt in den Predigten und Hirtenbriefen die Gruppe der sogenannten ‚Hausarmen' dar.[534] Es handelt sich hierbei um in ihren Wohnungen lebende Arme, „die sich schämen zu betteln, weil sie es nicht gewohnt sind, und stehlen mögen sie auch nicht".[535] Auf Grund dieser Zurückhaltung in der öffentlichen Darstellung ihrer Armut werden die ‚Hausarmen' in den Verkündigungstexten auch als ‚verschämte Arme' bezeichnet. Die Geistlichen gehen davon aus, dass die nicht nach Almosen begehrenden ‚Hausarmen' unter einer viel drastischeren Mangelsituation leiden als die aggressiven Bettler.[536] Neben der als Tugendhaftigkeit gedeuteten Zurückhaltung beim Betteln ist dies für die Kleriker ein weiterer Grund, die ‚Hausarmen' den Zuhörern ganz besonders als Empfänger ihrer wohltätigen Gaben zu empfehlen. In der heutigen Forschung wird die Versorgungslage der ‚verschämten Armen' hingegen recht positiv bewertet. Martin Rheinheimer zeigt auf, dass die ‚Hausarmen' auf Grund der gesellschaftlichen Anerkennung ihres Status „von der städtischen Obrigkeit, der dörflichen Gemeinde, der Kirche oder wohltätigen Stiftungen gelegentliche Almosen oder regelmäßige Unterstützung erhielten"[537] und es somit „am besten hatten"[538]. Auch Volker Hunecke erörtert die privilegierte Lage der ‚verschämten Armen', begründet sie aber mit der Herkunft dieser Armengruppe aus einem höheren Stand.[539] Seiner Ansicht nach stammten die ‚verschämten Armen' nicht aus der handarbeitenden Klasse

534 Zur Behandlung der ‚Hausarmen' in der Armenfürsorgepraxis vgl. Kapitel 2.4.1.1.

535 Westermayer, Bauernpredigten, 1. Jahrgang, Bd. 2, 187.

536 Vgl. Winkelhofer, Winkelhofers Predigten über die christliche Gerechtigkeit, Bd. 2, 146; Colmar, Predigten von Joseph Ludwig Colmar, Bd. 3, 41; ders., Predigten von Joseph Ludwig Colmar, Bischof zu Mainz, Bd. 5: Predigten auf die Sonntage nach Pfingsten bis zum Jahresschlusse, hg. von Freunden und Verehrern des Verewigten, 2. verbesserte Aufl. Mainz 1843, 302; Anton Westermayer, Das katholische Kirchenjahr in seinem innern Zusammenhange dargestellt in Predigten auf alle Sonntage des Kirchenjahres, mit einer Beigabe sämmtlicher Festtags-, von vier Jubiläums- und andern Gelegenheitspredigten, Bd. 2, Schaffhausen 1854, 108.

537 Rheinheimer, Arme, Bettler und Vaganten, 15-16.

538 Ebd., 15.

539 Vgl. Hunecke, „Überlegungen zur Geschichte der Armut", 496.

und konnten daher „häufig einer besonderen Fürsorge seitens ihrer ehemaligen Standesgenossen gewiß sein".[540] Diese Akzentuierung des Begriffs der ‚verschämten Armen' lässt sich in den untersuchten Texten nur vereinzelt nachweisen. Häufig findet sie sich bei dem Mainzer Bischof Joseph Ludwig Colmar. Seiner Ansicht nach ist es Pflicht, „besonders jenen verschämten Armen zu helfen, die, mit dem für sie unnützen Gewichte einer edlen Geburt beladen, in einem um so tieferen Elende schmachten, weil die Schaam ihnen den Mund verschließt und dasselbe zur Schau zu tragen nicht erlaubt".[541] Anders als Hunecke sieht Colmar in dieser Abstammung also keinen Vorteil. Er glaubt, dass die in Armut geratenen Standespersonen, ihre Verwandten und Freunde verlieren und diese auch nicht mehr um Hilfe bitten wollen.[542]

Bei den allgemeinen Begriffen des ‚Hausarmen' oder des ‚verschämten Armen', welche die zuletzt betrachtete Bedeutungserweiterung nicht im Blick haben, handelt es sich ähnlich wie beim Begriff des ‚Bettlers' um eine Oberkategorie, die auch jene im Folgenden vorzustellenden Armengruppen umfassen kann. Dies hängt von der Lebenssituation der Armen und der Frage ab, ob sie sich nach Ansicht der Geistlichen in ihre Wohnungen zurückziehen oder als öffentliche Bettler auftreten. Zur eindeutigen Beantwortung dieser Frage fehlt in den Verkündigungstexten aber häufig eine nähere Beschreibung der Umstände der Notlage. Leitend für die Bestimmung der nun zu charakterisierenden Untergruppen ist nicht der Umgang der Notleidenden mit der Armutssituation, sondern die Ursache ihrer Bedürftigkeit.

Mit Abstand am häufigsten nennen die Geistlichen die bereits im Alten Testament als klassische Armenkategorie bekannte Gruppe der armen Witwe und/oder ihrer Waisen.[543] Diese werden ähnlich wie die ‚Hausarmen' als Inbegriff des ‚wahren' und ‚würdigen' Armen dargestellt und ihre Unterstützung wird zur Grundbedingung des christlichen Glaubens gemacht:

„Wenn wir aber an Gott glauben, wenn wir Ihn von ganzem Herzen lieben, wenn wir Ihn so verehren wollen, wie Ers gerne hat, so müssen wir unsern Nächsten lieben, wir müssen ihm Gutes thun und besonders die Wittwen und Waisen in ihrem Elende unterstützen".[544]

---

[540] Ebd.

[541] Colmar, Predigten von Joseph Ludwig Colmar, Bd. 5, 302.

[542] Vgl. ebd.

[543] Witwen und Waisen standen seit jeher unter dem besonderen Schutz der Kirche und profitierten von den karitativen Maßnahmen der christlichen Gemeinden. Vgl. Jens-Uwe Krause, Witwen und Waisen im Römischen Reich, Stuttgart 1995. Vgl. hierzu auch die in Kapitel 5.3.3.2 zu findenden Ausführungen zur biblischen Erzählung vom vorbildhaften Opfer der armen Witwe (Mk 12,41-44).

[544] Sebastian Winkelhofer, Seb. Winkelhofers vermischte Predigten, Bd. 6: Predigten auf die Feste der seligsten Jungfrau Maria und der übrigen Heiligen sowie bei verschiedenen Anlässen, hg. von Franz Seraph Riederer, München 1832, 321.

Wie das Zitat Sebastian Winkelhofers andeutet, handelt es sich bei der Nennung dieser Armengruppe und insbesondere in Form der Trias der ‚Armen, Witwen und Waisen' meist um eine topoihafte Verwendung.[545] Auf Grund der häufig emotional aufgeladenen Herausstellung dieser Armengruppe als prinzipiell ‚unterstützungswürdig' konnte der Begriff der ‚armen Witwe' auch stereotypen Charakter annehmen. Es wird von den Predigern und Bischöfen immer wieder zur Fürsorge für die Witwen und Waisen aufgerufen, ohne dass die Umstände der Not der alleinstehenden Frauen und ihrer Kinder in den Blick genommen werden. Trotz dieser Verwendung entsprechen die Geistlichen mit der vielfachen Nennung dieser Armengruppe dem Urteil der heutigen Forschung zur Situation der Witwen im 19. Jahrhundert. Frauen, die durch den Tod des Ehemannes ihre Existenzgrundlage verloren, waren besonders häufig von Armut betroffen.[546] Allerdings weist Dietlind Hüchtker am Beispiel der in den Jahren 1770 bis 1850 in Berlin lebenden Frauen daraufhin, dass Witwen nicht automatisch arm waren:

„Ihre wirtschaftliche Situation hing neben ihrem Besitz bzw. Vermögen, wie die aller allein einen Haushalt führenden Frauen vor allem davon ab, ob und wieviele Kinder sie zu versorgen hatten und wie alt diese waren ...".[547]

In Einzelfällen gehen die Geistlichen in den untersuchten Verkündigungstexten über die ausschließliche Verwendung des Topos der ‚armen Witwe' und ‚ihrer Waisen' hinaus und erörtern die von Hüchtker angesprochenen Aspekte. Insbesondere die Prediger führen eine genauere Betrachtung der Situation der armen Witwen durch. Sie betonen die mit dem Wegfall des männlichen Ernährers entstehenden Probleme und erläutern, dass es den Frauen vielfach nicht möglich sei, adäquate Erwerbsquellen zu finden.[548] Wegen der fehlenden Erwerbsmöglichkeiten falle es den Witwen schwer, ihre zahlreichen, häufig noch sehr kleinen Kinder angemessen zu versorgen und zu erziehen. Ziel dieser ausführlichen Analyse ist es allerdings nicht, gesellschaftliche Missstände zu kennzeichnen und Möglichkeiten ihrer Beseitigung aufzuzeigen. Die Beschreibungen dienen den Predigern vielmehr zur Unterstreichung der unverschuldeten Bedürftigkeit der Frauen und ihrer Kinder und sind somit als Appell an die Zuhörer gerichtet, diese ‚würdigen' Armen angemessen zu unterstützen. Dies wird auch im folgenden Zitat Sebastian

[545] Der Topos zeigt sich auch bei der Bezeichnung Gottes oder der bischöflichen Würdenträger als ‚Vater der Witwen und Waisen'. Diese Begrifflichkeit wird im folgenden Unterkapitel als eine Form religiöser Inklusionssemantik weiter untersucht.

[546] Vgl. Glöe, Frauenarmut, 291.

[547] Dietlind Hüchtker, „Elende Mütter" und „liederliche Weibspersonen". Geschlechterverhältnisse und Armenpolitik in Berlin (1770–1850), Münster 1999, 81.

[548] Vgl. Ackermann, Predigten nach den Bedürfnissen des gemeinen Mannes, Bd. 1, 214; Riffel, Predigten Sonn- und Festtage, Bd. 1, 84; ders., Predigten Sonn- und Festtage, Bd. 2, 413; Winkelhofer, Winkelhofers vermischte Predigten, Bd. 6, 14.

Winkelhofers deutlich, das den Zuhörer zu einem fiktiven Gespräch mit der leidenden Witwe einlädt und sie in emotionaler Sprache ihre Notlage schildern lässt:

„Gehet hinein in jenes Haus, und fraget die betrübte Witwe, die darinn wohnt: Warum seufzest und weinest du? Ach! wird sie sagen, ich verlor erst vor etlichen Wochen meinen getreuen Ehemann; – die Krankheit, an der er starb, dauerte lang, das baare Geld, welches noch übrig war, ging für Arzneien und bei dem Leichenbegängnisse völlig auf. Jetzt bin ich in die Pension versetzt, alle Monate drei Gulden; – aber wie soll das hinreichen: für Kost, Trank, Holz, Licht, Hauszins? Und ich habe noch dazu fünf lebendige Kinder, deren noch keines versorgt ist".[549]

Häufige Folge der fehlenden Versorgungsmöglichkeiten ist nach Ansicht der Geistlichen das Abrutschen der Frauen und ihrer Kinder in den Bettlerstand. Allerdings werden die vom Tod des Vaters und Ehemannes betroffenen Notleidenden in den Verkündigungstexten als tugendhafte Bettler dargestellt, denen man ein Almosen gewähren müsse.[550]

Ebenfalls vom Kriterium der ‚Arbeitsunfähigkeit' betroffen ist die in den Predigten und Hirtenbriefen genannte zweite Gruppe von ‚wahren' Bedürftigen, die armen Kinder.[551] Hauptsächlich treten diese wie soeben gesehen in Verbindung mit dem Topos der armen Witwe als ‚arme Waisen' auf. Hierbei stellen sie eher eine ‚Begleiterscheinung' der Not der ‚armen Witwe' dar, als dass sie als eigenständige Armengruppe wahrgenommen werden. Aber auch unabhängig von diesem Topos werden Kinder in den untersuchten Texten häufig nicht als eine gesonderte Gruppe von Armen, sondern vielmehr als ein die Not der Eltern und Familien verstärkender Armutsfaktor dargestellt. Insgesamt überwiegt in den Verkündigungstexten die Darstellung bedürftiger Kinder von würdigen Hausarmen, die um die Not ihrer Familie besorgt sind. Allerdings beschreiben die Prediger in Einzelfällen auch die Situation der auf der Straße lebenden ‚Bettelkinder'. Diese werden wie die Kinder der Hausarmen als unterstützungswürdige Bedürftige gekennzeichnet.[552] Die Geistlichen sehen in der fehlenden Erziehung das größte Problem der betteInd umherziehenden Kinder und warnen vor einem Abrutschen in Sündhaftigkeit (insbesondere Müßiggang) und Kriminalität. In den untersuchten Texten ist allerdings nur eine einzige Predigt zu finden, welche bettelnde Kinder auto-

549 Winkelhofer, Winkelhofers vermischte Predigten, Bd. 6, 13-14.

550 Vgl. Ackermann, Predigten nach den Bedürfnissen des gemeinen Mannes, Bd. 4, 385.

551 Während es hier nur um die begriffliche Fassung der ‚armen Kinder' als ‚würdige' Arme geht, wird unter Punkt 4.4.1. die Problematik der Kinderarmut ausführlich untersucht.

552 Vgl. Ackermann, Predigten nach den Bedürfnissen des gemeinen Mannes, Bd. 4, 163; Colmar, Predigten von Joseph Ludwig Colmar, Bd. 3, 43.

matisch zu den ‚unwürdigen' Armen zählt.[553] Anton Westermayer geht hier davon aus, dass diese Kinder von ihren Eltern ohne Grund, d.h. ohne bestehende Notlage, zum Betteln geschickt werden. Die Frage der Erziehung und Ausbildung armer Kinder ist den Geistlichen ein besonderes Anliegen und wird in einigen Predigten und Hirtenbriefen ausführlich thematisiert.[554]

Neben den Kindern wird in den Verkündigungstexten in geringerem Umfang auch eine zweite altersbedingte Armengruppe betrachtet, die ‚armen Greise'.[555] Die Geistlichen haben trotz der auch in diesem Fall zuweilen topoihaften Verwendung einen recht genauen Blick für die Armutssituation ihrer älteren Pfarrkinder. In der heutigen Forschung wird das hohe Alter ähnlich wie die Kindheit als besonderes Armutsrisiko herausgestellt. Nach Günther Schulz waren die Angehörigen der Unterschicht im Alter extrem gefährdet, erneut unter die Armutsgrenze zu sinken, ohne dass sie diese noch einmal überwinden konnten. Schulz spricht in diesem Zusammenhang von einem „elementare[n] Lebenszyklus der Armut", der im 18. Jahrhundert ebenso wie im 19. Jahrhundert in den Ländern Europas anzutreffen war.[556] Die ‚abgelebten und kraftlosen Greise' galten in den Verkündigungstexten auf Grund ihres hohen Lebensalters ebenfalls als arbeitsunfähig und waren nach den Kriterien der Geistlichen daher zu den ‚würdigen' Armen zu zählen. Sie werden den Gläubigen unter Beachtung der ihnen fehlenden Möglichkeit, sich selbst zu versorgen als Objekte mildtätiger Handlungen empfohlen.[557] Ähnlich wie bei den hungernden Kindern schildern die Geistlichen auch hier in emotionaler Sprache die Gebrechen der ‚alten Armen'. Aber nicht nur ihre jetzige

---

553 Vgl. Westermayer, Bauernpredigten, 1. Jahrgang, Bd. 1, 348.

554 Dieser Fragestellung ist unter Punkt 4.6.1 ein eigenes Kapitel gewidmet.

555 Die eher geringe Intensität der Darstellung der Altersarmut entspricht dem Befund Gerd Göckenjans für die Thematisierung des hohen Alters in den von ihm untersuchten theologischen Texten: „In den Andachtsbüchern zum guten Leben und Sterben, wie in den Krankenratgebern und in den Predigttexten zur Einrichtung eines gottgefälligen Lebens, die im Untersuchungszeitraum erschienen sind, gibt es Alter als eine soziale Kategorie oder als eine Aufmerksamkeit bedürftige besondere Lebensphase in der Regel nicht. Das hohe Alter existiert fast nie als eigenes Thema, das einer eigenen Behandlung, eines eigenen Buchkapitels würdig wäre. Das geringe Interesse betrifft den expliziten Diskurs, wie er sich in Themenwahl und Themenrepräsentanz im Gesamtcorpus der bisher von uns untersuchten theologischen Diskurse darstellt. Implizite Diskurse, also die mehr oder weniger beiläufigen Verortungen und Qualifizierungen auf der Altersskala lassen sich allerdings feststellen und sinnvoll analysieren". Vgl. Gerd Göckenjan, „Das hohe Alter in theologischen Texten vom letzten Drittel des 18. bis zum Ende des 19. Jahrhunderts", in: Christoph Conrad (Hg.), Zur Kulturgeschichte des Alterns. Toward a cultural history of aging, Berlin 1993, 97-134, 105.

556 Vgl. Schulz, „Armut und Armenpolitik", 391.

557 Vgl. Ackermann, Predigten nach den Bedürfnissen des Landvolkes, Bd. 1, 89; Colmar, Predigten von Joseph Ludwig Colmar, Bd. 3, 41-42; Westermayer, Bauernpredigten, 2. Jahrgang, Bd. 2, 19.

Schwäche, sondern insbesondere ihr früheres arbeitsames Leben ist für die Kennzeichnung der Greisen als ‚würdige‘ Arme bestimmend. Joseph Ludwig Colmar erinnert beispielsweise daran, dass die älteren Menschen jahrelang ihre Berufspflichten treu erfüllt oder ihre Einkünfte für das Wohlergehen ihrer Kinder aufgeopfert hätten.[558]

Doch nicht nur das Alter, sondern auch Krankheiten konnten zur Folge haben, dass Menschen nicht (mehr) arbeiten konnten und dadurch in den Armutsstand gerieten.[559] Ähnlich wie bei der ‚armen Witwe‘ handelt es sich auch beim Begriff des ‚armen Kranken‘ um einen vor allem in Aufzählungen wiederkehrenden Topos, der die Umstände der Not nicht näher in den Blick nimmt. Daneben wird die Thematik ‚Armut und Krankheit‘ allerdings in einzelnen Texten ausführlich behandelt und die Geistlichen betonen in diesem Zusammenhang, dass die Frage der Fürsorge für arme Kranke ihnen ein ganz besonderes Anliegen sei. Clemens August Freiherr Droste zu Vischering geht sogar davon aus, dass „unter Allen die armen Kranken am meisten der Erbarmung bedürfen“, und empfiehlt sie daher seinen Zuhörern ganz besonders als Adressaten ihrer Barmherzigkeit.[560] Diese Hinwendung zu den armen Kranken durch den späteren Kölner Erzbischof stellt ein wichtiges Prinzip seines seelsorgerlichen Wirkens dar. Bereits 1804/1805 entwickelte er den Plan zur Gründung einer Krankenpflegeanstalt durch Barmherzige Schwestern und seit dem Jahr 1808 schlossen sich unter der von Freiherr Droste zu Vischering zur Oberin bestimmten Konvertitin Maria Alberti junge Frauen zu einer Gemeinschaft zusammen, um arme Kranke in ihren Wohnungen zu pflegen.[561] Die Schwestern übernahmen 1820 die Betreuung des Klemenshospitals in Münster und breiteten sich ab den 1840er Jahren immer weiter aus, so dass die 1858 in eine Genossenschaft umgewandelte Gemeinschaft bereits 53 Niederlassungen zählte.[562]

Die besondere Empfehlung wohltätiger Handlungen an den armen Kranken wird in den untersuchten Verkündigungstexten in Bezug auf deren Notlage näher begründet. Die Prediger und Bischöfe stellen sie als eine besonders unterstützungswürdige Personengruppe dar, da die armen Kranken von zwei sich gegenseitig verstärkenden Armutsfaktoren betroffen seien.

Alle bisher vorgestellten Gruppen zeichneten sich durch das Kriterium der ‚Arbeitsunfähigkeit‘ aus. Zur Kategorie der ‚würdigen‘ Armen können nach

558 Vgl. Colmar, Predigten von Joseph Ludwig Colmar, Bd. 3, 42.

559 Auch die Thematik ‚Armut und Krankheit‘ findet in Kapitel 4.4.2 eine ausführliche Betrachtung. Daher ist an dieser Stelle nur kurz auf diese Armengruppe einzugehen.

560 Vgl. Freiherr Droste zu Vischering, Predigten, Betrachtungen und Unterweisungen, 223.

561 Vgl. Erwin Gatz, „Krankenfürsorge“, in: Ders. (Hg.), Geschichte des kirchlichen Lebens in den deutschsprachigen Ländern seit dem Ende des 18. Jahrhunderts, Bd. 5: Caritas und soziale Dienste, Freiburg i. Br. 1997, 113-129, 116.

562 Vgl. ebd., 117.

Ansicht der Geistlichen aber auch die arbeitenden Armen zählen. Grundlage dieser Wertschätzung ist das auf der Notwendigkeit von Armut und Reichtum beruhende Wechselverhältnis zwischen unbemittelten Arbeitnehmern und bemittelten Arbeitgebern.[563] Dieses stellt in den Augen der Priester und Bischöfe eine unabdingbare Voraussetzung für eine funktionierende gesellschaftliche Ordnung dar:

„Niemand könnte, wenn Er sich ganz allein überlassen wäre, sich die Bedürfnisse und Nothwendigkeiten des Lebens verschaffen, sondern immer muß Einer dem Andern beystehen und gleichsam in die Hand arbeiten. Die Besitzer der Gründe bedürfen Leute, die ihnen dieselben bearbeiten; und die, die kein Eigenthum haben, brauchen zur Arbeit angestellt zu werden, um sich dadurch ihren Unterhalt zu verdienen".[564]

Während die zuvor dargestellten Kategorien von Bedürftigen zu den traditionellen Armengruppen zählen, die seit dem frühen Christentum wahrgenommen und als besonders unterstützungswürdig angesehen wurden, war die Wiederentdeckung der ‚arbeitenden Armut' ein Phänomen des späten 18. Jahrhunderts.[565] Seit dem Zerfall des Ancien Régime setzte eine Auseinandersetzung mit den Problemen der gering verdienenden und am Existenzminimum lebenden arbeitenden Bevölkerung, den sogenannten labouring poor, ein.[566] Nach der bereits in der Einleitung erwähnten Pauperismusdefinition des Brockhaus von 1846 ist die neue Massenarmut dort vorhanden,

„wo eine zahlreiche Volksclasse sich durch die angestrengteste Arbeit höchstens das notdürftigste Auskommen verdienen kann, auch dessen nicht sicher ist, in der Regel schon von der Geburt an und auf Lebenszeit solcher Lager geopfert ist, keine Aussichten der Änderung hat".[567]

Inwieweit sich diese neue Wahrnehmung der ‚arbeitenden Armut' in den untersuchten Verkündigungstexten wiederfindet, soll im Folgenden betrachtet werden.

---

563 Vgl. Kapitel 4.1.2.

564 Ackermann, Volkspredigten und Homilien, Bd. 1, 132.

565 Ich spreche von *Wieder*entdeckung da bereits in der vorchristlichen Antike der Arme durch seine Angewiesenheit auf körperliche Arbeit definiert wurde. Die damit verbundene negative Beurteilung der körperlichen Arbeit änderte sich mit dem Frühen Christentum. Seit Beginn des Spätmittelalters sah man Arbeit dann als Mittel gegen Bedürftigkeit an und es erfolgte eine Gleichsetzung von Armut mit ‚Nicht-Arbeit'. Zur Entwicklung der Beurteilung des Verhältnisses von Armut und Arbeit vgl. Otto Gerhard Oexle, „Armut, Armutsbegriff und Armenfürsorge im Mittelalter", in: Christoph Sachße/Florian Tennstedt (Hg.), Soziale Sicherheit und soziale Disziplinierung. Beiträge zu einer historischen Theorie der Sozialpolitik, Frankfurt a. M. 1986, 73-100.

566 Vgl. Hunecke, „Überlegungen zur Geschichte der Armut", 482-484.

567 Anonym, Art. „Pauperismus".

Die Priester und Bischöfe nennen innerhalb der Gruppe der arbeitenden Armen vor allem die in Not lebenden Dienstboten und Tagelöhner, aber auch arme Arbeiter, Handwerker oder Bauern. Auffallend ist, dass die verschiedenen Berufsgruppen meist gemeinsam aufgezählt werden. Diese arbeitenden Armen stellen für die Geistlichen einen eigenen Stand dar, der sich dadurch auszeichnet, dass die Beteiligten sich von ihrer körperlichen Tätigkeit ernähren müssen. Dies wird auch in der folgenden Predigt deutlich. Hier werden die genannten Armengruppen mit Blick auf die Vorbildfunktion des Heiligen Joseph zur Erfüllung ihrer Religions- und Standespflichten aufgerufen:

„Wer sollte sich da noch mit seinem Berufe entschuldigen und zweifeln, ob er in seinem Stande Gott gefällig leben könne? – Gewiß Niemand, und am wenigsten du, der du im gemeinen Stande, als Bauer, Handwerker, Taglöhner oder Dienstboth kümmerlich leben und dein Brod mit saurer Arbeit deiner Hände gewinnen mußt".[568]

Die Würde der arbeitenden Armen hängt somit davon ab, ob sie ihre Berufspflichten trotz der damit verbundenen Schwierigkeiten treu erfüllen. So werde „der ärmste Taglöhner ein besseres Schicksal zu erwarten haben als sein Fürst, der seine Fürstenpflichten nicht erfüllt hat".[569]

Neben der körperlichen Arbeit ist für die Priester und Bischöfe ein Kennzeichen dieser Armengruppe, dass die arbeitenden Bedürftigen in einem Abhängigkeitsverhältnis zu den ihnen Arbeit gebenden Menschen stehen. Dies bringt es mit sich, dass die Geistlichen die Kategorie von arbeitenden Armen häufig dort erwähnen, wo sie die Wohlhabenden wegen fehlender oder schlechter Bezahlung ihrer Angestellten kritisieren und sie zu einem besseren Umgang mit diesen auffordern. So fragt Joseph Bauerschubert in einer Predigt zum Thema Nächstenliebe seine Zuhörer: „Wie kann der arbeitende Tagelöhner bey aller seiner Arbeit bestehen, wenn der reiche Mann um jeden Pfennig mit ihm hadert?"[570] Die Geistlichen erkennen die Notlage der arbeitenden Armen und betonen, dass diese und ihre Familien trotz angestrengter Arbeit häufig am Rande des Existenzminimums leben. Allerdings sehen sie die Gefährdung dieser Gruppen nicht wie die heutige Forschung primär darin begründet, dass die Arbeiter und Dienstboten auf Grund von konjunkturellen Krisen oder individuellen Unglücken wie Krankheit, Unfall oder Behinderung unter das Existenzminimum abrutschten.[571] Vielmehr bringen die

568 Ackermann, Volkspredigten und Homilien, Bd. 2, 373. Siehe dazu auch: Winkelhofer, Predigten über die christliche Gerechtigkeit, Bd. 1, 166.

569 Gottlieb Ackermann (Hg.), Predigten nach den Bedürfnissen des gemeinen Mannes. Predigten zum gemeinnützigen Kanzelvortrag und christlichen Familien zur Selbstbelehrung und Erbauung dienlich, Bd. 2, München 1786, 473-474.

570 Bauerschubert, Kurze Volkspredigten, Bd. 2, 296-297.

571 Schulz, „Armut und Armenpolitik", 389.

Geistlichen die Probleme der arbeitenden Armen mit dem der geringen Lohnzahlung der Reichen und deren Fehlverhalten in Verbindung. Die Not dieser Armengruppe stellt für die Geistlichen also kein strukturelles, sondern ein moralisches Problem dar:

„Was sollen nun eure Dienstbothen und Arbeitsleute, deren Sold und Lohn oft eben so gering, als ihre Arbeit schwer ist, was sollen diese thun, wenn ihr ihnen auch vom geringen Lohn noch abkarget, wenn ihr ihnen das ohnehin schon kleine Stück Brod noch kleiner zuschneidet, wie hart muß ihnen das fallen!“[572]

Neben der gemeinsamen Nennung der verschiedenen Gruppierungen der arbeitenden Armen und ihrer Probleme nehmen sich die Geistlichen vor allem der Not der armen Dienstboten in ausführlicher Weise an.[573] Diese werden als Teil der Familie verstanden und daher in manchen Texten gemeinsam mit den Kindern genannt.[574] Insgesamt überwiegt auch in Hinsicht der Dienstboten eine Darstellung, welche an die verantwortlichen ‚Hausväter‘ und ‚Hausmütter‘ gerichtet ist. Die Geistlichen kritisieren die häufige Vernachlässigung der Knechte und Mägde durch die Hausherren und betonen deren Pflicht, die in ihrem Dienst stehenden Personen sowohl materiell als auch geistig zu versorgen.[575] Zur geistigen Versorgung zählt in besonderer Weise die Einhaltung der Sonntagsruhe und die Ermöglichung des Gottesdienstbesuchs an diesem freien Tag.[576] In den aufklärerischen Predigten Gottlieb Ackermann und Joseph Bauerschubert wird außerdem die Bedeutung der

---

572 Ackermann, Volkspredigten und Homilien, Bd. 1, 134-135. Siehe dazu auch: Bauerschubert, Kurze Volkspredigten, Bd. 2, 296.

573 Eine Definition des Dienstbotenbegriffs für die Untersuchungszeit findet sich bei Rolf Engelsing: „Als Gesinde oder als Dienstboten bezeichnete man im 17., 18. und 19. Jahrhundert diejenigen Personen, die auf Grund eines befristeten Vertragsverhältnisses für eine längere Zeit als Tag- oder Monatsarbeiter im Dienst eines ländlichen oder städtischen Hauswirtes standen. Die Bezeichnung betraf ein Rechtsverhältnis. Daher beschränkte sie sich weder auf diejenigen, die an einer bestimmten Arbeitsstätte – im Hause – bestimmte Berufe und Tätigkeiten ausübten, noch betraf sie alle, die es dort taten. Sie bezog sich auf dem Lande und in der Stadt auf diejenigen Personen, die der rechtlichen Gewalt und der wirtschaftlichen Verfügung eines Hauswirts für eine nicht von vorneherein begrenzte Zeit unterstanden“. Vgl. Rolf Engelsing, „Der Arbeitsmarkt der Dienstboten im 17., 18. und 19. Jahrhundert“, in: Hermann Kellenbenz (Hg.), Wirtschaftspolitik und Arbeitsmarkt. Bericht über d. 4. Arbeitstagung d. Ges. f. Sozial- u. Wirtschaftsgeschichte in Wien am 14. u. 15. April 1971, Wien 1974, 159-237, 159.

574 Die Gleichsetzung der Dienstboten mit den Kindern der Familie entsprach der rechtlichen Regelung der damaligen Zeit. Vgl. ebd., 184.

575 Vgl. Ackermann, Predigten nach den Bedürfnissen des gemeinen Mannes, Bd. 2, 160-161; Bauerschubert, Kurze Volkspredigten, Bd. 3, 18; Winkelhofer, Winkelhofers Predigten über die christliche Gerechtigkeit, Bd. 2, 153.

576 Vgl. Petrus Leopold Kaiser, Fastenhirtenbrief vom 9. Januar 1839, Mainz 1839, 17; Riffel, Predigten Sonn- und Festtage, Bd. 3, 106.

Erziehung für die als Kinder in den Dienst eintretenden Armen betont. Die Prediger bemängeln, dass die jungen Hausangestellten keine ausreichende Schulbildung erhalten und daher später in sündhaftes Handeln verfallen.[577]

Nur selten betrachten die Kleriker die Dienstboten nicht als Objekte der hausväterlichen Fürsorge, sondern als Subjekte des eingegangenen Arbeitsverhältnisses. Neben der Ermahnung zur Erfüllung der Standespflichten steht dann die Warnung vor einem sündhaften Leben. So kritisieren einige Geistliche die unter Dienstboten vorkommenden Betrügereien, die darin begründet lägen, dass die Hausangestellten

„sich durch Putz und Kleiderpracht, durch Ueppigkeit im Essen und Trinken, durch übermüthiges Streben und Ungenügsamkeit in ihrer ganzen Lebensweise auszuzeichnen suchen und eben hierdurch in die Fallstricke der Verführung, in unzählige, den schlichten Voreltern unbekannte, Thorheiten und Verschwendungen, in Armuth und in's Verderben gerathen"[578]

Die Prediger und Bischöfe beschreiben mit den genannten Gruppen der arbeitenden Armen in ständiger Not lebende Bedürftige, die aber erst durch das Fehlverhalten ihrer Arbeitgeber oder durch eigene Sündhaftigkeit in extreme Armut fallen. Während bei einzelnen katholischen Sozialtheoretikern wie Adam Heinrich Müller oder Franz von Baader bereits im frühen 19. Jahrhundert die Kritik an der Verarmung breiter Bevölkerungsschichten und der Ausbeutung ihrer Arbeitskraft laut wird,[579] scheint es sich in den hier untersuchten Texten bei der Kennzeichnung der Arbeitenden eher um individuelle Schicksale zu handeln. Die Wahrnehmung einer trotz Arbeit bestehenden extremen Notlage einer großen Gruppe von Menschen, wie sie die Pauperismusdefinition aus dem Jahr 1846 beschreibt, zeigt sich erst in den Predigten und Hirtenbriefen der späten 1840er und 1850er Jahre. Hier wird ein Bewusstsein dafür spürbar, dass die Armut der arbeitenden Bevölkerung neue Ausmaße annimmt: „Auch diejenigen, die bisher mit ihrer Arbeit und ihrem Gewerbe ehrlich sich nährten, fragen jetzt ängstlich und verlegen: Was werden wir essen, womit werden wir uns kleiden?"[580] Diese Einschätzung deckt sich mit den in Bezug auf den Begriff der Massenarmut gewonnenen Erkennt-

577 Vgl. Ackermann, Katechetische Predigten, Bd. 6, 341-342; Bauerschubert, Kurze Volkspredigten, Bd. 3, 18-19.

578 Johann Leonard Pfaff, Fastenhirtenbrief vom 9. Februar 1841, Fulda 1841, 2. Siehe dazu auch: Gottlieb Ackermann, Kurze Volkspredigten über sinnliche Lust und sinnliche Abtödtung auf die Faßnacht- und Fastenzeit, Landshut 1825, 21-22.

579 Vgl. Franz Josef Stegmann/Peter Langhorst, „Geschichte der sozialen Ideen im deutschen Katholizismus", in: Helga Grebing (Hg.), Geschichte der sozialen Ideen in Deutschland, Essen 2000, 599-862, 617-619.

580 Valentin von Riedel, „Fastenhirtenbrief vom 14. Februar 1847", in: Joseph Lipf (Hg.), Oberhirtliche Verordnungen und allgemeine Erlasse für das Bisthum Regensburg vom Jahre 1250–1852, Regensburg 1853, 478-486, 480.

nissen.[581] In den Verkündigungstexten dieser späten Zeit taucht auch erstmals der Begriff des Proletariers als neue Bezeichnung für den arbeitenden Armen auf.[582]

Die in diesem Kapitel vorgestellten Gruppen von Armen werden in den Verkündigungstexten als ‚würdige' Arme bezeichnet. Wie gesehen liegt die Wertschätzung durch die Geistlichen darin begründet, dass die Bedürftigen ihre Notlage nicht selbst verschuldet haben, dass sie ihr Schicksal ohne Aufbegehren annehmen und ihre häuslichen und im Falle der arbeitenden Armen auch beruflichen Pflichten treu erfüllen. Auf Grund ihrer unverschuldeten Armut und der Erfüllung dieser Tugenden werden sie als unterstützungswürdige Almosenempfänger anerkannt und bleiben nach Ansicht der Priester und Bischöfe in die von Gott vorgegebene gesellschaftliche Ordnung inkludiert. Wie am Stereotyp des ‚starken Bettlers' deutlich wurde, können die Bedürftigen diese Wertschätzung verlieren, wenn sie in Lasterhaftigkeit (Müßiggang, Verschwendung) verfallen. Dieser Verurteilung der ‚unwürdigen' Armen wegen ihres lasterhaften Verhaltens entspricht auf der Ebene der religiösen Semantik ihre Abwertung als Sünder. Vielmehr noch als diese religiöse Exklusionssemantik finden sich in den Verkündigungstexten aber zahlreiche Beispiele einer ausgeprägten religiösen Inklusionssemantik. Die Ebene der religiösen Semantik von Inklusion und Exklusion steht im Mittelpunkt der folgenden Betrachtung.

4.2.4 Religiöse Inklusions- und Exklusionssemantiken

„Er, der Erlöser, erschien gemeinhin als Mensch, ohne Reichthum und Schimmer herrischer Macht oder Größe; denn er wollte die Würde des Menschen als Mensch, abgesehen von Reich oder Arm, Gebieter und Knecht, Hoh- oder Niedergeboren, wieder herstellen, und zeigen, daß, was die Zufälligkeiten irdischer Verhältnisse in den Augen der Welt verdunkelt haben, vor Gott keinen Unterschied mache; daß der Höchste wie der Niederste ein Geschöpf, und der Dürftigste aus uns ein erhabenes Wesen sey, mit Gaben zur höchsten Lebensweisheit, zur Tugend und sittlichen Vorzüglichkeit ausgeschmückt, und daß Jeder nur so viel Werth habe, als er Werth vor Gott besitze".[583]

In diesem Zitat des Freiburger Bischofs Bernhard Boll werden in wenigen Sätzen mehrere zentrale Begrifflichkeiten genannt, die für die Hochschätzung des Armen in den untersuchten Predigten und Hirtenbriefen eine große Rolle spielen. Diese religiöse Semantik bezieht sich auf verschiedene Grundwahr-

---

581 Vgl. Kapitel 4.1.1.1.

582 Vgl. Westermayer, Predigten für wahre Aufklärung, Bd. 2, 128.

583 Bernhard Boll, Fastenhirtenbrief vom 9. Januar 1830, Freiburg i. Br. 1830, 1.

heiten des christlichen Glaubens und lässt sich daher vielen dogmatischen Traktaten zuordnen.[584]

Grundlegend für die soteriologische Inklusionssemantik, die sowohl in aufklärerischen als auch in ultramontanen Texten auftaucht, ist wie von Bernhard Boll beschrieben die Geburt Christi als Mensch. Durch die freiwillige Erniedrigung Gottes werden die von den Menschen gemachten Unterschiede zwischen Reichen und Armen aufgehoben. Es erfolgt eine Umkehrung der bisher bestehenden Werte: „Arm wollte er geboren werden, arm leben, um zu zeigen, daß nicht das Vergängliche, sondern das Ewige Werth in seinen Augen habe".[585] Die Bedeutung des Erlöserhandelns für die materiell Armen wird durch die Betonung der Geburt Christi in Niedrigkeit hervorgehoben.[586] In bildreicher Sprache wird auf die Armut der Eltern Jesu und die ärmliche Hütte bzw. den Stall als Ort seiner Geburt verwiesen. Hierbei handelt es sich um ein konfessionsübergreifendes Motiv, das auch durch den evangelischen Prediger August Tholuck verwendet wird.[587] Im Zusammenhang mit der Menschwerdung Gottes zeigen die Prediger und Bischöfe außerdem auf, dass die armen Hirten die ersten Zeugen der Geburt des Erlösers waren.[588] Die in der Verkündigung gegenüber den Hirten und später auch in der Auswahl der Jünger aus dem Fischerstand deutlich werdende Hinwendung Christi zu den Armen spiegelt sich nach Ansicht der Geistlichen in der Bezeichnung der frohen Botschaft als ‚Evangelium der Armen' wider.[589] So mache die Ausrichtung der Verkündigung auf die niederen Stände die Einzigartigkeit des Christentums gegenüber den früheren religiösen Lehren aus. „Denn daß die wohlthätige und tröstliche Lehre des Evangeliums ganz ohne Eigennutz, ohne Nebenabsichten dem gemeinen Volke vorgetragen wurde

---

584 In Anlehnung an die von Bernhard Schneider vorgestellten Kategorien spreche ich von christologischer, soteriologischer, schöpfungstheologischer und ekklesiologischer Inklusion. Vgl. dazu Schneiders Ausführungen zur Würde des Armen in katholischen Gebetbüchern: Schneider, „Armut darf nicht mehr".

585 Jakob Brand, Fastenhirtenbrief im Februar 1832, Limburg 1832, 15.

586 Vgl. Ackermann, Volkspredigten und Homilien, Bd. 1, 1; Bauerschubert, Kurze Volkspredigten, Bd. 1, 48; Boll, Fastenhirtenbrief 1830, 1; Johannes von Geissel, „Fastenhirtenbrief vom 5. Februar 1844", in: Karl Theodor Dumont (Hg.), Schriften und Reden von Johannes Cardinal von Geissel, Bd. 1, Köln 1869, 44-58, 49; Westermayer, Predigten für wahre Aufklärung, Bd. 2, 128.

587 Vgl. August Tholuck, Predigten über Hauptstücke des christlichen Glaubens und Lebens, Halle 1843, 190.

588 Vgl. Ackermann, Predigten nach den Bedürfnissen des gemeinen Mannes, Bd. 4, 417; Joseph Bauerschubert, Neue Festpredigten nebst einigen Gelegenheitsreden, Frankfurt a. M. 31812, 330; Westermayer, Das katholische Kirchenjahr, Bd. 3, 30-31.

589 Vgl. Ackermann, Predigten nach den Bedürfnissen des Landvolkes, Bd. 1, 17-32; Bauerschubert, Kurze Volkspredigten, Bd. 1, 53; ders., Kurze Volkspredigten, Bd. 3, 8; Brockmann, Homilien und Predigten, Bd. 4, 237.

... das war die neueste Anstalt dieser Art, die zum Besten der Menschheit seit Jahrtausenden war getroffen worden und war also ein großer Beweis, daß Jesus wirklich mit allem Ernste die Menschen gut und selig machen wollte, was vor ihm auf eine so ausgezeichnete Art noch kein Weiser unternommen hatte".[590]

Diese ausgeprägte Darstellung der Hinwendung Christi zu den Armen verfolgt in den Verkündigungstexten mehrere Ziele. Zum einen greifen die Geistlichen das Bild des ‚armen Jesus' und seiner Geburt in niedrigsten Verhältnissen auf, um die Reichen zur Achtung der Armen aufzufordern und sie zur Wohltätigkeit gegenüber den Bedürftigen zu ermahnen.[591] Das im Begriff des ‚Evangeliums der Armen' zugespitzt formulierte Verhalten Jesu wird hierbei als nachahmungswert präsentiert. Zum anderen wollen die Kleriker mit den Hinweisen auf die Gleichwerdung Christi mit den Notleidenden, ihren armen Zuhörern Trost spenden und sie mit Blick auf das zu erwartende Seelenheil zur geduldigen Annahme ihres Schicksals auffordern. Auch hier übernimmt Jesus also eine Vorbildfunktion.

„Blickt hin auf den Stifter unserer heiligen Religion! Es ist kein gewöhnlicher Mensch, sondern der Sohn des Allerhöchsten selber ... Er wird nicht geboren in einem Palaste, sondern in einem Stalle, in der tiefsten Armuth und Niedrigkeit, von einer armen Mutter, wird erzogen von einem Arbeiter, einem armen Zimmermann, und wächst in einer armen Hütte und in Mitte armer Leute heran. ... Wozu anders, als zum Troste der Armen, und um ihnen zu zeigen, daß die Armuth keine Schande sei, sondern sich der Sohn Gottes selbst zur Ehre und Freude gerechnet habe, arm zu sein".[592]

Wie im Zitat Anton Westermayers deutlich wird, würdigen die Geistlichen nicht nur die Geburt des göttlichen Sohnes als ein Zeichen der besonderen Wertschätzung der Armen, sondern blicken auch auf das weitere Aufwachsen Jesu inmitten einer bedürftigen, aber rechtschaffenen Familie.[593] Das Idealbild der ‚armen heiligen Familie' sollte insbesondere den Lebenswandel der in Zurückgezogenheit lebenden Hausarmen als tugendhaft darstellen und ihnen zum Vorbild dienen. Die mit diesen Begrifflichkeiten ver-

590 Ackermann, Volkspredigten und Homilien, Bd. 1, 12. Sowie: Bauerschubert, Kurze Volkspredigten, Bd. 3, 247.

591 Vgl. Ackermann, Volkspredigten und Homilien, Bd. 1, 12; Arnoldi, Fastenhirtenbrief 1847, 108; Boll, Fastenhirtenbrief 1830, 1; Johann Michael Feder, Zehen Festpredigten, Würzburg 1794, 159.

592 Westermayer, Predigten für wahre Aufklärung, Bd. 2, 128. Siehe auch: Ackermann, Predigten nach den Bedürfnissen des gemeinen Mannes, Bd. 4, 416; Brockmann, Homilien und Predigten, Bd. 1, 376-377; von Geissel, „Fastenhirtenbrief vom 5. Februar 1844", 49; Westermayer, Das katholische Kirchenjahr, Bd. 3, 31.

593 Vgl. Arnoldi, Sonntagspredigten des Bischofs Wilhelm Arnoldi, 65; Brockmann, Homilien und Predigten, Bd. 1, 376-377; Riffel, Predigten Sonn- und Festtage, Bd. 3, 238-239.

bundene Würde der Armen bleibt also an Bedingungen geknüpft. Es handelt sich bei der Gruppe der ‚heiligen Familie' um einen seit dem Zeitalter des Barocks populären Frömmigkeitsbegriff,[594] welcher im Kontext der ultramontanen Frömmigkeit des 19. Jahrhunderts eine außerordentlich große Popularität erreichte.[595] Im Rahmen der Hauslehre wurde er auf die irdischen Familien zur Propagierung bestimmter Werte und Normen bezogen.[596] Nach Hildegard Erlemann ist für diese Zeit die „Dichotomie von Säkularisierung der Hl. Familie und Sakralisierung der christlichen Familie"[597] kennzeichnend.

Zur Hervorhebung der Tatsache, dass Jesus nicht nur in einer armen Familie aufwuchs, sondern sein irdisches Leben lang arm blieb, führen die Geistlichen häufig einen biblischen Ausspruch Jesu an: „Die Füchse haben ihre Gruben, die Vögel ihre Nester; aber der Menschen-Sohn (der Messias) hat nicht einmal soviel, worauf er sein Haupt legen könnte".[598] Die Zitation dieses Verses (Mt 8,20 par) durch Feder ist ungewöhnlich, meist wird in den Verkündigungstexten nur der bildliche Ausdruck ‚des Hauptes' ohne Verweis auf die Bibelstelle verwendet. Allerdings blendet Feder wie auch die anderen Kleriker den für die Auslegung dieser Stelle zentralen Kontext der Jüngernachfolge aus.[599] In den untersuchten Verkündigungstexten geht es vielmehr um den Beweis der absoluten irdischen Armut Jesu, der sich den Armen zur Seite stellte. Doch nicht nur das freiwillige Leben in äußerster Dürftigkeit, sondern auch die Auferstehung ist in den Augen der Geistlichen wesentlich für die soteriologische Inklusion der Armen. Eine zentrale Rolle spielt hierbei die Bezeichnung der Armen als ‚Miterlöste', die mit den Reichen in den Himmel kommen.[600] Anders als in der Wahrnehmung außerhalb des kirchlichen Raumes werden in den Verkündigungstexten die Armen gegenüber

---

594 Vgl. Hildegard Erlemann, Die Heilige Familie. Ein Tugendvorbild der Gegenreformation im Wandel der Zeit. Kult und Ideologie, Münster 1993.

595 Vgl. Hubertus Lutterbach, Gotteskindschaft. Kultur- und Sozialgeschichte eines christlichen Ideals, Freiburg i. Br. 2003, 322-411.

596 Vgl. Erlemann, Die Heilige Familie, 168-169.

597 Ebd., 172.

598 Johann Michael Feder, Michael Feder's, der h. Schrift Doctors, geistlichen Rathes zu Würzburg, Predigten auf alle Sonntage des Jahres, Bd. 1: Des ersten Jahrgangs erster Theil, Würzburg 1815, 362. Sowie: Brockmann, Homilien und Predigten, Bd. 4, 411; Joseph Ludwig Colmar, Predigten von Joseph Ludwig Colmar, Bischof zu Mainz, Bd. 1: Vom ersten Sonntage des Advents bis Septuagesima, 2. verbesserte Aufl. Mainz 1847, 184.

599 Vgl. Peter Fiedler/Ekkehard Wilhelm Stegemann, Das Matthäusevangelium, Stuttgart 2006, 208-209.

600 Vgl. Ackermann, Predigten nach den Bedürfnissen des gemeinen Mannes, Bd. 2, 159; Joseph Vitus Burg, Antrittshirtenbrief vom 12. Januar 1830, Mainz 1830, 20; Feder, Predigten auf alle Sonntage des Jahres, Bd. 1, 107; Arnoldi, Sonntagspredigten des Bischofs Wilhelm Arnoldi, 229; Riffel, Predigten Sonn- und Festtage, Bd. 2, 392.

den Reichen als gleichwertig anerkannt. Dennoch ist innerhalb der soteriologischen Inklusionssemantiken eine graduelle Abstufung festzustellen. Während durch die Begriffe des ‚armen Jesu' und der ‚armen heiligen Familie' sowie des ‚Evangeliums der Armen' die materiell Bedürftigen in besonderer Weise als Empfänger des Heils ausgezeichnet werden, stehen sie als ‚Miterlöste' auf einer Ebene mit den Wohlhabenden.

Die soteriologische Inklusion findet nach Meinung mehrerer Bischöfe ihren sichtbaren Ausdruck in der Eucharistiefeier. In der Feier des Opfers Jesu Christi werde die durch das Erlösungshandeln Christi begründete Gleichheit aller Menschen verwirklicht und repräsentiert.[601] Die sonst Verachtung erfahrenden Menschen können nach Ansicht der Bischöfe „in diesem göttlichen Geschenke"[602] Trost und Glückseligkeit finden. Neben der Erlösungstat Christi als Hauptgrund werden in den Hirtenbriefen noch weitere Argumente für die Aufhebung der Unterschiede angeführt. Der Fuldaer Bischof Leonhard Pfaff sieht die gemeinsame Demuts- und Gebetshaltung der Gläubigen als Grund für die Gleichheit von Reichen und Armen im Gottesdienst an.[603] Ähnlich urteilt der Limburger Würdenträger Jakob Brand. „Der Vornehme und der Geringe, der Gelehrte und der Ungelehrte bekennen hier, daß sie von Gott abhängen".[604]

Eng verknüpft mit der Vereinigung von Armen und Reichen in der Eucharistiefeier sind die christologischen Inklusionssemantiken der Armen als ‚Brüder in Christus' oder auch der ‚Menschen als Glieder eines Leibes mit Christus als Haupt'. Mit der Verwendung dieser Bilder wollen die Priester und Bischöfe ihre wohlhabenden Zuhörer zu einem besseren Umgang mit den Notleidenden ermahnen: „Und wo Alle Glieder desselben Hauptes sind, belebt von dem Einen Geiste, wird Ein Glied sich freuen, während das Andere vor Hunger und Elend dahinstirbt?"[605]

Mit der Metapher des einen Leibes mit den vielen Gliedern klingt bereits eine weitere Ebene religiöser Inklusionssemantik an, die in den untersuchten Texten einen noch größeren Raum einnimmt als die soteriologische und christologische Inklusion und in Predigten und Hirtenbriefen der verschiedenen katholischen Lager durchgängig vorhanden ist. Das nun weiter auszuführende Feld der schöpfungstheologischen Inklusion ist bereits bei der

601 Vgl. Bausch, Fastenhirtenbrief vom 20. Januar 1838, 32; Jakob Brand, Fastenhirtenbrief vom 20. Januar 1830, Limburg 1830, 13; Johann Leonard Pfaff, Fastenhirtenbrief vom 12. Februar 1835, Fulda 1835, 5.

602 Brand, Fastenhirtenbrief vom 20. Januar 1830, 13.

603 Vgl. Pfaff, Fastenhirtenbrief vom 12. Februar 1835, 5.

604 Brand, Fastenhirtenbrief vom 20. Januar 1830, 11.

605 Riffel, Predigten Sonn- und Festtage, Bd. 2, 118. Siehe auch: Ackermann, Predigten nach den Bedürfnissen des gemeinen Mannes, Bd. 2, 271; Dietl, G. A. Dietl's Predigten an seine Pfarrgemeinde, 165-166.

Vorstellung der Armengruppen und dem Hinweis auf Gott als ‚Vater der Witwen und Waisen' angeklungen. In diesem Bild findet sich der Gedanke verwirklicht, dass sich Gott als Schöpfer aller Menschen in besonderer Weise den Notleidenden und Unterdrückten annimmt.[606] Die Kombination der Bezeichnung Gottes als ‚Vater der Armen' und derjenigen als ‚Vater der Witwen und Waisen' lässt erkennen, dass die Bischöfe und Priester vor allem die ‚würdigen' Armen im Blick haben. Es ist zu vermuten, dass diese Verbindung in ähnlicher Weise bei anderen Inklusionssemantiken mitgedacht wird, auch wenn sie von den Geistlichen nicht immer konkret benannt ist. Ausgehend vom Schöpfergedanken werden in den Verkündigungstexten außerdem die Gemeinsamkeiten von Armen und Reichen als Brüder und Schwestern des einen göttlichen Vaters und die Verbundenheit als eine Familie beschrieben.[607] Die in der Gesellschaft bestehende soziale und räumliche Distanz zwischen Armen und Reichen wird in dem Motiv der einen christlichen Gottesfamilie aufgegeben. Bernhard Schneider konnte bei seiner Untersuchung zur Würde des Armen im spätaufklärerischen Gebetbuch dieselben Begrifflichkeiten feststellen.[608] Er geht von einer Partizipation des katholischen aufklärerischen Armutsdiskurses an den kosmopolitischen Tendenzen und am naturrechtlichen Denken der Aufklärung aus.[609] Unter Berücksichtigung der Ergebnisse der hier vorliegenden Untersuchung lässt sich diese Partizipation aber auch auf die ultramontanen Autoren ausweiten. Wie bereits erwähnt beschränken sich in der vorliegenden Untersuchung die schöpfungstheologischen Begriffe eben nicht auf die aufklärerischen Verkündigungstexte. Somit werden die Eigenheiten der katholischen Lager mit Blick auf dieses semantische Feld überwunden.

Ähnlich wie beim Bild des ‚einen Leibes' sehen die Geistlichen mit der Inklusionssemantik der einen Gottesfamilie einen unaufgebbaren Auftrag zur Wohltätigkeit verbunden. Die Verpflichtung zur Barmherzigkeit gegenüber den notleidenden Brüdern wird von Sebastian Winkelhofer mit Blick auf das Schöpfungs- und Heilsgeschehen eindrücklich ausgesprochen:

„Jeder Mensch ist unser Bruder; denn Jeder ist nach dem Ebenbilde Gottes erschaffen, wie wir; Jeder mit dem theuren Blute Christi erkauft wie wir; Jeder ein Kind Gottes und zur Erbschaft des Himmels bestimmt, wie wir;

606 Vgl. Arnoldi, „Fastenhirtenbrief 1847", 108; Brand, Fastenhirtenbrief im Februar 1832, 11; Colmar, Predigten von Joseph Ludwig Colmar, Bd. 3, 15; ebd., 51.

607 Es handelt sich hierbei um ein schon von der alten Kirche häufig angeführtes Motiv zur Ausübung christlicher Barmherzigkeit, das allerdings nicht genuin christlichen Ursprungs ist, sondern bereits in der platonischen Tradition zu finden war. Vgl. Puzicha, Christus peregrinus, 73.

608 Vgl. Schneider, „Armut darf nicht mehr".

609 Vgl. ebd.

Jeder von Jesus Christus geliebt, wie wir. Unsere Barmherzigkeit darf sich also nicht einschränken".[610]

Von der schöpfungstheologischen Inklusion können die Motive einer anthropologischen Inklusion abgeleitet werden, welche dem Armen auf Grund seins Daseins als Mensch unabhängig von seinen nur wenig vorhandenen weltlichen Gütern einen Wert zusprechen: „Ob der Leidende unser Freund, unser Verwandte, unser Glaubensgenosse sei, nicht das macht ihn unseres Mitleides, unseres Beistandes würdig. Er ist ein Mensch, und Alles, was Mensch heißt, geht uns an".[611] In diesem Zitat Wilhelm Arnoldis wird deutlich, dass die Wahrnehmung des Notleidenden als Menschen sogar Glaubensgrenzen überschreitet. Doch nicht nur die Exklusion aus Glaubensgründen, nein auch die Wahrnehmung der Bettler als ‚unwürdige' Arme können durch die Bezeichnung des Notleidenden als Mensch ein Stück weit ihre Bedeutung verlieren:

„Ferner, wenn ich behaupte, daß der unverschämte Bettler die großmüthige Unterstützung nicht verdiene, die der wahre Arme verdient: so folgt daraus nicht, daß ihr ihm rauh und grob begegnen dürfet. Auch der Bettler bleibt Mensch, und muß als ein solcher seiner Menschenwürde gemäß behandelt werden".[612]

In diesem Ausspruch findet sich der für heutige Menschenrechtsdiskussionen zentrale, in den untersuchten Verkündigungstexten selten vorkommende Begriff der Menschenwürde.[613] Hierbei muss das lange Zeit nicht unproblematische Verhältnis des kirchlichen Lehramtes zu dem Konzept der Menschenrechte beachtet werden. Nur wenige Jahrzehnte vor der Veröffentlichung der Predigtsammlung Ackermanns wurde die Idee der Menschenrechte in Form von Menschenrechtskatalogen zunächst in Amerika (Bill of Rights von Virginia und amerikanische Unabhängigkeitserklärung im Jahr 1776) und kurze Zeit später in Frankreich (Déclaration des Droits de l'Homme et du Citoyen) formuliert.[614] Von Seiten des katholischen Lehramts wurden die geforderten Rechte mit der antiklerikalen und kirchenfeindlichen

---

610 Sebastian Winkelhofer, Sebastian Winkelhofers zusammenhängende Predigten über die christliche Gerechtigkeit, Bd. 3: Von der christlichen Tugend, und von den guten Werken, hg. von einem Geistlichen des Erzbisthums München und Freysing, München 1835, 372.

611 Arnoldi, Sonntagspredigten des Bischofs Wilhelm Arnoldi, 329-330. Siehe dazu auch: Bauerschubert, Kurze Volkspredigten, Bd. 2, 299; Buchegger, Predigten auf Festtage der katholischen Kirche, Bd. 1, 196; Feder, Zehen Festpredigten, 158.

612 Ackermann, Faßliche und gemeinnützige Predigten, Bd. 2, 169.

613 Zum Begriff der Menschenwürde vgl. Konrad Hilpert, Art. „Menschenwürde", in: Lexikon für Theologie und Kirche (3. Aufl.), Bd. 7, 132-137.

614 Vgl. Konrad Hilpert, Die Menschenrechte. Geschichte, Theologie, Aktualität, Düsseldorf 1991, 93.

Ausrichtung der französischen Revolution in Verbindung gebracht und daher bis in die zweite Hälfte des 19. Jahrhunderts vehement bekämpft.[615]

Allerdings geht es in den relevanten Verkündigungstexten nicht um die in der Französischen Revolution geforderten bürgerlichen Freiheitsrechte, sondern um eine sich aus der schöpfungstheologischen Gleichheit aller Menschen ergebende Verpflichtung zur gegenseitigen Achtung. So stellt die im Predigtwerk Ackermanns vorgenommene Charakterisierung des ‚starken' Bettlers als Mensch ihn zwar theoretisch mit allen Menschen auf eine Stufe, dies bedeutet aber trotzdem keine vollkommene Gleichwertigkeit mit den ‚würdigen' Armen. Sie beinhaltet vielmehr einen an die Wohlhabenden gerichteten Auftrag zum Verzicht von Gewaltanwendung gegenüber dieser Armengruppe. Während bei Ackermann dem Bettler die ‚Menschenwürde' ohne weitere Voraussetzungen zukommt, wird sie in einem Hirtenbrief des zu den katholischen Spätaufklärern zählenden Limburger Bischofs Jakob Brand indirekt an Bedingungen geknüpft. Brand diskutiert den Begriff im Zusammenhang mit der Bedeutung des sonntäglichen Gottesdienstes, den er als „Denkzeichen gleicher Menschenwürde, und gleicher Ansprüche auf Glückseligkeit" kennzeichnet.[616] Er sieht die Würde aller Menschen, der Vornehmen und der Geringen, in der im Gottesdienst deutlich werdenden Abhängigkeit des Menschen von Gott und somit in seiner Geschöpflichkeit begründet. Dieser Gottesbezug zeigt sich auch in der Gleichsetzung der Menschenwürde mit der „Christenwürde" und der „Würde eines Kindes Gottes".[617] Allerdings stehen seine Ausführungen im Kontext der anstrengenden körperlichen Arbeiten, welche die Armen während der Woche zu verrichten haben.[618] Auf Grund dieses Zusammenhangs und der Verbindung von Menschenwürde und Gottesdienstbesuch liegt die Vermutung nahe, dass die Zuschreibung der Menschenwürde für den Limburger Bischof an die korrekte Ausübung eines christlichen Glaubens- und Sittenlebens geknüpft ist. Es stellt sich daher die Frage, ob und inwieweit dieses Verständnis auch die nicht arbeitenden Armen oder auch die untätigen Reichen meint, welche sich die Sonntagsruhe nicht mit ihrer beruflichen Tätigkeit verdienen. Bernhard Schneider hat in dem bereits genannten Aufsatz zur Würde des Armen ebenfalls auf die Problematik hingewiesen, dass von aufklärerischen Klerikern Menschenwürde an Leistung gekoppelt und somit nicht als ein aller menschlichen Leistung vorausgehendes Gut wahrgenommen werde.[619]

---

615 Vgl. ebd., 138-141.
616 Brand, Fastenhirtenbrief vom 20. Januar 1830, 13.
617 Ebd., 11.
618 Vgl. ebd., 13.
619 Vgl. Schneider, „Armut darf nicht mehr".

Während die bisher vorgestellten Inklusionssemantiken bei Priestern und Bischöfen beider katholischer Lager auftauchen, finden sich Begriffe einer abgrenzenden ekklesiologischen Inklusion nur bei den ultramontanen Autoren. Grundmotiv dieser Inklusionsebene ist die Bezeichnung der Kirche als ‚Mutter der Armen'.[620] Das oben erwähnte und der christologischen Inklusionssemantik zugewiesene Bild des ‚Leibes Christi' beschreibt auch die Gemeinschaft der Glieder der Kirche untereinander, die alle in dem einen Haupt Christus geeint sind. Demgegenüber akzentuiert das Bild der ‚Mutter der Armen' das Gegenüber des Einzelnen zur Kirche, er ist Empfangender, die Kirche ist die Handelnde. Mit Hilfe dieses Bildes stellen die Geistlichen die Leistungen der katholischen Kirche im Bereich der Armenfürsorge gegenüber dem Wirken anderer Wohltätigkeitsinstitutionen als besonders bedeutsam heraus. Sie charakterisieren das karitative Handeln als ein Wesensmoment der katholischen Kirche, in welchem diese ihre erlösende Tätigkeit fortführe. Auch hier betonen die Geistlichen also die bedeutende Rolle der Armen für das Heilsgeschehen und machen sie so zu einem wichtigen Teil der katholischen Gemeinschaft. Durch die Beschränkung der so akzentuierten ekklesiologischen Inklusion auf die ultramontanen Autoren ist ein Zusammenhang zwischen der Vorliebe für diese Semantik und der lagerspezifischen Ausrichtung sehr wahrscheinlich. Die Priester und Bischöfe unterstreichen die besonderen Verdienste der katholischen Kirche im wohltätigen Bereich, um so die Notwendigkeit einer stärkeren Unabhängigkeit der Kirche von staatlichen Einflüssen im Bereich der Caritas hervorzuheben.[621]

Im Vergleich zu der in den Verkündigungstexten vorhandenen breiten religiösen Inklusionssemantik lässt sich eine direkte begriffliche Exklusion der Armen eher selten nachweisen. Die bei der Untersuchung zum Begriff des ‚starken' Bettlers vorgestellte Exklusion über die Laster ‚Müßiggang' oder ‚Verschwendung' entsprechen der religiösen Exklusion des ‚unwürdigen' Armen als Sünder:

„Aber nein! die gar zu große Armuth bietet auch sehr oft Gelegenheit zur Sünde. Wir sehen es an den Bettlern; sie sind meistens sehr schlimme Leute: sie murren, sie verwünschen, sie zanken, sie beneiden die Reichen; sie stehlen, sie kommen selten in die Kirche; und wenn sie kommen, wie ist ihre Andacht beschaffen?"[622]

Viel häufiger als diese direkte Abwertung der ‚unwürdigen' Armen findet sich allerdings eine indirekte Exklusion im Kontext der beschriebenen Inklusionssemantiken. Die dort dargestellte Wertschätzung wird wie gesehen

[620] Vgl. von Geissel, „Fastenhirtenbrief vom 7. März 1840", 420; Riffel, Predigten Sonn- und Festtage, Bd. 2, 316.

[621] Vgl. hierzu Kapitel 5.3.1 und 5.3.2.

[622] Winkelhofer, Winkelhofers zusammenhängende Predigten, Bd. 5, 289-290.

häufig an konkret ausgesprochene oder durch den Zusammenhang des Textes angedeutete Bedingungen geknüpft, welche den im Kapitel zu den ‚würdigen' Armen(-gruppen) vorgestellten Kriterien entsprechen.[623] Dies bedeutet dann eine Exklusion der Bedürftigen, die dem vorgegebenen Bild des frommen, tugendhaften, seine Not still ertragenden Armen nicht entsprechen.

Noch verbreiteter als diese Abwertung der sündhaften Armen ist die religiöse Exklusion der Reichen, die ebenfalls über das Motiv der Sünde vorgenommen wird. Als negative Eigenschaften der reichen Sünder werden besonders oft der Geiz, der Hochmut und die Verschwendungssucht genannt. Die Kleriker verwenden diese Begrifflichkeiten zur Unterstreichung der Notwendigkeit des von den Reichen vorgenommenen karitativen Handelns.[624] Die negativen Folgen eines solchen sündhaften Lebens seien so gravierend, dass der Arme im Vergleich zu dem geizigen Reichen als glücklich zu bezeichnen sei.[625] Auch hier zeigt sich wieder, dass für die Geistlichen der Wert des Menschen nicht von seinem Besitz, sondern von seiner Tugendhaftigkeit abhängt. Der im Predigtwerk Ackermanns dargestellte Vergleich birgt allerdings die Gefahr, dass die Umstände der materiellen Not relativiert und in ihrer Schwere nicht anerkannt werden.

Die Priester und Bischöfe beschreiben die Sünde aber nicht nur als ein Kennzeichen der Reichen und der ‚unwürdigen' Armen, sondern sehen sie auch als eine Ursache der Notsituation vieler Menschen an:

„Der Anfang der Sünde ist Honig, – das Ende der Sünde ist Galle. Verderben, Armuth, Krankheit, Reue, Schande, Gewissensbisse, Verzweiflung – das ist die schreckliche Mischung, welche du, o Sünder! aus dem Zauberkelch der Sünde in langen oder kurzen Zügen hinuntertrinkest".[626]

Im folgenden Kapitel werden dieser und andere von den Geistlichen diskutierten Gründe der Armutssituation ausführlich betrachtet.

4.3 Ursachen von Armut

Häufig wird in den untersuchten Predigten und Hirtenbriefen die Verschiedenheit von Armut und Reichtum als gegeben vorausgesetzt, ohne dass nach konkreten Ursachen der Not gefragt wird. Dort, wo verschiedene Ursachen der Armutssituation zur Sprache kommen, muss zwischen gesellschaftlichen und individuellen Notlagen unterschieden werden. Eine zweite Differenzierungsebene betrifft die Frage nach der Herkunft der Armutsursachen:

---

623 Vgl. Kapitel 4.2.2 und 4.2.3.
624 Vgl. hierzu ausführlich Kapitel 5.2.2.
625 Vgl. Ackermann, Predigten nach den Bedürfnissen des gemeinen Mannes, Bd. 3, 393.
626 Buchegger, Predigten auf Festtage der katholischen Kirche, Bd. 1, 179.

Beruhen sie auf äußeren, von dem Bedürftigen nicht beeinflussbaren Begebenheiten und sind somit von ihm nicht verschuldet oder liegen sie in sittlich-moralischen Verfehlungen des Armen begründet und können somit als von ihm selbstverschuldet gedeutet werden. Es handelt sich hierbei um eine für die Bewertung der Armut grundlegende Unterscheidung, die auch im bereits mehrfach genannten homiletischen Lexikon zu Beginn der Ausführungen zum leiblichen Armutsbegriff vorgenommen wird.[627]

4.3.1 Gesellschaftliche Notlagen

Als gesellschaftliche Notlage werden in diesem Zusammenhang alle Krisen verstanden, die nach den Beschreibungen der Kleriker nicht nur ein individuelles Schicksal darstellen, sondern eine breite Masse der Bevölkerung betreffen. Hauptsächlich sind dies Hungersnöte, aber auch Seuchen oder Naturkatastrophen. Mit den letztgenannten Begriffen bezeichnen die Geistlichen nicht nur die Notlage, sondern geben bereits einen Hinweis auf Situationen, welche allgemein Armutszustände hervorrufen oder verstärken können.

4.3.1.1 Äußere Ursachen

Am Häufigsten wird in den Verkündigungstexten die gesellschaftliche Notlage der Hungersnot beschrieben. Die Geistlichen beziehen sich hierbei zum einen auf die bereits betrachteten großen Hungerkrisen der Jahre 1816/17 und 1847,[628] zum anderen haben sie insbesondere in den Predigten zum Thema ‚Ernte' den Nahrungsmittelmangel als allgemeine Krisensituation größerer Bevölkerungsteile im Blick. Die Priester und Bischöfe sehen diese Notlage vor allem in den Missernten und den daraus entstehenden Teuerungsphasen begründet. So stellt Johann Heinrich Brockmann in einer Dankespredigt dem erfolgreichen Erntejahr zurückliegende Jahre des „Mißwachses und der Theuerung" als Negativerfahrung gegenüber und analysiert die Gründe für die frühere Mangelsituation:

„In jenem Jahre hatte um diese Zeit die Aernte kaum angefangen, sie dauerte fort bis in den Winter; oder vielmehr, es gab keine ordentliche Aernte, und – was die Aussicht für die Zukunft noch weiter trüber machte, – es gab keine ordentliche Einsaat".[629]

Bei der Begründung der Notlagen haben die Kleriker die massive Bevölkerungszunahme, welche in der Forschung als bedeutender Hintergrund der

627 Vgl. Krönes, Homiletisches Real-Lexikon, Bd. 1, 384.
628 Vgl. Kapitel 3.2.2 und 4.1.1.1.
629 Brockmann, Homilien und Predigten, Bd. 4, 575.

Krisensituationen angesehen wird, allerdings nicht im Blick.[630] Hierdurch unterscheiden sich die untersuchten Verkündigungstexte von der von Lieselotte Dilcher betrachteten zeitgenössischen ‚Pauperismusliteratur', in welcher „die Zunahme der Bevölkerung und die drohende oder bereits vorhandene Überbevölkerung sehr häufig als unmittelbare oder mittelbare Ursache der Verarmung angesehen" wurde.[631]

Die Geistlichen sehen die von ihnen genannten ökonomischen Faktoren nicht als alleinigen Grund für die Hungerkrisen an, sondern vermuten dahinter stehende Ursachen, wie dies Johann Theodor Laurent in seinem Fastenhirtenbrief beispielhaft ausdrückt. „Eine so allgemeine und drückende Noth, die bei dem Mißrathen einiger Sorten Feldfrüchte eintritt, verräth aber Mißverhältnisse in dem Bestande der Gesellschaft, und muß tiefer liegende Ursachen haben".[632] Hiermit wird eine weitere Argumentationsebene erreicht, die im nächsten Kapitel näher betrachtet werden soll.

Weitere äußere Faktoren, welche eine gesellschaftliche materielle Notlage nach Ansicht der Geistlichen hervorbringen oder verstärken, sind Kriege und Naturkatastrophen. Eine ausführliche Behandlung des Zusammenhangs von materieller Not und Kriegszuständen findet sich allerdings nur in den aufklärerischen Predigten Joseph Bauerschuberts, in welchen er die durch die Koalitionskriege herbeigeführte Krisensituation beschreibt: [633]

„Aber unsere Nachbarn fühlen schon Jahre hindurch die zerfleischende Geißel des Kriegs, sie haben beynahe alle Bequemlichkeiten, alle Bedürfnisse des Lebens eingebüßt, und können, und dürfen sie in ihrem noch fortwährenden Drange sich nicht wieder verschaffen".[634]

Mit Blick auf die vergangenen historischen Erfahrungen der Revolution und ihrer Folgen zeichnet Bauerschubert eine düstere Zukunftsprognose, welche die Mechanismen von Armut und Hunger als Grund für, aber auch als Konsequenz aus kriegerischen Auseinandersetzungen, aufzeigt:

„Dieses Volk brennt vor Rachbegierde, und sengt und brennt, wo es hinkömmt.... Der Mangel und Hunger, der zum Theil schon unter ihm herrscht, kann dasselbe vollends aufs äußerste treiben. Wer kann nun voraussehen, daß dieses zahlreiche Volk gerade wie ein Heer Zugvögel oder Raubthiere, die, wenn es in einer Gegend nichts mehr aufzuzehren giebt, in eine andere hin-

630 Vgl. Schulz, „Armut und Armenpolitik", 392-393.

631 Vgl. Dilcher, Der deutsche Pauperismus, 81-92. Vgl. auch: Jantke/Hilger, Die Eigentumslosen, 17.

632 Laurent, Fastenhirtenbrief 1847, 2.

633 Zu den Auswirkungen der napoleonischen Kriege in Bayern vgl. Ute Planert, Der Mythos vom Befreiungskrieg. Frankreichs Kriege und der deutsche Süden. Alltag – Wahrnehmung – Deutung. 1792–1841, Paderborn 2007.

634 Bauerschubert, Neue Festpredigten, 6.

überziehen, eben so auch, wenn es in seinem Lande ausgehungert ist, nicht mit Gewalt zu uns durchbrechen werde, um Nahrung zu finden".[635]

Die Folgen dieser Kriege sind nach Bauerschubert so verheerend, dass sie sowohl den Reichen als auch den Armen in schwere Notlagen bringen.[636] In den Predigten Bauerschuberts zur Notlage in Folge der Koalitionskriege wird mit Blick auf die emotionale Schilderung der Geschehnisse die persönliche Betroffenheit des Klerikers deutlich. Entsprechend der priesterlichen und bischöflichen Darstellung der Hungersnöte tritt Bauerschubert hier aus der Kennzeichnung der Armut als einen abstrakten und zeitunspezifischen Mangelzustand heraus und bezieht konkrete Erlebnisse und Erfahrungen seiner Zuhörer mit ein.

In ähnlicher Weise wird die Cholera in den Hirtenbriefen als aktueller Anlass für die bischöfliche Verkündigung wahrgenommen. Die Bischöfe beschreiben in ihren Hirtenbriefen die Cholerakrankheit als einen die allgemeine Notlage verstärkenden Faktor.[637] Diese Kennzeichnung gilt auch für die priesterliche Darstellung anderer Krankheiten und Seuchen. Der Prediger Johann Heinrich Brockmann sieht diese Krisensituationen allerdings nicht nur als verstärkende Ursachen der Not, sondern auch als Folge des bestehenden Nahrungsmittelmangels an.

„Ist es dabei nicht zu befürchten, daß aus der schlechten, zum Theil verdorbenen Nahrung, zu welcher wir jetzt gezwungen sind, allerhand Seuchen und Krankheiten unter Menschen und Vieh sich erzeugen, und das Uebel noch weit mehr vergrößern werden?"[638]

Im Gegensatz zu den konkreten Notlagen der Hungerjahre, der Kriegswirren und der Cholera wird die Notsituation in Folge von Naturkatastrophen wie Hagel oder Überschwemmungen in einer sehr allgemeinen Sprache ge-

---

635 Joseph Bauerschubert, Joseph Bauerschuberts kurze Volkspredigten zum Unterrichte und zur Erbauung auf alle Sonn- und Festtage des katholischen Kirchen-Jahres, Bd. 6, hg. von Bernard Laubender, Erfurt 1800, 17-18.

636 Vgl. Bauerschubert, Neue Festpredigten, 3. Zu den Auswirkungen der Koalitionskriege auf das wirtschaftliche Leben in Süddeutschland vgl. Planert, Der Mythos, 227-245.

637 Vgl. Jakob Brand, Hirtenbrief des Bischofes Jakob Brand von Limburg bei dem Herannahen der Cholera-Krankheit, Frankfurt a. M. 1831; Joseph Vitus Burg, Hirtenbrief zum Ausbruch der Cholera vom 28. Oktober 1831, Mainz 1831; Joseph von Hommer, Hirtenbrief zum Ausbruch der Cholera vom 19. September 1831, Trier 1831. Ob den Geistlichen allerdings der Zusammenhang zwischen der schnellen Ausbreitung der Cholera und der Lebenssituation der Bedürftigen bewusst war, erscheint fraglich. Zur wissenschaftlichen Bewertung von schlechter Nahrung, Überarbeitung, mangelhafter Bekleidung und Wohnungsnot als ‚prädisponierende Faktoren', welche die Anfälligkeit gegenüber Seuchen erhöhten, vgl. Beate Althammer, „Die Cholera – Eine Naturkatastrophe? Reaktionen angesichts einer tödlichen Seuche im Rheinland und in Katalonien, 1831–1867", in: Traverse. Zeitschrift für Geschichte/Revue d'histoire 10. 2003, 21-35, 24.

638 Brockmann, Homilien und Predigten, Bd. 4, 407.

schildert, die kaum Rückschlüsse auf konkrete Ereignisse zulässt. Die eher randständige Darstellung dieser Naturphänomene als Ursachen gesellschaftlicher Not finden sich mit Ausnahme der zum Hungerjahr 1816 erschienenen Predigt von Johann Heinrich Brockmann nur in den aufklärerischen Predigten Gottlieb Ackermanns.[639] Während sie hierbei in den im Folgenden weiter zu erörternden moraltheologischen Kontext einer indirekt selbstverschuldeten Armut gestellt werden, können sie – wie später zu sehen sein wird – auch als Ursachen individueller Notlagen angesehen und als Argumente für unverschuldete Armutssituationen herangezogen werden.[640]

4.3.1.2 Sittlich-moralische Ursachen

Die bisher genannten äußeren Ursachen werden nur selten isoliert betrachtet. Sie stehen meist in einem moraltheologischen Zusammenhang, der die gesellschaftlichen Krisen als göttliche Reaktion auf das falsche Handeln der Menschen deutet. Letztlich stellen alle Notsituationen in den Augen der Geistlichen eine Ermahnung, Prüfung und/oder Strafe Gottes dar:

„Wäre es ein Wunder, wenn Er Theurung und Hungersnoth sendete, um diese Menschen, bey denen gelinde Ermahnungen Nichts fruchten, auf eine handgreifliche Art zu belehren, daß Er es sey, von dem alle Gaben kommen“?[641]

In dem Zitat tritt der angesprochene Ermahnungscharakter deutlich hervor. Neben der Belehrung über die ursprüngliche Herkunft der weltlichen Güter aus Gottes Hand dienen die göttlichen Belehrungen in Form von Ernteausfällen nach Ansicht der Priester und Bischöfe außerdem dazu, die Menschen zu einem dankbaren und sorgsamen Umgang mit den geschenkten Gaben zu bewegen. Im Zusammenhang mit dieser paränetischen Funktion werden in den Verkündigungstexten die gesellschaftlichen Krisen als Strafe und Prüfung Gottes gedeutet. Dieser Aspekt findet insbesondere in den Verkündigungstexten zur Cholera und in den im Hungerjahr 1847 erschienenen (Fasten-)Hirtenbriefen eine ausführliche Erläuterung. Die Feststellung dieses Motivs der Strafe widerspricht den Ergebnissen von Andreas Gestrich, der unter Berücksichtigung der geringen Anzahl an gedruckten Bußpredigten zu dem Schluss kommt, dass bei der Bewertung der Hungerkrise von 1816/17 durch katholische Obrigkeiten die Darstellung als eine Strafe Gottes eher nebensächlich geworden zu sein scheint.[642] Auch wenn wegen der bestehenden Vakanzen in der vorliegenden Arbeit keine Hirtenbriefe zur Hungerkrise

639 Vgl. Ackermann, Predigten nach den Bedürfnissen des gemeinen Mannes, Bd. 1, 14-15.
640 Vgl. Kapitel 4.3.2.1.
641 Ackermann, Volkspredigten und Homilien, Bd. 1, 349.
642 Vgl. Gestrich, Religion in der Hungerkrise, 281.

von 1816/17 ausgewertet werden konnten, liegt auf Grund der dichten Verwendung des Arguments der Hungerkrise als Strafe sowohl in den spätaufklärerischen als auch in den ultramontanen Hirtenbriefen des Jahres 1847 die Vermutung nahe, dass es sich hierbei nicht nur um eine Besonderheit der ausgewerteten Texte, sondern um die durchgehende Fortsetzung frühneuzeitlicher religiöser Deutungsmuster handelt. Hierbei ist auch der konkrete Erscheinungszeitpunkt der Verkündigungstexte zu sehen. Mit ihren Schreiben leiten die Bischöfe den Beginn der Fastenzeit ein, welche die Gläubigen durch einen Weg der inneren Umkehr und geistigen Erneuerung auf das österliche Freudenfest vorbereiten soll. Allerdings geben die Bischöfe hierbei unterschiedliche Gründe für das göttliche Strafgericht an. Da die Armutsproblematik in den Fastenhirtenbriefen stärker hervortritt als in den Hirtenbriefen zur Cholera, sollen im Folgenden die verschiedenen Argumentationsstränge der im Hungerjahr 1847 erschienenen bischöflichen Schreiben im Einzelnen betrachtet werden.

Der Fuldaer Bischof Johann Leonard Pfaff erörtert mit elf rhetorischen Fragen und den dazugehörigen Erläuterungen in eindringlicher Weise das zu bestrafende Fehlverhalten der Menschen in Bezug auf die von Gott zur Verfügung gestellten Güter.[643] Er beginnt mit dem Unterlassen des Bitt- und Dankgebets, leitet über zur Verletzung der christlichen Pflichten gegenüber Gott und endet schließlich in der Darstellung der falschen Verwendung der weltlichen Güter, welche insbesondere die mangelnde Armenfürsorge miteinschließe. Die allgemeine Massenarmut wird in den Darstellungen Pfaffs zur Folge eines individuellen Fehlverhaltens, was sich in der folgenden Frage beispielhaft widerspiegelt:

„Geschieht den Undankbaren und Liederlichen Unrecht, wenn sie wie der verirrte Sohn im Evangelium, dem Segen des väterlichen Hauses trotzend, in der Fremde ihren Hunger nicht einmal mit dem Futter der Schweine stillen dürfen?“[644]

Eine sehr ähnliche Argumentation findet sich bei dem Regensburger Bischof Valentin von Riedel. Wie sein Fuldaer Amtsbruder vergleicht er die sündhaften Notleidenden mit dem ‚verlorenen Sohn‘ aus dem Gleichnis vom Barmherzigen Vater (Lk 15,11-32).[645] Allerdings wird in diesem Gleichnis die Hungersnot nicht explizit als göttliche Reaktion auf das sündhafte Handeln des jungen Mannes beschrieben. Die Ausschweifungen stellen dort vielmehr einen Faktor dar, der das Überleben in der plötzlich aufkommenden Notlage erschwert. Ähnlich wie der Sohn im Gleichnis von seinem Vater nach der reumütigen Rückkehr wieder aufgenommen wird, verlangt auch

643 Johann Leonard Pfaff, Fastenhirtenbrief vom 4. Februar 1847, Fulda 1847, 1-3.
644 Ebd., 2.
645 Ebd., 2-3; von Riedel, Fastenhirtenbrief vom 14. Februar 1847, 482.

Johann Leonhard Pfaff von den auf Grund ihrer Sündhaftigkeit Notleidenden „Uebungen der Gottesfurcht und Selbstbeherrschung, der Buße und Besserung“.[646] Diese Darstellungen der beiden Bischöfe blenden die Umstände der Hungersnot von 1847 als eine nicht nur Einzelne betreffende umfassende Krise und ihre sozio-ökonomischen Ursachen aus. Allerdings geht Pfaff zu Ende seines Hirtenbriefs darauf ein, dass nicht nur Sündhafte Not leiden, sondern auch tugendhafte Gläubige von der Mangelsituation betroffen seien.[647] Für diese bedeutet die Notlage seines Erachtens eine Prüfung im christlichen Glauben. Er belegt diese Aussage mit zahlreichen leicht gekürzten oder abgeänderten Zitaten aus den paulinischen Briefen, in welchen Paulus ausgehend vom Leiden Christi die Bedeutung der weltlichen Not für das ewige Heil unterstreicht.[648] Der Nachvollzug des Leidens Christi soll den tugendhaften Gläubigen nach den Ausführungen Pfaffs als endgültige Trosterfahrung dienen:

„Und fürwahr, wenn eure Klagen beim Hinblicke auf den Mann der Schmerzen, auf den in Noth und Armuth lebenden, in qualvoller Verlassenheit sterbenden Heiland nicht verstummen, was kann euch noch trösten, was kann euch in eurer Trübsal beruhigen?“[649]

Daneben nennt er in untergeordneter Weise auch weltliche Trostgründe, etwa die zu erwartenden menschlichen Hilfestellungen und die baldige Beendigung der Leidenssituation.

In ähnlicher Weise unterscheiden der Freiburger Erzbischof Hermann von Vicari und der Trierer Bischof Wilhelm Arnoldi zwischen der Charakterisierung der Hungersnot als Züchtigung für die Undankbaren und Gottvergessenen und als Prüfung für die frommen ‚würdigen‘ Armen.[650] Allerdings geht Arnoldi davon aus, dass seine Zuhörer alle zur letzten Gruppe zählen und führt dann im Folgenden nur für diese die Ziele des göttlichen Handelns aus. Arnoldi erinnert in diesem Zusammenhang an die Armut Jesu und erachtet die Notzeiten für die Bedürftigen als „Uebung höherer Vollkommenheit“.[651] Jedoch gilt dieser Prüfungscharakter seines Erachtens auch für die Wohlhabenden, die hierdurch Gelegenheit zu ‚Werken der Barmherzigkeit‘ erhalten.[652]

---

646 Pfaff, Fastenhirtenbrief vom 4. Februar 1847, 3.

647 Vgl. ebd., 5.

648 Vgl. ebd.

649 Ebd., 6.

650 Vgl. Hermann von Vicari, Hirtenbrief zur Hungersnot vom 4. April 1847, Freiburg 1847, 1; Arnoldi, „Fastenhirtenbrief 1847“, 103-105.

651 Arnoldi, „Fastenhirtenbrief 1847“, 107.

652 Vgl. ebd. Zum Begriff ‚Werke der Barmherzigkeit‘ und zur Bedeutung des wohltätigen Handelns für die Reichen vgl. Kapitel 5.1 und 5.2.

Auch der Mainzer Bischof Petrus Leopold Kaiser verfolgt die These der Hungerkrise als Prüfung und Strafgericht Gottes, bringt hierbei allerdings einen neuen Aspekt mit ein.[653] Kaiser zeigt in Form einer historischen Rückschau auf, dass trotz der seiner Meinung nach in den letzten Jahren erweiterten technischen Möglichkeiten und gestiegenen Erwerbsmittel keine Zufriedenheit in der Bevölkerung herrsche und die Bedürfnisse der Menschen stetig anwachsen. Die Unzufriedenheit unter den Menschen und der Hang zur Sündhaftigkeit führe nach Kaiser zu einer immer größer werdenden Kluft zwischen Armen und Reichen, welche sich in einer extremen Glaubensferne widerspiegele. Auf diese Entwicklungen habe Gott reagiert, „um den Uebermuthe der Menschen zu begegnen, und uns Alle nachdrucksamst zu erinnern, daß Er, der Allmächtige es ist, von dem wir alle abhängen ..., der Korn wachsen läßt, damit wir Brod zu essen haben".[654] Die Kritik Kaisers erinnert an die Argumentation der frühen katholischen Sozialreformer Adam Heinrich Müller und Franz von Baader, welche die Massenarmut in der Auflösung der mittelalterlichen Ständeordnung und ihrer sozialen Bindungen begründet sahen.[655] Neben dem übergreifenden Gerichtsargument bringt der Mainzer Bischof außerdem direkte Ursachen für die Krisensituation an. Durch die von Gott bestraften Laster der Verschwendung und der Habsucht führten auch die Menschen die Armut unmittelbar herbei und machten hierbei „die gute Gabe zur schlimmen, die zureichende zur unzureichenden".[656]

Während die Bischöfe in den bisher geschilderten Verkündigungstexten als Ursachen der gesellschaftlichen Not sittlich-moralische Verfehlungen der einzelnen Gläubigen im Blick haben, bringen der Luxemburger Apostolische Vikar Johann Theodor Laurent und der Speyerer Bischof Nikolaus Weis in ihren Begründungen einen stärker gesellschaftskritischen Aspekt hinzu. Nach der Meinung dieser stark ultramontan ausgerichteten Oberhirten liegt die mit der Hungerkrise einhergehende Massenarmut in der Zurückdrängung des kirchlichen Einflusses aus dem gesellschaftlichen Leben begründet: „Riesenhafte Fortschritte sind in der Gottlosigkeit, in dem Antichristenthume gemacht worden".[657] Laurent macht diesen Rückgang von Kirche und Religion an der weitgehenden Zerstörung katholischer Wohltätigkeitsinstitutionen in Folge der Säkularisation fest.[658] In Form einer Kausalkette zeigt er auf, dass der Handlungsbedarf im Bereich der Wohltätigkeit nun beim Staat liege und daher eine allgemeine Steuer zur Unterstützung der Armen benötigt

653 Vgl. Kaiser, Fastenhirtenbrief 1847, 23-24.
654 Ebd., 24.
655 Vgl. Stegmann/Langhorst, „Geschichte der sozialen Ideen", 618-619.
656 Kaiser, Fastenhirtenbrief 1847, 23.
657 Nikolaus Weis, Fastenhirtenbrief vom 6. Januar 1847, Speyer 1847, 21.
658 Vgl. Laurent, Fastenhirtenbrief 1847, 4-5.

werde. Diese Zwangsabgabe habe eine tiefgehende Notlage zur Folge: „Wo aber Zwang herrscht, das beweist die Erfahrung der Länder, die unter diesem Joche seufzen, da geht alle christliche Liebe und damit alle Privatwohlthätigkeit allmälig zu Grunde“.[659] Die Frage nach den Ursachen der Hungersnot und der damit einhergehenden Massenarmut wird bei Laurent umgehend zur Begründung der Notwendigkeit einer katholischen Armenfürsorge herangezogen.[660] Die von ihm angeführte Kennzeichnung der Massenarmut als einer im allgemeinen Glaubensverfall und im Verlust katholischer Wohltätigkeitsinstitutionen begründeten gesellschaftlichen Notlage kann als ein zentrales Argument des ultramontanen Armutsdiskurses der späten 1840er und frühen 1850er Jahre angesehen werden. Sie findet sich in gleicher Intensität bei den ultramontanen Predigern Caspar Riffel und Anton Westermayer.[661] Diese sehen in der Entheiligung des arbeitsfreien Sonntags, der als unaufhebbares Kennzeichen eines christlichen Lebensvollzugs gewertet wird, einen sichtbaren Ausdruck der Gottlosigkeit und des Sittenverfalls. Allerdings beschreiben die beiden Prediger die Massenarmut ähnlich wie Laurent nicht als eine Antwort des strafenden Gottes auf diese Sündhaftigkeit, sondern als eine direkte Folge des menschlichen Handelns. Hierbei kommt es zu einer Verknüpfung des Armutsdiskurses mit der Arbeiterfrage: „Die Menschen haben sich des Gebetes entwöhnt; die Zeit des Gottesdienstes, selbst an Sonn- und Festtagen wird durch irdische Geschäftigkeit verschlungen – darum ist jegliche Arbeit ohne Erfolg, und der Verdienst der Arbeit ohne jeglichen Segen“.[662]

Mit der Darstellung verschiedener Ursachen der Hungersnöte ändert sich also auch die Zielsetzung der Verkündigungstexte. Während die erstgenannten Bischöfe die Gläubigen in ihrem christlichen Glauben bestärken, sie bei Sündhaftigkeit zur Umkehr bewegen und zu einem sittlichen Lebensvollzug führen wollen, besteht bei den genannten ultramontanen Autoren neben dieser individuellen ‚Seel-sorge‘ das Ziel, die katholische Kirche erneut im Bereich des Wohltätigkeitswesens zu etablieren und zwar als freie Kirche.

Wie gesehen werden die moraltheologischen Ursachen der gesellschaftlichen Notlagen vor allem in den Hirtenbriefen erörtert. Dies kann mit dem aktuellen Anlass der Hirtenbriefe, ihrem Erscheinen in der Fastenzeit und ihrer Bedeutung als Ausdruck der gesellschaftlichen Positionierung der Bischöfe erklärt werden. Die Fragen der individuellen Notlagen und ihre Ursachen finden hingegen eher in den Predigten eine ausführliche Betrachtung.

---

659 Ebd., 5.

660 Vgl. hierzu Kapitel 5.3.2.

661 Vgl. Riffel, Predigten Sonn- und Festtage, Bd. 3, 70-84; ebd., 101-119; Westermayer, Das katholische Kirchenjahr, Bd. 2, 53-65.

662 Riffel, Predigten Sonn- und Festtage, Bd. 3, 82.

4.3.2 Individuelle Notlagen

Bereits bei der Beschreibung der verschiedenen Armengruppen in Kapitel 4.2.3 sind zahlreiche Ursachen individueller Notlagen angeklungen, die u.a. für die Bewertung der Armen als ‚würdige‘ oder ‚unwürdige‘ Personengruppe entscheidend waren. Diesem Kriterium entsprechend soll bei der nachfolgenden Darstellung zwischen äußeren, d.h. unverschuldeten, und sittlich-moralischen, d.h. selbstverschuldeten Armutsursachen, unterschieden werden.

4.3.2.1 Äußere Ursachen

Als äußere Faktoren, die eine Notsituation einzelner Gläubiger und ihrer Familien hervorrufen können, werden Naturphänomene wie Hagel, Überschwemmungen oder auch Feuersbrünste genannt.[663] In einigen Fällen sprechen die Prediger auch nur von ‚Unglücksfällen‘, ohne diese genauer zu charakterisieren.[664] Durch diese Ereignisse werden die Besitztümer der Betroffenen zerstört und so kann auch eine zuvor wohlhabende Person umgehend in einen Zustand extremer Armut geraten:

„Sein Haus, seine Scheunen sind gefüllt, seine Felder sind voll Segen. Plötzlich kommt in seinem Hause Feuer aus; die Flamme zehrt in wenig Stunden seinen Reichthum weg; der Hagel schlägt seine Saaten nieder; und nun hat er wenig mehr als ein Bettler“.[665]

Ziel dieser dramatischen Beschreibung ist es allerdings nicht, eine Analyse von möglichen Armutsursachen zu geben, vielmehr will der Prediger seinen Zuhörern mit Blick auf das erhoffte ewige Seelenheil die geringe Bedeutung materieller Güter aufzeigen.

Eine solche moraltheologische Zielsetzung gilt auch für die Schilderung der weiteren äußeren Armutsursachen. Diese lassen sich trotz unterschiedlicher Akzentuierungen unter der Hauptursache der Arbeitsunfähigkeit zusammenfassen und klangen bereits bei der Beschreibung der verschiedenen Gruppen von ‚würdigen Armen‘ an.[666]

Dies gilt beispielsweise für die oben genannte Armengruppe der armen Greise und die Wertung der mit dem hohen Alter verbundenen körperlichen

---

663 Vgl. Ackermann, Predigten nach den Bedürfnissen des gemeinen Mannes, Bd. 1, 14-15; ders., Predigten nach den Bedürfnissen des gemeinen Mannes, Bd. 3, 396; ders., Volkspredigten und Homilien, Bd. 1, 515; Bauerschubert, Neue Festpredigten, 227.

664 Vgl. Ackermann, Predigten nach den Bedürfnissen des gemeinen Mannes, Bd. 2, 99; ders., Volkspredigten und Homilien, Bd. 1, 156; Colmar, Predigten von Joseph Ludwig Colmar, Bd. 3, 61.

665 Ackermann, Predigten nach den Bedürfnissen des gemeinen Mannes, Bd. 3, 396.

666 Vgl. hierzu Kapitel 4.2.3.

Schwäche als Armutsrisiko, aber auch für die Kategorie der armen Witwe und ihrer Waisen. Der Tod des männlichen Ernährers, der für die Versorgung seiner Frau und der gemeinsamen Kinder verantwortlich war, wird von den Geistlichen häufig als Armutsursache angeführt. Als eine Maßnahme zur Vermeidung dieser Armutsursache wird bei Gottlieb Ackermann die frühzeitige ärztliche Versorgung dargestellt:

„Ist es nicht besser, ihr habt dem Arzte gegeben ... und sollte es euch gleich euer halbes Vermögen kosten, als daß eure Frau und Kinder eurer beraubt werden, und nun hülflos und arm in der Welt herumirren, und das Brod vor anderer Leute Thüren suchen müssen?“[667]

Das hier angesprochene Problem der Krankheit wird in den Predigten sehr oft als Auslöser der Armutssituation genannt.[668] Es geht den Geistlichen bei der Kennzeichnung dieser Armutsursache nicht um bestimmte Erkrankungen, sondern um das allgemeine Faktum einer gesundheitlichen Beeinträchtigung, die den Menschen schwach und arbeitsunfähig macht. Als Folge dieser Arbeitsunfähigkeit wird in den Predigten häufig eine desolate Versorgungslage des Kranken und seiner Familie beschrieben. Während die Armut in Folge von Naturkatastrophen nach Ansicht der Geistlichen urplötzlich einen Armutszustand von bisher nicht notleidenden Personen hervorrufen kann, werden Krankheiten von ihnen eher als einen eine bereits bestehende Bedürftigkeit verstärkenden Faktor wahrgenommen:

„Ferners, wie viele arme und dürftige Mitmenschen siehst du um dich her. ... Sie stehen in Gefahr, aus Mangel des nöthigen Unterhalts, oder durch zu viele ihre Kräfte übersteigende Arbeiten, ihre Gesundheit zu verlieren, und vielleicht samt ihren Familien in's größte Elend zu stürzen“.[669]

Wie in diesem Zitat bereits deutlich wird, kann die Krankheit nach Ansicht der Geistlichen aber nicht nur die Bedürftigkeit vergrößern, sondern die Bedürftigkeit kann auch die Heilungschancen verringern:

„Ach wie oft schmachten und verschmachten Arme auf dem Krankenbette, weil sie keinen Menschen zur Pflege, keine Arzney zur Genesung, keine Speise zur Wiederherstellung verlorner Kräfte haben! Wie oft könnte das Leben eines Mannes, der ein nützliches Mitglied der menschlichen Gesellschaft, ein zärtlicher Gatte, ein guter Vater vieler noch unerzogener Kinder ist, mit einer kleinen Geldsumme gerettet werden! Aber diese hat er zum

---

667 Ackermann, Predigten nach den Bedürfnissen des gemeinen Mannes, Bd. 1, 339-340.

668 Vgl. ders., Volkspredigten und Homilien, Bd. 1, 515; Colmar, Predigten von Joseph Ludwig Colmar, Bd. 3, 41-42; Dietl, G. A. Dietl's Predigten an seine Pfarrgemeinde, 248-249.

669 Gottlieb Ackermann (Hg.), Katechetische Predigten über die ganze christliche Sittenlehre mit Hinsicht auf die Sonn- und Festtagsevangelien vor einer vermischten Gemeinde vorgetragen, Bd. 3: Katechetische Predigten über die Pflichten gegen unsern Nächsten, München 1803, 273.

Unglücke nicht. Er aß sammt seiner Familie von seiner Hände Arbeit das tägliche Brod, und hatte gerade ein hinlängliches Auskommen, um einfach und schlecht und recht zu leben; konnte aber für die Zeit der Krankheit und der Noth nichts zurücklegen".[670]

Die von Georg Alois Dietl zum Ende des Zitats angesprochenen fehlenden Rücklagen bilden häufig den Hintergrund für das durch die genannten Ursachen von Krankheit, Alter und Tod ausgelöste Abrutschen in materielle Armut. Das Problem, dass viele arbeitende Bedürftige wegen ihres geringen Verdiensts und der hohen Lebenshaltungskosten keine Ersparnisse anlegen konnten, wird von den Predigern daher auch explizit als ein solches Armutsrisiko wahrgenommen. Dies macht der folgende Ausspruch Wilhelm Arnoldis anschaulich deutlich. „Ein armer Mann lag verlassen und dem Tode nah in einem elenden Kämmerlein. ... Die Stube war leer, kein Stuhl war da. Alles hatte man verkaufen müssen, um dem Kranken einige Labung zu verschaffen".[671] Die von den Geistlichen vorgenommene Bemerkung der fehlenden Rücklagen entspricht der heutigen wissenschaftlichen These, wonach auf Grund des Lebens am Existenzminimum für viele bedürftige Familien die Gefahr des Abrutschens in extreme Armutssituationen ständig gegeben war:

„Generell waren Unfälle und Krankheit, die zur Arbeitsunfähigkeit führten, ein Armutsauslöser. Unterschichtshaushalte waren in der Regel auf die Mitarbeit aller Angehörigen angewiesen, und schon wenn ein Verdiener ausfiel, konnte das eine Familie in die Bedürftigkeit stürzen".[672]

Allerdings wird die strukturelle Problematik der nicht vorhandenen Ersparnisse in den untersuchten Predigten in Bezug auf die arbeitenden Armen häufig moralisch bewertet.[673] Nach Ansicht der Kleriker bilden die geringen Leistungen der Wohlhabenden den Hintergrund für die fehlenden Rücklagen der Bedürftigen.

Auch wenn in diesem Kapitel die äußeren Armutsursachen betrachtet wurden, spielen hier sittlich-moralische Fragen direkt oder indirekt eine wichtige Rolle. Dies lässt bereits erahnen, welche große Bedeutung dieser Aspekt für die Argumentation der Priester und Bischöfe hat.

---

670 Georg Alois Dietl, G. A. Dietls Homilien über die sonntäglichen Evangelien, München [4]1817, 248-249.

671 Arnoldi, Sonntagspredigten des Bischofs Wilhelm Arnoldi, 291.

672 Rheinheimer, Arme, Bettler und Vaganten, 29.

673 Vgl. Kapitel 4.2.3.

4.3.2.2 Sittlich-moralische Ursachen

Während die im vorangegangenen Kapitel erläuterten äußeren Ursachen individueller Armut nach der Darstellung der Kleriker die Lebenssituation der ‚würdigen' Armen kennzeichnen, handelt es sich bei den nun vorzustellenden sittlich-moralischen Ursachen hauptsächlich um Charakteristika der selbstverschuldeten und daher ‚unwürdigen' Armut. Die unter dem Begriff der Lasterhaftigkeit[674] zu subsumierenden Ursachen werden in der folgenden Ermahnung den gottlos handelnden Menschen mit Blick auf die zu erwartenden Folgen vor Augen geführt. Die Anklage Liebermanns kulminiert in der Aussage, die eigene Familie zu Bettlern gemacht zu haben:

„Wundert euch darum nicht, wenn ich diesen Sündern heute laut zurufe: wenn einstens euer Hauswesen zerrüttet, eure Gesundheit geschwächt, Noth und Armut über die ganze Familie hereingebrochen seyn wird, o Unglückliche! so waget es nicht, euch zu entschuldigen; denn ihr selbst ja waret es! ihr habet die Freuden der Welt genossen; ihr selbst habet also das Hauswesen zerrüttet; ihr selbst habet eure Gesundheit zu Grunde gerichtet; ihr selbst habet eure Familie an den Bettelstab gebracht!"[675]

In dieser anaphorischen Ermahnung Liebermanns wird eine der für die untersuchten Verkündigungstexte zentralen sittlich-moralischen Armutsursachen genannt. Mit dem Hinweis auf den Genuss der „Freuden der Welt" als Umschreibung eines verschwenderischen Lebensstils stellt Liebermann eine Armutsursache vor, die in den Verkündigungstexten mit Abstand am häufigsten vertreten ist und von den Geistlichen explizit als Hauptursache der Armut gekennzeichnet wird. Mit dieser auch als Genusssucht oder Unmäßigkeit charakterisierten Verschwendung handeln die Menschen nach den Beschreibungen der Geistlichen den Grundsätzen der göttlichen Ordnung zuwider.[676] Die Kleriker zeigen auf, dass die Verschwendung verschiedene Bereiche des alltäglichen Lebens umfassen könne. An erster Stelle stehen der übermäßige Genuss von Speisen und Getränken. Nach Caspar Riffel war für den nun

674 Der Zusammenhang zwischen den Begriffen Laster und Sünde zeigt sich in der Definition des Lasters in dem mehrfach erwähnten zeitgenössischen homiletischen Lexikon: „Mit dem Worte ‚Laster' bezeichnet man eine schwere, aus Grundsatz oder böser Gesinnung vollbrachte Sünde. Ein Laster begeht derjenige, der eine böse Gesinnung als eine wirkliche Handlungsweise aufnimmt und beharrlich entschlossen ist, in diesen und ähnlichen Umständen nach ihr zu handeln. – Ist dieser böse Wille, jede Sünde zu begehen, wozu einen Gelegenheit oder Versuchung heftig reizen, zur Gewohnheit oder herrschend geworden, so ist dieß Lasterhaftigkeit". Krönes, Homiletisches Real-Lexikon, Bd. 9, 63.

675 Franz Leopold Bruno Liebermann, Predigten von Franz Leopold Bruno Liebermann, Doctor der Theologie und Generalvicar des Bisthums Straßburg, Bd. 2: Fastenpredigten, Mainz 1852, 74.

676 Zur Bedeutung der weltlichen Güter und des richtigen Umgangs mit diesen vgl. Kapitel 4.5.

elenden Bettler, den „leichtsinnigen Verschwender ... keine Speise zu köstlich, kein Trank zu reizend ..., um die Lust seines Gaumens zu stillen".[677] Diese Kritik am verschwenderischen Gebrauch von Getränken deutet auf eine weitere Armutsursache hin. Der als Trunkenheit oder auch als ‚Branntweinpest' bezeichnete Alkoholismus und die damit verbundenen Schwierigkeiten werden von den Geistlichen ausführlich erläutert. Der Begriff kam in den 1830er Jahren auf und charakterisiert den infolge veränderter Produktionsbedingungen im frühen 19. Jahrhundert einsetzenden massiven Anstieg an Branntweinkonsum.[678] Branntwein wurde nun wegen des günstigen Preises zum Alltagsgetränk.

In den untersuchten Verkündigungstexten betrachten die Geistlichen den Alkoholismus nur als eine selbstgewählte Ursache der Armut und nicht als eine als Sucht zu bezeichnende Begleiterscheinung der extremen Notlage der von materieller Bedürftigkeit betroffenen Männer und ihrer Familien.[679] Die Geistlichen beschreiben den Alkoholismus vor allem als ein Problem der männlichen Ernährer, welche ihre Frauen und Kinder durch ihre Sucht in schwere Notlagen bringen:

„Ach was soll man doch von euch unwürdigen Vätern halten, und denken, die ihr eurer bischen verdienten Lohn, worauf eure arme Frau und Kind von rechtswegen Ansprüche machen können, eure Paar Groschen oder Pfenninge nehmet, damit aus dem Hause geht, nach dem Wirthshause, euch dafür etwas zu Gute thut, und nicht eher wiederkömmt, bis es durchgebracht ist, und eure arme Frau und lieben Kleinen daheim darben, oder mit hartem, trockenem Brode sich abspeisen laßt?"[680]

Durch die Gegenüberstellung des verschwenderischen Handelns des Mannes zu der als anspruchsberechtigt und als tugendhaft dargestellten verschämten armen Frau und ihrer lieben Kinder wird die besondere Schwere dieser Lasterhaftigkeit unterstrichen. Im Hintergrund dieser an den ‚gemeinen Mann' gerichteten Predigt steht die in der bäuerlichen Familie vorherrschende Familienhierarchie, nach welcher die Hausmutter dem Hausvater deutlich untergeordnet und von diesem abhängig war.[681] An anderer Stelle wird in

677 Riffel, Predigten Sonn- und Festtage, Bd. 2, 249.

678 Vgl. Alfred Heggen, Alkohol und bürgerliche Gesellschaft im 19. Jahrhundert. Eine Studie zur deutschen Sozialgeschichte, Berlin 1988, 70-71.

679 Zum historischen Zusammenhang von Armut und Alkoholismus vgl. Dieter Henkel, „‚Die Trunksucht ist die Mutter der Armut' – zum immer wieder fehlgedeuteten Zusammenhang von Alkohol und Armut in Deutschland vom Beginn des 19. Jahrhunderts bis zur Gegenwart", in: Ders. (Hg.), Sucht und Armut. Alkohol, Tabak, illegale Drogen, Opladen 1998, 13-79.

680 Ackermann, Predigten nach den Bedürfnissen des gemeinen Mannes, Bd. 2, 146-147.

681 Vgl. Ute Frevert, Frauen-Geschichte. Zwischen bürgerlicher Verbesserung und neuer Weiblichkeit, Frankfurt a. M. 1986, 27.

der Predigtsammlung Ackermanns darauf hingewiesen, dass nicht nur die für die Trunkenheit aufgewendeten finanziellen Ausgaben, sondern auch die durch den massiven Alkoholgenuss ausgelöste Arbeitsunfähigkeit für die Armut ganzer Familien verantwortlich sein könne.[682] In den untersuchten ultramontanen Hirtenbriefen wird das Alkoholproblem insbesondere in Bezug auf die Situation in Irland und die dort eingeführten Mäßigkeitsvereine[683] dargestellt, um so den erfolgreichen Kampf katholischer Geistlicher gegen die Verbreitung dieses Lasters zu loben.[684] Die von den Bischöfen gelobte irische Mäßigkeitsbewegung breitete sich ausgehend von der Vorbildfunktion des irischen Paters Theobald Mathew und dessen Mäßigkeitspredigten nach und nach in den besonders von der Branntweinexpansion betroffenen nord-, ost- und mitteldeutschen Gebieten aus und wurde hier von der protestantischen und katholischen Kirche getragen.[685]

Ähnlich kritisch wie den Alkoholmissbrauch als eine Ursache der Not ganzer Familien bewerten die Geistlichen das verschwenderische Verhalten von Eltern im Allgemeinen. Die Kleriker ermahnen die Väter und Mütter, die durch ihr luxuriöses Leben ihre Kinder direkt oder in absehbarer Zukunft wegen fehlender Ersparnisse in Armut stürzen. In der Regel stehen auch hier vor allem die Väter in der Kritik und bilden einen Gegenpart zu den würdigen Müttern und ihren Kindern:

„... wer sie sehen könnte diese herzzerreißenden Scenen in mancher Familie zwischen dem leichtsinnigen verschwenderischen Vater und der um das nothwendige Brod bestohlenen Mutter und Kinder, wer sie sehen könnte die Noth und das Elend, das man sich nachher gefallen lassen muß, nachdem auch der letzte entbehrliche Rest in's Pfandhaus gewandert ist, wer sie hören könnte diese bitteren gegenseitigen Vorwürfe, Beschimpfungen und Verwünschungen, wahrlich: er würde die Ueppigkeit, die Verschwendung, die Genußsucht, die solches Unheil herbeiführt, gründlich verabscheuen lernen!“[686]

Mit dem Hinweis auf die „um das nothwendige Brod bestohlenen Mutter und Kinder“ nimmt Anton Westermayer eine Kriminalisierung der sündhaft handelnden Männer vor. Diese verurteilende Sicht auf das Verhalten der verschwenderischen Väter lässt sich mit ihrer Bedeutung als Hauptversorger der

682 Vgl. Ackermann, Predigten nach den Bedürfnissen des gemeinen Mannes, Bd. 1, 348.

683 Hierbei handele es sich nach Alfred Heggen im Gegensatz zu der absoluten Enthaltsamkeitsbewegung um „Gruppen, die den Branntweingenuß strikt ablehnen und für den mäßigen Biergenuß eintreten“. Heggen, Alkohol und bürgerliche Gesellschaft, 88.

684 Vgl. Johann Theodor Laurent, Fastenhirtenbrief vom 15. Februar 1846, Luxemburg 1846, 12-13; Johann Leonard Pfaff, Fastenhirtenbrief vom 15. Januar 1845, Fulda 1845, 6.

685 Vgl. Heggen, Alkohol und bürgerliche Gesellschaft, 95.

686 Anton Westermayer, Predigten für wahre Aufklärung und Bildung. Gehalten in der St. Michaelshofkirche zu München, Bd. 1, Schaffhausen 1857, 307.

Familie erklären. Nach Westermayer ist aber auch das Verhalten in Luxus lebender Mütter zu kritisieren, da diese auf Grund ihrer Vorbildfunktion die ganze Familie zu maßlosem Handeln bringen.[687] Die Geistlichen sehen aber nicht nur die unmittelbaren Folgen dieses unmäßigen Lebensstils, sondern befürchten auch, dass die Eltern wegen ihres verschwenderischen Handelns Anleihen machen, „welche sie nie bezahlen können, ja nicht einmal zu zahlen gedenken“[688] und daher ihren Kindern „als Erbtheil Schulden, als einziges Besitzthum das öffentliche Mitleid“[689] hinterlassen.

Im Zusammenhang mit der Kritik an der elterlichen Prasserei stehen die Verurteilungen einer schlechten Haushaltsführung, die nach der Beschreibung in den untersuchten Texten ebenfalls Notsituationen hervorrufen kann. Die Kleriker sprechen hierbei insbesondere den in der Landwirtschaft tätigen Hausherren an, der sein Vieh und Acker nicht richtig versorge und auch seine Dienstboten nicht angemessen zu führen wisse. So wird für diese ungeschickten Hausherren eine düstere Zukunftsprognose gezeichnet: „Bauersleute, wenn sie von solcher Art sind, werden nie auf einen grünen Zweig kommen“.[690]

Auf einer Ebene mit der schlechten Haushaltung und ebenfalls im engen Zusammenhang mit der Verschwendung steht als weitere Armutsursache die fehlende Zukunftssorge. Die Geistlichen kritisieren, dass die Bedürftigen wegen unnötiger Ausgaben keine Ersparnisse anlegen, um dann im Falle von Krankheiten oder anderer Unglücksfälle auf die Gelder zurückgreifen zu können.[691] In dieser Bewertung scheint ein Widerspruch zu bestehen zu der Kritik an den geringen Lohnzahlungen der Reichen, die nach der priesterlichen Darstellung den arbeitenden Armen keine Bildung von Rücklagen ermöglichen.[692] Hierbei muss man allerdings die Zielsetzung und die Adressaten der jeweiligen Aussage beachten. Die Geistlichen wollen beide Zuhörergruppen zum ewigen Leben hinführen. Der an die wohlhabenden Arbeitgeber gerichtete Appell enthält daher in logischer Konsequenz die Ermahnung zu gerechten Lohnzahlungen, da diese einen wesentlichen Teil des tugendhaften Handelns der Begüterten darstellen. Mit den an die Bedürftigen gerichteten Predigten wollen die Geistlichen hingegen zur Bekämpfung der beschriebenen Sündhaftigkeiten aufrufen, durch welche sich die

687 Vgl. ebd.

688 Franz Leopold Bruno Liebermann, Predigten von Franz Leopold Bruno Liebermann, Doctor der Theologie und Generalvicar des Bisthums Straßburg, Bd. 1: Vom ersten Sonntage im Advent bis Septuagesima, Mainz 1851, 98.

689 Colmar, Predigten von Joseph Ludwig Colmar, Bd. 1, 377.

690 Ackermann, Predigten nach den Bedürfnissen des Landvolkes, Bd. 1, 86-87.

691 Vgl. ders., Volkspredigten und Homilien, Bd. 1, 157; Kaiser, Fastenhirtenbrief 1847, 24; Riffel, Predigten Sonn- und Festtage, Bd. 2, 203.

692 Vgl. hierzu die Ausführungen in Kapitel 4.2.3 und 4.3.2.1.

Armen von Gott entfernt haben. Auf Grund dieser paränetischen Ausrichtung der Verkündigungstexte scheint in den Predigten und Hirtenbriefen daher auch keine Deutung der fehlenden Rücklagen als strukturelles Problem, welches die geringen Lohnzahlungen mit dem massiven Bevölkerungswachstum und wirtschaftlichen Zusammenhängen zusammenbringt, zu erfolgen. Dass diese Deutungsmuster im katholischen Armutsdiskurs durchaus vorhanden sein konnten und somit nicht der Vorwurf einer generellen Missachtung der sozio-ökonomischen Umstände durch Vertreter des katholischen Diskurses gemacht werden kann, zeigt ein Blick auf die Darstellung möglicher Armutsursachen in katholischen Zeitschriften.[693] Allerdings ist die Bewertung der von den Geistlichen angemahnten notwendigen Zukunftssorge auch auf theologischer Ebene zu differenzieren. Dies werden die Ausführungen zur Bedeutung der materiellen Güter in Kapitel 4.5 zeigen.

Die oben beschriebene Verschwendungssucht bezieht sich nach Ansicht der Kleriker aber nicht nur auf Speisen und Getränke, sondern auch auf öffentliche Vergnügungsveranstaltungen und eine ‚übermäßige Kleiderpracht'. Caspar Riffel sieht in dieser Luxussucht eine zu verurteilende Zeiterscheinung, durch welche sich die gegenwärtige Gesellschaft von den vorangegangenen Generationen unterscheide.[694] Allerdings findet sich die Kritik an einer ausgeprägten Putz- und Prunksucht bereits ausführlich in der barocken Predigtliteratur.[695] Für den ausgeprägten Luxus waren nach Ansicht der Kleriker des späten 18. und frühen 19. Jahrhunderts insbesondere die jungen Menschen und unter diesen bei der falschen Kleiderwahl vor allem die in Dienst stehenden Hausangestellten anfällig, die „so bald sie in einen einträglichen Dienst kommen, sich prächtig kleiden, und es andern nachmachen oder zuvorthun wollen".[696] Hinter der priesterlichen Kritik an der luxuriösen Ausstattung mit schönen Kleidern steht somit der Vorwurf, den eigenen Stand nicht zu würdigen und sich damit über die von Gott eingesetzte Ordnung hinwegzusetzen. Daher macht Franz Leopold Bruno Liebermann die durch

---

693 Vgl. hierzu beispielhaft folgende Artikel: Joseph Vitus Burg, „Wie kann eine allgemeine Armenanstalt errichtet werden, wodurch nicht nur die Notleidenden unterstützt, sondern auch die Quellen der Armut verstopft, und allgemeine Wohlhabenheit und Sittlichkeit befördert werden.", in: Archiv für die Pastoralkonferenzen in den Landkapiteln des Bistums Konstanz 12. 1815, 233-262; anonym, „Ueber Pauperismus. Zweiter Artikel", in: Nathanael. Katholisch-kirchliches Volksblatt zur Belehrung und Erbauung für Rheinland und Westphalen 1. 1845, 690-692; anonym, „Zeitfragen. Betrachtungen über den Pauperismus", in: Der Katholik. Religiöse Zeitschrift zur Belehrung und Warnung 26. 1846, 261-263.

694 Vgl. Riffel, Predigten Sonn- und Festtage, Bd. 2, 202.

695 Vgl. Elfriede Moser-Rath, Dem Kirchenvolk die Leviten gelesen. Alltag im Spiegel süddeutscher Barockpredigten, Stuttgart 1991, 262.

696 Ackermann, Predigten nach den Bedürfnissen des gemeinen Mannes, Bd. 2, 463.

die Kleiderpracht angestrebte Gleichheit zwischen Herren und Dienern nicht nur für individuelle Notlagen, sondern auch für den Verlust der allgemeinen Wohlfahrt verantwortlich.[697]

Der maßlose Umgang mit Speisen, Getränken und Kleidung bedeutet nach Ansicht der Geistlichen eine unangemessene Verwendung der von Gott gegebenen materiellen Gaben sowie einen falschen Umgang mit der von ihm geschenkten Gesundheit und dem eigenen Körper. So wird in der Predigtsammlung Gottlieb Ackermanns auch die Unkeuschheit als eine Armutsursache angeführt. Im folgenden Zitat fällt die in den Verkündigungstexten dargestellte Wechselwirkung zwischen den verschiedenen sittlich-moralischen Deutungsmustern von Armut auf. Außerdem werden die genannten Sündhaftigkeiten nicht nur als direkte Armutsursachen umschrieben, sondern auch in einen Zusammenhang mit dem göttlichen Strafgericht als Reaktion auf den Missbrauch der anvertrauten Gaben gestellt:

„Die Unkeuschheit ist eine höchst schädliche und verderbliche Sünde, selbst für euer zeitliches Glück, Vermögen, Güter und Nachkommenschaft. ... Eine schlechte Wirthschaft und Verschwendung, Müssiggang und folglich auch Mangel, wird nach und nach bey einem solchen einkehren – und wie wär's auch anders möglich, als daß Gott solchen bösen Leuten seinen Segen nicht entziehen sollte, daß ihnen nichts mehr gedeihet, und es mit ihrem ganzen Glück und mit ihrer Nahrung rückwärts geht".[698]

Neben der intensiv analysierten Verschwendungssucht wird in den untersuchten Schriften als zweite Hauptursache der Armut der bereits häufig erwähnte Müßiggang genannt. Mit dieser Argumentation nehmen die Kleriker eine traditionelle Kategorie des frühneuzeitlichen Armutsdiskurses auf,[699] deuten diese aber theologisch. „Das erste was ich euch empfehle ist Arbeitsamkeit; wer nicht arbeitet, soll auch nicht essen. Durch den Müssiggang werdet ihr euch und eure Familie nicht fortbringen, und das ist doch eure Pflicht".[700] In diesem Zitat Sebastian Winkelhofers tritt unter Berücksichtigung von 2 Thess 3,10 das zentrale theologische Argument zu Tage, mit dem die Geistlichen den Müßiggang verurteilen. In ihren Augen stellt er einen Gegensatz zu der christlichen Arbeitspflicht, welche Gott den Menschen durch die ihnen verliehenen Fähigkeiten auferlegt habe.[701] Ähnlich wie bei der Verschwendung werden auch in Bezug auf den Müßiggang vor allem die jungen Menschen vor den langfristigen Folgen dieser sündhaften Lebensweise ge-

697 Vgl. Liebermann, Predigten von Franz Leopold Bruno Liebermann, Bd. 1, 111.
698 Ackermann, Predigten nach den Bedürfnissen des gemeinen Mannes, Bd. 3, 281.
699 Vgl. hierzu Kapitel 4.2.2.
700 Winkelhofer, Predigten über die christliche Gerechtigkeit, Bd. 1, 166.
701 Zur allgemeinen Beurteilung der Arbeit in den untersuchten Verkündigungstexten vgl. Kapitel 4.6.2.

warnt. Hierbei tritt insbesondere in den aufklärerischen Predigten die Bedeutung von (Schul-)Bildung und Erziehung zur Arbeitsamkeit deutlich hervor.[702]

Wie bereits im obigen Zitat zur Unkeuschheit wird im Predigtwerk Ackermanns auch in Bezug auf den Müßiggang der Zusammenhang zwischen den verschiedenen sittlich-moralischen Armutsursachen aufgezeigt:

„Und in welche Ausschweifungen verfällt der Müssiggänger so oft! Um den ihm so lästigen Gast – die Zeit – sich vom Halse zu schaffen, wählt er oft Vergnügungen, welche nicht selten für sein Vermögen, für seine Gesundheit, für seine Seelenruhe äusserst gefährlich und nachtheilig werden".[703]

Mit dieser Aussage wird ein Argumentationsmuster deutlich, welches – ohne dass dieses Moment immer direkt ausgesprochen wird – als ausschlaggebender Hintergrund der analysierten Aussagen mitgedacht werden muss. Viel mehr noch als den materiellen und leiblichen Notstand infolge der beschriebenen Sündhaftigkeiten befürchten die Geistlichen die Gefährdung des ewigen Seelenheils ihrer Zuhörer.

Vor der mit der materiellen Verarmung einhergehenden Gefährdung des Seelenheils warnen die Priester und Bischöfe aber nicht nur die am Existenzminimum lebenden bedürftigen Bevölkerungsschichten, sondern auch die Reichen, denen sie die Verschwendungs- und Vergnügungssucht sowie den Müßiggang als eine Ursache für den schnellen Verlust ihres ganzen Besitzes vorstellen. Die Geistlichen gehen davon aus, dass in den verschwenderisch lebenden Reichen immer neue Bedürfnisse erwachsen, die gestillt werden wollen und daher zur Verarmung führen:

„Man gehe in den [sic!] Hospital in der Stadt, und sehe da so viele Arme, forsche nach, warum sie in diese Wohnung des Elends gekommen seyn? Von wie vielen wird es heissen: Ehemals waren sie reich, hatten alles genug ... und da haben sie nun Haab und Gut, und was noch mehr ist, den gesunden Leib, und das allerwichtigste, die Seelenruh verlohren".[704]

Diese Kritik an dem verschwenderischen Verhalten und die Ermahnungen zum gemäßigten Umgang mit den irdischen Gütern untermauern die Geistlichen durch Hinweise auf das biblische Beispiel des ‚verlorenen Sohnes' (Lk 15,11-32). Das Schicksal jenes aus einer reichen Familie stammenden und maßlos lebenden jungen Mannes zeige sich nach Franz Leopold Bruno Liebermann bei vielen heranwachsenden Menschen, welche das Vermögen

702 Vgl. hierzu Kapitel 4.6.1.

703 Ackermann, Faßliche und gemeinnützige Predigten, Bd. 2, S. 73-74.

704 Ders., Predigten nach den Bedürfnissen des gemeinen Mannes, Bd. 3, 395-396. Siehe dazu auch: Arnoldi, Sonntagspredigten des Bischofs Wilhelm Arnoldi, 290; Riffel, Predigten Sonn- und Festtage, Bd. 2, 249.

ihrer Eltern verprasst haben, sei aber auch die Ursache für die Not ganzer Familien.[705]

Aber nicht immer führt das sündhafte Handeln des Reichen nach der Darstellung der Geistlichen eine unmittelbare materielle Notsituation des Sünders und/oder seiner Familie herbei. Weitaus häufiger werden in den untersuchten Texten die auf die Reichen bezogenen Sündhaftigkeiten als Armutsursachen bewertet, welche die direkte oder langfristige Verarmung der Mitmenschen zur Folge haben. Die Geistlichen beschreiben hierbei ein durch Habsucht ausgelöstes kriminelles Fehlverhalten der Wohlhabenden, durch welches sie ihren ‚Opfern' direkten Schaden zufügen. Die Priester denken an Diebstahl und Betrügereien,[706] aber auch an zu geringe oder fehlende Lohnzahlungen an die pflichtbewusst arbeitenden Dienstboten, Tagelöhner und Handwerker.[707] Zu diesem Bereich der betrügerischen Armutsursachen rechnen die Geistlichen außerdem die als Wucher bezeichnete ungerechte Kreditvergabe an Bedürftige. Diese Problematik wird von Sebastian Winkelhofer ausführlich geschildert und die gewinnsüchtigen Kreditgeber werden als „Unterdrücker der Armen" bezeichnet.[708] Er zeigt die verschiedenen Mechanismen der Kriminellen auf, die entweder den für einen Jahr festgelegten Zins für jeden Monat berechnen oder zusätzlich zu der einbehaltenen wertvollen Pfandgabe einen hohen Zinssatz verlangen. Dieses den Armen in große Notlagen stürzende Verhalten wird von Winkelhofer als „eine Sünde, die in den Himmel schreyet" bezeichnet.[709]

Das sündhafte Handeln der Reichen kann nach der Darstellung der Geistlichen aber nicht nur eine direkte Armutssituation der Betroffenen zur Folge haben, sondern auch zur Verstärkung der in der Gesellschaft bestehenden Notlagen beitragen:

„Ueppigkeit und Verschwendung sind gar zu sehr unter uns herrschend geworden. Diese unbändigen Leidenschaften sind es, die uns gleichsam die Hände binden, daß wir sie nicht ausstrecken können, um den Traurigen die Thränen zu trocknen, den Hungerigen das Brod zu reichen, und die Noth der Leidenden zu linderen. ... Man will nicht sparen, darum kann man nicht geben und nicht helfen".[710]

---

[705] Vgl. Liebermann, Predigten von Franz Leopold Bruno Liebermann, Bd. 1, 370-371. Siehe dazu auch: Ackermann, Predigten nach den Bedürfnissen des Landvolkes, Bd. 1, 324-325.

[706] Vgl. Colmar, Predigten von Joseph Ludwig Colmar, Bd. 3, 4.

[707] Vgl. hierzu die Kennzeichnung der arbeitenden Armen in Kapitel 4.2.3.

[708] Vgl. Winkelhofer, Winkelhofers Predigten über die christliche Gerechtigkeit, Bd. 2, 136-149. Sowie: Ders., Winkelhofers Predigten über die christliche Gerechtigkeit, Bd. 3, 219-224.

[709] Ders., Winkelhofers Predigten über die christliche Gerechtigkeit, Bd. 2, 144.

[710] Brockmann, Homilien und Predigten, Bd. 4, 417-418.

Hinter der Kritik an der Verschwendungssucht der Reichen steht der Vorwurf, dass die Wohlhabenden auf Grund der übermäßigen Wertschätzung weltlicher Güter ihre von Gott aufgetragene Verpflichtung zur Wohltätigkeit vergessen und dieser Verlust der Nächstenliebe ein Ausdruck fehlenden Glaubens sei.[711]

Die Ermahnung zum richtigen Umgang mit den weltlichen Gütern gilt auch für die weiteren Sünden des Geizes und des Hochmuts. Hauptgrund für dieses falsche Handeln ist nach Ansicht der Geistlichen auch hier eine Überbewertung des von Gott geschenkten irdischen Besitzes und die Nichtbeachtung der Vergänglichkeit alles Weltlichen.[712] Die Priester und Bischöfe argumentieren mit der paulinischen Warnung vor der Geldgier in 1 Tim 6,3-10 und konkret mit dem Hinweis, dass man ohne materielle Güter geboren und auch ohne diese sterben werde (1 Tim 6,7). Als einzige Möglichkeit, die beschriebene Vergänglichkeit zu überwinden, wird in den Verkündigungstexten die richtige Verwendung des Reichtums genannt und so werden auch in diesem Zusammenhang die Reichen an ihre Verpflichtung erinnert, ihr Vermögen zum Wohle der Armen einzusetzen.[713] Daher vergleicht Georg Alois Dietl den Reichtum mit einem „Wandergeräthe eines Reisenden, welches, wenn es zuviel ist, mehr beschwert und hindert, als nützt".[714] Die gegen diesen Grundsatz verstoßenden Verhaltensweisen werden von den Priestern und Bischöfen ebenfalls als indirekte sittlich-moralische Ursachen von Armut bewertet, da der Notzustand in Folge des göttlichen Strafgerichts eintrete. Die Geistlichen schärfen daher ihren ehemals wohlhabenden Zuhörern ein, die von Gott aufgetragenen Leiden als eine Möglichkeit zur Umkehr zu betrachten.

„Mit einem Worte, ihr Alle, die ihr über Drangsale murret … ihr verdientet, daß der Herr, um sich zu rächen und zwar um sich als Gott zu rächen, aufhörte, euch Drangsale zuzuschicken, ob er gleich voraussieht, daß ihr ohne die Drangsale ihn niemals lieben, daß ihr ohne Drangsale euch niemals bekehren, und niemals den Weg wandeln werdet, der allein zu ihm führet".[715]

Da die Sündhaftigkeit für die Geistlichen einen Ausdruck von Gottesferne darstellt, dienen die von Gott aufgetragenen Leiden materieller Not also einem höheren Ziel, der Rückkehr zu Gott und dem christlichen Glauben. Daher haben die geizigen, habsüchtigen und hochmütigen Reichen ihrer Ansicht nach die ewigen Strafen für ihr sündhaftes Handeln weit mehr zu fürchten als

711 Die Pflicht zur Wohltätigkeit ist in den Augen der Geistlichen eine nicht abzulehnende Bedingung des von Gott verliehenen Reichtums. Vgl. hierzu Kapitel 5.2.2.2.

712 Vgl. Ackermann, Predigten nach den Bedürfnissen des Landvolkes, Bd. 1, 322-323; Colmar, Predigten von Joseph Ludwig Colmar, Bd. 3, 57-58; Brockmann, Homilien und Predigten, Bd. 4, 572; Westermayer, Das katholische Kirchenjahr, Bd. 3, 256.

713 Vgl. hierzu Kapitel 5.2.2.2.

714 Dietl, G. A. Dietl's Predigten an seine Pfarrgemeinde, 137.

715 Colmar, Predigten von Joseph Ludwig Colmar, Bd. 3, 11.

weltliche Entbehrungen. Vor Gottes ewigem Gericht werde es zu einer Umkehrung der Besitzverhältnisse kommen: „Der hier vielleicht reich war, und an allem Ueberfluß hatte den wird dort Armuth und Elend drücken, weil er hier seinen Reichthum zur Sünde mißbraucht hat".[716]

Betrachtet man die beschriebenen sittlich-moralischen Ursachen im Ganzen, so fällt die der katholischen Lasterlehre entsprechende Systematik auf. Es handelt sich hierbei fast vollständig um die über Jahrhunderte hinweg tradierten und als sieben Hauptlaster bezeichneten Verfehlungen des Hochmuts, des Geizes, der Wollust, der Völlerei, des Neides und der Faulheit.[717] Allein der Zorn wird von den Geistlichen nicht unter den Armutsursachen aufgeführt. Im Hintergrund dieser Tugend- und Lasterlehre steht die theologische Vorstellung vom Menschen als einem erlösungsbedürftigen Sünder. Daher werden die genannten sittlich-moralischen Armutsursachen von den Predigern häufig mit einer Krankheit verglichen, welche sich auf Grund der zunehmenden Gottvergessenheit unter den Menschen ausbreite. Es handele sich hierbei also um eine die Gesundheit der christlichen Gesellschaft und des einzelnen Gläubigen beeinträchtigende Erscheinung. Mit dieser Metapher und dem Hinweis auf das Beispiel vom ‚verlorenen Sohn' machen die Geistlichen deutlich, dass es eine Chance auf Heilung von den sittlich-moralischen Armutsursachen und somit auch von der materiellen Notsituation gebe. Hierzu müssen die Menschen wie bereits dargestellt zur Umkehr bereit sein und ihr sündhaftes Handeln aufgeben. Diese Hinführung der Menschen zur Umkehr kann als ein Hauptziel der vorgestellten Verkündigungstexte angesehen werden. Auch wenn die Geistlichen von der Sündhaftigkeit als Krankheit sprechen, wird die angestrebte Heilung nach dem in den Texten vorherrschenden Gesellschaftsmodell keine vollkommene Beseitigung der Armut beinhalten, da die Verschiedenheit von Armen und Reichen ein wesentlicher Bestandteil der göttlichen Heilsordnung ist.

Diese Zielsetzung, die Zuhörer zur Umkehr zu bewegen und sie somit ihrem Seelenheil näherzubringen, kann als Erklärung für die breite Erörterung der sittlich-moralischen Ursachen einer selbstverschuldeten ‚unwürdigen' Armut dienen. Diese Ausführlichkeit fällt insbesondere im Vergleich zu der Beschreibung der Armen und der verschiedenen Gruppen von Notleidenden auf. Im Gegensatz zu der Darstellung der Ursachen überwiegt dort wie in Kapitel 4.2 gesehen die Kennzeichnung einer würdigen Armut.

---

716 Bauerschubert, Neue Festpredigten, 230.

717 Zur gesellschaftlichen Entwicklung der Tugend- und Lasterlehre vgl. Robert Hettlage, „Tugenden und Laster. Gesellschaftliche Entwicklung und moralischer Habitus", in: Alfred Bellebaum/Detlef Herbers (Hgg.), Die sieben Todsünden. Über Laster und Tugenden in der modernen Gesellschaft, Münster 2007, 235-269. Von den genannten Lastern wurden die sogenannten Sekundärtugenden wie Fleiß, Sparsamkeit, Ordnungssinn, Pflichtbewusstsein und Gehorsam abgeleitet. Die Auseinandersetzung der Geistlichen mit diesen Tugenden ist bereits bei der Bewertung der verschiedenen Armengruppen angeklungen und findet sich außerdem in den folgenden Kapiteln 4.5 und 4.6.

4.4 Besondere Problemfelder von Armut

In den vorangegangenen Ausführungen wurde bereits deutlich, dass die Priester und Bischöfe innerhalb der allgemeinen Charakterisierung von Armut und ihrer Ursachen bestimmte Lebensumstände bedürftiger Menschen in besonderer Weise in den Blick nehmen. Daher soll im Folgenden die Argumentation der Geistlichen zu den ausführlich betrachteten Problemfeldern Kinder und Armut, Krankheit und Armut sowie zur Bewertung des Bettels unter Berücksichtigung der bereits erläuterten Aspekte vorgestellt werden.[718]

4.4.1 Kinder und Armut

Die Lebensverhältnisse armer Kinder werden in den untersuchten Texten vor allem in Bezug auf drei Aspekte dargestellt. Die Priester und Bischöfe beschreiben hierbei die Situation der in materieller Not aufwachsenden Kinder nicht an sich, sondern binden sie in die an verschiedene Adressaten gerichteten Ermahnungsreden ein.

Zum einem nehmen die Geistlichen Kinder als einen die Not armer Familien verstärkenden Faktor wahr, betonen die schwere Last der familiären Notlage und stellen daher bedürftige Kinder und ihre Eltern als unterstützungswürdige Objekte der Armenfürsorge vor:[719]

„Siehe dort die arme Familie, Vater, Mutter und mehrere kleine Kinder! da fehlt es an Allem; die Kinder schreien hungerig nach Brod, und die Eltern müssen's ihnen mit Thränen im Auge versagen; sieh, wie sie frieren, und die Eltern können ihnen keine ordentliche Kleidung, keine Wärme im Hause, nicht einmal für die Nacht ein ordentliches Bett geben".[720]

Wie im obigen Zitat wird der Aufruf zur Wohltätigkeit häufig mit einer emotionalen Schilderung der ausweglosen Lage der kinderreichen Familien, die ihre Grundbedürfnisse an Nahrung, Kleidung und Wohnverhältnissen nicht decken können, verbunden. Auch in der praktischen Armenfürsorge wurde Kinderarmut bis ins 19. Jahrhundert hinein nicht als eigenständiges Problem wahrgenommen, sondern Kinder als Teil armer Familien durch die allgemeine Armenfürsorgeeinrichtungen unterstützt.[721] Die geforderte Wohltätigkeit soll nach Ansicht der Geistlichen aber nicht nur die materielle Not

---

[718] Ähnlich wie die konkreten Armutsursachen individueller Not werden auch diese Problemfelder stärker in den Predigten als in den Hirtenbriefen betrachtet.

[719] Vgl. hierzu Kapitel 4.2.3.

[720] Brockmann, Homilien und Predigten, Bd. 4, 418.

[721] Vgl. Katharina Brandes, Art. „Kinderarmut", in: Herbert Uerlings u.a. (Hg.), Armut. Perspektiven in Kunst und Gesellschaft. Katalog zur gleichnamigen Ausstellung, Stadtmuseum Simeonstift und Rheinisches Landesmuseum Trier 10.04.2011–31.07.2011, Darmstadt 2011, 53-54.

lindern, sondern auch die Sorge für die Erziehung der armen Kinder umfassen.[722] Diese Schwerpunkte gelten auch für die Ermahnungen zur Barmherzigkeit gegenüber der bereits dargestellten Kategorie der armen Waisen. Die Waisen werden, wie in Kapitel 4.2.3 in Bezug auf die Armengruppen gesehen, meist in Verbindung mit der unterstützungswürdigen armen Witwe genannt. Eine darüber hinausgehende ausführliche Analyse der Probleme von Kindern, die nicht bei ihren leiblichen Eltern aufwachsen, findet sich in Predigten Sebastian Winkelhofers und Joseph Bauerschuberts.[723] Winkelhofer stellt die äußerst hilflose Situation armer Waisenkinder in Form einer an die Vormünder und Stiefeltern gerichteten Ermahnungsrede ausführlich dar. Die Unterbringung in Pflegefamilien war neben der Versorgung in Waisenhäusern eine verbreitete Fürsorgemaßnahme für arme Kinder. Oft wurden hier nicht nur Vollwaisen, sondern auch Kinder betreut, deren alleinstehende Mütter oder Väter für ihren Lebensunterhalt sorgen mussten und daher nicht zur Betreuung der Kinder zur Verfügung standen.[724] Winkelhofer weist in seiner Predigt auf die Problematik hin, dass die angenommenen Kinder häufig ohne Erziehung aufwachsen, ihren berechtigten Erbteil nicht erhalten oder später für erhaltene Kleidung und Nahrung finanzielle Leistungen an ihre ehemaligen Pflegeeltern überbringen müssen. Außerdem kritisiert er die Ausbeutung dieser Kinder als billige Arbeitskräfte. Neben diesen materiellen Problemen stellt Winkelhofer außerdem die emotionale Notlage vieler Waisenkinder dar.

„Stiefeltern! Unterdrücker der Waisen seyd ihr; wenn ihr euere Stiefkinder, denen ihre rechten Eltern frühzeitig weggestorben sind, verachtet, hasset, verfolget; und das thut ihr sehr oft. ... Immer müssen diese Kleinen vor der grimmigen Stiefmutter oder vor dem wilden Stiefvater zittern“.[725]

Letztendliche Folge der Vernachlässigungen werde das Abrutschen der Waisenkinder in ein lasterhaftes Leben und somit die Gefährdung ihres ewigen Seelenheils sein. Auch Joseph Bauerschubert befürchtet solche Folgen für Kinder und Jugendliche, die nicht bei ihren leiblichen Eltern aufwachsen. Anders als Winkelhofer hat er aber nicht die Situation von Kindern, deren Vater und/oder Mutter verstorben sind, im Blick. Vielmehr betrachtet er die Lage von jungen Hausangestellten, die aus armen Familien stammen, und als Kinder in fremde Dienste treten. Bauerschubert stellt seine Ausführungen ebenfalls in Form einer an die Dienstherren gerichteten Ermahnung dar. Für

722 Zur Bedeutung der Erziehung als Mittel zur Armutsprävention vgl. die Ausführungen in Kapitel 4.6.1.

723 Vgl. Winkelhofer, Winkelhofers Predigten über die christliche Gerechtigkeit, Bd. 2, 136-149; Bauerschubert, Kurze Volkspredigten, Bd. 3, 9-22.

724 Vgl. Katharina Brandes, „„Gar elendig lamentiren‘. Kinderarmut vom 17. bis ins 20. Jahrhundert“, in: DAMALS. Das Magazin für Geschichte 43,4. 2011, 66-71, 68.

725 Winkelhofer, Winkelhofers Predigten über die christliche Gerechtigkeit, Bd. 2, 145.

ihn haben diese die Rolle von Ersatzeltern und sind daher für die Erziehung der aufgenommenen Kinder verantwortlich:[726]

„Ich könnte euch hier Beispiele anführen, wie unglücklich oft solche arme Kinder durch die Schuld ihrer ersten Verpfleger oder Vormünder geworden sind. Erkundiget euch nur einmal bey diesem oder jenem ausschweifenden Knechte, bey dieser oder jener lüderlichen Magd, nach ihrer ersten Jugendgeschichte; lasset euch sagen: von wem und in welchen Umständen sie erzogen und aufgewachsen seyn“.[727]

Zusätzlich zu den jungen Hausangestellten betrachtet der spätaufklärerische Prediger die Mitleid erregende Situation bettelnd umherziehender Kinder, die als „verlassene Waisenkinder, oder Kinder von armen und mit der äußersten Nothdurft ringenden Aeltern, hülflos in der Welt herumirren“.[728] Daher empfiehlt er begüterten Menschen, dass sie sich selbst dieser Kinder und ihrer Bedürfnisse annehmen oder andere mit der Fürsorge beauftragen. Ein ganz besonderes Anliegen ist Bauerschubert in diesem Zusammenhang der Schulbesuch und die Berufsausbildung der armen Kinder.[729]

Im Zusammenhang mit dem Fürsorgeauftrag für angenommene Kinder steht der dritte Aspekt des Problemfeldes Kinder und Armut. Es handelt sich hierbei um an die leiblichen Eltern gerichtete Anweisungen, mit welchen die Geistlichen die in der natürlichen Ordnung begründete und gegenüber den Kindern bestehende Pflicht der Eltern betonen, „für Nahrung, Kleidung, Wohnung und andere nothwendige Bedürfnisse zu sorgen“.[730] Die elterliche Liebe müsse sich in der materiellen und ideellen Versorgung der Heranwachsenden ausdrücken. Als Vorbild für dieses pflichtbewusste Handeln wird den Vätern und Müttern die Gottesmutter Maria zur Seite gestellt. „Unterdessen that sie [Maria] doch, was sie konnte, und sparte keine Mühe, um nur ihr geliebtes Kind am Nothwendigen keinen Mangel leiden zu lassen“.[731] Ausgehend von der elterlichen Aufgabe der Versorgung der Kinder kritisieren die Geistlichen das Verhalten vieler ehemals maßlos lebender und daher nun ihre Familien in Not stürzender Väter und Mütter.[732] So sieht auch der Kölner Erzbischof Ferdinand August Graf von Spiegel in der fehlenden Fürsorge vielmehr ein moralisches als ein sozio-ökonomisches Problem.[733] Er betont,

726 Zum Verständnis von Dienstherren und Hausangestellten als Familie vgl. Kapitel 4.2.3.

727 Bauerschubert, Kurze Volkspredigten, Bd. 3, 18.

728 Ebd., 19.

729 Zur Bedeutung von Schule und Berufsausbildung als Möglichkeiten der Armutsprävention vgl. Kapitel 4.6.1.

730 Ackermann, Katechetische Predigten, Bd. 6, 214.

731 Ebd., 217. Siehe auch: Bauerschubert, Kurze Volkspredigten, Bd. 1, 84-85; Dietl, G. A. Dietl's Predigten an seine Pfarrgemeinde, 85-86.

732 Vgl. hierzu die Darstellungen zur Verschwendung als Armutsursache in Kapitel 4.3.2.2.

733 Allerdings berücksichtigt Spiegel hierbei nicht, dass insbesondere die zur Finanzierung des (Über-)Lebens der Familie notwendige erwerbsbedingte Abwesenheit von beiden

dass Armut keine Vernachlässigung der Erziehungspflichten begründen könne, diese aber häufig von den Eltern als Vorwand hierfür verwendet werde:

„Wie können Eltern Entschuldigung finden, wenn sie diese Pflicht verabsäumen. Können sie Armuth vorschützen? Wenn sie die wahre Liebe hätten, so würden sie auch dieses Hindernis besiegen; sie würden um so fleißiger arbeiten, auch sich selbst an Nahrung und Erholung einen Abbruch thun, um dasjenige zu bestreiten, was die Kindererziehung notwendig macht".[734]

Spiegel scheint bei seiner Aussage eine selbstverschuldete, nicht unterstützungswürdige Armutssituation im Blick zu haben. Dieser Eindruck wird wenige Zeilen später bestätigt. Hier bezieht sich der Kölner Erzbischof zum einem explizit auf verschwenderisch lebende Eltern, die ihre „Ersparnisse lieber zu sinnlichen Vergnügungen" als für die Versorgung ihrer Kinder verwenden, oder auch auf gesunde Eltern, welche unberechtigterweise „die Versäumnisse in der Erziehung der Kinder ihrer Lage zuschreiben".[735] Dies bedeutet für ihn aber auch, dass dort, wo wirkliche Armut herrsche, Wohltäter unterstützend eingreifen werden. Die angedachte Hilfe bleibt nach Spiegel aber an die Bedingung geknüpft, dass „es nur die Eltern nicht an Liebe fehlen lassen".[736] Auch hier findet sich also die enge Verknüpfung von elterlicher Liebe und dem Versorgungs- und Erziehungsauftrag. Welche Bedeutung die richtige Erziehung nach Ansicht der Geistlichen für die armen Kinder hat und welche Inhalte diese umfassen soll, wird in Kapitel 4.6.1 gesondert betrachtet.

4.4.2 Krankheit und Armut

Wie bereits bei der Beschreibung der Gruppe der ‚armen Kranken' und bei der Vorstellung der äußeren Ursachen individueller Not gesehen stellt die Problematik von Krankheit und Armut ein wichtiges Thema der untersuchten Verkündigungstexte dar. Gesundheitliche Beschwerden werden als ein allgemeiner, nicht näher zu definierender oder auch zu konkretisierender menschlicher Leidenszustand dargestellt, der mit anderen Unglücksfällen und Bedrängnissen auf einer Stufe stehe und auch mit diesen verbunden sein könne. Diese gemeinsame Behandlung der weltlichen Nöte wird im folgenden Zitat Wilhelm Arnoldis beispielhaft deutlich:

„Aber auch außer diesen Bittgängen ist das Gebet um irdische Dinge bei vielen Christen fast das Einzige. … ihre Furcht ist vor Verlust, Krankheit,

Elternteilen eine Vernachlässigung der Erziehung mit sich bringen konnte. Vgl. Ferdinand August Graf von Spiegel, Fastenhirtenbrief vom 4. Februar 1834, Köln 1834, 2.

[734] Ebd.

[735] Ebd.

[736] Ebd.

Armuth, Schmerz und Leiden und tausend und abermal tausend Wünsche steigen zu Gott um Gewährung zeitlicher Güter, um Abwendung zeitlicher Uebel".[737]

Neben dieser Gleichsetzung beschreiben die Geistlichen die beiden Momente Krankheit und Armut häufig als sich wechselseitig verstärkende Faktoren von Not. Diese Beobachtung macht auch Ute Frevert für die von ihr untersuchten Texte des ausgehenden 18. Jahrhunderts. „In den zeitgenössischen Publikationen tauchten Armut und Krankheit meist als Synonyme auf, und zwar in dem doppelten Sinn, daß der Kranke zugleich arm und der Arme zugleich krank sei".[738] Zur Unterstreichung der Wechselseitigkeit gibt Sebastian Winkelhofer ein Zitat des kappadokischen Kirchenvaters Gregor von Nyssa wieder, in welchem dieser die Verknüpfung von Armut und Krankheit signifikant zusammenfasst: „Nothleiden und krank seyn ist doppelte Armuth".[739] Der Kirchenvater begründet nach Winkelhofer diesen negativen Zusammenhang von Krankheit und Armut allerdings damit, dass die kranken Armen nicht wie gesunde Notleidende bettelnd umherziehen können und daher seltener wohltätige Gaben empfangen.[740] Winkelhofer verwendet das Zitat Gregors, um die Notwendigkeit der Almosengabe für kranke Arme zu unterstreichen. Die mit der Wiedergabe der Aussage des Kirchenvaters anklingende Argumentation stellt für die allgemeine Bewertung der Verknüpfung von Armut und Krankheit in den Verkündigungstexten indes eine Ausnahme dar.

So gehen die Geistlichen meist von einer wechselseitigen Verstärkung von Not und Krankheit unter Berücksichtigung der Erwerbsproblematik aus. Sie beschreiben einen nicht zu durchbrechenden Teufelskreis und zeigen auf, dass die Kranken auf Grund der gesundheitlichen Beeinträchtigung nicht arbeiten können, um ihre materielle Notlage zu beheben.[741] Gleichzeitig bringe es die finanzielle Krisensituation der armen Kranken mit sich, dass keine Mittel für die notwendige medizinische Versorgung durch einen Arzt und für Medikamente vorhanden seien und somit die Gesundung erschwert werde: „Ach wie oft schmachten und verschmachten Arme auf dem Krankenbette,

737 Arnoldi, Sonntagspredigten des Bischofs Wilhelm Arnoldi, 234-235.

738 Ute Frevert, Krankheit als politisches Problem 1770–1880. Soziale Unterschichten in Preußen zwischen medizinischer Polizei und staatlicher Sozialversicherung, Göttingen 1984, 84.

739 Winkelhofer, Winkelhofers zusammenhängende Predigten, Bd. 5, 405.

740 Vgl. ebd.

741 Vgl. Colmar, Predigten von Joseph Ludwig Colmar, Bd. 3, 62. Siehe auch: Ackermann, Katechetische Predigten, Bd. 3, 273-274; Arnoldi, Sonntagspredigten des Bischofs Wilhelm Arnoldi, 291; Dietl, G. A. Dietls Homilien, 248-249.

weil sie keinen Menschen zur Pflege, keine Arzney zur Genesung, keine Speise zur Wiederherstellung verlorner Kräfte haben!"[742]

In den spätaufklärerischen Landpredigten Gottlieb Ackermanns nimmt sich der Prediger dieses Problems aus praktischen Gesichtspunkten an und gibt verschiedene Ratschläge, wie die armen Kranken die Behandlung durch einen Arzt sicherstellen können. Zum einen denkt er an eine Vorsorge in gesunden Tagen, so dass man in dieser Zeit dem Arzt bei anstehenden Besuchen in der Stadt kleine finanzielle Gaben überreiche, mit deren Summe im Falle einer Krankheit dann die Behandlung bezahlt werden könne.[743] Zum anderen sieht er eine Solidargemeinschaft der Begüterten mit den weniger Begüterten vor, da die Reichen auf Grund ihrer guten Beziehungen zu den Ärzten und ihrer finanziellen Möglichkeiten gemeinsam die Versorgung armer Kranker sicherstellen könnten: „Zehen Bemittelte können auf diese Art, fast ein jeder einen, und also zehen Unbemittelte überhaupt durchhelfen, wenn sie nur wollen".[744] Im Hinblick auf die von ihm vorgeschlagenen Finanzierungsmöglichkeiten muss allerdings beachtet werden, dass es in der Übergangszeit vom 18. zum 19. Jahrhundert noch keine systematisch organisierte Krankenpflege gab und kaum qualifiziertes Personal zur Versorgung der armen Kranken zur Verfügung stand. Um 1800 gab es beispielsweise in München die Ordensspitäler der Elisabetherinnen und der Barmherzigen Brüder, welche nur etwa 50 Patienten versorgen konnten.[745] Ein ähnliches Bild zeigt sich zur gleichen Zeit in Berlin, wo für die gesamte städtische Armenkrankenpflege nur ein Armenarzt und zehn ‚Armen-Chirurgen' verantwortlich waren.[746] Ein wichtiger Aufschwung in der Krankenpflege erfolgte dann mit der Ansiedlung karitativ tätiger katholischer Schwesterngemeinschaften und der Einführung protestantischer Diakonissen.[747]

Der in den untersuchten Texten beschriebene Zusammenhang einer negativen wechselseitigen Verstärkung von Krankheit und Armut wegen der Einschränkung der Arbeitsfähigkeit kann als eine Erklärung für die besondere

---

742 Dietl, G. A. Dietls Homilien, 248. Siehe auch: Ackermann, Predigten nach den Bedürfnissen des gemeinen Mannes, Bd. 4, 300; Colmar, Predigten von Joseph Ludwig Colmar, Bd. 1, 176.

743 Ackermann, Predigten nach den Bedürfnissen des gemeinen Mannes, Bd. 4, 301.

744 Ebd.

745 Vgl. Alexander Wagner/Reinhard Spree, „Die finanzielle Entwicklung des Allgemeinen Krankenhauses zu München 1830–1894", in: Alfons Labisch/Reinhard Spree (Hgg.), Krankenhaus-Report 19. Jahrhundert. Krankenhausträger, Krankenhausfinanzierung, Krankenhauspatienten, Frankfurt a. M. 2001, 95-140, 96.

746 Bernd Wagner, „‚Um die Leiden der Menschen zu lindern, bedarf es nicht eitler Pracht'. Zur Finanzierung der Krankenhauspflege in Preußen", in: Alfons Labisch/Reinhard Spree (Hgg.), Krankenhaus-Report 19. Jahrhundert. Krankenhausträger, Krankenhausfinanzierung, Krankenhauspatienten, Frankfurt a. M. 2001, 41-68, 42.

747 Vgl. hierzu Kapitel 2.4.2.

Stellung der armen Kranken in den Verkündigungstexten herangezogen werden. Die herausgehobene Position dieses Problemfeldes zeigt sich aber nicht nur im Diskurs, sondern auch in der Ausrichtung der staatlichen, kommunalen und kirchlichen Fürsorgeinitiativen des späten 18. und frühen 19. Jahrhunderts. „Die Versorgung erkrankter Armer wurde zur Hauptaufgabe der Armutsprävention, denn die möglichst rasche Überwindung von Krankheit ermöglichte die baldige Wiederaufnahme der Arbeit“.[748]

Neben dem genannten Zusammenhang von Krankheit und fehlender Erwerbstätigkeit zeigt Ute Frevert in ihrer Untersuchung noch einen weiteren Aspekt der Wechselwirkung von Armut und Krankheit auf: „Andererseits blieb Armut selbst nicht ohne Einfluß auf den Gesundheitszustand der Bevölkerung, da mangelhafte Ernährungs- und Wohnverhältnisse den Ausbruch von Infektions- und Schwächekrankheiten begünstigten oder gar provozierten“.[749] Die Feststellung dieser verstärkten Ausbreitung von Krankheiten auf Grund von materieller Not findet sich in den untersuchten Texten nur im Predigtwerk Gottlieb Ackermanns, in welchem der Prediger die Gefährdungen der materiell Notleidenden als Ansatzpunkte für wohltätiges Handeln aufzeigt: „Diese guten Leute können unmöglich ihre Gesundheit in die Länge erhalten, wenn sie nicht gegen den Hunger oder gegen den Frost geschützt werden“.[750]

Zusätzlich zu der materiellen und gesundheitlichen Not komme für die armen Kranken nach der Darstellung in den untersuchten Texten noch ein erschwerender Faktor hinzu. Die Kleriker zeigen auf, dass arme Kranke weniger Besuch empfangen und häufig unter sozialer Ausgrenzung zu leiden haben:

„Ach, meine Brüder, muß ich es denn hier wiederholen, daß die große, ja die größere Zahl der Kranken aus Unglücklichen besteht, nach denen sich Niemand erkundigt, die Niemand besucht, die Tage und Wochen lang ohne Trost und Beistand liegen bleiben; die sich aus Gram verzehren und dahinsterben, und mehr noch, weil sie sich von den Menschen dergestalt vergessen und verlassen sehen, als wegen der Armuth und des Elendes, das sie drückt“.[751]

Auf Grund der Wahrnehmung dieser Exklusion und der hilflosen Lage der armen Kranken betonen die Geistlichen immer wieder die Verpflichtung,

---

[748] Fritz Dross, „‚Der Kranke allein ist arm‘ – Die Diskussion über den Zusammenhang von Krankheit und Armut um 1800“, in: Vierteljahrschrift für Sozial- und Wirtschaftsgeschichte 92. 2005, 1-15, 11.

[749] Frevert, Krankheit als politisches Problem, 84.

[750] Ackermann, Katechetische Predigten, Bd. 3, 273.

[751] Colmar, Predigten von Joseph Ludwig Colmar, Bd. 1, 208. Siehe auch: Bauerschubert, Kurze Volkspredigten, Bd. 2, 8.

diese Armengruppe zu besuchen, zu pflegen und zu versorgen.[752] Allerdings sehen einzelne Prediger auch das Problem einer hohen Ansteckungsgefahr, die bei dem Besuch von unter bestimmten Krankheiten leidenden Hilfsbedürftigen gegeben ist.[753] Johann Heinrich Brockmann empfiehlt einen solchen Besuch daher nur den Geistlichen, Ärzten und professionellen Krankenpflegern sowie den engsten Angehörigen: „Würde nicht durch einen solchen unüberlegten Besuch das Gift der Krankheit allgemein verbreitet, das Wohl so mancher Familie, und die ganze Stadt dadurch in die größte Gefahr versetzt?“[754]

Vielmehr noch als die menschliche Hilfe durch Besuch und Pflege des Kranken stellt in den Augen der Geistlichen der christliche Glaube einen Trostfaktor für die armen Kranken dar. Hier wechseln die Prediger nun die Perspektive und sprechen nicht die zur Wohltätigkeit verpflichteten Reichen, sondern die armen Kranken selbst an: „Bedenket das, ihr Arme und Kranke! wenn euch bange Schmerzen martern, wenn euch Noth und Elend drückt, wenn euch die Zukunft nichts als gränzenloses Elend ankündigt, o, so betet an! und ihr werdet Trost empfinden!“[755] Wie der Ausspruch Liebermanns deutlich macht ist dieses Trostempfinden allerdings an die Bedingung des Gebetes und somit an das Vertrauen des Leidenden zu Gott geknüpft. Die Geistlichen ermuntern die armen Kranken zur geduldigen Annahme ihrer Not und zur Hingabe an Gott, damit sie so das ewige Heil empfangen.

4.4.3 Bettel als Überlebensstrategie

„Hieraus folget ganz deutlich, der Staat dürfe das Allmosengeben nicht ohne Gesetze und Einschränkungen lassen: diese müssen fordersamst und im Wesentlichen darin bestehen, daß sie das öffentliche Gassen- und Häuserbetteln gänzlich einstellen, welches dem Staate nicht nur so viele thätige Hände entziehet, so den Glück- und Wohlstand der andern befördern helfen sollen, sondern auch mit Müßiggang verbunden ist und zu allerley Ausschweifungen verleitet, welche der wechselseitigen Eintracht, der Ruhe, dem Wohlstande der menschlichen Gesellschaft und den natürlichen Gesetzen der gemeinschaftlichen menschlichen Verbindung gerade zuwider sind“.[756]

---

752 Vgl. Johann Heinrich Brockmann, Homilien und Predigten auf alle Sonn- und Festtage des Kirchenjahrs, Bd. 2: Von Fastnacht bis Pfingsten, Münster 1827, 617; ders., Homilien und Predigten, Bd. 4, 132; Colmar, Predigten von Joseph Ludwig Colmar, Bd. 1, 187-188. Zur Bedeutung der Fürsorge für arme Kranke als wohltätiges Werk vgl. Kapitel 5.3.3.3.

753 Vgl. Brockmann, Homilien und Predigten, Bd. 4, 134.

754 Ebd.

755 Liebermann, Predigten von Franz Leopold Bruno Liebermann, Bd. 1, 388. Siehe dazu auch: Westermayer, Predigten für wahre Aufklärung, Bd. 1, 234.

756 Von Erthal, Hirtenbrief zur Unterstützung der Armenpflege, 69.

Mit diesen Worten begründet der Bamberger und Würzburger Fürstbischof Franz Ludwig von Erthal in seinem 1786 erlassenen Hirtenbrief die Notwendigkeit, den Bettel zu bekämpfen und das Armeninstitut der Stadt durch finanzielle Beiträge zu unterstützen.[757] Neben den im obigen Zitat angeführten Gründen der Erhaltung des Staatswohls und der gesellschaftlichen Ordnung sowie der Bekämpfung des Müßiggangs dient die von Erthal angestrebte zentralisierte Fürsorge seiner Ansicht nach auch der besseren Unterstützung der ‚würdigen' Armen:

„Der wahre und würdige Arme hat gemeiniglich die dem geübten Gassenbettler zur Natur gewordene Dreistigkeit nicht: wie oft bleibt er ungekannt und muß in der äußersten Verlassenheit schmachten; wie oft wird er von häufigen sich beydrängeten Bettlern verdrängt; wie wenig kann er sich auf die Wohlthätigkeit einiger Privatleute verlassen, welche ihn unter dem Schwall der Bettler mißkennen, ungedultig werden und sich öfters von der Wohlthätigkeit selbst dadurch abhalten lassen".[758]

Die in Kapitel 4.2.2 ausführlich betrachtete Unterscheidung zwischen ‚würdigen' und ‚unwürdigen' Armen wird somit von Erthal zur Begründung eines allgemeinen Bettelverbots und der Verpflichtung zur Unterstützung der städtischen Armenkasse herangezogen. Hiermit ordnet sich der Würzburger Hirtenbrief in die lange Reihe frühneuzeitlicher Armen- und Bettelordnungen ein, welche die Errichtung von öffentlichen Armenkassen und repressive Maßnahmen zur Bekämpfung des Bettels vorschrieben.[759] Es stellt sich nun die Frage, ob sich die von Erthal angeführten Argumente auch in den hier betrachteten Hirtenbriefen des frühen 19. Jahrhunderts finden und so von einer Kontinuität innerhalb des katholischen Armutsdiskurses gesprochen werden kann. Die Frage nach Gemeinsamkeiten und Kontinuitäten soll außerdem auf die Frage nach der Bewertung des Bettels in den untersuchten Predigten ausgeweitet werden.

Die Vorstellung der Semantik des ‚Armen' zeigte bereits, dass die Prediger und Bischöfe wie Erthal im oben angeführten Zitat zwischen ‚würdigen'

---

[757] Hintergrund des Schreibens bildet die von Erthal in Würzburg 1785 eingeführte allgemeine Reform des kommunalen Armenwesens und die hiermit verbundene Errichtung einer Oberarmenkommission, welche die Aufsicht über das Armeninstitut übernahm und zur Finanzierung der Aufgaben eine allgemeine Armenkasse einrichtete. Vgl. Gunnar Stollberg, Die Binnendifferenzierung in deutschen Krankenhäusern bis zum Ersten Weltkrieg, Stuttgart 2001, 125-126.

[758] Von Erthal, Hirtenbrief zur Unterstützung der Armenpflege, 71-72.

[759] Vgl. Sachße/Tennstedt, Geschichte der Armenfürsorge in Deutschland, Bd. 1, 107-113. Diese Ablehnung des Bettels gilt auch für die Armenverordnungen der geistigen Kurfürstentümer Trier und Mainz, in denen die private Almosengabe unter Geldstrafe gestellt und dem Zugriff der Obrigkeit unterworfen wurde. Vgl. Schmidt/Wagner, „Gebt den Hußarmen umb Gottes willen".

und ‚unwürdigen' Armen unterscheiden und die als ehrbar anerkannten Armengruppen als Empfänger der Unterstützungsleistungen empfehlen. Allerdings führt diese Unterscheidung in den nach 1821 erschienenen Hirtenbriefen nicht zu einer systematischen Auseinandersetzung mit der Bettlerproblematik und so auch nicht zu einer negativen Bewertung des Bettels. Vielmehr wird der Begriff des Bettlers mit Blick auf den göttlichen Umgang mit Bedürftigen als Synonym für den allgemeinen Armen verwendet.[760] Auch wenn sich die Bischöfe nicht explizit mit dem Bettel auseinandersetzen, machen ihre Erläuterungen zur Bedeutung der Almosengabe deutlich, dass sie an einer dem einzelnen Bedürftigen gegebenen Spende festhalten. Sie begründen diese Verpflichtung zur individuellen Nächstenliebe mit der himmlischen Belohnung, welche den freigiebigen Wohltäter erwartet.[761] Anders als Erthal, der als Fürstbischof mit der Bekämpfung des Bettels um das Staatswohl und die gesellschaftliche Ordnung seines Bistums besorgt war, agieren die spätaufklärerischen und ultramontanen (Erz-)Bischöfe des frühen 19. Jahrhunderts als Seelsorger, als welche sie ihre Zuhörer auf dem Weg zum ewigen Seelenheil begleiten. Sie entsprachen hiermit dem sich im 19. Jahrhundert neu entwickelnden Bischofstyp. Dieser widmete sich persönlich der Verwaltung ihrer Diözese, visitierte, sorgte für vereinfachte Formen der Seelsorge und Verkündigung und achtete im besonderen Maße auf die Priesterausbildung.[762] Bei der Bewertung des Bettels durch die Bischöfe ist also nicht die Zugehörigkeit zu den beiden innerkatholischen Lagern, sondern die sich in Folge der Säkularisation verändernde Rolle der Geistlichen entscheidend.

Betrachtet man nun die untersuchten Predigten, so ist der in Bezug auf die Hirtenbriefe festgestellte Bruch zwischen Erthals Aufruf zur Beseitigung des Bettels und dem Festhalten der späteren Bischöfe an der individuellen Almosengabe nicht in gleicher Weise zu erkennen. Insgesamt findet sich in den Predigten ausgehend von der Unterscheidung zwischen ‚würdigen' und ‚unwürdigen' Armen eine stärkere Auseinandersetzung mit der Problematik des Bettels. Wie bei der Vorstellung der Semantik des ‚starken' Bettlers bereits deutlich wurde, lehnen die Prediger die Almosengabe an arbeitsscheue, sich aufdrängende oder auch in selbstverschuldeter Not lebende Bettler ab.[763] Statt einer finanziellen Gabe wünschen die Prediger für diese Bettler

760 Vgl. hierzu Kapitel 4.2.2.

761 Vgl. hierzu Kapitel 5.2.2.2.

762 Vgl. Rudolf Lill, „Der Bischof zwischen Säkularisation und Kulturkampf", in: Peter Berglar/Joseph Höffner (Hgg.), Der Bischof in seiner Zeit. Bischofstypus und Bischofsideal im Spiegel der Kölner Kirche. Festgabe für Joseph Kardinal Höffner, Erzbischof von Köln, Köln 1986, 349-396, 354-355.

763 Vgl. Ackermann, Volkspredigten und Homilien, Bd. 2, 517; Bauerschubert, Kurze Volkspredigten, Bd. 2, 306; Westermayer, Bauernpredigten, 1. Jahrgang, Bd. 1, 348. Trotz

die Bereitstellung von Arbeitsmöglichkeiten: „Man giebt manchem starken und kraftvollen Manne Almosen. Wäre es nicht zweckmäßiger und besser, wenn man ihm Gelegenheit verschaffe, sich durch Arbeit seinen Unterhalt zu erwerben?“[764] Eine besonders ausführliche und kritische Auseinandersetzung mit dem Problem der arbeitsfähigen Bettler findet sich in einer in einem Sammelband Gottlieb Ackermanns veröffentlichten Predigt.[765] Hier werden einige Argumente verwendet, die in keiner der weiteren untersuchten Predigten auftauchen. So werden stumme und taube Menschen als abzuweisende Bettler charakterisiert: „Wir könnten sie leicht bewerkstelligen, wenn wir von nun wenigstens alle gesunde … Bettler, und wenn sie auch stumm und taub wären, von unsern Thüren wiesen; denn stumm seyn und taub seyn hindert nicht an Arbeit“.[766] Als zusätzliche Kategorie an Bettlern, denen keine Hilfe gewährt werden solle, wird in dieser Predigt außerdem der ‚fremde Bettler‘ erwähnt: „Haben wir die Stadtthore nicht in unserer Gewalt: so haben wir doch über unsere Hausthüren zu befehlen. Lasset uns diese für die Stadtthore ansehen, und sie allen fremden Bettlern verschliessen“.[767] Zur Lösung des Problems wird in dem Text die Einrichtung eines kommunalen Armen- und Arbeitshauses vorgeschlagen.[768] Das Ziel all dieser Maßnahmen ist für den Prediger die vollkommene Beendigung des öffentlichen Bettels.[769] Diese im Vergleich zu den anderen Predigten ungewöhnliche Intention und die neuen Argumente lassen sich eventuell damit erklären, dass es sich hierbei um einen Verkündigungstext eines lutherischen Predigers handelt, der sich nicht auf die Argumente der katholischen Almosenlehre beruft.[770] Anders als in dieser

---

dieser Kritik können sich die Prediger unter bestimmten Voraussetzungen auch eine Almosengabe an ‚unwürdige‘ Arme vorstellen. Wie diese konkret aussieht und welche Begründung die Geistlichen hierfür anführen, soll unter Punkt 5.3.3.2. genauer betrachtet werden.

764 Gottlieb Ackermann (Hg.), Kurze Frühpredigten auf alle Sonn- und Festtage des ganzen Kirchenjahres, Bd. 2: Predigten auf die Festtage, Landshut 1827, 272-273.

765 Ders., Predigten nach den Bedürfnissen des gemeinen Mannes, Bd. 2, 501-534.

766 Ebd., 522.

767 Ebd.

768 Vgl. ebd., 523.

769 Ebd.

770 Es handelt sich um einen Text des aus Zerbst stammenden lutherischen Predigers Christian Friedrich Sintenis, die dieser im Jahre 1783 gehalten hatte. Vgl. Anonym, „Rezension zu Sintenis, C.F.: Für die wahren Armen in der Stadt Zerbst“, in: Allgemeine Deutsche Bibliothek 55. 1783, 370-373. Gottlieb Ackermann erwähnt in seinen Anmerkungen zwar, dass die Predigt nicht von ihm stamme, gibt aber sonst keine weiteren Hinweise auf den Verfasser und macht daher auch nicht deutlich, dass es sich um einen evangelischen Prediger handelt. Allerdings empfiehlt Ackermann die Predigt seinen Lesern in besonderem Maße. Er begründet dies v.a. mit dem wohltätigen Handeln des Verfassers, der alle Einnahmen aus der Veröffentlichung seines Textes, den Armen zukommen ließ. Vgl. Ackermann, Predigten nach den Bedürfnissen des gemeinen Mannes, Bd. 2, 36.

evangelischen Predigt bedeutet die negative Bewertung des ‚starken Bettlers' für die katholischen Geistlichen nämlich nicht, dass der Bettel generell abzulehnen sei. Vielmehr betonen sie wie die Bischöfe in den Hirtenbriefen des frühen 19. Jahrhunderts die Notwendigkeit einer individuellen Almosengabe an die als unterstützungsberechtigt anerkannten würdigen Armen:[771] „... und nur würdigen Armen, die nimmer arbeiten können, oder ohne ihr Verschulden arm sind, muß man geben".[772]

Die für den Almosenempfang bestimmende Charakterisierung der Armen als ‚würdig' wird von den Geistlichen auch danach vorgenommen, wie die Bedürftigen mit ihrer Notsituation umgehen. Im folgenden Kapitel werden daher die theologischen Mahnungen vorgestellt, welche nach den Ausführungen der Priester und Bischöfe für diesen richtigen Umgang wesentlich sind.

4.5 Theologische Mahnungen zum Umgang mit der Armutssituation

Bei der Vorstellung des Verständnisses von Armut und ‚den' Armen sowie bei der Darstellung der Armutsursachen und der drei Problemfelder von Armut ist bereits angeklungen, dass die Prediger und Bischöfe einen tugendhaften Umgang mit der Armutssituation fordern. Die theologische Begründung dieser Tugendhaftigkeit und ihre konkrete Ausformung soll in den folgenden zwei Kapiteln näher betrachtet werden.

4.5.1 Geringe Bedeutung der materiellen Güter

Grundlage für den geforderten tugendhaften Umgang mit den materiellen Gütern und somit auch für die theologische Bewertung von Armut ist die von den Geistlichen vermittelte Vorstellung, dass der weltliche Besitz mit Blick auf den Glauben und das zu erwartende ewige Heil nur von untergeordneter Bedeutung sei. Letztendlich bringt ihrer Ansicht nach der christliche Glaube eine Umkehrung der Werte mit sich. Trotz der Hochschätzung des Reichtums durch die Menschen handele es sich bei dem Besitz von weltlichen Gütern nur um ein irdisches „Scheinglück", während der Glaube hingegen ewiges

[771] Zur Prinzipien der Almosenvergabe vgl. 5.3.3.2.

[772] Westermayer, Bauernpredigten, 1. Jahrgang, Bd. 1, 348. Siehe auch: Ackermann, Volkspredigten und Homilien, Bd. 2, 517; Bauerschubert, Kurze Volkspredigten, Bd. 2, 306; Colmar, Predigten von Joseph Ludwig Colmar, Bd. 3, 62; Westermayer, Bauernpredigten, 2. Jahrgang, Bd. 2, 19.

Glück verspreche.[773] „Wo aber der Friede herrscht, da mögen alle Glücksgüter mangeln, da ist die Armuth Reichthum, Verlust Gewinn, Leiden Freude, weil der Mensch weiß, daß er in seiner Gottes gütiger Hand stehet".[774]

Die Priester und Bischöfe untermauern die geringe Bedeutung der weltlichen Güter mit zahlreichen Belegen aus der Heiligen Schrift und beziehen sich hierbei hauptsächlich auf den ersten Brief des Apostels Paulus an Timotheus (1 Tim 6,7):

„Nackt und arm sind wir in die Welt gekommen; arm und bloß werden wir sie wieder verlassen. Wir nehmen Nichts mit, als das Zeugniß unseres Gewissens. Wohl uns, wenn es gut ausfällt. Mit diesem Schatze wollen wir in voller Zufriedenheit bis an's Ende ausharren".[775]

Auf der Grundlage des Verständnisses dieser Vergänglichkeit unterscheiden die Geistlichen zwischen den sichtbaren und vergänglichen äußerlichen Gütern und den innerlichen Gütern der Seele, die auf das ewige Leben vorbereiten.[776] Sie betonen, dass das Vorhandensein von Reichtum nicht glücklich mache und ermahnen daher die Besitzenden sich von ihren weltlichen Gütern loszusagen und die ewigen Reichtümer zu suchen:

„O lieber Bauersmann! der du Haus und Hof, Wiesen und Äcker, Geld und Waldung besitzest! laß dir doch so manchen großen reichen Herrn zum warnenden Beispiel sein! Hänge dich nicht an deinen Reichthum! Vergiß nicht, daß du nur der Verwalter und nicht der Herr bist! Bedenke, daß dieß ein ungerechter Reichthum ist, den du besitzest, wenn du ihn auch auf die rechtlichste Weise erworben hast, wenn auch kein unrechter Heller sich darunter befindet! Ungerecht ist deine Habe, all dein Gut; denn nichts davon gehört dein, es ist kein rechtes, wahres Gut, das dir gehört, du bist nur Verwalter. Das vergiß mir nie!"[777]

Im Zitat Anton Westermayers wird ein weiteres Argumentationsmuster deutlich, das für die priesterliche Bewertung der materiellen Güter von Bedeutung ist. In den untersuchten Verkündigungstexten wird aufgezeigt, dass aller weltliche Besitz von Gott stamme und die Menschen, insbesondere die begüterten Reichen, daher nur die von Gott beauftragten Verwalter der übertragenen Gaben und zu einem tugendhaften Umgang mit diesen verpflichtet seien. Dieser tugendhafte Gebrauch der von Gott anvertrauten Güter

---

773 Joseph von Hommer, „Antrittshirtenbrief vom 13. September 1824", in: Johann Jakob Blattau (Hg.), Statuta synodalia, ordinationes et mandata Archidiocesis Trevirensis, Bd. 8, Trier 1849, 14-23, 17.

774 Ebd.

775 Gottlieb Ackermann (Hg.), Kurze Frühpredigten auf alle Sonn- und Festtage des ganzen Kirchenjahres, Bd. 1: Predigten auf die Sonntage, Landshut 1827, 77.

776 Vgl. ders., Volkspredigten und Homilien, Bd. 1, 391; Arnoldi, Sonntagspredigten des Bischofs Wilhelm Arnoldi, 235.

777 Westermayer, Bauernpredigten, 1. Jahrgang, Bd. 2, 131.

beinhaltet nach Ansicht der Geistlichen insbesondere die materielle Fürsorge für Notleidende:[778]

„Wenn er den Einen Alles gab, so hat er ihnen zu gleicher Zeit die Pflicht auferlegt, mit euch zu theilen und euch nicht am Nothwendigen Mangel leiden zu lassen. Handeln sie anders, geben sie euch nicht, was ihr brauchet, so sind es treulose Verwalter, die das für sich behalten, was ihnen der Hausvater für alle seine Kinder anvertraut hat".[779]

Insofern die Reichen die Pflicht annehmen, sich von ihren Gütern trennen und mit diesen wohltätig handeln, übernimmt der irdische Besitz in der von den Geistlichen beschriebenen Gesellschaftsordnung eine wichtige Rolle und ist in ihren Augen daher auch notwendig.[780] Die Geistlichen ordnen sich mit ihrer Argumentation in die Prinzipien einer christlichen Eigentumslehre ein, die erstmals von Thomas von Aquin systematisch entfaltet wurde.[781] Er zeigt auf, dass der Mensch als Eigentümer die Güter bewirtschaften und verwalten solle. Auf Grund des privaten Besitzes sei der Mensch sorgsamer und fleißiger bei der Erhaltung der Güter. Dennoch dürfe niemand die Güter ohne Rücksicht auf die Situation der Mitmenschen gebrauchen, sondern sie seien in Notzeiten zu teilen: „Thomas begründet das Eigentum als Erfordernis der sozialen Ordnung, nicht als subjektives Recht der menschlichen Person".[782]

Die Geistlichen richten ihre Ermahnungen bzgl. des richtigen Umgangs mit den irdischen Besitztümern aber nicht nur an die Reichen, sondern auch an die notleidenden Armen, um diese zum Vertrauen auf Gott zu ermuntern. So warnen sie ihre Zuhörer vor einer übertriebenen Sorge um weltliche Güter und argumentieren hierbei mit der Vorstellung des gütigen Schöpfergottes. Die Priester und Bischöfe betonen, dass Gott sein Werk und somit auch die von ihm erschaffenen Menschen erhalten werde.[783] Diesen Gedanken des Schöpfergottes aufgreifend führen sie Schriftbelege an, mit welchen sie die Fürsorge Gottes für den Menschen kennzeichnen. Sie beziehen sich vor allem auf die Sprüche vom Sorgen in Mt 6,25-34.[784] Unter Berücksichtigung von

[778] Vgl. hierzu Kapitel 5.2.2.2.

[779] Colmar, Predigten von Joseph Ludwig Colmar, Bd. 3, 82; siehe auch: Ackermann, Predigten nach den Bedürfnissen des gemeinen Mannes, Bd. 2, 94; Brockmann, Homilien und Predigten, Bd. 4, 574; Winkelhofer, Winkelhofers zusammenhängende Predigten, Bd. 5, 268.

[780] Vgl. hierzu Kapitel 4.1.2.

[781] Vgl. Anton Rauscher, „Die christliche Lehre über das Eigentum", in: Ders. (Hg.), Handbuch der katholischen Soziallehre, Berlin 2008, 511-522, 515-516.

[782] Ebd., 516.

[783] Vgl. Ackermann, Predigten nach den Bedürfnissen des gemeinen Mannes, Bd. 2, 96.

[784] Es handelt sich hierbei um einen Text, der auf Grund seiner scheinbaren Relativierung bestehender materieller Not äußerst starke Kritik hervorgerufen hat und dessen Auslegungsgeschichte häufig einen Versuch darstellte, auf diese Vorwürfe zu reagieren. Nach

Mt 6,26-28 erinnern die Geistlichen die notleidenden Gläubigen an die behutsame Behandlung, welche der Schöpfergott dem ihm vertrauenden Menschen zukommen lassen werde.[785]

„Der Vater im Himmel, der die Vögel speiset, denket gewiß auch an mich: Ich bin ja doch mehr werth, als ein Vogel. Eben so betrachtet die Feldblumen, die ihr auf dem Wege antreffet. Da ruft euch jedes Gräslein zu, und sagt: Gott ist es, der mich so schön gekleidet hat. ... Ja, Vater, in Zukunft sorge Du allein für uns. Du speisest die Vögel in der Luft, und kleidest die Lilien auf dem Felde".[786]

Noch häufiger als auf dieses biblische Zitat beziehen sich die Geistlichen allerdings auf die Worte Jesu in Mt 6,31-6,34. Allerdings finden sich hierbei unterschiedliche Schwerpunkte in der Auslegung. Einerseits nehmen die Priester und Bischöfe auch diese Bibelstelle zum Anlass, die Menschen an die göttliche Fürsorge für die lebensnotwendigen Güter zu erinnern und sie zum Vertrauen in das göttliche Handeln aufzufordern.[787] So kritisiert der Mainzer Bischof Petrus Leopold Kaiser die Sonntagsarbeit seiner Zuhörer mit den Worten: „Oder seid ihr kleingläubig und fragt ängstlich: was werden wir essen oder trinken, womit werden wir uns bekleiden?"[788] Andererseits weisen die Geistlichen daraufhin, dass das Zutrauen zu Gott und seiner Fürsorge nicht bedeuten dürfe, dass die Gläubigen sich überhaupt nicht um den Erwerb der weltlichen Güter bemühen. Sie betonen vielmehr, dass die Sorge notwendig sei, aber nicht in der Letztverantwortung des Menschen liege und dass die in Mt 6,33 angesprochene Suche nach dem Reich Gottes immer

---

Ulrich Luz können zwei Wirkungsgeschichten des Textes unterschieden werden: Zum einen finden sich Deutungen, die den Text als Zuspruch für die Jünger/innen Jesu verstehen, die sich in besonderer Weise dem Evangelium verpflichtet wissen. Zum anderen werde der Text auf alle Christinnen und Christen bezogen, es wird betont, was das Bibelwort nicht sagt und zwischen erlaubter, gebotener Sorge einerseits und unevangelischer, verbotener Sorge andererseits unterschieden. Vgl. Ulrich Luz, Das Evangelium nach Matthäus, Teilbd. 1: Mt 1-7, 5. völlig neubearbeitete Aufl. Düsseldorf 2002, 484-485. Die von Luz vorgestellte zweite Deutung entspricht der Verwendung von Mt 6,25-34 in den hier untersuchten Texten.

785 Die Geistlichen richten ihre mit Mt 6,26 begründeten Ermahnungen an die materiell Armen, damit diese wieder Vertrauen zu Gott finden. Nach den Aussagen von Rudolf Hoppe stimmt diese Zielgruppe nicht mit den ursprünglichen Adressaten der jesuanischen Worte überein: „In der weisheitlichen Mahnrede Jesu richtet sich Jesus bevorzugt an Kreise, die nicht unmittelbar von Sorgen um das Überleben getrieben sind, sondern die das, was sie haben, sichern wollen". Ulrich Berges/Rudolf Hoppe, Arm und reich, Würzburg 2009, 77.

786 Winkelhofer, Reden über die Bergpredigt unsers Herrn, 374-375.

787 Vgl. Ackermann, Predigten nach den Bedürfnissen des gemeinen Mannes, Bd. 2, 106; ders., Kurze Frühpredigten, Bd. 1, 214-215; Arnoldi, Sonntagspredigten des Bischofs Wilhelm Arnoldi, 236; Kaiser, Fastenhirtenbrief vom 9. Januar 1839, 19.

788 Kaiser, Fastenhirtenbrief vom 9. Januar 1839, 19.

an erster Stelle stehen müsse.[789] Caspar Riffel geht in seiner Argumentation soweit, dass er in der von dem falschen Verständnis dieser Bibelstelle ausgehenden Sorglosigkeit einen Hauptgrund für die massive Ausbreitung der Armut sieht:

„Oder richtiger zu sagen, keine evangelische Warnung wurde ärger mißverstanden, als diese; denn Christus wollte uns nur den übermäßigen, unnützen Sorgen um das Zeitliche entreißen, damit wir um so leichter und ungehinderter dem Ewigen entgegenstreben möchten".[790]

Mit Blick auf die Notwendigkeit der Sorge für irdische Güter bezeichnen die Prediger und Bischöfe die Bemühungen des Menschen für sein Überleben sogar als vernünftig begründbare christliche Pflicht, betonen aber, dass dies im richtigen Maß und mit einer tugendhaften Absicht geschehen müsse.[791] Wie dieses richtige Maß konkret aussehen kann, erörtern die Priester und Bischöfe mit Blick auf das häufig zitierte Pauluswort aus 1 Tim 6,8.[792] Sie verwenden das Zitat zum einem zur Warnung vor Habsucht,[793] und zum anderen zur Ermahnung der bedürftigen Gläubigen, dass sie ihre vorhandenen Güter als ausreichend annehmen:

„Ein rechtschaffener Hausvater, der sich in keiner glänzenden Lage befindet, muß auch genügsam seyn, das heißt, er muß sich mit dem Nothwendigen begnügen und zufrieden geben, nach keinem Ueberflusse sich sehnen. Wenn wir Nahrung und Kleidung haben, sagt der Apostel (1 Tim 6,6-8), so lasset uns damit zufrieden seyn".[794]

Als notwendig erachten die Geistlichen also nur die Erfüllung der Grundbedürfnisse, die für das tägliche Überleben unentbehrlich sind. Als Inbegriff eines solchen tugendhaften Lebens in Zufriedenheit mit wenigen Gütern wird in den untersuchten Texten das irdische Dasein Jesu beschrieben:

---

789 Vgl. Ackermann, Predigten nach den Bedürfnissen des gemeinen Mannes, Bd. 2, 106; Pfaff, Fastenhirtenbrief vom 4. Februar 1847, 2; Riffel, Predigten Sonn- und Festtage, Bd. 2, 202-203.

790 Riffel, Predigten Sonn- und Festtage, Bd. 2, 202-203.

791 Vgl. Brockmann, Homilien und Predigten, Bd. 1, 377; siehe auch: Ackermann, Volkspredigten und Homilien, Bd. 1, 437; Arnoldi, Sonntagspredigten des Bischofs Wilhelm Arnoldi, 238.

792 In den untersuchten Verkündigungstexten wird 1 Tim 6,8 als allgemeine Verhaltensregel verstanden, mit der Paulus erläutert, wie Christen mit ihrem weltlichen Besitz umzugehen haben. Betrachtet man allerdings den Kontext dieser Schriftstelle, so wird deutlich, dass sich die Weisungen an Amtsträger richten, „die in ihrem Verhalten zum Besitz ihre Distanz zu der Motivation der Irrlehrer erkennbar werden lassen sollen. Wir haben es hier also mit einem Stück spezifischer Pastoralethik zu tun". Jürgen Roloff, Der erste Brief an Timotheus, Neukirchen-Vluyn 1988, 327.

793 Vgl. Ackermann, Predigten nach den Bedürfnissen des Landvolkes, Bd. 1, 323.

794 Ackermann, Kurze Frühpredigten, Bd. 1, 211; siehe auch: Kaiser, Fastenhirtenbrief 1847, 24.

„So hat der Sohn Gottes während der größten Zeit seines Erdenlebens uns das Beispiel geben wollen, daß wir nicht nach hohen Dingen, nicht nach Ehre vor der Welt, nicht nach Geld und Gut mit unordentlicher Begierde trachten, sondern vielmehr mit Nüchternheit des Sinnes nur verlangen, und nur dahin streben sollen, daß wir durch eigene Mitwirkung unter dem Beistand Gottes den angemessenen Lebensunterhalt haben mögen".[795]

Dieses genügsame Leben Jesu bedeutete nach der Darstellung der Geistlichen ein Leben in absoluter Armut, welches der Gottessohn aus der Liebe zu den Menschen freiwillig auf sich genommen habe.[796] Im Sinne einer Imitatio Christi fordern die Priester und Bischöfe ihre bedürftigen Zuhörer daher ebenfalls zur geduldigen Annahme der materiellen Notlage auf.

4.5.2 Ermahnung zur geduldigen Annahme der Armut

Aus der geringen Bedeutung der materiellen Güter ergibt sich mit dem Aufruf zur geduldigen Annahme der Armut ein weiteres wesentliches Moment der Verkündigung zum richtigen Umgang mit der Notsituation, welches bereits bei den Erläuterungen zu den verschiedenen Begriffsbestimmungen der ‚Armut im Geiste' angeklungen ist. Wie diese geduldige Annahme nach Ansicht der Prediger im Einzelnen auszusehen habe, wird von Caspar Riffel anschaulich geschildert:

„Hören wir sie selbst aus dem Munde eines alten schwachen Greisen zu den Kleinen sprechen ...: Sehet, meine Lieben, wir führen ein armes und dürftiges Leben; aber nicht alle Menschen können reich sein: so will es unser Vater im Himmel; euer Vater, eure Mutter arbeiten unaufhörlich, daß ihr Kleider und Brod habet; betet darum stets zu dem lieben Gott für ihre Gesundheit, denn Gott, unser himmlischer Vater ist es, der uns auch das Wenige gibt, was wir haben; wenn wir Ihm folgen, seine Gebote erfüllen, wird Er uns nun und nimmer verlassen; ... darum hat Er selbst seinen Sohn Jesus Christus auf der Welt in großer Dürftigkeit leben lassen, um uns Allen ein Beispiel zu geben, dem wir folgen wollen, dann werden wir im Himmel unaussprechlich glücklich sein".[797]

Riffel macht in diesem Ausspruch deutlich, dass die Armen, die in ihrer materiellen Notlage ein tugendhaftes zufriedenes Leben führen und nicht gegen die von Gott aufgetragene Armutssituation aufbegehren den als ‚ewigen

---

[795] Brockmann, Homilien und Predigten, Bd. 1, 377.

[796] Vgl. hierzu Kapitel 4.2.4.

[797] Riffel, Predigten Sonn- und Festtage, Bd. 1, 256; siehe auch: Bauerschubert, Neue Festpredigten, 331; Johann Heinrich Brockmann, Homilien und Predigten an allen Sonn- und Festtagen des Jahrs, Bd. 3: Von Pfingsten bis zum zwölften Sonntage nach dem Fest der heiligen Dreifaltigkeit, Münster 1828, 103.

Reichtum' bezeichneten himmlischen Lohn erwarten können. Diese Hoffnung beinhaltet nach Ansicht der Geistlichen ein wichtiges tröstendes Element und soll den leidenden Armen die Einnahme einer tugendhaften Haltung erleichtern, mit welcher die materielle Armut ausgeglichen und bereits im weltlichen Leben geistiger Reichtum spürbar werde. Zur Unterstreichung der Bedeutung dieses religiösen Reichtums führen die Prediger als Schriftbeleg Tob 4,21 an:

„Wenn unser Leben an guten Werken, und unser Herz an guten Hoffnungen reich ist, so werden wir in Mangel und Dürftigkeit einen zufriedenen Muth behalten. Wir sind wohl arm, sagte Tobias zu seinem Sohne, aber wir werden viel Gutes haben, wenn wir nur Gott fürchten, die Sünde meiden und Gutes thun".[798]

Als weiteres Vorbild für die geforderte geduldige Annahme der Armut in Frömmigkeit und den daher zu erwartenden Lohn beschreiben die Prediger und Bischöfe an erster Stelle das biblische Beispiel des armen Lazarus.[799] Während bei der anerkennenden Vorstellung des armen Lazarus das stille und gottergebene Ertragen des Leids im Mittelpunkt der Argumentation steht, führen die Geistlichen als nachahmungswert außerdem Persönlichkeiten an, die trotz ihrer Armut die von Gott aufgetragenen Aufgaben gewissenhaft ausführten. Sie nennen zum einem die Gottesmutter Maria, die ihre Armut nicht nur fromm annahm, sondern gleichzeitig auch ihre Pflichten als Mutter und Hausfrau treu erfüllte:

„So machte es Maria. Sie that nichts Außerordentliches wirkte keine Wunder. Sie verrichtete ihre häuslichen Geschäfte, wie eine gute Hausmutter es soll, besorgte Ordnung und Reinlichkeit in ihrer kleinen Wohnung, arbeitete mit ihren Händen, wie ihr niederer Stand und ihre Dürftigkeit es erheischten, war eine gefällige Gattin gegen Joseph, und eine sorgfältige Mutter gegen Jesu, dabei zärtlich gegen ihre Verwandte, liebreich gegen ihre Nachbarn, und dienstfertig gegen ihre Nebenmenschen, so viel sie es sein konnte. ... So lebten sie unangesehen, aber ruhig; arm, aber zufrieden; von der Welt verkannt und ungerühmt; aber vergnügt im Herzen, und groß in den Augen des Himmels".[800]

Diese Wahrnehmung Mariens als Mutter und somit als Vorbild aller christlichen Hausfrauen kam im Zuge einer veränderten Marienfrömmigkeit Anfang des 19. Jahrhunderts auf, während Maria zuvor vor allem in der Figur

---

798 Ackermann, Predigten nach den Bedürfnissen des Landvolkes, Bd. 1, 30.

799 Vgl. Brockmann, Homilien und Predigten, Bd. 3, 103; Bauerschubert, Kurze Volkspredigten, Bd. 3, 253.

800 Dietl, G. A. Dietl's Predigten an seine Pfarrgemeinde, 85-86.

der Himmelskönigin als schmerzhafte Gottesmutter und als mildtätige Fürbitterin verehrt wurde.[801]

Ähnlich wie Maria zeichnen die Prediger auch den Heiligen Joseph dadurch aus, dass er keine außergewöhnlichen Dinge bewirkte, sondern trotz der dürftigen Verhältnisse ein arbeitsames und frommes Leben führte. Er wird als pflichtbewusster Handwerker und Familienvater beschrieben, der auf Grund seiner Tugendhaftigkeit von Gott ausgezeichnet wurde.[802] Im Mittelpunkt der vorbildhaften Darstellung des Heiligen Josephs steht dessen treue Erfüllung seiner Standespflichten. Mit Blick auf das fromme Leben der Heiligen Familie fordern die Geistlichen alle Gläubigen auf, den ihnen von Gott aufgetragenen Stand in Zufriedenheit anzunehmen.[803] Die Priester und Bischöfe erläutern aber nicht nur den richtigen Umgang mit der Notsituation, sondern zeigen auch auf, wie man materielle Armut vermeiden könne.

4.6 Möglichkeiten der Armutsprävention

4.6.1 Erziehung und Ausbildung zur Vermeidung von Armut

Die Erläuterungen zum Problemfeld Kinder und Armut haben bereits aufgezeigt, welche Bedeutung die Ermahnungen zur Kindeserziehung für die Verkündigung der (spät-)aufklärerischen Geistlichen hatten. In den untersuchten Texten werden sowohl das Elternhaus als auch die Schule als Orte beschrieben, wo die von den Predigern geforderte Erziehung stattfinden solle. Blickt man auf die Werte, welche die Eltern und Lehrer nach Ansicht der Priester und Bischöfe zu vermitteln haben, so fällt auf, dass es sich hierbei um die positive Gegenseite der als Armutsursachen beschriebenen Laster handelt. Die Geistlichen ermuntern die verantwortlichen Erzieher dazu, die Kinder die Tugenden der Mäßigkeit, Sparsamkeit und des Arbeitseifers, aber auch der Nächstenliebe zu lehren.[804] Es handelt sich hierbei um Tugenden, die

[801] Vgl. Rudolf Schlögl, „Sünderin, Heilige oder Hausfrau? Katholische Kirche und weibliche Frömmigkeit um 1800“, in: Irmtraud Götz von Olenhusen (Hg.), Wunderbare Erscheinungen. Frauen und katholische Frömmigkeit im 19. und 20. Jahrhundert, Paderborn 1995, 13-50.

[802] Vgl. Ackermann, Volkspredigten und Homilien, Bd. 2, 372. Siehe auch: Winkelhofer, Winkelhofers Predigten über die christliche Gerechtigkeit, Bd. 1, 166.

[803] Vgl. Ackermann, Predigten nach den Bedürfnissen des gemeinen Mannes, Bd. 2, 472; Dietl, G. A. Dietl's Predigten an seine Pfarrgemeinde, 85; Arnoldi, Sonntagspredigten des Bischofs Wilhelm Arnoldi, 65.

[804] Vgl. Ackermann, Predigten nach den Bedürfnissen des gemeinen Mannes, Bd. 1, 309-310; Bauerschubert, Kurze Volkspredigten, Bd. 3, 12.

konfessionsübergreifend im Mittelpunkt der Werteerziehung des 18. und 19. Jahrhunderts standen.[805]

Die Bedeutung einer schulischen Ausbildung wird in den (spät-)aufklärerischen Predigtsammlungen Ackermanns und Bauerschuberts sowie in dem bereits erwähnten Hirtenbrief des Kölner Erzbischofs Ferdinand August Graf von Spiegel erörtert.[806] Hierbei sind zwei Momente maßgebend. Zum einem beschreiben die Geistlichen die negativen Auswirkungen einer fehlenden Schulbildung für das zukünftige Leben der Kinder sowie für den gesellschaftlichen Zusammenhalt: „Wer nichts gelernt hat, der ist von allen Verständigen verachtet, und sich und allen Menschen einmal zur Last, gleichsam ein lahmes oder krankes Glied an dem Körper, das man zu nichts recht brauchen kann".[807] Es klingt hier das als ‚Pädagogisierung' bezeichnete Grundprinzip des frühneuzeitlichen Armenwesens an. Dieses sich im 16. Jahrhundert entwickelnde Prinzip hat nach Sachße und Tennstedt „nicht nur den Charakter repressiver Unterdrückung von Nicht-Arbeit, sie äußert sich auch positiv in ersten Ansätzen von Arbeitsbeschaffungsprogrammen und öffentlichen Erziehungsmaßnahmen für Bettelkinder".[808]

Auf Grund der Not, die eine fehlende Schulbildung mit sich bringen werde, ermahnen die Geistlichen die Eltern, ihren Kindern den Schulbesuch zu ermöglichen. Dieser solle zum einem zum Erlernen eines Berufes beitragen und zum anderen die Unterrichtung in Fragen der Glaubens- und Sittenlehre beinhalten: „Ihr müsset also auch dafür sorgen, daß sie in allem Guten unterrichtet werden, und gründlich lernen, wie man auf dieser Erde fromm und gut, und einstens des Himmelreichs würdig werden könne".[809]

Die Geistlichen sehen die Schulbildung aber nicht nur als Präventionsmaßnahme zur Vermeidung einer zukünftigen Armutssituation an. Die schulische und berufliche Ausbildung der Kinder armer Eltern kann ihrer Meinung nach auch helfen, die bereits bestehende materielle Notlage zu überwinden.[810] Sie bringen dies als Argument für die Notwendigkeit einer

---

805 Vgl. Andreas Gestrich, „Ziele und Praktiken familialer Werterziehung im 18. und 19. Jahrhundert in städtischen und ländlichen Kontexten", in: Andreas Holzem/Ines Weber (Hgg.), Ehe – Familie – Verwandtschaft. Vergesellschaftung in Religion und sozialer Lebenswelt, Paderborn 2008, 345-372, 348.

806 Vgl. Ackermann, Predigten nach den Bedürfnissen des gemeinen Mannes, Bd. 2, 145; Bauerschubert, Kurze Volkspredigten, Bd. 1, 85-86; ders., Kurze Volkspredigten, Bd. 3, 9-22; Graf von Spiegel, Fastenhirtenbrief vom 4. Februar 1834, 1-2.

807 Ackermann, Predigten nach den Bedürfnissen des gemeinen Mannes, Bd. 2, 145.

808 Sachße/Tennstedt, Geschichte der Armenfürsorge in Deutschland, Bd. 1, 35.

809 Bauerschubert, Kurze Volkspredigten, Bd. 1, 86.

810 Diese Sorge der katholischen Pfarrer für den Schulbesuch der Kinder beobachtet auch Wilfried Evertz für das Erzbistum Köln: „Daß die rheinischen Pfarrer in ihrer Eigenschaft als örtliche Schulvorsteher in diesem Entwicklungsprozeß durchweg eifrige

schulischen Ausbildung gegenüber den Eltern an, die mit dem Schulbesuch ihrer Kinder den Wegfall von Arbeitskräften und somit auch Verdiensteinbußen für die Familie verbunden sehen:

„So schicket sie denn in die Schule, und lasset lieber diesen kleinen Nebenverdienst fahren. Ich versichere euch, wenn sie in der Schule viel Gutes lernen, und zum Fleiße und zur Tugend gewöhnt werden: so werden sie hernach in reifern Jahren das alles an Brodverdienst wieder einbringen, was sie in der Jugend des Lernens halber etwa versäumt haben“.[811]

Auf Grund dieser Bedeutung der schulischen und beruflichen Ausbildung wird die Heranführung armer Kinder und Jugendlicher an einen Beruf, der sie und ihre Familie ernähren kann, von den Geistlichen als ein Werk der Wohltätigkeit umschrieben.[812]

4.6.2 Arbeitseifer und Sparsamkeit zur Vermeidung von Armut

Die Kritik am Laster des Müßiggangs und an der Armengruppe der sogenannten starken Bettler haben deutlich gemacht, dass die Geistlichen, entsprechend der seit der Frühen Neuzeit bestehenden gesellschaftlichen Bewertung des Zusammenhangs von Nichtarbeit und Armut, der Erwerbstätigkeit eine hohe Bedeutung zusprechen. Wie bereits bei der Vorstellung der Armengruppen gesehen, haben die Priester hierbei vor allem die Handwerker, Dienstboten und Tagelöhner im Blick.[813] In den späten Predigten Anton Westermayers wird außerdem die Problematik der Fabrikarbeit erörtert.[814]

Die Priester und Bischöfe stellen heraus, dass im Gegensatz zur Armutsursache des Müßiggangs Arbeit wesentlich dazu beiträgt, ein Abrutschen in materielle Not zu vermeiden. Die Geistlichen begründen dies mit dem in der christlichen Tradition bedeutenden Pauluswort „Wer nicht arbeiten will, soll auch nicht essen“ (2 Thess 3,10). Dieses biblische Zitat aufnehmend führt Sebastian Winkelhofer aus:

Kämpfer für die Verwirklichung der Schulpflicht waren und damit (wenn auch nur indirekt) ihren Beitrag zur Einschränkung der Kinderarbeit leisteten, steht im Zusammenhang mit der Auswertung des hier vorliegenden Quellenmaterials außer Zweifel“. Evertz, Seelsorge im Erzbistum, 108.

811 Bauerschubert, Kurze Volkspredigten, Bd. 3, 17.

812 Vgl. hierzu Kapitel 5.3.3.3.

813 Diese Wahrnehmung deckt sich mit der Darstellung der Arbeitergruppen in privaten katholischen Gebetbüchern: „Der gesamte Bereich der Heimarbeit und Frühindustrialisierung bleibt außerhalb des Horizontes“. Bernhard Schneider, „‚Ora et labora‘. Der Umbruch der Arbeitswelt und die Liturgie im langen 19. Jahrhundert“, in: Jürgen Bärsch/Bernhard Schneider (Hgg.), Liturgie und Lebenswelt. Studien zur Gottesdienst- und Frömmigkeitsgeschichte zwischen Tridentinum und Vatikanum II, Münster 2006, 141-183, 168.

814 Vgl. Westermayer, Predigten für wahre Aufklärung, Bd. 2, 121-122.

„Wer nicht arbeitet, soll auch nicht essen. Es ist, ich stehe gut dafür, noch kein Mensch verhungert, der, bey zweckmäßiger Arbeit und bey Mangel an Kräften auch ohne Arbeit, auf Gott vertrauet hat, und es wird auch in Zukunft kein solcher Mensch verhungern“.[815]

Daher stellt das verantwortungsbewusste Arbeiten für die Priester und Bischöfe die Erfüllung einer von Gott aufgetragenen Pflicht dar: „Arbeitet fleißig. Denn sein gutes Auskommen haben, aber nicht arbeiten, und sich's sauer werden lassen wollen, das heißt, Gott versuchen“.[816] Die Geistlichen betonen, dass Gott den Menschen mit diesem Auftrag zur Arbeitsamkeit nicht allein lasse, sondern durch seinen Segen zum Fortkommen des menschlichen Tuns beitrage. Allerdings müsse der Mensch die Voraussetzungen hierfür schaffen:

„Noch kräftiger wird der göttliche Segen wirken, wenn jede Arbeit aus Gehorsam gegen Gott und mit einem Herzen voll der Liebe gegen Gott verrichtet wird; wenn den arbeitsamen Hausvater der Gedanke leitet: ‚Ich arbeite in dem mir von Gott angewiesenen Berufe zum Besten meiner Mitmenschen. Sein Wille geschehe!‘“[817]

Grundbedingung für diesen göttlichen Segen ist nach Ansicht der Geistlichen also nicht nur die körperliche Anstrengung, sondern die Verbindung von Arbeitsamkeit und Hinwendung zu Gott im Gebet.[818]

Neben der Vorstellung der Arbeitsamkeit als christliches Gebot stellen die aufklärerischen Prediger außerdem die Bedeutung der Arbeit als Bürgerpflicht heraus, die zur Erhaltung des Staates einen notwendigen Beitrag leiste. Auch hier bildet das Laster des Müßiggangs den Hintergrund der Argumentation:

„Wer das nicht thut; wer seine Talente vergräbt, und bloß vom Nichtsthun leben will, der ist nicht werth, daß Er die Vortheile des Staates geniesse, … Ja ein solcher Mensch ist nicht nur ein unnützes, sondern auch ein schädliches und gefährliches Mitglied; denn Er zerstört so viel an ihm ist, die Wohlfahrt der bürgerlichen Gesellschaft, Er untergräbt die Hauptstütze derselben“.[819]

---

[815] Winkelhofer, Reden über die Bergpredigt unsers Herrn, 383. Siehe auch: Winkelhofer, Predigten über die christliche Gerechtigkeit, Bd. 1, 166; Ackermann, Faßliche und gemeinnützige Predigten, Bd. 2, 74; Feder, Predigten auf alle Sonntage des Jahres, Bd. 1, 329; Schneider, Predigten für gebildete Menschen, 38.

[816] Ackermann, Predigten nach den Bedürfnissen des Landvolkes, Bd. 1, 327.

[817] Ders., Kurze Frühpredigten, Bd. 1, 213.

[818] Vgl. Wilhelm Arnoldi, „Fastenhirtenbrief vom 2. Februar 1848“, in: Johann Jakob Blattau (Hg.), Statuta synodalia, ordinationes et mandata Archidiocesis Trevirensis, Bd. 9, Trier 1859, 138-147; Riffel, Predigten Sonn- und Festtage, Bd. 3, 82.

[819] Gottlieb Ackermann (Hg.), Katechetische Predigten über die ganze christliche Sittenlehre mit Hinsicht auf die Sonn- und Festtagsevangelien vor einer vermischten Gemeinde vorgetragen, Bd. 5: Katechetische Predigten über die Pflichten gegen den Staat und de-

Mit diesem Bezug auf den Nutzen der Arbeit für das Gemeinwohl nähern sich die Prediger den aufklärerischen Konzepten einer bürgerlichen Ethik, die eine Neubewertung der Arbeit mit sich brachte. Die Geistlichen gehen allerdings nicht soweit, dass sie die Arbeit als Hauptzweck und Weg des Menschen zu seiner Glückseligkeit beschreiben, wie dies Ende des 18. Jahrhunderts in philosophischen Darstellungen üblich war.[820]

Die Prediger und Bischöfe gehen in den untersuchten Texten allerdings kaum darauf ein, dass die Vernachlässigung dieser Arbeitspflicht nicht nur im fehlenden Arbeitswillen, sondern auch im Mangel an Erwerbsmöglichkeiten begründet liegen könnte. Ein erster und für lange Zeit einziger Hinweis auf Arme, die trotz ihrer Arbeitsfähigkeit und -bereitschaft keine Beschäftigung finden, tritt in einer Predigt Joseph Ludwig Colmars auf.[821] Er führt hiermit eine Problematik ein, die in den ersten Jahren des 19. Jahrhunderts nur von wenigen katholischen Autoren wahrgenommen wurde. So zeigt Adam Heinrich Müller im Hinblick auf die Entwicklungen in England auf, dass „tausende durch veränderte Konjunkturen des Handels, wechselnde Bedürfnisse des Weltmarktes und hundert andere Gebrechlichkeiten des neuen künstlichen Systems in Brotlosigkeit versetzt“ wurden.[822] Auch in den Texten der sogenannten Pauperismusliteratur wurde die Problematik zunächst nur in einzelnen Abhandlungen diskutiert.[823] Allerdings änderte sich die gesellschaftliche Wahrnehmung ab den 1830er Jahren. Ab diesem Zeitpunkt wurde „dieser Zusammenhang zwischen Arbeitsgelegenheit und Beschaffenheit der angebotenen Arbeit und Armut häufiger als Begründung für die zunehmende Armut angeführt“.[824] Diese neue Bewertung ist in den untersuchten Verkündigungstexten allerdings nicht festzustellen.

Die Geistlichen betonen außerdem, dass das pflichtgemäße Arbeiten in einem engen Zusammenhang mit den Tugenden der Genügsam- und Sparsamkeit stehe und so die Vermeidung von materieller Not erreicht werden könne: „Doch in jedem Stande können wir uns, wenn wir arbeitsam und mäßig sind, das Nothwendige verschaffen“.[825] Als Vorbilder für ein solches arbeitsames und genügsames Leben nennen die Geistlichen die Heilige Familie.[826] Als

---

nen des Hausstandes, mit Hinsicht auf die Sonn- und Festtagsevangelien, München 1804, 72. Siehe auch: Schneider, Predigten für gebildete Menschen, 37.

820 Vgl. Werner Conze, Art. „Arbeit“, in: Geschichtliche Grundbegriffe. Historisches Lexikon zur politisch-sozialen Sprache in Deutschland, Bd. 1, Stuttgart 1972, 154-214, 171.

821 Vgl. Colmar, Predigten von Joseph Ludwig Colmar, Bd. 3, 62.

822 Adam Heinrich Müller, „Über die Errichtung der Sparbanken (1819)“, in: Adam von Müller's gesammelte Schriften, Bd. 1, München 1839, 186-193, 190-191.

823 Vgl. Dilcher, Der deutsche Pauperismus und seine Literatur, 100.

824 Ebd.

825 Ackermann, Kurze Frühpredigten, Bd. 1, 77.

826 Vgl. hierzu Kapitel 4.5.2.

biblische Begründung für die Verpflichtung zur Sparsamkeit führen sie das Verhalten der Jünger bei der Speisung einer Volksmenge am See von Tiberias (Joh 6,1-15) an.[827] Wie die Jünger sollen die Gläubigen die übriggebliebenen, von Gott geschenkten Gaben sammeln und aufbewahren. Diese Form der Sparsamkeit soll nicht nur der Vermeidung von Armut, sondern insbesondere der Bereitstellung von Mitteln für wohltätiges Handeln dienen.

Die von den Geistlichen vorgestellten Möglichkeiten und Formen der Wohltätigkeit und die theologischen Begründungen der Armenfürsorge werden im Mittelpunkt des nun folgenden Kapitels stehen.

---

827 Vgl. Brockmann, Homilien und Predigten, Bd. 4, 411; Dietl, G. A. Dietls Homilien, 99.

5 Theorien der Armenfürsorge

Mit der ausführlichen Darstellung der bestehenden materiellen und sozialen Not, ihrer Erscheinungsformen und Ursachen verbinden die Priester und Bischöfe in fast allen Verkündigungstexten einen an die Zuhörer gerichteten Aufruf zur christlichen Nächstenliebe. Daher kann es als eine Hauptintention der sich mit dem Thema Armut auseinandersetzenden Predigten und Hirtenbriefe angesehen werden, die Gläubigen zu wohltätigem Handeln gegenüber den Armen zu ermahnen. In den untersuchten Texten findet sich dementsprechend eine Vielzahl an Begriffen mit denen die Geistlichen das wohltätige Handeln gegenüber den Armen umschreiben. Diese Terminologie sei zunächst vorgestellt, um dann in den folgenden Kapiteln die verschiedenen Begründungsebenen und Formen der Armenfürsorge zu betrachten.

5.1 Begrifflichkeiten

Bevor die Verwendung der einzelnen Begriffe näher erläutert wird, ist die Verbreitung der verschiedenen Bezeichnungen in den Blick zu nehmen. Die folgende Grafik zeigt die Anzahl der Predigten und Hirtenbriefe, in denen die genannten Begriffe vorkommen.[828] Trotz der großen Anzahl der unten ausgewählten Wendungen wird diesbezüglich keine Vollständigkeit beansprucht. Es wurden die Benennungen gesammelt, die auf Grund ihrer Verbreitung für die Argumentation der Priester und Bischöfe von besonderer Bedeutung sind. Außerdem finden sich weniger häufig verwendete Begriffe wie Fürsorge oder Philanthropie, mit denen die Geistlichen auf den gesamtgesellschaftlichen Armenfürsorgediskurs reagieren. Diese Begriffe sind trotz der geringeren Verbreitung wegen der damit gegebenen Bezugnahme auf die private oder staatliche Fürsorge von besonderer Bedeutung.

[828] Ausgewertet wurden hierbei die 381 Predigten und Hirtenbriefe, welche, wie in Kapitel 3 erläutert, die Themen Armut und Armenfürsorge als Haupt- oder Nebenthema betrachten.

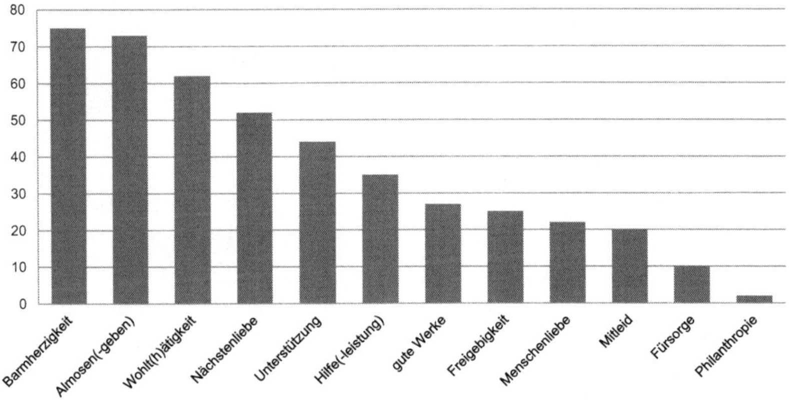

Abbildung 6: Semantik der Armenfürsorge

Die mit den zwölf ausgezählten Bezeichnungen angedeutete begriffliche Abwechslung bedeutet allerdings nicht zwangsläufig auch eine Bedeutungsvielfalt. Viele Begriffe werden synonym oder auch gemeinsam zur Unterstreichung eines bestimmten Argumentationsstranges verwendet.[829] Die unterschiedlichen Benennungen lassen sich zwei großen semantischen Feldern zuordnen. Bei den in den untersuchten Verkündigungstexten weit verbreiteten Begriffen der Barmherzigkeit, des Almosen(-geben-)s, der Nächstenliebe und der guten Werke handelt es sich um traditionell (bibel-)theologische Bezeichnungen. Die übrigen Wendungen sind nicht spezifisch christlicher Natur und werden auch zur Bezeichnung allgemeiner privater oder staatlicher Fürsorgeinitiativen herangezogen.

Jedoch fehlt in Bezug auf die religiösen Termini in allen untersuchten Predigten und Hirtenbriefen der für das christliche Hilfehandeln bis heute charakteristische Schlüsselbegriff ‚Caritas'.[830] Der vom lateinischen ‚carus' (‚teuer', ‚lieb', ‚wert') abgeleitete Begriff gibt in den Schriften der lateinischen Kirchenväter und in der Vulgata das griechische Wort ἀγάπη wieder.[831]

829 Dies lässt sich auch für die Terminologie religiös motivierten Hilfehandelns in anderen Epochen des Christentums feststellen. Einen Einblick in die Geschichte christlicher Fürsorgebegriffe und die damit verbundenen Konzepte bieten die Beiträge in: Michaela Collinet (Hg.), Caritas – Barmherzigkeit – Diakonie. Studien zu Begriffen und Konzepten des Helfens in der Geschichte des Christentums vom Neuen Testament bis ins späte 20. Jahrhundert, Berlin 2014.

830 Auch in dem homiletischen Lexikon von Krönes findet sich kein Eintrag zu C(h)aritas. Vgl. Franz Edmund Krönes, Homiletisches Real-Lexikon, oder: alphabetisch-geordnete Darstellung geeigneter Predigtstoffe, Bd. 2, Regensburg [2]1872. Eine Ausnahme bilden die in dieser Arbeit nicht untersuchten Predigten Johann Emanuel Veiths, die 1851 in Wien unter dem Titel *Charitas. Neun Kanzelvorträge gehalten während der Faste des Jahres 1851 mehrentheils in der Hauptkirche zu St. Nicolaus in Prag* erschienen.

831 Diese Ableitung wird nicht mehr bezweifelt, auch wenn bis Anfang des 20. Jahrhunderts zusätzlich zu dem Begriff ‚Caritas' die deutsche Schreibweise ‚Charitas' auftrat

Entsprechend des biblischen Gebrauchs bezeichnet ‚Caritas' die in der Erlösertat Christi mitgeteilte Liebe Gottes (vgl. 1 Joh 4,7ff.) und die hieraus erwachsende tätige Liebe zum Nächsten (Mt 22,34-40).[832] Der Begriff findet sich später in abgewandelter Form in den romanischen Sprachen (ital. ‚Carità', frz. ‚Charité'). Im Zuge der Auseinandersetzung mit der in diesen Ländern herrschenden Praxis und Theorie katholischer Fürsorge breitete sich der Terminus ‚C(h)aritas' im 18. und 19. Jahrhundert auch im deutschen Sprachraum aus.[833] So wurde er zum Namensgeber für den 1897 in Köln gegründeten katholischen Wohlfahrtsverband ‚Charitasverband für das katholische Deutschland', der 1921 den Namen ‚Deutscher Caritasverband' erhielt und heute in umgangssprachlicher Kurzform als ‚Die Caritas' bezeichnet wird.[834] Die für das Wort ‚Caritas' in den untersuchten Verkündigungstexten festgestellte Abwesenheit gilt auch für den ebenfalls konfessionell geprägten Begriff der ‚Diakonie', der im 19. und 20. Jahrhundert als Bezeichnung für protestantische Fürsorgeinitiativen verwendet wurde und bis heute den großen protestantischen Wohlfahrtsverband bezeichnet.[835] Der hiermit

und hierin das griechische Wort χάρις anklingt. Vgl. Karl Borgmann, Art. „Caritas", in: Lexikon für Theologie und Kirche (2. Aufl.), Bd. 2, 941-947, 941; Franz Schaub, Die katholische Caritas und ihre Gegner, Mönchengladbach 1909, 1-6.

832 Vgl. Borgmann, „Caritas", 941; Paul Nordhues, „Wort und Wesen", in: Paul Nordhues/Joseph Becker (Hgg.), Handbuch der Caritasarbeit. Beiträge zur Theologie, Pastoral und Geschichte der Caritas mit Überblick über die Dienste in Gemeinde und Verband, Paderborn 1986, 23-24, 23. Andreas Müller zeigt auf, dass im Neuen Testament beide Bedeutungsebenen von ‚caritas' durchaus vorhanden sind, das Liebeshandeln der Menschen zueinander aber vor allem mit dem Verb ‚diligere' wiedergegeben wird. Vgl. Andreas Müller, „‚Caritas' im Neuen Testament und in der Alten Kirche", in: Michaela Collinet (Hg.), Caritas – Barmherzigkeit – Diakonie. Studien zu Begriffen und Konzepten des Helfens in der Geschichte des Christentums vom Neuen Testament bis ins späte 20. Jahrhundert, Berlin 2014, 17-47, 19-24.

833 Vgl. Lehner, Caritas, 10.

834 Die von Lorenz Werthmann, dem Gründer des Deutschen Caritasverbandes, 1909 vorgenommene Änderung der Schreibweise wird im Sinne einer Abwendung vom bis dahin grundgelegten griechischen Begriff χάρις hin zum lateinischen Wort ‚Caritas' gedeutet. Es sollte sich hierin „eine Gewichtsverlagerung vom mehr Spirituellen zu aktiver, handfest erfahrbarer Wirklichkeit sozialen Dienstes ausdrücken". Vgl. Hans-Josef Wollasch, „Lorenz Werthmann und der Deutsche Caritasverband", in: Erwin Gatz (Hg.), Geschichte des kirchlichen Lebens in den deutschsprachigen Ländern seit dem Ende des 18. Jahrhunderts, Bd. 5: Caritas und soziale Dienste, Freiburg i. Br. 1997, 173-177, 176.

835 Vgl. Thomas K. Kuhn, „Barmherzigkeit, Fürsorge, Diakonie. Zum Wandel der sozialfürsorgerischen Semantiken im neuzeitlichen Protestantismus", in: Michaela Collinet (Hg.), Caritas – Barmherzigkeit – Diakonie. Studien zu Begriffen und Konzepten des Helfens in der Geschichte des Christentums vom Neuen Testament bis ins späte 20. Jahrhundert, Berlin 2014, 115-159. Heute werden beide Begriffe ‚Caritas' und ‚Diakonie' zur Bezeichnung christlicher Wohltätigkeit verwendet, ohne dass die genaue Zuordnung zu einem Bedeutungsgehalt oder das Verhältnis der Begriffe zueinander endgültig geklärt

im Zusammenhang stehende Begriff der wohltätigen protestantischen Diakonisse wird nur in einer einzigen Predigt erwähnt.[836]

Die beiden christlichen Begriffe ‚Caritas' und ‚Diakonie' fehlen auch in den von Markus Lehner ausgewerteten pastoraltheologischen Quellen des späten 18. und frühen 19. Jahrhunderts.[837] Während Lehner in den untersuchten Handbüchern an Stelle der theologischen Begriffe eine profane Terminologie feststellt, überwiegen in den hier betrachteten Predigten und Hirtenbriefen trotz des Fehlens von ‚Caritas' und ‚Diakonie' christliche Fürsorgebegriffe. So wird der oben beschriebene Bedeutungsgehalt von ‚Caritas' im Sinne einer notwendigen Verbindung von Gottes- und Nächstenliebe in den Predigten und Hirtenbriefen durchaus wiedergegeben:

„Ja, wahre, reine Liebe gegen Gott und uneigennützige Liebe gegen den Nächsten, treiben den guten Christen an, seinem Mitmenschen beyzustehen, ihn in der Noth zu unterstützen, ihn vom Unglücke zu erretten, ihn dem Verderben zu entziehen".[838]

Eine ähnliche Bezugnahme auf die Liebe als Grundbedingung der christlichen Wohltätigkeit findet sich auch beim Begriff der ‚Barmherzigkeit', welcher von den Geistlichen häufig in direktem Zusammenhang zum Terminus ‚(Nächsten-)Liebe' gebracht wird. Das Wort ‚Barmherzigkeit' stellt eine Lehnübersetzung des lateinischen Adjektivs ‚misericors' (= „wer ein Herz für die Armen hat") dar.[839] In der Bibel finden sich für das deutsche Wort Barmherzigkeit verschiedene hebräische und griechische Begriffe, welche eine Eigenschaft Gottes (vor allem Güte, Erbarmen, Mitleid) und davon abgeleitet ein menschliches Verhalten bezeichnen.[840] Entsprechend dieser biblischen Tradition stellen die Prediger und Bischöfe die menschliche Barmherzigkeit als notwendige Antwort auf die in der Erlösungstat Christi konkret gewordene bedingungslose Barmherzigkeit Gottes dar:

„Menschlich seyn um Christus Willen. Gutes einander thun, weil Christus auch gut war. Ohne Rücksicht auf Christus ist die Barmherzigkeit keine christliche Tugend. Wir müssen einander lieben, weil uns Christus auch liebte, und Liebe geboth".[841]

---

sind. Vgl. Herbert Haslinger, Diakonie. Grundlagen für die soziale Arbeit der Kirche, Paderborn 2009, 15-19.

836 Vgl. hierzu Kapitel 5.3.2.3.

837 Vgl. Lehner, Caritas, 90.

838 Ackermann, Kurze Frühpredigten, Bd. 1, 256.

839 Vgl. Karl Bopp, Barmherzigkeit im pastoralen Handeln der Kirche. Eine symbolisch-kritische Handlungstheorie zur Neuorientierung kirchlicher Praxis, München 1998, 103.

840 Vgl. ebd., 107-126.

841 Winkelhofer, Winkelhofers Predigten über die christliche Gerechtigkeit, Bd. 3, 371; siehe dazu auch: Arnoldi, Sonntagspredigten des Bischofs Wilhelm Arnoldi, 39-40; Freiherr Droste zu Vischering, Predigten, Betrachtungen und Unterweisungen, 211.

Als biblische Grundlage beziehen sich die Geistlichen hierbei auf den programmatischen Ausruf Jesu: „Seid barmherzig, wie auch euer Vater barmherzig ist".[842] Diese Deutung der Barmherzigkeit in den untersuchten Verkündigungstexten unterscheidet sich von dem von Karl Bopp für die katholische Theologie der Neuzeit aufgezeigten begriffsgeschichtlichen Befund: „Der ... Barmherzigkeitsbegriff verliert aber viel von der ursprünglich biblischen Semantik und wird in pragmatischer Hinsicht mehr oder weniger zu einer moralischen Pflicht verengt".[843]

Mit den obigen Zitaten wird bereits angedeutet, dass sich die tugendhafte Haltung der Nächstenliebe und Barmherzigkeit nach Ansicht der Geistlichen nicht auf eine bloße Gefühlsregung gegenüber dem Bedürftigen beschränken dürfe, sondern auch ein konkretes Tun gegenüber dem Notleidenden enthalten müsse. „Wer barmherzig ist, der bleibt nicht bey dem bloßen Gefühle des Mitleidens stehen; er legt seine Hände nicht müssig in den Schooß, sondern streckt sie aus, und hilft so gut als er helfen kann".[844] Diese von Sebastian Winkelhofer vorgenommene Abgrenzung des Wortes ‚Mitleid' von dem Begriff der ‚Barmherzigkeit' entspricht der traditionellen Deutung des Thomas von Aquin, der zwischen dem Mitleidsaffekt und der Tugend der Barmherzigkeit unterscheidet.[845] Wie Thomas betrachten die Geistlichen das Empfinden von ‚Mitleid' als Ausgangspunkt des notwendigen wohltätigen Handelns:

„... unglückselig werden also Jene sein, die kein Mitleid empfinden gegen fremde Noth, und diese nicht zu lindern suchen mittelst jener Kräfte und Güter, die ihnen die göttliche Vorsehung nicht bloß zu ihrem eigenen Vortheile, sondern auch zum Wohle ihrer Mitmenschen verliehen hat!"[846]

Die Forderung nach einer ‚Barmherzigkeit' und ‚Nächstenliebe', die sich im praktischen Tun äußert, unterstreichen die Priester und Bischöfe mit der häufigen Verwendung der Begriffe ‚tätige Nächstenliebe' oder auch ‚Werke der Barmherzigkeit':

„Willst du ein wahrer Jesuit sein, lieber Christ, so gehe hin und thue desgleichen. ... Geh hin und gib den Armen, kleide die Nackten, speise die Hungrigen, gib zu trinken den Durstenden, beherberge die Fremden! Sieh,

842 Vgl. Ackermann, Predigten nach den Bedürfnissen des gemeinen Mannes, Bd. 4, 162; Winkelhofer, Winkelhofers Predigten über die christliche Gerechtigkeit, Bd. 2, 149.

843 Bopp, Barmherzigkeit, 158.

844 Winkelhofer, Reden über die Bergpredigt unsers Herrn, 393.

845 Vgl. Falk Wagner, Art. „Mitleid", in: Theologische Realenzyklopädie, Bd. XXIII, 105-110, 105. Zum christlichen Verständnis von Mitleid vgl. außerdem Ingolf Ulrich Dalferth/Andreas Hunziker, „Einleitung. Aspekt des Problemkomplexes Mitleid", in: Ingolf Ulrich Dalferth (Hg.), Mitleid. Konkretionen eines strittigen Konzepts, Tübingen 2007, IX-XXV.

846 Johann Leonard Pfaff, Fastenhirtenbrief vom 9. Februar 1838, Fulda 1838, 4.

dann hast du Nächstenliebe geübt. Aber nicht bloß für den Leib deines Nächsten mußt du sorgen, nicht bloß leibliche Werke der Barmherzigkeit mußt du thun, sondern auch geistliche".[847]

Anton Westermayer beschreibt mit den genannten Fürsorgemaßnahmen keine konkreten Wohltätigkeitsformen, die sich aus der Analyse einer sozialen Notlage ergeben, sondern ein theologisches Modell von Nächstenliebe: die sogenannten ‚sieben leiblichen Werke der Barmherzigkeit'. Allerdings überträgt der ultramontane Prediger diese klassische Aufzählung an anderer Stelle auch auf die Armenkategorien seiner Zeit und erwähnt beispielsweise das Schulgeld, welches an arme Waisenkinder gezahlt wurde.[848] Die von Westermayer im obigen Zitat ansatzweise aufgegriffene Zusammenstellung der sieben Werke geht auf die Nennung der sechs wohltätigen Handlungen (Hungrige speisen, Durstigen zu trinken geben, Fremde aufnehmen, Nackte bekleiden, Kranke besuchen, Gefangene trösten) in der Weltgerichtsrede (Mt 25,31-46) zurück.[849] Die dort erwähnten Aufgaben wurden von Laktanz nach Tob 1,17 um das Begraben der Toten ergänzt.[850] Diese ‚sieben leiblichen Werke der Barmherzigkeit' bilden bereits in der Patristik die Grundlage für die Ermahnungen zur Armenfürsorge: „Die allgemeinen Aufforderungen zur Wohltätigkeit und zum Almosengeben werden konkretisiert an den Gruppen der Notleidenden, die die mattäische Gerichtspredigt aufführt".[851] Daneben entwickelte sich seit der Spätantike die Vorstellung von den ‚sieben geistigen Werken der Barmherzigkeit': Unwissende lehren, Zweifelnde beraten, Trauernde trösten, Sünder zurechtweisen, Beleidigern verzeihen, Lästige ertragen, für Lebende und Verstorbene beten.[852] Wie im obigen Zitat Anton Westermayers angedeutet spielen diese geistigen Werke in den untersuchten Texten ebenfalls eine große Rolle. Die Geistlichen fordern die Wohltäter auf, auch die seelischen Bedürfnisse der Notleidenden im Blick zu haben:[853]

847 Anton Westermayer, Bauernpredigten, die auch manche Stadtleute brauchen können, auf alle Sonn- und Festtage des Kirchenjahres, nebst einigen Gelegenheitspredigten mit besonderer Berücksichtigung der Gegenwart, zugleich ein Hausbuch für's katholische Landvolk. 2. Jahrgang, Bd. 1, 2. verbesserte Aufl. Regensburg 1848, 108. Siehe dazu auch: Arnoldi, Sonntagspredigten des Bischofs Wilhelm Arnoldi, 39-40; Arnoldi, „Fastenhirtenbrief 1847", 107; Brockmann, Homilien und Predigten, Bd. 4, 135; Freiherr Droste zu Vischering, Predigten, Betrachtungen und Unterweisungen, 208; Petrus Leopold Kaiser, Fastenhirtenbrief vom 6. Februar 1846, Mainz 1846, 15; Laurent, Fastenhirtenbrief 1847, 2.

848 Vgl. Westermayer, Bauernpredigten, 1. Jahrgang, Bd. 2, 137-138.

849 Zur Bedeutung der Weltgerichtsrede für die Begründung der Armenfürsorge vgl. Kapitel 5.2.2.

850 Vgl. Müller, „Caritas", 31.

851 Puzicha, Christus peregrinus, 6.

852 Vgl. Karl Bopp, Art. „Werke der Barmherzigkeit. II. Historisch. III. Praktisch-theologisch", in: Lexikon für Theologie und Kirche (3. Aufl.), Bd. 10, 1099-1100.

853 Zu den unterschiedlichen Formen materieller und persönlicher Fürsorge vgl. Kapitel 5.3.3.

„Nun aber, meine Geliebten! wenn Christus schon die bloße Unterlassung der leiblichen Werke der Barmherzigkeit schon so strenge ahnden wird; was wird Er erst thun, wenn man die Werke der geistlichen Barmherzigkeit hintansetzt? Wenn Er's schon übel nimmt, daß man Ihn in dem geringsten seiner Mitbrüder nicht gespeiset, getränket und bekleidet hat; um wie viel mehr wird Er's übel nehmen, daß man seinen unwissenden und am Verstande armen Mitbruder keine Geistesnahrung gereicht und keinen Unterricht gegeben hat?"[854]

Wie in diesem Zitat werden beide Bedeutungsebenen der Werke der Barmherzigkeit von den Geistlichen unter Berücksichtigung der Rede vom Weltgericht in Mt 25 herangezogen, um den Verdienstcharakter der christlichen Hilfe für Notleidende zu unterstreichen. Bei den ‚Werken der Barmherzigkeit' handelt es sich aber nicht um den einzigen Begriff, mit dem die Priester und Bischöfe auf die Bedeutung der Wohltätigkeit als Sorge für das ewige Seelenheil der Gläubigen eingehen. Charakteristische Wendungen sind außerdem die Motive des ‚Almosen(-gebens)'[855] und der ‚guten Werke':

„Wie werdet ihr in den Himmel kommen, wenn euch das Almosen und das Gebeth der Armen nicht hineinhilft? Was nützet euch das aufgehäufte Geld in euren Kisten? ihr könnet es doch nicht in die andere Welt mitnehmen. Also wendet es in dieser zu guten Werken an, die euch in die Ewigkeit begleiten werden".[856]

Mit den ‚guten Werken' findet sich in den untersuchten Texten ein neutestamentlicher Begriff, der im Laufe der Kirchengeschichte immer wieder zum theologischen Streitpunkt und in der Reformationszeit zur zentralen Frage der Auseinandersetzungen wurde. Während Martin Luther betont, dass die ‚guten Werke' ausschließlich eine Frucht des Glaubens darstellen und keiner anderen Motivation bedürfen, hält das Trienter Konzil am Verdienstcharakter der Wohltätigkeit fest:

„Wer sagt, die guten Werke des gerechtfertigten Menschen seien so Gaben Gottes, daß sie nicht auch die guten Verdienste des Gerechtfertigten selbst sind; oder der Gerechtfertigte erlange mit den guten Werken, die von ihm durch Gottes Gnade und das Verdienst Jesu Christi (dessen lebendiges Glied er ist) getan werden, in Wahrheit nicht die Vermehrung der Gnade und das

---

854 Ackermann, Katechetische Predigten, Bd. 3, 50.

855 Der Almosengabe als einer möglichen Form wohltätigen Handelns ist unter 5.3.3 ein eigenes Kapitel gewidmet. Daher wird an dieser Stelle auf den Begriff des ‚Almosen(-gebens)' nicht weiter eingegangen.

856 Winkelhofer, Reden über die Bergpredigt unsers Herrn, 30; siehe dazu auch: Ackermann, Kurze Frühpredigten, Bd. 2, 270-271; Brockmann, Homilien und Predigten, Bd. 3, 112.

ewige Leben ... wie auch die Vermehrung der Herrlichkeit: der sei mit dem Anathema belegt".[857]

Die unterschiedliche theologische Bewertung der ‚guten Werke' blieb für die konfessionelle Einstellung zum Bettel und zur Armenfürsorge in der Frühen Neuzeit von zentraler Bedeutung. So kann man sich auf katholischer Seite kaum von der Vorstellung der Freiwilligkeit der Almosengabe trennen.[858] Allerdings bedeuten die Differenzen hinsichtlich der ‚guten Werke' nicht, dass sich die protestantischen und katholischen Territorien in Bezug auf den Erlass von restriktiven Bettel- und Armenordnungen grundsätzlich unterschieden:

„Somit kann nicht länger behauptet werden, nur in protestantischen Territorien sei der Bettel dem Verdikt verfallen, wie umgekehrt nachgewiesen wurde, dass auch in protestantischen Territorien durchaus nicht überall ein absolutes Bettelverbot bestand (z. B. nicht im reformierten Nassau-Dillenburg)".[859]

Jedoch bestand in den katholischen Territorien im 18. Jahrhundert durch die Vielfalt der Armenfürsorgeinstitutionen eine Almosenpraxis fort, die an der Bedeutung des Almosens für das ewige Seelenheil des Gebers und der heiligen Austauschbeziehung zwischen Geber und Empfänger festhielt.[860]

Diese Bezugnahme auf den Verdienstcharakter der wohltätigen Handlungen kann wie bereits mehrfach angedeutet und in Kapitel 5.2.2.2 ausführlich dargestellt auch für die hier untersuchten Verkündigungstexte konstatiert werden. Die mit dem Begriff der ‚guten Werke' verbundenen konfessionellen Differenzen werden von den ultramontanen Predigern Caspar Riffel und Anton Westermayer sowie dem lutherischen Prediger Carl Immanuel Nitzsch explizit zur Sprache gebracht. Die katholischen Autoren betonen den notwendigen Zusammenhang von Glaube und ‚guten Werken' und grenzen sich in konfessioneller Polemik von der Überbewertung des Glaubens auf protestantischer Seite ab:

„Zuvor hatte man mit aller Zähigkeit an dem andern Extrem festgehalten, daß der Glaube allein die Hauptsache sei, gute Werke aber unnütz; zuletzt war man auf andere Extreme hinübergesprungen; allein das Evangelium sagt es deutlich und bestimmt, daß der Glaube ohne Werke todt ist und daß die Liebe den Glauben zum Fundamente haben müsse".[861]

---

857 DH 1582.

858 Vgl. Schmidt/Wagner, „„Gebt den Hußarmen umb Gottes willen"", 507.

859 Schneider, „Armut und Konfession", 18.

860 Vgl. ebd., 19.

861 Westermayer, Predigten für wahre Aufklärung, Bd. 4, 171-172. Siehe auch: Riffel, Predigten Sonn- und Festtage, Bd. 3, 320-322.

Der evangelische Prediger Carl Immanuel Nitzsch greift den Begriff der ‚guten Werke' ebenfalls auf und stellt wie die katholischen Geistlichen das Entstehen der Liebestätigkeit auf der Grundlage des Glaubens als notwendig dar:

„Als Zöglinge des lautern Evangeliums [2 Kor 9,6-15] sind wir stets gewohnt gewesen, auch diejenigen Werke, welche mit irgend einem Recht gute Werke heißen, zu prüfen, welches Geistes sie seien. Unsere evangelischen Vorfahren haben es gewagt, solche gute Werke, welche die Vergebung der Sünden zu erwerben versprachen, ohne noch aus der Liebe, und durch die Liebe aus dem Glauben zu kommen, schädliche Werke zu nennen. Und sie durften es, m. Br., in mehr als einer Hinsicht".[862]

Somit bringen die katholischen Prediger Caspar Riffel und Anton Westermayer hinsichtlich des richtigen Verständnisses der ‚guten Werke' dieselben – sprachlich nur leicht abgewandelten – Argumente wie der evangelische Theologe Carl Immanuel Nitzsch.

Neben der breiten Basis an theologischen Begriffen verwenden die Priester und Bischöfe Bezeichnungen, die nicht spezifisch christlicher Tradition sind. Die allgemeinen Begriffe des wohltätigen Tuns (Wohlt[h]ätigkeit, Unterstützung, Hilfeleistung, Freigebigkeit, Menschenliebe und Fürsorge) werden von den Geistlichen allerdings nicht in einem profanen Sinne verwendet, sondern durch die Kombination mit dem Adjektiv christlich oder durch die gemeinsame Verwendung mit den beschriebenen theologischen Wendungen zur Bezeichnung christlicher Hilfe herangezogen:

„Entschließt euch also heute, daß ihr Gottes Segen nicht bloß durch Gebet, sondern vorzüglich durch christliche, wohlthätige Nächstenliebe verdienen wollet. ... Wie viele schöne Gelegenheiten habt ihr jetzt nicht, diese christliche Wohlthätigkeit auszuüben".[863]

Diese Verwendungsweise zeigt sich auch in dem bereits mehrmals erwähnten zeitgenössischen homiletischen Lexikon von Franz Edmund Krönes. Hier werden die Einträge zu Wohlthätigkeit und Freigebigkeit durch das in Klammern angefügte Adjektiv ‚christliche' spezifiziert.[864] Wesentlich für diese Spezifizierung ist nach Krönes, dass die den Notleidenden dargebrachten Wohltaten aus Liebe zu Gott und den Menschen erfolgen. Diese Bedingung der christlichen Wohltätigkeit wird in den untersuchten Verkündigungstexten in ähnlicher Weise betont:

---

862 Carl Immanuel Nitzsch, Predigten aus der Amtsführung der letztvergangenen Jahre, Bonn 1833, 305-306.

863 Bauerschubert, Kurze Volkspredigten, Bd. 2, 101.

864 Vgl. Franz Edmund Krönes, Homiletisches Real-Lexikon, oder: alphabetisch-geordnete Darstellung geeigneter Predigtstoffe, Bd. 6, Regensburg ^{2}1872, 79-83. Vgl. ders., Homiletisches Real-Lexikon, oder: alphabetisch-geordnete Darstellung geeigneter Predigtstoffe, Bd. 13, Regensburg ^{2}1872, 202-207.

„Unser Sinn soll bey Ausübung der Wohlthätigkeit nicht bey den Menschen stehen bleiben, sondern unsre Gedanken sollen auf Gott gerichtet seyn. Wir sollen Gutes ausüben mit einem frommen von der Liebe gegen Gott erwärmten Herzen. ... Dieß können wir wieder von Jesu, der uns überall zum Beispiele dient, deutlich lernen".[865]

Die angesprochene Vorbildfunktion Jesu wird in den Predigten Ackermanns auch in Bezug auf den Begriff der Menschenliebe herausgestellt. Hierbei zeigt der Prediger den universalen Charakter des christlichen Hilfehandelns auf:

„So lange er auf Erde herumgieng, half und diente er allen Nothleidenden, sie mochten nun aus was immer für einem Stande, von was immer für einem Volke, oder Religionsparthey seyn; er half Heiden, Samaritern, Juden ohne Unterschied, und hat es also sowohl durch sein Gebot als Beyspiel zur heiligen Pflicht gemacht, alle Menschen zu lieben, und ihnen nach unserm Vermögen zu dienen".[866]

Auch wenn der Begriff ‚Menschenliebe' in den Verkündigungstexten nicht so verbreitet ist wie das Wort ‚Nächstenliebe', so wird dennoch sowohl bei spätaufklärerischen als auch bei ultramontanen Autoren die (tätige) Liebe zu allen Menschen als grundlegende Eigenschaft des christlichen Glaubens herausgestellt.[867] Der protestantische Theologe Johann Joachim Spalding hat der Thematik unter dem Titel ‚Ermunterung zur Menschenliebe, aus der Betrachtung der Liebe, die Gott in Jesu Christo an uns bewiesen hat' eine ganze Predigt gewidmet.[868] Anders als dies Dagobert de Levie für die moralphilosophischen Schriften der deutschen Aufklärer aufzeigt, kann man für die untersuchten Verkündigungstexte also nicht von einem prinzipiellen Gegensatz zwischen der vernunftgemäßen Menschenliebe und der christlichen Nächstenliebe sprechen.[869]

Eine Ausnahme bilden allerdings die Verkündigungstexte des ultramontanen Predigers Anton Westermayer und des Apostolischen Vikars Johann Theodor Laurent. Hier werden die Begriffe christlicher Liebestätigkeit

---

865 Ackermann, Kurze Frühpredigten, Bd. 1, 251.

866 Ders., Predigten nach den Bedürfnissen des gemeinen Mannes, Bd. 2, 217.

867 Vgl. Arnoldi, Sonntagspredigten des Bischofs Wilhelm Arnoldi, 332; Buchegger, Predigten auf Festtage der katholischen Kirche, Bd. 1, 267; Dietl, G. A. Dietl's Predigten an seine Pfarrgemeinde, 166; Pfaff, Fastenhirtenbrief vom 9. Februar 1838, 5; Riffel, Predigten Sonn- und Festtage, Bd. 3, 316-317.

868 Vgl. Johann Joachim Spalding, Predigten. Größtentheils bey außerordentlichen Fällen gehalten; nebst einigen kleinen Erbauungs-Schriften, Frankfurt a. O. – Leipzig 1775, 455-469.

869 Vgl. Dagobert de Levie, Die Menschenliebe im Zeitalter der Aufklärung. Säkularisation und Moral im 18. Jahrhundert. Ein Beitrag zur Ideengeschichte des 18. Jahrhunderts, Bern 1975, 11-12.

gegenüber den profanen Bezeichnungen der Menschenliebe (Philanthropie) und Wohltätigkeit abgegrenzt, um so die erfolglosen Wohltätigkeitsbestrebungen der Revolutionszeit und die einzigartigen Leistungen der christlichen Nächstenliebe darzustellen:[870]

„Aber die Welt erkennt diese Kraft nicht und will sie nicht erkennen, und verschließt Augen und Ohren vor Dem, was allein ihr zum Frieden und Heile würde taugen. Wie sie den christlichen Glauben durch ihre Wissenschaft, und die christliche Tugend und Sitte durch ihre Bildung, so will sie auch die christliche Liebe und Barmherzigkeit durch ihre Menschenliebe und Wohlthätigkeit (Philanthropie und Humanität) ersetzen, welche keine andere als menschliche Beweggründe anerkennt, kein anderes als ein zeitliches Ziel verfolgt, keinem andern als einem irdischen Zweck dient, und so zu der aus dem Herzen Gottes stammenden, christlichen Nächstenliebe sich verhält wie ein Strohfeuer zu der Sonnenwärme“.[871]

Anton Westermayer grenzt den Begriff der christlichen Liebe außerdem gegen Entwicklungen des Kommunismus ab. Hierbei stellt er die mögliche Durchsetzung des kommunistischen Gedankengutes als zukünftigen Verursacher des Armutsproblems und die kirchliche Wohltätigkeit als einzige Lösung der Notsituation dar:

„Nur die christliche Liebe wird dieses Mißverhältniß einigermaßen auszugleichen im Stande sein; allein die Träumereien der Socialisten und Communisten würden, wenn sie je zur Verwirklichung kämen, die ganze Menschheit nach einer schwelgerischen kurzen Nacht am nächsten Tage zu einer Bettlerfamilie machen“.[872]

Diese Beschreibung der kommunistischen Theorien als sinnwidrige Illusion und der christlichen Liebe als richtige Antwort auf das Armutsproblem findet sich auch in den ultramontanen Zeitschriften dieser Zeit.[873] Die von Westermayer im obigen Zitat vorgenommene Gleichsetzung der Begriffe ‚Socialisten‘ und ‚Communisten‘ entspricht der bis zum ersten Weltkrieg vorhandenen Verwendung dieser Begriffe durch den Katholizismus. Nach Wolfgang Ockenfels werden bis zu diesem Zeitpunkt die Begriffe ‚Kommunismus‘ und ‚Sozialismus‘ synonym als Bedrohung der bestehenden Gesellschaftsordnung verstanden.[874]

---

[870] Zur ultramontanen Bewertung der kirchlichen Wohltätigkeit vgl. Kapitel 5.3.2.

[871] Laurent, Fastenhirtenbrief 1847, 5. Siehe dazu: Westermayer, Predigten für wahre Aufklärung, Bd. 4, 180-181.

[872] Anton Westermayer, Zeitpredigten auf alle Sonn- und Festtage des Kirchenjahres, nebst einem Cyklus Fastenpredigten, Bd. 2, Regensburg 1850, 13.

[873] Vgl. Phil-young Kim, Ein deutsches Reich auf katholischem Fundament. Einstellungen zur deutschen Nation in der strengkirchlichen katholischen Presse 1840–1850, Frankfurt a. M. 2010, 254-255.

[874] Vgl. Ockenfels, Katholizismus und Sozialismus,14.

Die Abgrenzung der christlichen Wohltätigkeitsbegriffe gegen profane Bezeichnungen und Entwicklungen gilt allerdings nicht für den Terminus ‚Fürsorge', welcher im 19. Jahrhundert in zunehmendem Maße zu einem Sammelbegriff für die Initiativen staatlicher Armenpflege wurde.[875] Diese Bedeutungsebene spielt in den Verkündigungstexten allerdings eine äußerst geringfügige Rolle. So wird der Begriff in einem Predigtband Gottlieb Ackermanns zur Bezeichnung der Fürsorgeleistungen des Staatsoberhauptes herangezogen.[876] Häufiger tritt er hingegen zur Bezeichnung des wohltätigen Handelns Gottes hervor.[877] Das theologische Verständnis von Fürsorge berücksichtigend erscheinen von Joseph Ludwig Colmar drei Predigten mit dem Titel ‚Gottes Fürsorge für Arme und Nothleidende'.[878] Es handelt sich hierbei um die Zusammenstellung von drei zu unterschiedlichen Zeiten gehaltenen Verkündigungstexten, mit denen Colmar seine Zuhörer an die erfahrenen göttlichen Wohltaten erinnert und sie zu einem entsprechenden Handeln am Nächsten aufruft.

Der Verweis auf die väterliche Fürsorge Gottes für alle Menschen stellt somit ein Argument dar, mit welchem die Geistlichen die Verpflichtung der Gläubigen zur Wohltätigkeit gegenüber den Notleidenden begründen. Dieses und die weiteren Argumente, welche die Geistlichen zur Ermahnung ihrer Zuhörer heranziehen, stehen im Mittelpunkt des folgenden Kapitels.

5.2 Begründung der Armenfürsorge

Mit den genannten Begrifflichkeiten wollen die Geistlichen ihre Zuhörer zu einem wohltätigen Handeln gegenüber den Armen und Bedürftigen ermahnen. Zur Durchsetzung dieser Ermahnungen entwickeln sie in ihren Predigten und Hirtenbriefen ausführliche Armenfürsorgetheorien und zeigen den Gläubigen auf, warum das karitative Tun als notwendig und sinnvoll anzusehen sei. Die hierbei genannten Motive lassen sich zwei Argumentationsebenen zuordnen, einer sozialen und einer theologischen. Auch wenn sich die Ermahnungen zur Armenfürsorge immer auf die potentiellen Wohltäter beziehen,[879] haben die Priester und Bischöfe mit den angeführten Argumentations-

[875] Vgl. Christa Schnabl, Gerecht sorgen. Grundlagen einer sozialethischen Theorie der Fürsorge, Freiburg/Schweiz 2005, 34.

[876] Vgl. Ackermann, Predigten nach den Bedürfnissen des gemeinen Mannes, Bd. 2, 356.

[877] Vgl. Pfaff, Fastenhirtenbrief vom 4. Februar 1847, 2. Siehe dazu auch: Arnoldi, Sonntagspredigten des Bischofs Wilhelm Arnoldi, 286.

[878] Vgl. Colmar, Predigten von Joseph Ludwig Colmar, Bd. 3, 38-83.

[879] Es werden allerdings sowohl die reichen als auch die armen Zuhörer zu wohltätigen Handlungen aufgefordert. Die Prediger unterscheiden dann jedoch dem Besitzstand angemessene Formen der Wohltätigkeit, vgl. hierzu Kapitel 5.3.3.

ebenen sowohl die Situation der Empfänger als auch der Geber im Blick. Daher sind diese beiden Bereiche als zweite Unterkategorie zu unterscheiden.

Mit den sozialen Argumenten betrachten die Priester und Bischöfe das weltliche Leben der Empfänger und Geber. Sie erläutern zum einen, warum ein fürsorgliches Handeln gegenüber dem notleidenden Empfänger nötig und angemessen ist. Zum anderen weisen sie auf die Vorteile hin, welche die Wohltätigkeit für den Geber und sein irdisches Dasein mit sich bringt. Eine viel größere Bedeutung als diese sozialen Deutungsmuster spielen allerdings die theologischen Argumente, welche sich auf das Verhältnis des Empfängers und Gebers zu Gott beziehen und auf das ewige Leben der Gläubigen ausgerichtet sind. Jedoch sind die Übergänge zwischen diesen beiden Argumentationsebenen fließend. So werden auch die sozialen Argumente von den Geistlichen mit dem göttlichen Handeln in Verbindung gebracht und als Hinweis auf das zu erwartende Seelenheil gedeutet.

5.2.1 Soziale Argumente

Mit den als soziale Argumente bezeichneten Begründungen der Armenfürsorge unterstreichen die Geistlichen, was das Geben und Empfangen für das weltliche Leben der in wechselseitigem Verhältnis zueinanderstehenden Subjekte und Objekte der wohltätigen Handlungen bedeutet und warum daher die unbedingte Verpflichtung zur Barmherzigkeit besteht.

5.2.1.1 Empfänger

In Bezug auf die Empfänger der wohltätigen Handlungen werden von den Geistlichen zwei Deutungsmuster angeführt. Während sie mit dem ersten Argumentationsstrang die unabdingbare Notwendigkeit einer Fürsorge gegenüber den Notleidenden betonen, wird mit dem zweiten im stärkeren Maße die Zweckmäßigkeit der Wohltätigkeit unterstrichen.

Die Geistlichen begründen die Verpflichtung zur Wohltätigkeit mit den extremen Zuständen materieller, sozialer und geistiger Armut.[880] Besonders ausführlich beschreiben sie den materiellen Mangel an den Grundgütern Nahrung und Kleidung und zeigen auf, dass die darzubringende Hilfe für das Überleben der Bedürftigen unbedingt notwendig sei. Zur Unterstreichung der Argumentation spielt in den untersuchten Texten die bereits mehrfach angesprochene emotionale Schilderung der Not eine große Rolle:

„Soll ich euch noch weiter zum Mitleiden ermahnen? mit mehreren Gründen zu einer milden Beysteuer aufrufen? Die Größe seines Unglücks noch weiter schildern, um eure Herzen zu rühren? Dringt nicht dieser wehmüthige Klageton schon tief genug ein? Erweicht dieses Winseln und um Brod

[880] Zu den verschiedenen Armutsbegriffen vgl. Kapitel 4.1.1.

Schreyen der Kinder euch nicht schon so sehr, daß ihr von selbst eilen werdet, ihn aus der bittersten Armuth herauszureissen?"[881]

Trotz des Bezugs auf das menschliche Mitleid wünschen die Geistlichen aber keine auf reiner Philanthropie beruhende Wohltätigkeit. Diese muss ihrer Ansicht nach immer auf Gott ausgerichtet und Ausdruck des christlichen Glaubens sein.[882]

Zur Begründung der Notwendigkeit der wohltätigen Hilfe weisen die Geistlichen außerdem darauf hin, dass die beschriebenen Notzustände in unmittelbarer Nähe der Zuhörer vorhanden seien. Hierbei beziehen sie sich einerseits in einer sehr allgemeinen und topoihaften Sprache auf die individuelle Armut, welche die Gläubigen in ihrem persönlichen Umfeld wahrnehmen können: „Wir wandeln mitten unter Nothleidenden und Unglücklichen. Abgelebte Greise, gebeugte Wittwen, verwaiste Kinder, schmachtende Kranke, Hülflose und zur Arbeit Unfähige umgeben uns von allen Seiten".[883] Andererseits haben die Geistlichen in Einzelfällen auch konkrete Unglücksfälle im Blick, welche in der Umgebung ihrer Gemeinden verheerende Notlagen hervorriefen:

„Unsere lieben Landsleute, die unglücklichen Bürger von Straubing, verlangen von uns zur Aufbauung ihrer durch eine schreckliche Feuersbrunst in die Asche gelegten Häuser, zur Wiederherstellung und Ergänzung ihrer ehemals prächtigen Stiftskirche, zur Erleichterung ihres allgemeinen Elends eine milde Beisteuer. Und ich habe den Auftrag erhalten, Euch m. Z. zu diesem schönen Liebeswerke aufzumuntern".[884]

Die Prediger und Bischöfe bleiben allerdings nicht bei dieser Begründung einer aus dem elendigen Zustand erwachsenden notwendigen Armenfürsorge stehen, sondern zeigen auch mit Blick auf das tugendhafte Verhalten der Armen, wie angemessen und sinnvoll das wohltätige Handeln sei. Hierdurch unterscheiden sie sich von den Schriften der Pauperismusliteratur, welche die Rückführung der Armen zur verlorengegangenen Tugendhaftigkeit als Begründung der Notwendigkeit von Armenfürsorge anführen.[885] Die Geistlichen beziehen sich hierbei auf die Argumente, welche für die Unterscheidung zwischen ‚würdigen' und ‚unwürdigen' Armen bestimmend sind.[886] Als beispielhaft für eine solche Begründung der Armenfürsorge kann eine Predigt Joseph Ludwig Colmars angesehen werden.[887]

[881] Ackermann, Predigten nach den Bedürfnissen des gemeinen Mannes, Bd. 1, 494-495.
[882] Vgl. hierzu Kapitel 5.2.2.
[883] Dietl, G. A. Dietl's Predigten an seine Pfarrgemeinde, 168.
[884] Winkelhofer, Winkelhofers zusammenhängende Predigten, Bd. 5, 54.
[885] Siehe hierzu beispielsweise: Anonym, Die Armut und die Mittel ihr entgegen zu wirken, Leipzig 1844, 3.
[886] Vgl. hierzu Kapitel 4.2.2.
[887] Colmar, Predigten von Joseph Ludwig Colmar, Bd. 3, 50-65.

In seiner Predigt ‚entlarvt‘ der Mainzer Bischof die verallgemeinernden negativen Beschreibungen der Armen als Ausreden der Geizigen, die nicht wohltätig sein wollen. Er zeigt auf, dass das von diesen Geizigen vorgebrachte Argument des lasterhaften Verhaltens aller Armen nur auf eine kleine Gruppe an Bedürftigen zutreffe und im Gegensatz zu dem tatsächlich tugendhaften Verhalten der meisten Notleidenden stehe. Dies verdeutlicht er mit Blick auf verschiedene Bereiche des Lebens der Bedürftigen und ihren Umgang mit den empfangenen Gaben.

Zunächst erklärt Colmar, dass die meisten Armen auf Grund von Krankheiten oder Unglücksfällen in Armut geraten und daher unterstützungsberechtigt seien.[888] Trotz der Übernahme der Unterscheidung von ‚würdigen‘ und ‚unwürdigen‘ Armen ermahnt er seine Zuhörer, auch die durch eigenes Tun selbstverschuldet in Not geratenen Armen zu unterstützen. Er begründet dies mit der sozialen Eingebundenheit der Betroffenen als Vater, Mutter, Bruder oder Schwester.[889] Allerdings belässt der Prediger es bei dieser Andeutung. Daher ist nur zu vermuten, dass er mit dem Verweis die Versorgungspflichten des Einzelnen gegenüber seinen Familienangehörigen im Blick hat und die weitere Verarmung ganzer Familien als Folge der nicht gegebenen Unterstützung befürchtet. Drittens führt er an, dass der Elendszustand an sich für die ‚unwürdigen‘ Armen bereits eine ausreichende Strafe darstelle und sie ohne Hilfeleistungen auch nicht in der Lage seien, sich aus ihrer Notsituation zu befreien.[890] Mit diesen sozialen Begründungen zur Unterstützung der selbstverschuldet in Not geratenen Armen unterscheidet sich Colmars Argumentation von der Bewertung der anderen Priester und Bischöfe. Von diesen befürworten zwar viele die Almosengabe an ‚unwürdige‘ Arme, allerdings führen sie hierzu theologische Argumente an.[891]

Die zweite Ebene seiner Argumentation betrifft die Frage der Arbeitsamkeit der um Hilfe bittenden Armen. An dieser Stelle entspricht Colmars Begründung weitestgehend der spätmittelalterlichen und frühneuzeitlichen Bewertung der ‚unwürdigen‘ Armen.[892] So lehnt er Unterstützungsleistungen an arbeitsfähige, aber müßiggängerische Arme ab und befürwortet die Hilfe einzig für ‚würdige‘ Arme. Im Gegensatz zu den spätmittelalterlichen und frühneuzeitlichen Bestimmungen kennt Colmar aber auch die Kategorie von gesunden Armen, die trotz ihres Arbeitswillens keine Erwerbsmöglichkeiten

888 Vgl. ebd., 60. Siehe dazu auch: Ackermann, Predigten nach den Bedürfnissen des gemeinen Mannes, Bd. 1, 492-493.

889 Vgl. ebd, 61.

890 Vgl. ebd.

891 Zu Bedeutung und Prinzipien der Almosenvergabe vgl. Kapitel 5.3.3.

892 Vgl. hierzu Kapitel 4.2.2.

finden.[893] Er betont, dass auch diese Bedürftigen Hilfeleistungen erfahren sollten.[894]

Als weiteres Kennzeichen der Tugendhaftigkeit der Notleidenden nennt Colmar den genügsamen Umgang der Armen mit den materiellen Gütern im Allgemeinen und mit den empfangenen Wohltaten im Besonderen.[895] Nach Colmar bezieht sich diese Tugendhaftigkeit nicht nur auf die Zufriedenheit mit wenigen Gaben, sondern auch auf die Dankbarkeit, welche die Begünstigten ihren Wohltätern entgegenbringen.[896]

Diese verschiedenen Charakterisierungen des tugendhaften Verhaltens der meisten Armen gipfeln in ihrer allgemeinen Beschreibung als gläubige und fromme Christen, die im Vertrauen auf Gott leben:

„Aber es gibt auch so viele gute, geduldige, demüthige und dankbare Arme, es gibt so Viele, die kostbar in den Augen Gottes sind und allen Menschen theuer seyn sollten, es gibt so viele fromme Seelen unter ihnen, deren Gebet von großem Nutzen für euch seyn könnte, die ihre Noth nur Gott klagen, wenn sie abgewiesen worden sind, die selbst für Jene beten, welche sie so unwürdig behandelt haben!“[897]

Mit dem Verweis auf die Kostbarkeit der Armen in den Augen Gottes klingt bereits die theologische Argumentationsebene an, mit denen die Geistlichen die Verpflichtung zur Armenfürsorge betonen. Bevor diese erörtert wird, soll ein Blick auf die zweite soziale Begründungsebene der Wohltätigkeit erfolgen.

5.2.1.2 Geber

Die Priester und Bischöfe ermahnen ihre Zuhörer nicht nur in Bezug auf das Leid und die Tugendhaftigkeit der Empfänger zu wohltätigen Gaben, sondern erörtern auch die materiellen und gesellschaftlichen Vorteile, welche die großzügigen Geber mit ihren Wohltaten erreichen können.

Insgesamt steht in den Verkündigungstexten die Erlangung der ewigen Güter als Ziel aller Ermahnungen zur Wohltätigkeit im Mittelpunkt.[898] Dennoch werden den Wohltätern auch die positiven Folgen ihres Tuns für ihren weltlichen Besitz vor Augen geführt. Die dargestellten Vorteile beziehen sich vor allem auf die Notzeiten, in welche die Geber auf Grund verschiedener Umstände geraten können. Die Geistlichen betonen, dass dann die ehe-

---

893 Vgl. Colmar, Predigten von Joseph Ludwig Colmar, Bd. 3, 62.

894 Zum Problem der Arbeitslosigkeit vgl. Kapitel 4.6.2.

895 Vgl. Colmar, Predigten von Joseph Ludwig Colmar, Bd. 3, 61.

896 Vgl. ebd., 60; siehe dazu auch: Ackermann, Faßliche und gemeinnützige Predigten, Bd. 2, 160.

897 Colmar, Predigten von Joseph Ludwig Colmar, Bd. 3, 62.

898 Vgl. hierzu Kapitel 5.2.2.

maligen Helfer zu Objekten der Fürsorge werden und jeden nötigen Beistand erhalten:

„Und wenn er selber krank wird, oder Rath und Hülfe braucht, werden nicht alle Gute sich beeifern, ihm zu dienen, ihn zu trösten, zu erquicken, und ihm beyzustehen? Er wird allgemein bedauert werden, und jeder wird es sich zur Pflicht und zur Ehre machen, ihm seine Liebe und Dankbarkeit zu beweisen?“[899]

Mit den aus Dankbarkeit erwachsenden Gaben an den Wohltäter argumentieren einige Prediger auch mit Blick auf die Dienstboten. Diese sorgen durch ihre fleißige Arbeit und ihren achtsamen Umgang mit dem fremden Besitz für das zeitliche Wohl des Haushaltes ihrer gütigen Dienstherren.[900]

Die materiellen Vorteile, welche die Geistlichen ihren Zuhörern für ihr gütiges Handeln versprechen, werden aber nicht nur als Gegenleistung der Hilfeempfänger, sondern auch als Folge des Handelns Gottes beschrieben. Die Geistlichen beziehen sich hierbei vor allem auf den göttlichen Segen für die Ernte oder auch auf die Bewahrung vor Krankheiten und anderen Schicksalsschlägen:[901]

„In der Gesellschaft wirst du eine Stellung einnehmen, die du sonst nie gewonnen hättest, es werden dir Unternehmungen gelingen, die sonst gescheitert wären, dein Handel wird blühen, du wirst keine Krankheit, keine Verluste erleiden, die dich sonst betroffen hätten, Gott wird dich vor Unglücksfällen bewahren, die dein Verderben hätten seyn können“.[902]

Als biblischen Beleg für diesen Beistand Gottes für das weltliche Dasein der Wohltäter führen die Priester und Bischöfe Textauszüge aus dem Alten Testament an. Unter Berücksichtigung von Spr 19,17[903], Spr 28,27[904] und

---

[899] Ackermann, Predigten nach den Bedürfnissen des gemeinen Mannes, Bd. 3, 439; siehe dazu: Ders., Predigten nach den Bedürfnissen des Landvolkes, Bd. 1, 327; Schneider, Predigten für gebildete Menschen, 71.

[900] Vgl. Ackermann, Katechetische Predigten, Bd. 6, 317; ebd., 344; Winkelhofer, Winkelhofers Predigten über die christliche Gerechtigkeit, Bd. 2, 155.

[901] Vgl. Ackermann, Predigten nach den Bedürfnissen des gemeinen Mannes, Bd. 4, 162; Arnoldi, „Fastenhirtenbrief 1847“, 109-110; Bauerschubert, Kurze Volkspredigten, Bd. 2, 98; von Riedel, „Fastenhirtenbrief vom 14. Februar 1847“, 484; Winkelhofer, Winkelhofers zusammenhängende Predigten, Bd. 5, 59.

[902] Colmar, Predigten von Joseph Ludwig Colmar, Bd. 3, 76-77.

[903] Vgl. Ackermann, Predigten nach den Bedürfnissen des gemeinen Mannes, Bd. 4, 163; Westermayer, Bauernpredigten, 1. Jahrgang, Bd. 1, 348. Die göttliche Vergeltung für das wohltätige Handeln wird von Geistlichen auch auf das ewige Seelenheil bezogen und als theologisches Argument zur Begründung der Armenfürsorge herangezogen. Vgl. Kapitel 5.2.2.2.

[904] Vgl. Colmar, Predigten von Joseph Ludwig Colmar, Bd. 3, 76; Westermayer, Bauernpredigten, 1. Jahrgang, Bd. 1, 348.

Tob 4,7[905] weisen sie daraufhin, dass Gott immer für die wohltätigen Menschen sorgen werde:

„Wenn der alte Tobias seinen Sohn zur Freigebigkeit ermahnet, redet er ihn mit diesen Worten an: Gieb Almosen von deinem Vermögen, und wende dein Angesicht von keinem Armen ab und der Herr wird sein Angesicht von dir auch nicht abwenden. Tob. 4. V. 7. Das ist: Wenn du dem Bedürftigen mittheilest, was er von dir begehret, wird dir Gott allemal geben, was du von ihm verlangest".[906]

Nach Oliver Müller zählen die hier nur mit ihrem ersten Vers aufgegriffenen Bibelworte aus Tob 4,7-11 zu den markantesten alttestamentlichen Stellen, in denen von Almosen die Rede ist.[907] Diese herausragende Bedeutung spiegelt sich auch in den untersuchten Verkündigungstexten durch die häufige Verwendung des biblischen Verses wider.[908]

Neben dem Nutzen für die leiblichen Bedürfnisse weisen die Geistlichen wie im obigen Zitat Joseph Ludwig Colmars bereits angedeutet auf das hohe gesellschaftliche Ansehen hin, welche die Wohltäter durch ihr Tun erreichen können.[909] Allerdings spielt dieses Argument als Grund für die Verpflichtung zur Armenfürsorge in den untersuchten Verkündigungstexten nur eine untergeordnete Rolle. Teilweise wird das Streben nach Ansehen sogar kritisiert, da die Wohlhabenden ihren Dienst an den Armen im Verborgenen leisten sollen.[910] Viel wichtiger ist den Geistlichen die Stellung, welche die Wohltäter durch ihr Tun vor Gott einnehmen.[911]

Die bisher beschriebenen Vorteile für das weltliche Leben der barmherzigen Geber gipfeln nach Ansicht der Geistlichen in den von ihnen ausführlich geschilderten Gefühlen der Zufriedenheit und Freude, welche die Wohltäter auf Grund ihrer Gutmütigkeit tagtäglich verspüren und erleben dürfen.[912]

---

905 Vgl. Bauerschubert, Kurze Volkspredigten, Bd. 2, 98; Feder, Predigten auf alle Sonntage des Jahres, Bd.1, 59; Laurent, Fastenhirtenbrief 1847, 9; Winkelhofer, Winkelhofers zusammenhängende Predigten, Bd. 5, 399; Westermayer, Bauernpredigten, 1. Jahrgang, Bd. 1, 347.

906 Winkelhofer, Winkelhofers zusammenhängende Predigten, Bd. 5, 399.

907 Vgl. Müller, Vom Almosen zum Spendenmarkt, 51.

908 Die Verwendung dieses alttestamentlichen Ausspruches in den untersuchten Verkündigungstexten wird mit Blick auf die Bedeutung der Almosengabe in Kapitel 5.3.3 näher erläutert.

909 Vgl. Ackermann, Predigten nach den Bedürfnissen des gemeinen Mannes, Bd. 3, 439; siehe dazu auch: Colmar, Predigten von Joseph Ludwig Colmar, Bd. 1, 187.

910 Vgl. hierzu die Darstellung der Prinzipien der Almosenvergabe in Kapitel 5.3.3.2.

911 Vgl. hierzu die im folgenden Kapitel dargestellten theologischen Argumente.

912 Vgl. Winkelhofer, Reden über die Bergpredigt unsers Herrn, 243. Siehe dazu auch: Ackermann, Predigten nach den Bedürfnissen des gemeinen Mannes, Bd. 2, 263; ders., Kurze Frühpredigten, Bd. 1, 116-117; ebd., 258-259; Buchegger, Predigten auf Festtage der katholischen Kirche, Bd. 1, 177; Colmar, Predigten von Joseph Ludwig Colmar, Bd.

Ihren tieferen Grund haben diese Glücksmomente darin, dass sie immer mit dem göttlichen Handeln in Beziehung zu setzen seien. So gebe Gott den Menschen die Möglichkeit für ihr gütiges Tun und die Erfüllung seines Willens stelle die Voraussetzung dafür dar, dass die barmherzigen Geber in Zufriedenheit leben können.[913] Außerdem seien die beschriebenen diesseitigen Gefühle bereits „ein Vorgeschmack der Freude des Himmels".[914] Auch hier klingt wieder die theologische Bedeutung des wohltätigen Handelns an, die in dem folgenden Kapitel eine ausführliche Betrachtung erfährt.

5.2.2 Theologische Argumente

Die nun bereits mehrfach angedeuteten theologischen Argumente zur Begründung der Wohltätigkeit bilden den wesenhaften Kern der Armenfürsorgetheorien in den untersuchten Verkündigungstexten. Grundlegend für die theologische Deutung ist das in Kapitel 4.1.2 erläuterte Verständnis des notwendigen Vorhandenseins von Armut und Reichtum und die damit im Zusammenhang stehende wechselseitige Angewiesenheit von Armen und Reichen. Ähnlich wie bei den sozialen Argumenten ist auch in theologischer Hinsicht zwischen der Ebene der Empfänger und Geber der wohltätigen Gaben zu unterscheiden.

5.2.2.1 Empfänger

Im Hinblick auf die Empfänger betonen die Geistlichen die aus der menschlichen und christlichen Würde der Armen entspringende Notwendigkeit, das Leiden der Bedürftigen zu lindern und ihnen beizustehen. Grundlegend für die Argumentation sind die in Kapitel 4.2.4 vorgestellten anthropologischen, schöpfungstheologischen und soteriologischen Inklusionssemantiken, welche den Armen als wesenhaften Teil der Menschheitsfamilie kennzeichnen. Diese verschiedenen Inklusionsebenen sollen an dieser Stelle nicht noch einmal im Einzelnen entfaltet werden. Hingewiesen sei allerdings auf das in der soteriologischen Inklusion grundgelegte Argument der Identifikation der Armen mit Christus, welches in den untersuchten Verkündigungstexten einen breiten Raum einnimmt. Diese Identifikation wird im folgenden Zitat Joseph Ludwig Colmars in kunstvoller und anaphorischer Redeweise vehement unterstrichen:

1, 187; ders., Predigten von Joseph Ludwig Colmar, Bd. 3, 57; Dietl, G. A. Dietl's Predigten an seine Pfarrgemeinde, 134.

913 Vgl. Ackermann, Kurze Frühpredigten, Bd. 1, 117; ebd., 260; Winkelhofer, Reden über die Bergpredigt unsers Herrn, 243.

914 Ackermann, Kurze Frühpredigten, Bd. 1, 116. Siehe dazu auch: Dietl, G. A. Dietl's Predigten an seine Pfarrgemeinde, 134.

„Die Züge, die demüthigen Züge des Armen, die ihr so gleichgültig, vielleicht mit Ekel ansehet, sind die Züge des Ewigen selbst, die Züge eures Erlösers, die Züge Jesu Christi! – Ja, Jesus Christus ist es, der in den Armen lebt, der in den Armen leidet, der durch ihren Mund begehrt; in seine Hände, in die Hände Jesu Christi leget ihr, was ihr in die Hände des Armen leget, Jesu nähret ihr, wenn ihr die Armen nähret; aber auch Jesu Christo selbst versaget ihr, was ihr dem Armen versaget, er ist es, den ihr darben lasset, wenn ihr den Armen ohne Hülfe verlasset".[915]

Durch die Gleichsetzung der Armen mit Christus und die den Bedürftigen damit zugesprochene Würde wird die Wohltätigkeit zu einer unabdingbaren Aufgabe für jeden Christen.

Für die Begründung der Armenfürsorge aus der Identifikation der Armen mit Christus sind die im obigen Zitat Colmars anklingende Schlüsselstelle der Endgerichtsperikope in Mt 25,31-46 und hierbei insbesondere die Verse 35f. und 40 von wesentlicher Bedeutung. Die Verpflichtung zur Wohltätigkeit wird in den neutestamentlichen Worten Jesu in Analogie zum Gottesverhältnis gebracht und „zwar im Sinne analoger Geltung oder Bewertung und Folgewirkung".[916] Als Voraussetzung für dieses Handeln kann von einem christologisch verwirklichten „Solidarverhältnis Gottes zu den Elenden" ausgegangen werden.[917] Die Identitätsaussage zwischen Gott und den Notleidenden, die sich weder im zeitgenössischen Judentum noch im Denken der griechisch-römischen Antike findet, wird zum „eigentlichen Konstitutivum und Proprium christlicher Barmherzigkeit".[918] Daher kann man Mt 25,35f.40 für alle kirchengeschichtlichen Epochen als einen „Grundtext der Diakonie"[919] bezeichnen, welcher bereits im frühen Christentum zur Begründung der Armenfürsorge herangezogen wurde:

„Bereits bei den frühen Alexandrinern spielt die Perikope jedoch zur Begründung der Barmherzigkeit und Wohltätigkeit eine bedeutsame Rolle, wie die Häufigkeit der Verwendung und der Kontext zeigen. Vor allem bei den kappadokischen Vätern läßt sich eine zunehmende Zitierung von Mt 25,35f.40 feststellen, die in der lateinischen Theologie besonders bei Ambrosius und Augustinus fortgesetzt wird".[920]

[915] Colmar, Predigten von Joseph Ludwig Colmar, Bd. 3, 69. Siehe dazu auch: Ackermann, Kurze Frühpredigten, Bd. 2, 274; Colmar, Predigten von Joseph Ludwig Colmar, Bd. 1, 413; Winkelhofer, Winkelhofers zusammenhängende Predigten, Bd. 5, 58.

[916] Egon Brandenburger, „Taten der Barmherzigkeit als Dienst gegenüber dem königlichen Herrn (Mt 25,31-46)", in: Gerhard Karl Schäfer (Hg.), Diakonie – biblische Grundlagen und Orientierungen. Ein Arbeitsbuch zur theologischen Verständigung über den diakonischen Auftrag, Heidelberg 1990, 297-326, 314.

[917] Ebd.

[918] Puzicha, Christus peregrinus, 97.

[919] Ulrich Luz, Das Evangelium nach Matthäus, Teilbd. 3: Mt 18-25, Zürich 1997, 522.

[920] Puzicha, Christus peregrinus, 7.

Neben den von Michaela Puzicha genannten Kirchenvätern nimmt die Endgerichtsperikope auch im Werk des heiligen Johannes Chrysostomus einen breiten Raum ein. So sind in seinem Werk diesbezüglich 170 Zitate und 220 Anspielungen zu verzeichnen.[921] Ansätze dieser Auseinandersetzung des Kirchenvaters mit Mt 25,35f.40 zeigen sich in einem Fastenhirtenbrief Johann Theodor Laurents[922] und in den Predigten Joseph Ludwig Colmars:

„Wenn ihr versichert wäret, sagt der heilige Chrysostomus, daß sich heute Jesus Christus an Einen aus uns wenden würde, daß er sich unerkannt unter diejenigen mischte, welche Hülfe und Beistand von euch begehren, würdet ihr wohl auch nur einen Einzigen abweisen? würdet ihr nicht fürchten, dieser Einzige möchte Jesus selbst seyn? ... Der erste Arme, der sich euch darbietet, wird Jesus seyn; nehmet ihr ihn auf, so nehmet ihr Jesum Christum auf; beschenket ihr ihn so, so beschenket ihr Jesum Christum selbst. Denn was ihr dem Geringsten unter diesen thuet, das habet ihr mir gethan!“[923]

Bis heute ist in der exegetischen Forschung umstritten, wer mit den in Mt 25,40 angesprochenen ‚geringsten Brüdern‘ gemeint ist. Nach Ulrich Luz sind in der theologischen Tradition drei Deutungstypen zu unterscheiden.[924] Gemäß der universalen Deutung werden mit den Brüdern Christi „alle notleidenden Menschen der Erde, sowohl Nichtchrist/innen als auch Christ/innen“ bezeichnet.[925] Diese heute allgemein verbreitete Auslegung kam verstärkt erst im Laufe des 19. Jahrhunderts auf.[926] Daneben unterscheidet Luz den bis etwa 1800 vorherrschenden klassischen Interpretationstyp, dessen Vertreter unter der Bezeichnung der ‚geringsten Brüder‘ die Glieder der christlichen Gemeinde verstehen und daher zu Werken der Barmherzigkeit gegenüber den armen und notleidenden christlichen Geschwistern aufrufen.[927] Als drittes Deutungsmuster beschreibt Luz den seit dem 18. Jahrhundert auftretenden exklusiven Interpretationstyp. Hier werden die Nichtchrist/innen als Adressaten der Weltgerichtsrede angesehen und die von ihnen zu unterstützenden ‚geringsten Brüder‘ als die Christen gedeutet:[928] „Beurteilt werden die Nichtchristen/innen also danach, wie sie sich zu den Christen verhalten haben“.[929]

921 Vgl. Rudolf Brändle, Matth. 25,31-46 im Werk des Johannes Chrysostomos. Ein Beitrag zur Auslegungsgeschichte und zur Erforschung der Ethik der griechischen Kirche um die Wende vom 4. zum 5. Jahrhundert, Tübingen 1979, 73.

922 Laurent, Fastenhirtenbrief 1847, 10.

923 Colmar, Predigten von Joseph Ludwig Colmar, Bd. 3, 71-72.

924 Vgl. Luz, Das Evangelium nach Matthäus, Teilbd. 3, 521-530.

925 Ebd., 521.

926 Vgl. ebd., 525.

927 Vgl. ebd., 526.

928 Vgl. ebd., 528-529.

929 Ebd., 529.

Ordnet man die in den untersuchten Verkündigungstexten vorhandenen Interpretationen diesen drei Deutungstypen zu, so ist hierbei zu beachten, dass die Geistlichen ihre Zuhörer generell zur Wohltätigkeit innerhalb ihres Lebensumfelds ermahnen und daher zunächst christliche Hilfeempfänger im Blick haben.[930] In den meisten Predigten und Hirtenbriefen werden die ‚geringsten Brüder' mit den Armen und Notleidenden gleichgesetzt, ohne den Begriff der ‚Geringsten' näher zu charakterisieren.[931] In den Texten mit einer genaueren Erläuterung finden sich in jeweiliger Abhängigkeit vom Kontext die Auslegungen des ersten und zweiten Typs.

Eine ausführliche Darstellung des klassischen Interpretationstyps findet sich bei dem ultramontanen Prediger Joseph Ludwig Colmar im Zusammenhang mit der bereits beschriebenen ekklesiologischen Inklusionssemantik:

„Seitdem der Heiland in Folge seiner unbegreiflichen Liebe zu uns die Stelle des Schuldigen vertrat und Genugthuung leistete für den sündigen Menschen, kennt seine Liebe keine Schranken mehr, und gewiß ist das nicht der geringste Beweis von der Größe derselben, daß er versprochen hat, er werde als ihm selbst gethan all das Gute betrachten, welches wir dem geringsten seiner Glieder erwiesen haben (Matth XXV. 40), die den mystischen Leib der Kirche bilden, welche durch diese Liebe zusammengehalten wird".[932]

Auch der spätaufklärerische Prediger Georg Alois Dietl bringt zur Erörterung von Mt 25,35f.40 das von Colmar verwendete Bild der „Glieder eines Leibes, wovon der Sohn Gottes unser Erlöser das Haupt ist".[933] Dennoch lässt sich seine Interpretation der universalen Deutungsebene zuordnen, da Dietl die Ermahnung zur Wohltätigkeit in einen naturrechtlichen und schöpfungstheologischen Kontext stellt, wonach alle Menschen Teil „einer einzigen Familie sind, der Vater Gott unser Schöpfer ist".[934]

Diese Zuordnung der beiden Prediger zu den Auslegungsarten bedeutet allerdings nicht, dass grundsätzlich die klassische Deutung als ultramontan und die universale Interpretation als (spät-)aufklärerisch anzusehen ist. So findet sich beispielsweise auch bei dem ultramontanen Prediger Anton Wester-

930 Die von den Geistlichen empfohlene Vorgehensweise bei der Auswahl der Hilfeempfänger und die hierbei angebrachten Kriterien werden in Kapitel 5.3.3.2 betrachtet.

931 Vgl. Ackermann, Kurze Frühpredigten, Bd. 1, 260; ders., Kurze Frühpredigten, Bd. 2, 273; Arnoldi, „Fastenhirtenbrief 1847", 110; Brockmann, Homilien und Predigten, Bd. 4, 133; Blum, Fastenhirtenbrief vom 5. Februar 1847, 14; Johannes von Geissel, „Fastenhirtenbrief vom 1. Februar 1849", in: Karl Theodor Dumont (Hg.), Schriften und Reden von Johannes Cardinal von Geissel, Bd. 1, Köln 1869, 222-232, 231; Kaiser, Fastenhirtenbrief 1847, 26; Winkelhofer, Winkelhofers vermischte Predigten, Bd. 6, 322.

932 Colmar, Predigten von Joseph Ludwig Colmar, Bd. 5, 298; siehe auch: Ders., Predigten von Joseph Ludwig Colmar, Bd. 1, 413.

933 Dietl, G. A. Dietl's Predigten an seine Pfarrgemeinde, 165-166.

934 Ebd., 165.

mayer in Bezug auf die Identifikation der Armen mit Christus in Mt 25,40 der Verweis auf die eine Menschheitsfamilie:

„Schon der Umstand, daß der Heiland ausdrücklich sagt, was man dem geringsten Bettler thue, sei so viel, als wäre es ihm gethan; schon das muß die Reichen ermuntern, Gutes zu thun. ... Ich frage nun: Ist es möglich, daß es unter der Herrschaft eines solchen Gesetzes noch Reiche und Arme geben kann? Erscheinen da nicht sämmtliche Menschen auf Erden als Glieder einer einzigen großen Familie, die zwar verschiedene Berufsarten haben, die sich aber Alle gegenseitig unterstützen und beistehen müssen?“[935]

Auffallend ist, dass Westermayer in diesem Zitat an Stelle der geringsten Brüder von dem geringsten Bettler spricht. Es scheint hiermit allerdings keine spezielle Armengruppe im Sinne der negativ konnotierten ‚starken‘ Bettler, sondern der auf Almosen angewiesene und daher in absoluter Not lebende Bedürftige gemeint zu sein.

Im Zusammenhang mit der Endgerichtsperikope wird die elementare Verbindung von Wohltätigkeit und Jenseitsvorsorge deutlich, welche in den untersuchten Texten mit Blick auf den Geber zur ausführlichen Begründung der Armenfürsorge herangezogen wird. Dieses und die weiteren theologischen Argumente, mit welchen die Geistlichen in Hinsicht auf den Wohltäter zu barmherzigem Handeln motivieren, werden im Folgenden vorgestellt.

5.2.2.2 Geber

Unter Berücksichtigung des wechselseitigen Verhältnisses von Armen und Reichen werden die Wohltäter nicht nur in Hinsicht der theologischen Bewertung der Fürsorgeempfänger, sondern auch mit Blick auf die Erfüllung der christlichen Pflichten, ihr Verhältnis zu Gott und das zu erreichende ewige Seelenheil zur Barmherzigkeit ermahnt. Die Geistlichen beschreiben in den Verkündigungstexten das wohltätige Handeln als christliche Pflicht und beziehen sich hierbei auf das vorbildhafte Handeln Christi, seiner Apostel und Jünger sowie auf das tugendhafte Leben verschiedener Heiliger in der Geschichte der Kirche.

Das Erlösertum Jesu Christi wird in zweifacher Beziehung zur Begründung der Armenfürsorge herangezogen. Während unter Beachtung von Mt 25,31-46 das Handeln an den Armen in Analogie zum Tun an Christus gesetzt und den Armen so eine besondere Würde zugesprochen wird, übernimmt Christus in Bezug auf die Geber als nachahmenswertes Vorbild eine besondere Rolle. Die Geistlichen beschreiben die bedingungslose Hinwendung Christi zu allen Hilfsbedürftigen: „Jesus speiste auch die Hungerigen, besuchte und erquickte die Kranken, und ließ keinen ungetröstet

[935] Westermayer, Predigten für wahre Aufklärung, Bd. 2, 129.

von sich gehen, ahmt ihn nach, da er euch die Kräfte dazu gab".[936] Als weiterer vorbildhafter Akt dieser Hinwendung des Erlösers zu den Niedrigen wird in den Verkündigungstexten die Fußwaschung der Jünger beschrieben.[937] In der Darstellung der Priester und Bischöfe wird auf Grund des wohltätigen Handelns Jesu Christi die Nachahmung dieser Liebe gegenüber den Notleidenden zur Bedingung des wahren Christseins:

„Man ist kein Christ, wenn man nicht des Blinden Aug, des Lahmen Fuß, und des Schwachen Stütze ist. Aus dem, sprach der göttliche Stifter des Christenthumes, wird man erkennen, daß ihr meine Jünger seid, daß ihr Christen seid, wenn ihr euch einander liebet. Die ganze Religion Jesu athmet Liebe. Liebe ist die Summe aller ihrer Gebothe".[938]

Die Verpflichtung zur gegenseitigen Liebe zeige sich nach Sebastian Winkelhofer aber nicht nur in dem praktischen Tun Jesu Christi an den Armen und Kranken, sondern habe ihren endgültigen Grund in der absoluten Liebe des Opfertodes Christi.[939]

Die in der Wohltätigkeit gegenüber den Bedürftigen verwirklichte Nachfolge Christi bildet die oberste Bedingung für ein wahres christliches Leben. Daher stellen die Geistlichen den Gläubigen barmherzig handelnde Vorbilder aus verschiedenen Epochen der Kirchengeschichte zur Seite, die Christus bereits nachgefolgt sind. Mit der Beschreibung des gutmütigen Tuns dieser Gläubigen zeigen die Priester und Bischöfe, dass die Fürsorge gegenüber den Notleidenden einen notwendigen Bestandteil der Tugendhaftigkeit eines Christen ausmache.

Die Priester und Bischöfe haben als vorbildhafte Wohltäter vor allem verschiedene Gestalten der frühen Kirche im Blick. Zunächst verweisen sie auf die in freiwilliger Armut lebenden Jünger und Apostel Jesu:

„Und so arm Er war, waren auch seine liebsten Freunde, die Apostel; und unter den von den Aposteln und apostolischen Vätern gebildeten Christen, wie viele Tausende theilten ihren Reichthum unter die Armen aus, und ernährten sich von der Arbeit ihrer Hände, und lebten so vergnügt dabey, daß sie mit keinem Fürsten getauschet hätten!"[940]

---

936 Ackermann, Predigten nach den Bedürfnissen des gemeinen Mannes, Bd. 4, 386. Siehe dazu auch: Bauerschubert, Kurze Volkspredigten, Bd. 3, 250; Dietl, G. A. Dietl's Predigten an seine Pfarrgemeinde, 166; Westermayer, Bauernpredigten, 2. Jahrgang, 1. Bd., 108.

937 Vgl. Ackermann, Predigten nach den Bedürfnissen des gemeinen Mannes, Bd. 2, 266-267; Bauerschubert, Kurze Volkspredigten, Bd. 2, 9.

938 Dietl, G. A. Dietl's Predigten an seine Pfarrgemeinde, 166.

939 Vgl. Winkelhofer, Winkelhofers Predigten über die christliche Gerechtigkeit, Bd. 3, 371; siehe dazu: Weis, Fastenhirtenbrief vom 6. Januar 1847, 21.

940 Feder, Predigten auf alle Sonntage des Jahres, Bd. 1, 362.

Mit Blick auf die Gütergemeinschaft der Jerusalemer Urgemeinde führen die Geistlichen die Vorbildhaftigkeit der Lebensweise der Jünger und Apostel weiter aus. Sie loben, dass die Mitglieder der ersten christlichen Gemeinde dem weltlichen Besitz keine Bedeutung zumessen und durch die gemeinsame Verwendung der Güter ein ideales Zusammenleben ermöglichen: „Keiner suchte sein Eigenthum, seine zeitlichen Güter zu vermehren, keiner lebte nur für sich, sondern für andere, und was er besaß, das theilte er gern den andern mit; es gab also keinen Armen unter ihnen".[941] Die Geistlichen wünschen jedoch keine direkte Nachahmung dieser Gütergemeinschaft durch ihre Zuhörer und ermahnen die Gläubigen nur zur darin deutlich werdenden „thätigen Bereitwilligkeit das, was wir leicht entbehren können, zum Besten unserer Mitbrüder, die viel ärmer sind als wir, zu verwenden".[942] Diese Wertung entspricht der heutigen Deutung der beiden Bibelstellen, welche die Gütergemeinschaft der Urgemeinde umschreiben. In der Forschung wird davon ausgegangen, dass es sich bei den beiden Darstellungen der Gütergemeinschaft in Apg 2,44-47 und Apg 4,32-37 nicht um eine historische Rekonstruktion der urchristlichen Besitzverhältnisse, sondern um ein idealisierendes Bild des Umgangs mit Geld und Besitz handelt.[943] „‚Gütergemeinschaft' in der Urgemeinde bedeutet, daß durch einen Prozeß der freiwilligen Besitzabgabe an die Armen – direkt oder vermittelt über die Apostel – ein Besitzausgleich geschaffen werden sollte".[944]

Neben der Beschreibung dieser idealen Lebensweise zeigen die Geistlichen mit Blick auf das Leben verschiedener Heiliger auf, dass die Verpflichtung zu wohltätigen Handlungen als Bestandteil eines tugendhaften christlichen Lebens anzusehen sei. An erster Stelle ist hierbei der heilige Martin zu nennen, dessen vorbildhafte Wohltätigkeit in mehreren Predigten ausführlich umschrieben wird:

„Jeder von uns, der an diesen heiligen Mann denkt, erinnert sich sogleich jener edeln, menschenfreundlichen That, welche er noch als Soldat gegen einen nackten Bettler ausgeübt hatte, indem er mit demselben seinen Mantel theilte. Unstreitig ist diese Handlung eine der schönsten, die vorzüglich unsere Nachahmung verdient".[945]

---

941 Sebastian Winkelhofer, Seb. Winkelhofers vermischte Predigten, Bd. 1, hg. von Johann Michael Sailer, 2. durchgesehene Aufl. München 1821, 12. Siehe dazu auch: Ackermann, Predigten nach den Bedürfnissen des Landvolkes, Bd. 1, 313; ders., Volkspredigten und Homilien, Bd. 2, 587; Winkelhofer, Winkelhofers zusammenhängende Predigten, Bd. 5, 112-118; Riffel, Predigten Sonn- und Festtage, Bd. 2, 314.

942 Winkelhofer, Winkelhofers zusammenhängende Predigten, Bd. 5, 54.

943 Vgl. Müller, Vom Almosen zum Spendenmarkt, 77.

944 Michael Schäfers, Prophetische Kraft der kirchlichen Soziallehre? Armut, Arbeit, Eigentum und Wirtschaftskritik, Münster 1998, 129.

945 Ackermann, Volkspredigten und Homilien, Bd. 2, 517. Siehe dazu auch: Ders., Faßliche und gemeinnützige Predigten, Bd. 2, 171; ders., Kurze Frühpredigten, Bd. 2, 267-

Mit Blick auf die Erzählung der Mantelteilung beschreiben die Geistlichen den heiligen Martin als Idealbild eines nach seinen Möglichkeiten handelnden Wohltäters, der die Bedeutung der Armenfürsorge als wesenhafter Bestandteil des christlichen Glaubens erkannt und nach diesem Grundsatz gehandelt habe. Sie greifen damit eine Gestalt auf, die bereits in der christlichen Antike den Gläubigen als lebendiges Vorbild zur Nachahmung empfohlen wurde.[946] Seit dem Mittelalter finden sich zahlreiche graphische Darstellungen der mildtätigen Gabe des heiligen Martins. Die unterschiedlichen Bildformulare lassen erkennen, dass hiermit die richtige Fürsorgepraxis – wie etwa die Gabe an ‚wahrhaft Bedürftige' – vermittelt werden sollte.[947] Diese Intention lässt sich auch in den untersuchten Predigten nachweisen. Im Predigtwerk Gottlieb Ackermanns dient außerdem das über die Mantelteilung hinausgehende Handeln des heiligen Bischofs von Tours als Argument, um die Bedeutung der staatlichen Armenfürsorge und hierbei insbesondere der allgemeinen Armenkasse zu unterstreichen.[948] So wird der Heilige als Bischof dargestellt, der in seinem Bistum die Armenfürsorge organisierte und zentralisierte:

„In andern gewöhnlichen Fällen war Martinus zu klug, als daß Er seine mildthätigen Gaben an jeden, der Ihn ansprach, hingeworfen hätte, sondern er ließ durch seine untergeordnete Klerisey und durch rechtschaffene Männer die Lage und die Umstände der Armen untersuchen; dann erst ließ er sowohl das, was Er selbst von seinem Vermögen hergab, als das, was zum Besten der Armen gesammelt worden, unter sie vertheilen".[949]

Zusätzlich zur Gestalt des heiligen Martins sind für die Argumentation der ultramontanen Priester zwei frühneuzeitliche Heilige von besonderer Bedeutung. Es handelt sich um den im 16. Jahrhundert in Granada wirkenden heiligen Johannes von Gott und den im 17. Jahrhundert in Frankreich auftretenden heiligen Vinzenz von Paul. Vinzenz von Paul erlebte im 19. Jahrhundert insbesondere in ultramontanen Kreisen eine Renaissance.[950] Er wurde

275; Dietl, G. A. Dietl's Predigten an seine Pfarrgemeinde, 163-174; Sebastian Winkelhofer, Sebastian Winkelhofer's zusammenhängende Predigten über das ganze apostolische Glaubensbekenntnis auf alle Sonn- und Festtage des katholischen Kirchenjahrs. Eine vollständige, leichtfaßliche Glaubens- und Sittenlehre für den Kirchen-, Schul- und Hausgebrauch, Bd. 1, hg. von Franz Seraph Riederer, Regensburg 1839,77-91.

946 Vgl. Mollat, Die Armen im Mittelalter, 29.

947 Vgl. Philine Helas, „Repräsentation der Wohltätigkeit. Der Akt des Gebens und Nehmens im Bild zwischen dem 13.–20. Jahrhundert", in: Lutz Raphael/Herbert Uerlings (Hgg.), Zwischen Ausschluss und Solidarität. Modi der Inklusion/Exklusion von Fremden und Armen in Europa seit der Spätantike, Frankfurt a. M. u. a. 2008, 37-63, 39-50.

948 Zur Bedeutung der staatlichen Armenfürsorge in den untersuchten Verkündigungstexten vgl. Kapitel 5.3.1.

949 Ackermann, Volkspredigten und Homilien, Bd. 2, 523.

950 Vgl. hierzu Kapitel 2.4.2.3.

als Schutzpatron der sich rasch ausbreitenden Vinzenzkonferenzen verehrt. Außerdem orientierten sich zahlreiche karitativ tätige Kongregationen des sogenannten ‚Ordensfrühlings' an seinen Ideen und Prinzipien. Sowohl Vinzenz von Paul als auch Johannes von Gott werden in den untersuchten Texten als selbstlose Wohltäter im Bereich der individuellen Fürsorge sowie als Stifter von bedeutenden Krankenpflegeorden vorgestellt.[951] Die Geistlichen betonen, dass ihre Zuhörer diese Heiligen zum Vorbild nehmen sollen, auch wenn sie ihnen nicht in allen Bereichen nachfolgen können. Wichtig für die priesterliche Argumentation ist an dieser Stelle wiederum die durch die Heiligen vermittelte Einstellung zum weltlichen Besitz und zum fürsorglichen Umgang mit den Notleidenden.

Neben den Ermahnungen zur Wohltätigkeit als einer im Handeln Christi und seiner Nachfolger begründeten Pflicht werden die Gläubigen auch im Hinblick auf ihr Verhältnis zu dem gütigen Gott zur Armenfürsorge motiviert. Hinter dieser Begründung steht die bereits in Kapitel 4.5.1 angesprochene Argumentation, dass alle weltlichen Güter von Gott stammen und die Menschen als Verwalter dieser Güter eingesetzt seien. Die Geistlichen beschreiben allgemein die Verpflichtung aller Menschen zur Dankbarkeit, da Gott ihnen ihr weltliches Dasein schenke und er sie mit seiner Schöpfung am Leben erhalte. Hieran erinnert Sebastian Winkelhofer mit dem Bild der täglich aufgehenden Sonne: „Um Gottes Willen – wegen Gott – weil Gott auch eine Freude hat am Geben – weil er uns mit jedem Sonnen-Aufgang zuruft: seyd wohlthätig, wie ich bin".[952] Die Dankbarkeit für die Geschenke Gottes muss nach der priesterlichen Darstellung in der Weitergabe der empfangenen Güter an die Notleidenden ihren sichtbaren Ausdruck finden.

Zur Unterstreichung ihrer Argumentation verweisen die Geistlichen auf den biblischen Ausspruch Jesu in Lk 6,26.38: „Und eben diese Freygebigkeit ist es, an die uns Jesus Christus erinnert, wenn Er sagt: Gebet: und es wird euch gegeben werden. Das heißt mit anderen Worten: Seyd freygebig gegen euern Nächsten, wie Gott gegen alle Menschen freygebig ist".[953] Dieses Bibelwort wird von den Geistlichen aber auch in Bezug auf die Gabe der

[951] Zu Johannes von Gott vgl. Arnoldi, Sonntagspredigten des Bischofs Wilhelm Arnoldi, 334; Freiherr Droste zu Vischering, Predigten, Betrachtungen und Unterweisungen, 206-223; Westermayer, Predigten für wahre Aufklärung, Bd. 2, 132; zu Vinzenz von Paul vgl. Arnoldi, Sonntagspredigten des Bischofs Wilhelm Arnoldi, 334; Westermayer, Bauernpredigten, 2. Jahrgang, Bd. 1, 106; ders., Predigten für wahre Aufklärung, Bd. 2, 132.

[952] Winkelhofer, Winkelhofers Predigten über die christliche Gerechtigkeit, Bd. 3, 371. Siehe dazu: Brockmann, Homilien und Predigten, Bd. 4, 574; Westermayer, Zeitpredigten, Bd. 2, 15; Winkelhofer, Reden über die Bergpredigt unsers Herrn, 401.

[953] Winkelhofer, Reden über die Bergpredigt unsers Herrn, 401. Siehe dazu auch: Ackermann, Volkspredigten und Homilien, Bd. 2, 584-585.

ewigen Reichtümer verwendet, welche die Wohltäter im Himmel zu erwarten haben.[954]

Neben der allgemeinen Verpflichtung aller Menschen zum Dank, zeigen die Geistlichen sowohl in Bezug auf die Reichen als auch die Armen speziel-le Gründe auf, warum der jeweilige Stand zur Wohltätigkeit aus Dankbarkeit verpflichtet sei. So werden die Wohlhabenden an den materiellen Überfluss erinnert, den sie von Gott erhalten haben.[955] In diesem Zusammenhang weisen die Geistlichen daraufhin, dass die Wohlhabenden nur die Verwalter der von Gott übertragenen Güter seien und somit das barmherzige Handeln die Erfüllung des göttlichen Willens darstelle.[956] Dieses Motiv ist konfessionsübergreifend vorhanden und findet sich auch in einer Predigt des evangelischen Predigers Wilhelm Löhe. Er nimmt die Brotbitte im Vater Unser zum Anlass, die Menschen zur Dankbarkeit für die ihnen anvertrauten Güter und damit auch zur Wohltätigkeit gegenüber den Notleidenden zu ermahnen.[957]

Auch wenn die Ermahnungen zur Armenfürsorge aus Dankbarkeit für die von Gott empfangenen Gaben vornehmlich an die Wohlhabenden gerichtet sind, bleiben sie nicht auf diese Adressatengruppe beschränkt. Wie die Reichen haben die Armen nach der Darstellung der Geistlichen Wohltaten erhalten, die sie zur Dankbarkeit und somit auch zur Wohltätigkeit verpflichten. Dies wird in einem Predigtband Gottlieb Ackermanns ausführlich thematisiert. So zeigt der Prediger zum einen auf, dass Gott die bedürftigen Menschen durch die Fürsorge barmherziger Geber am Leben erhalte habe. Zum anderen weist er auf die verschiedenen materiellen und insbesondere ideellen Gaben hin, welche die Zuhörer trotz ihrer Bedürftigkeit im Laufe ihres Lebens erhalten haben:

„Ihr durchlebtet in der Kindheit frohe Tage, freutet Euch des Frühlings und der Blumen und der Sonne; Genoßt im Sommer und im Herbst der süssen Früchte; Hattet von den Menschen viele Freude; Hattet Freunde und Verwandte, die euch liebten, die Ihr wieder liebtet: Ihr wart oft in ihrer Gesellschaft froh; Mancher Tag floß Euch unter angenehmen Gesprächen und Ergözungen hin: Alle diese, und noch mehrere Freuden waren Geschenke Eures Gottes und Eures Heilandes Jesu Christi. Müßt ihr ihn dafür nicht danken? Ihn dafür nicht lieben, und die Geschöpfe lieben, die er selbst zu seinen Brüdern machte, da er Mensch ward?“[958]

---

954 Vgl. hierzu die Ausführungen im folgenden Unterkapitel.

955 Vgl. Colmar, Predigten von Joseph Ludwig Colmar, Bd. 3, 63-64. Siehe dazu: Ackermann, Predigten nach den Bedürfnissen des gemeinen Mannes, Bd. 4, 170.

956 Vgl. Ackermann, Kurze Frühpredigten, Bd. 1, 115-117; Westermayer, Predigten für wahre Aufklärung, Bd. 2, 127-128.

957 Vgl. Wilhelm Löhe, Predigten über das Vater-unser, Nürnberg ^{2}1837, 90.

958 Ackermann, Predigten nach den Bedürfnissen des gemeinen Mannes, Bd. 2, 267-268.

Wie diese gewünschten barmherzigen Taten der dankbaren Bedürftigen aussehen können, wird in Bezug auf die verschiedenen Formen individueller Wohltätigkeit in Kapitel 5.3.3 erörtert.

In vielerlei Hinsicht klang in den vorangegangenen Kapiteln der nun weiterauszuführende Zusammenhang zwischen Armenfürsorge und Jenseitsvorsorge bereits an. Die Darstellung der Bedeutung der Wohltätigkeit für das ewige Heil nimmt in den untersuchten Texten einen breiten Raum ein. Die Priester und Bischöfe greifen hiermit ein traditionelles und spezifisch christliches Deutungsmuster auf, welches von Anbeginn der Kirche einen festen Platz in der christlichen Paränese hatte.[959]

In den untersuchten Verkündigungstexten spielt es für die Ermahnung zur Armenfürsorge eine wesentliche Rolle, dass nach Meinung der Geistlichen weltlicher Reichtum auf Grund der damit verbundenen Sündhaftigkeiten einen Nachteil auf dem Weg zum ewigen Seelenheil bedeuten könne. Die Geistlichen beschreiben den materiellen Wohlstand allerdings nicht als prinzipiell sündhafte Begebenheit. Vielmehr zeigen sie auf, dass der Besitz zahlreicher weltlicher Güter im Gegensatz zu einem Leben in Bedürftigkeit zu einer verstärkten Ausübung von Lastern verleite.[960] Um die mit dem Reichtum verbundenen Gefährdungen des Seelenheils zu untermauern, beziehen sich die Priester und Bischöfe immer wieder auf das als authentischen Ausspruch Jesu gedeutete Bildwort vom Kamel und Nadelöhr (Mk 10,25 par).[961] Anders als es ein heutiger Auslegungsstrang dieser neutestamentlichen Stelle vorsieht,[962] geht es ihnen auch hier nicht um eine Verurteilung des Reichtums an sich, sondern um eine Kritik an den mit dem Reichtum verbundenen Einstellungen und an der falschen Verwendung der weltlichen Güter:

„Ich weiß zwar wohl, daß reich seyn und viele Güter besitzen, an sich selbst nichts böses sey, ich weiß aber auch, daß nach dem Ausspruche unsers Erlösers die ewige Seligkeit den Reichen weit mehr Mühe koste, als den Armen. Ich versichere euch, sagte Er anderswo zu seinen Jüngern, schwerlich wird ein reicher in den Himmel kommen, und gleich darauf setzte Er hinzu: leichter geht ein Kamel durch ein Nadelöhr, als ein Reicher in den Himmel

---

959 Vgl. Puzicha, Christus peregrinus, 167.

960 Vgl. Ackermann, Kurze Frühpredigten, Bd. 1, 264-265; Arnoldi, Sonntagspredigten des Bischofs Wilhelm Arnoldi, 60; Bauerschubert, Kurze Volkspredigten, Bd. 2, 303; Colmar, Predigten von Joseph Ludwig Colmar, Bd. 3, 22; Westermayer, Bauernpredigten, 1. Jahrgang, Bd. 2, 130.

961 Zur Bewertung als authentisches Jesuswort vgl. Werner Zager, Gottesherrschaft und Endgericht in der Verkündigung Jesu. Eine Untersuchung zur markinischen Jesusüberlieferung einschliesslich der Q-Parallelen, Berlin 1996, 199-200.

962 Vgl. ebd., 197-198.

hinein. Reichthum ist also für den Besitzer sehr gefährlich und ein großes Hinderniß auf dem Wege zum Himmel".[963]

Die mit dem Reichtum aus biblischer Sicht verbundenen Sündhaftigkeiten und die daraus erwachsenden negativen Folgen für das ewige Leben werden von den Geistlichen mit Blick auf die Erzählung vom ‚Barmherzigen Samariter' (Lk 10,25-37) konkretisiert. Sie verwenden das Beispiel des barmherzig handelnden Samariters also nicht nur zur positiven Ermahnung, sondern kritisieren mit Blick auf das unbarmherzige Tun des Priesters und des Leviten auch die verbreitete Vernachlässigung der Armen durch die zur Wohltat Verpflichteten.[964] Außerdem beziehen sich die Priester und Bischöfe im Zusammenhang mit den Gefahren des Reichtums auf das Gleichnis vom ‚Reichen Prasser und armen Lazarus' (Lk 16,19-31). Hier steht nun explizit die Vernachlässigung der Bedürftigen als zur Verurteilung führende sündhafte Handlung des Reichen im Mittelpunkt der Betrachtung:

„Ja, ein furchtbares Loos ist jenseits dem unnützen Knechte vorbehalten, der von den Gütern, die ihm Gott zu menschenfreundlichem Gebrauche verliehen, dem darbenden Bruder kaum ein Brodsame zufallen ließ; und gar mancher gefühllose Reiche wird dort, wie der Herr sagt, in die Hölle begraben, der arme Lazarus aber, den er keines Blicks werth hielt, von den Engeln in den Himmel getragen werden! Luc. 16."[965]

Auf Grund der grundsätzlichen Veranlagung des Menschen zu sündhaften Handlungen werden die Reichen immer wieder zur richtigen Verwendung ihres Besitzes ermahnt, damit sie dessen ungeachtet die ewige Herrlichkeit erlangen können. Als Grundbedingung dieser richtigen Verwendung beschreiben die Geistlichen das wohltätige Handeln gegenüber den Bedürftigen. Die Priester und Bischöfe betonen den Verdienstgedanken des barmherzigen Wirkens und führen hierzu insbesondere Begriffe des Rechts- und Wirtschaftslebens an. Mit dieser Betonung der ‚eschatologischen Vergeltung' nehmen die Geistlichen eine bereits in der Patristik stark verbreitete Deutung des wohltätigen Handelns auf.[966] An einzelnen Stellen findet sich daher auch eine ausführliche Wiedergabe der Begründungen der Kirchenväter. Es lässt

963 Winkelhofer, Reden über die Bergpredigt unsers Herrn, 23-24. Siehe dazu: Ackermann, Predigten nach den Bedürfnissen des gemeinen Mannes, Bd. 3, 398; Bauerschubert, Kurze Volkspredigten, Bd. 3, 251; Kaiser, Fastenhirtenbrief 1847, 25; Westermayer, Predigten für wahre Aufklärung, Bd. 1, 32.

964 Vgl. Bauerschubert, Kurze Volkspredigten, Bd. 2, 299; Colmar, Predigten von Joseph Ludwig Colmar, Bd. 1, 178-179.

965 Pfaff, Fastenhirtenbrief vom 9. Februar 1838, 5. Siehe dazu auch: Brockmann, Homilien und Predigten, Bd. 3, 94-112; Dietl, G. A. Dietl's Predigten an seine Pfarrgemeinde, 134; Liebermann, Predigten von Franz Leopold Bruno Liebermann, Bd. 2, 79.

966 Vgl. Richard Völkl, Nächstenliebe – die Summe der christlichen Religion? Beiträge zu Theologie und Praxis der Caritas, Freiburg i. Br. 1987, 175.

sich hierbei allerdings kein patristisches Zitat als zentrale und immer wiederkehrende Aussage nachweisen. Die Geistlichen beziehen sich in diesem Zusammenhang vor allem auf die lateinischen Kirchenväter Ambrosius[967] und Augustinus[968] sowie auf den in der Forschung als „Prediger des Almosens"[969] bezeichneten griechischen Kirchenvater Johannes Chrysostomus:

„Aber es gibt ja den Himmel, Reicher! du kannst ihn ja dir kaufen, du machst ja so gerne ein vortheilhaftes Geschäft; sieh, hier hast du das vortheilhafteste! ‚Der Himmel ist ja eine Börse und ein Handlungsgeschäft', sagt der heilige Chrysostomus; ‚gib Brod her, und nimm dafür das Paradies, gib Kleines und nimm Großes, gib Sterbliches und nimm Unsterbliches!'"[970]

Die patristische Argumentation des Vergeltungscharakters von Wohltätigkeit wird auch in den Fastenhirtenbriefen herangezogen, um die Gläubigen zur Ausübung barmherziger Handlungen in dieser besonderen Zeit zu ermahnen:

„‚Erfülle die Pflichten der Barmherzigkeit, so wirst du dein Fasten geheiligt haben'. Aug. serm. 172. So ermahnen uns die heiligen Väter und Lehrer der Kirche. Lasset uns daher, Geliebteste, die durch christliche Enthaltsamkeit erzielten Ersparnisse in so viele Gaben der Barmherzigkeit verwandeln, um unsre armen Brüder damit zu erquicken: dann wird unser Fasten nicht nur vor dem Herrn gesegnet und wohlgefällig sein; sondern wir werden uns hierdurch auch noch Schätze sammeln, welche einen hohen Werth, und entscheidendes Gewicht haben werden auf der Waagschale des ewigen Weltenrichters".[971]

Im Hintergrund der Kirchenväterzitate steht die biblische Bewertung der Wohltätigkeit und die Empfehlungen Jesu zum richtig Umgang mit dem Reichtum. Demgemäß berufen sich die Prediger und Bischöfe in ihrer Darstellung des mit der Wohltätigkeit zu erwerbenden ewigen Lohns auch direkt auf eine breite Basis biblischer Belegstellen. So wird den Reichen in Anlehnung an Dan 4,24 die Wohltätigkeit als Möglichkeit dargestellt ihre Sünden zu tilgen.[972] Mit Blick auf diese Sündenvergebung verweisen die Geistlichen

---

967 Vgl. Westermayer, Bauernpredigten, 1. Jahrgang, Bd. 2, 135-136; Winkelhofer, Winkelhofers zusammenhängende Predigten, Bd. 5, 401.

968 Vgl. Wilhelm Arnoldi, „Fastenhirtenbrief vom 3. Januar 1843", in: Johann Jakob Blattau (Hg.), Statuta synodalia, ordinationes et mandata Archidiocesis Trevirensis, Bd. 9, Trier 1859, 19-24, 22; Colmar, Predigten von Joseph Ludwig Colmar, Bd. 1, 190.

969 Vgl. Völkl, Nächstenliebe, 169.

970 Westermayer, Bauernpredigten, 1. Jahrgang, Bd. 2, 135. Sowie: Laurent, Fastenhirtenbrief 1847, 10; Westermayer, Das katholische Kirchenjahr, Bd. 2, 106.

971 Franz Xaver von Schwäbl, „Fastenhirtenbrief vom 7. Januar 1834", in: Joseph Lipf (Hg.), Oberhirtliche Verordnungen und allgemeine Erlasse für das Bisthum Regensburg vom Jahre 1250–1852, Regensburg 1853, 292-295, 294.

972 Vgl. Feder, Predigten auf alle Sonntage des Jahres, Bd. 1, 58; Westermayer, Bauernpredigten, 1. Jahrgang, Bd. 2, 135; Winkelhofer, Winkelhofers zusammenhängende Predigten, Bd. 5, 400.

unter Berücksichtigung von Mt 19,21 außerdem auf das von den Kirchenvätern in ihrer Argumentation aufgegriffene Motiv der ‚ewigen Schätze', welche die Reichen durch ihr barmherziges Handeln an den Bedürftigen erwerben.[973] Daher sollen sie die Zeit der Not als Möglichkeit angesehen „sich als wahre Schüler Christi zu erweisen und durch Werke der Barmherzigkeit sich den Himmel zu erkaufen".[974]

Die Begriffe aus dem Geschäftsleben aufgreifend betonen die Geistlichen in Bezug auf den bereits in Kapitel 5.2.1.2 erwähnten Vers aus dem Buch der Sprüche (Spr 19,17), dass Gott durch die Gabe an den Armen zum Schuldner der Wohltäter werde.[975] Wilhelm Arnoldi führt hierbei das Ungleichgewicht des Zinsgeschäfts und den großen Gewinn für den barmherzigen Gläubigen an. Hierbei verweist der Trierer Bischof auf das bereits mehrfach angeführte Argument, dass die Menschen die weltlichen Güter von Gott als Geschenk erhalten haben: „Du gibst dem Herrn von dem, was Sein ist, und Er sieht es an, als hättest du von dem Deinigen gegeben; du gibst Irdisches, Vergängliches, und empfängst dafür Himmlisches, Ewiges".[976] Die Bezugnahme auf das obige Zitat des heiligen Johannes Chrysostomus ist sehr deutlich, auch wenn Arnoldi dies nicht explizit kennzeichnet. Bei dem Verweis auf den alttestamentlichen Weisheitsspruch in Spr 19,17 klingt das Analogieverhältnis zwischen Gott und den Notleidenden an, welches in der Rede vom Weltgericht in Mt 25,31-46 als zentraler Glaubensinhalt dargestellt wird.[977] Die dort beschriebene Identifikation der Armen mit Christus und der damit an die Gläubigen gerichtete Auftrag, wohltätig zu handeln, sind für die theologische Begründung der Armenfürsorge von besonderer Bedeutung. Durch die Ausübung barmherziger Werke an den Notleidenden dienen die Reichen Christus und finden so Anteil an der ewigen Herrlichkeit.[978]

Wenn die Reichen ihr ewiges Seelenheil durch Wohltätigkeit zu erreichen suchen, können sie nach der Darstellung der Geistlichen auf die Mithilfe der Bedürftigen hoffen. Die Armen treten hiermit aus der Rolle als reine Objekte der Armenfürsorge heraus und werden selbst zu Wohltätern. Im Hintergrund steht das Jesuswort vom rechten Gebrauch des Reichtums in Lk 16,9.

---

[973] Vgl. Arnoldi, Sonntagspredigten des Bischofs Wilhelm Arnoldi, 107; Winkelhofer, Reden über die Bergpredigt unsers Herrn, 402; Brockmann, Homilien und Predigten, Bd. 1, 348.

[974] Arnoldi, „Fastenhirtenbrief 1847", 107.

[975] Vgl. Puzicha, Christus peregrinus, 167.

[976] Arnoldi, „Fastenhirtenbrief 1847", 109.

[977] Vgl. hierzu Kapitel 5.2.2.1.

[978] Vgl. Ackermann, Predigten nach den Bedürfnissen des gemeinen Mannes, Bd. 2, 230-231; Arnoldi, „Fastenhirtenbrief 1847", 110; Colmar, Predigten von Joseph Ludwig Colmar, Bd. 1, 190; Freiherr Droste zu Vischering, Predigten, Betrachtungen und Unterweisungen, 223; Kaiser, Fastenhirtenbrief 1847, 25.

Die Geistlichen beziehen den dort verwendeten Begriff der Freunde auf die Fürsorgeempfänger und greifen eine in der Wirkungsgeschichte verbreitete Auslegung des bis heute nicht eindeutig geklärten Begriffes auf:[979]

„Machet euch Freunde mit dem trüglichen und ungerechten Reichthume! Er wollte, gleichsam sagen: ‚Seht, ihr Reichen! das ist der beste Gebrauch, den ihr von euerm überflüssigen Vermögen machen könnet, daß ihr den Armen davon mittheilet! Was ist euer Reichthum meistentheils anders, als ungerechtes Gut?' ... Wenn ihr euer Seelenheil retten wollet: so wendet es zur Unterstützung der Armen an! Machet euch diese Armen zu Freunden, damit sie einst beym Gerichte Gottes eure Fürsprecher seyn mögen!"[980]

Mit dem Verweis auf die Rolle der Bedürftigen als Fürsprecher der Reichen wird deutlich, dass das traditionelle Reziprozitätsverhältnis zwischen Geber und Empfänger für die priesterliche und bischöfliche Begründung der Armenfürsorge grundlegend ist. Noch häufiger als die Rolle der Armen als Beistand beim göttlichen Gericht wird in Bezug auf die Wechselbeziehung zwischen Geber und Empfänger die Möglichkeit des Gebetes erwähnt, welches die dankbaren Bedürftigen nach dem Empfang der Gaben für ihren Wohltäter an Gott richten.[981] Sebastian Winkelhofer geht in seiner Argumentation sogar soweit, dass er das Almosen und das Gebet der Armen als Bedingung für den Übertritt der Reichen in die ewige Herrlichkeit beschreibt: „Wie werdet ihr in den Himmel kommen, wenn euch das Almosen und das Gebeth der Armen nicht hineinhilft?"[982]

Erwartungsgemäß widerspricht dieser Befund den Aussagen der evangelischen Prediger, wie dies am Beispiel einer Predigt Carl Immanuel Nitzschs deutlich wird. Dem allgemeinen Duktus der Predigt folgend bestreitet der Prediger jegliche Vermittlung zwischen Gott und dem Spender durch die Armen. Er kennzeichnet die Wohltätigkeit als Akt der Dankbarkeit gegenüber Gott. Erstaunlich ist, dass auch hier auf eine Segnung Gottes angespielt wird, wodurch ein gewisser Verdienstcharakter anklingt: „Sie [die Mildtätigkeit] soll euch nicht ängstlicher und sorgenvoller machen, sondern sorgenfreier; denn – ihr habt es Gott geliehen und bei ihm sicher gestellt; der weiß zu segnen".[983] Dies zeigt, dass bei aller konfessionellen Polemik – auf beiden Seiten – die Unterschiede in der Sache selbst nicht allzu groß waren.

[979] Vgl. Friedrich Wilhelm Horn, Glaube und Handeln in der Theologie des Lukas, 2. durchgesehene Aufl. Göttingen 1986, 74-75.

[980] Ackermann, Volkspredigten und Homilien, Bd. 1, 373. Siehe dazu: Dietl, G. A. Dietls Homilien, 197; Schneider, Predigten für gebildete Menschen, 59; Westermayer, Predigten für wahre Aufklärung, Bd. 1, 229.

[981] Vgl. Ackermann, Predigten nach den Bedürfnissen des gemeinen Mannes, Bd. 3, 400; Winkelhofer, Winkelhofers zusammenhängende Predigten, Bd. 5, 60.

[982] Winkelhofer, Reden über die Bergpredigt unsers Herrn, 30.

[983] Nitzsch, Predigten aus der Amtsführung, 317.

Die bisher dargestellten Begründungen von Wohltätigkeit münden in der Vorstellung der christlichen Nächstenliebe als Gottesdienst. Die Geistlichen zeigen auf, dass der Dienst an den Notleidenden einen im tiefsten Sinne spirituellen Akt darstelle, der den verschiedenen liturgischen Ausprägungen religiöser Frömmigkeit mindestens gleichzusetzen sei:

„Die Werke der Liebe gehören also jetzt einer höheren Ordnung an, die Werke der Liebe sind in der Kirche Aeusserungen der Frömmigkeit, des lebendigen Christenthums; und wenn ich mit Anerkennung meines Nächsten erwähne, so ist das eine eben so heilige Handlung, als wenn ich dem Herrn ein Loblied singe; wenn ich die Armen und Kranken besuche, so ist das eben so verdienstlich, als wenn ich in die Kirche gehe und mich vor dem Antlitze des Allerhöchsten niederwerfe; wenn ich die Sache meines Nächsten führe, so ist dieser Eifer eben so lobenswerth, als wenn ich die Sache Gottes vertrete. Es ist ein und dasselbe Gebot, Eines folgt aus dem Andern“.[984]

Auf Grund der Bewertung der Nächstenliebe als wahrer Gottesdienst verliert nach Ansicht der Geistlichen eine ohne Wohltätigkeit ausgeübte Frömmigkeitspraxis an Bedeutung. Daher wird in den Verkündigungstexten die notwendige Verbindung des Gebets mit den wohltätigen Handlungen betont.[985] Zur biblischen Begründung dieses Verständnisses von Wohltätigkeit verweisen die Geistlichen auf den letzten Vers des Prologs des Jakobusbriefes (Jak 1,27). In diesem programmatischen Ausspruch, der gleichzeitig eine Art Kompendium des gesamten Briefes darstellt, wird die Konkretisierung einer wahren Gottesbeziehung in wohltätigem Handeln und somit die Bedeutungslosigkeit einer ohne Nächstenliebe geübten privaten Religiosität aufgezeigt.[986] In diesem Sinne gibt Sebastian Winkelhofer den neutestamentlichen Vers wieder und stellt hiermit die notwendige Verbindung von Glaube und Nächstenliebe dar:

„Darum sagt auch der Apostel Jakobus, daß die Unterstützung der Wittwen und Waisen ein rein unbefleckter Gottesdienst vor Gott dem Vater der Wittwen und Waisen sey. Wenn wir also wissen wollen, ob unsere Gottesverehrung die recht sey, so dürfen wir uns nur fragen: Wie steht es mit der Liebe des Nächsten?“[987]

---

984 Colmar, Predigten von Joseph Ludwig Colmar, Bd. 1, 414. Sowie: Bauerschubert, Kurze Volkspredigten, Bd. 2, 103; Winkelhofer, Winkelhofers vermischte Predigten, Bd. 6, 321.

985 Vgl. Ackermann, Kurze Frühpredigten, Bd. 1, 251; Bauerschubert, Kurze Volkspredigten, Bd. 2, 105; ebd., 298-299.

986 Vgl. René Krüger, Der Jakobusbrief als prophetische Kritik der Reichen. Eine exegetische Untersuchung aus lateinamerikanischer Perspektive, Münster 2005, 143.

987 Winkelhofer, Winkelhofers vermischte Predigten, Bd. 6, 322. Sowie: Ackermann, Predigten nach den Bedürfnissen des gemeinen Mannes, Bd. 2, 395; Joseph von Hommer, „Fastenhirtenbrief vom 7. Januar 1828“, in: Johann Jakob Blattau (Hg.), Statuta synodalia, ordinationes et mandata Archidiocesis Trevirensis, Bd. 8, Trier 1849, 145-151, 150;

In welcher Form die Reichen ihre Verpflichtung zur Wohltätigkeit ausüben sollen und inwiefern die Geistlichen auch für die Bedürftigen Möglichkeiten zum barmherzigen Tun vorsehen, wird im folgenden Kapitel untersucht.

5.3 Formen der Wohltätigkeit

Im einleitenden Kapitel zu den (kirchen-)politischen, wirtschaftlichen und sozialen Rahmenbedingungen zeigte sich bereits die Vielzahl an Initiativen und Institutionen, die sich im späten 18. und frühen 19. Jahrhundert durch ihr wohltätiges Handeln der massiven Not der Bedürftigen annahmen und diese zu lindern versuchten. Es soll nun der Frage nachgegangen werden, wie diese verschiedenen Formen der Armenfürsorge von den Geistlichen bewertet werden und ob die Prediger und Bischöfe ihre Zuhörer zur Ausübung oder Unterstützung bestimmter Maßnahmen besonders ermutigen. Hierbei ist zwischen drei Bereichen des wohltätigen Handelns zu unterscheiden. Neben den staatlichen Maßnahmen haben die Geistlichen die Initiativen kirchlicher Wohltätigkeit und die verschiedenen Möglichkeiten individueller Nächstenliebe im Blick.

5.3.1 Staatliche Maßnahmen

In den untersuchten Verkündigungstexten werden die staatlichen Maßnahmen wohltätigen Handelns auf sehr unterschiedliche Art und Weise thematisiert. Bei der Ausführlichkeit der Darstellung und der Bewertung ist ein deutliches Gefälle zwischen den (spät-)aufklärerischen und den ultramontanen Predigten und Hirtenbriefen zu verzeichnen. Neben einzelnen Hinweisen bei den (Spät-)Aufklärern Joseph Bauerschubert[988] und Johann Michael Felder[989] findet sich eine eingehende Darstellung öffentlicher Fürsorgeinitiativen in den Predigtwerken der (Spät-)Aufklärer Gottlieb Ackermann[990] und Eulogius Schneider[991] sowie in den Texten des dem Sailer-Kreis nahestehenden Predigers Sebastian Winkelhofer.[992] Ausführlich wird die Thematik

Brockmann, Homilien und Predigten, Bd. 2, 612; Winkelhofer, Winkelhofers Predigten über die christliche Gerechtigkeit, Bd. 2, 149.

988 Vgl. Bauerschubert, Kurze Volkspredigten, Bd. 2, 305.

989 Vgl. Feder, Predigten auf alle Sonntage des Jahres, Bd. 1, 56; ders., Zwanzig Fasten-Predigten, 63.

990 Vgl. Ackermann, Predigten nach den Bedürfnissen des gemeinen Mannes, Bd. 2, 353-362; ders., Katechetische Predigten, Bd. 3, 274-278; ders., Katechetische Predigten, Bd. 5, 114-126; ders., Volkspredigten und Homilien, Bd. 2, 523-526; ebd., 577-593.

991 Vgl. Schneider, Predigten für gebildete Menschen, 58-71.

992 Vgl. Sebastian Winkelhofer, Seb. Winkelhofers vermischte Predigten, Bd. 3: Predigten über die Apostelgeschichte, hg. von Johann Michael Sailer, 2. durchgesehen Aufl. Mün-

außerdem in dem 1786 erschienenen Hirtenbrief des aufklärerischen Fürstbischofs Franz Ludwig von Erthal betrachtet.[993] Der bereits im Hinblick auf die Problematik des Bettels vorgestellte Hirtenbrief ist anlässlich der im Jahr 1785 vorgenommenen Errichtung des Würzburger Armeninstituts erschienen.[994] Diese öffentliche Einrichtung ist Bestandteil des durch den Bamberger und Würzburger Fürstbischof aufgebauten Fürsorgesystems, welches die Ausbildung eines Konskriptionssystems zur Erfassung der materiell Notleidenden, Maßnahmen zur Klassifizierung der Armen und ihrer Bedürftigkeit sowie die Formierung von ‚Armenkommissionen' beinhaltete.[995] Einen ähnlichen Ausgangspunkt wie der Hirtenbrief Erthals hat eine die staatlichen Armenfürsorgemaßnahmen erläuternde Predigt, die in einem Sammelband Gottlieb Ackermanns erschienen ist. Der Prediger nahm den Gedächtnistag der Stiftung der Münchener Armenanstalt zum Anlass für seinen Verkündigungstext.[996] Bei dieser Anstalt handelt es sich um das am 1. Dezember 1789 durch ein kurfürstliches Reskript gegründete Münchener Armeninstitut.[997] Neben der Beschreibung jener kommunalen Einrichtung in der Jubiläumspredigt findet sich eine Erwähnung derselben Anstalt in einigen Verkündigungstexten Sebastian Winkelhofers, die er während seiner Tätigkeit als Prediger an der St. Michaelshofkirche in München gehalten hatte.[998]

Wie die Hinweise auf die Texte Ackermanns, Erthals und Winkelhofers andeuten, beziehen sich die Geistlichen hinsichtlich der staatlichen Einrichtungen auf die Institutionen der offenen Armenfürsorge. Diese bezeichnen sie mit den Begriffen öffentliche oder allgemeine Armenanstalt, Armeninstitut oder Armenkasse. In ihren Verkündigungstexten ermahnen die Priester und der Fürstbischof ihre Zuhörer zur regelmäßigen Zahlung der notwendigen Beiträge für die staatlichen Hilfsmaßnahmen. Hierbei beschreiben sie die Unterstützungsleistungen an die allgemeinen Armenfürsorgeinstitutionen als Staats- und Bürgerpflicht:

„Es giebt so viele Arme und Nothleidende, die der Hülfe des Staates und ihrer Mitmenschen bedürfen! Hülf ihnen, so viel du helfen kannst! Unterstütze mit deinen Beyträgen die wohlthätigen Anstalten, die zur Verpflegung deiner leidenden Mitbürger getroffen sind! es ist dieß nicht bloß die Sache der Armen, es ist die Sache der bürgerlichen Gesellschaft, allgemeine An-

---

chen 1834, 82-86; ders., Winkelhofers vermischte Predigten, Bd. 4, 276-281; ebd., 313-321.

993 Vgl. von Erthal, Hirtenbrief zur Unterstützung der Armenpflege.

994 Vgl. ebd., 3.

995 Vgl. Eder, „Helfen macht nicht ärmer", 55.

996 Ackermann, Volkspredigten und Homilien, Bd. 2, 577-592.

997 Vgl. Doege, Armut in Preußen und Bayern, 247.

998 Vgl. Winkelhofer, Winkelhofers vermischte Predigten, Bd. 3, 82-86; ders., Winkelhofers vermischte Predigten, Bd. 4, 276-281; ebd., 313-321.

gelegenheit des Vaterlandes. Das allgemeine Wohl fordert es, daß den Nothleidenden geholfen werde".[999]

Mit diesen Worten macht der Prediger deutlich, dass die das Gemeinwohl sichernde Armenfürsorge als wesentliche Aufgabe der Gesellschaft und des Staates anzusehen sei und somit den kirchlichen Wohltätigkeitsanstalten kein alleiniges Wirkungsrecht zukomme. Am eindrücklichsten wird die Verpflichtung des Staates, für seine Bürger zu sorgen, in den Predigten des radikalen Aufklärers Eulogius Schneider betont.[1000] Die Geistlichen ordnen sich mit ihren Aussagen zu den staatlichen Fürsorgepflichten in das staatstheoretische Denken der Aufklärung ein. „Die herkömmlichen auf Friedens- und Rechtswahrung beschränkten Staatszwecke schlossen nun auch modernere Güter wie allgemeine Wohlfahrt und (zeitliche) Glückseligkeit ein".[1001] Eulogius Schneider betont in seinen Ausführungen insbesondere die Aufgabe des Staatsoberhauptes, der als Vater seiner Untertanen für das Wohl der Armen verantwortlich sei. Er legitimiert die Rolle des Regenten mit dem Verweis auf dessen Gottebenbildlichkeit:

„Zu wem soll sich die leidende Armuth wenden, als zum gemeinschaftlichen Vater? ... Der Fürst, meine Brüder, ist das Ebenbild der Gottheit auf Erden: wie dieser seine Sonne über alle Bewohner der Erde aufgehen läßt, so muß auch jener die Straßen seiner Wohlthaten über alle Bürger seines Staates verbreiten, muß sie besonders über diejenigen verbreiten, welche ihrer am meisten bedürfen".[1002]

Mit der Betonung der Armenfürsorge als Aufgabe des Staates erkennen die Geistlichen in ihren Verkündigungstexten die in den Städten begonnenen frühneuzeitlichen Reformen des Armenwesens an, die sich durch eine zunehmende Einflussnahme weltlicher Machthaber auf den Bereich der Wohltätigkeit auszeichneten.[1003]

Noch breiter als in den Predigten und Hirtenbriefen wird die Bedeutung staatlicher Wohltätigkeitsinitiativen im (spät-)aufklärerischen Armutsdiskurs katholischer Zeitschriften behandelt.[1004] In diesem Zusammenhang spricht

---

999 Ackermann, Katechetische Predigten, Bd. 5, 125. Siehe dazu auch: Ders., Volkspredigten und Homilien, Bd. 2, 577–592; von Erthal, Hirtenbrief zur Unterstützung der Armenpflege, 66; Schneider, Predigten für gebildete Menschen, 58-71.

1000 Vgl. Schneider, Predigten für gebildete Menschen, 58-71.

1001 Albrecht Beutel, Kirchengeschichte im Zeitalter der Aufklärung. Ein Kompendium, Göttingen 2009, 52.

1002 Schneider, Predigten für gebildete Menschen, 62-63.

1003 Vgl. Theodor Strohm, „Wege zu einer Sozialordnung Europas in der Aufbruchszeit des 16. Jahrhunderts", in: Theodor Strohm/Michael Klein (Hgg.), Die Entstehung einer sozialen Ordnung Europas, Bd. 1: Historische Studien und exemplarische Beiträge zur Sozialreform im 16. Jahrhundert, Heidelberg 2004, 14-58, 33-34.

1004 Vgl. Schneider/Bircher, „Katholische Armutsdiskurse", 320-325.

sich beispielsweise der spätere Mainzer Bischof Joseph Vitus Burg in einem in der spätaufklärerischen Zeitschrift ‚Archiv für die Pastoralkonferenzen in den Landkapiteln des Bistums Konstanz' im Jahr 1815 veröffentlichten Vortrag für die Errichtung einer allgemeinen Armenanstalt aus.[1005] Die Einführung einer solchen Anstalt solle zu ‚allgemeiner Wohlhabenheit und Sittlichkeit', zur Unterstützung der Notleidenden und zur Beseitigung der Armutsursachen beitragen.[1006] Burg gibt in seinem Beitrag konkrete Vorschläge für die praktische Umsetzung einer derartigen Institution und sieht hierbei auf der Ebene der Finanzierung und der Verwaltung eine enge Zusammenarbeit zwischen der kirchlichen und weltlichen Ebene vor.[1007] Eine solche Verbindung wird in den untersuchten (spät-)aufklärerischen Verkündigungstexten allein in Bezug auf die Finanzierung der Armenanstalten beschrieben. Grundlegend ist hierbei, dass die Geistlichen die Notwendigkeit einer finanziellen Unterstützung der öffentlichen Fürsorgeinitiativen mit den in Kapitel 5.2.2 beschriebenen theologischen Armenfürsorgetheorien untermauern. So kennzeichnen sie die Abgaben an die Armenanstalten als einen Akt der Gottes- und Nächstenliebe und verweisen auf die Bedeutung dieser wohltätigen Handlungen für das ewige Seelenheil.[1008] Die theologische Bezugnahme zeigt sich in begrifflicher Hinsicht darin, dass das christliche Motiv des ‚Almosens' zur Bezeichnung der Leistungen an die öffentlichen Anstalten verwendet wird.[1009] Der Begriff des ‚Almosens' tritt hier aus seinem traditionellen Kontext der individuellen Gabe an den einzelnen Bedürftigen heraus und erfährt eine neue Bestimmung.[1010] Eine weitere Umwertung eines religiösen Begriffes zeigt sich bei Sebastian Winkelhofer. Er spricht vom Armeninstitut als ‚Kasten Gottes', in welchen die Beiträge eingezahlt werden sollen.[1011] Gleichzeitig regt Winkelhofer an, die Spenden immer an einem Sonntag für die monatliche Sammlung zur Seite zu legen.[1012] Am ausführlichsten wird die theologische Bedeutung der finanziellen Abgaben durch Fürstbischof Franz Ludwig von Erthal in Bezug auf die von ihm in Würzburg eingerichtete Armenanstalt erläutert. Mögliche Einwände seiner

[1005] Vgl. Burg, „Armenanstalt".

[1006] Ebd., 234.

[1007] Vgl. ebd., 243-244 und 248-251.

[1008] Vgl. Ackermann, Volkspredigten und Homilien, Bd. 2, 585; von Erthal, Hirtenbrief zur Unterstützung der Armenpflege, 1; Schneider, Predigten für gebildete Menschen, 71; Winkelhofer, Winkelhofers vermischte Predigten, Bd. 3, 85-86; ders., Winkelhofers vermischte Predigten, Bd. 4, 319.

[1009] Vgl. von Erthal, Hirtenbrief zur Unterstützung der Armenpflege; Schneider, Predigten für gebildete Menschen, 68; Winkelhofer, Winkelhofers vermischte Predigten, Bd. 4, 280.

[1010] Zur Almosengabe als Akt der individuellen Armenfürsorge vgl. Kapitel 5.3.3.

[1011] Vgl. Winkelhofer, Winkelhofers vermischte Predigten, Bd. 3, 86.

[1012] Vgl. Winkelhofer, Winkelhofers vermischte Predigten, Bd. 4, 280.

Zuhörer vorwegnehmend erklärt er, dass die Unterstützung des öffentlichen Armeninstituts alle Anforderungen erfülle, welche an die christliche Wohltätigkeit gestellt werden. So werde mit den allgemeinen Beiträgen die bei dem Umgang mit aufdringlichen Bettlern auftretenden Sündhaftigkeiten wie Ungeduld, Zorn und Hartherzigkeit vermieden.[1013] Außerdem könne mit den Leistungen an die Armenanstalt auch entsprechend des biblischen Grundsatzes „Wenn du Almosen gibst, soll deine linke Hand nicht wissen, was deine rechte tut." (Mt 6,3) die Pflicht einer geheimen Wohltat erfüllt werden.[1014] Weiterhin ermögliche die Unterstützung der öffentlichen Fürsorge die Erfüllung der Anforderungen einer allgemeinen und sanftmütigen Gabe:

„Eure Liebe wird ferner allgemein seyn, wenn Ihr die Verwendung Eures Beytrags dem Gutdünken des Armen - Instituts anheim stellet. Eure Herzen sind, keiner Vorliebe oder Abneigung, und also keiner Zurückstellung eines Würdigen ober Begünstigung eines Unwürdigen fähig. Die Liebe wird sanftmüthig seyn, weil Ihr mit gutem Willen Eure mildreiche Beyträge ausliefert, und die Austheilung davon der Einsicht der Vorgesetzten ruhig und vertrauensvoll überlasset".[1015]

Mit Blick auf die theologische Bedeutung der finanziellen Beiträge betonen die Geistlichen außerdem die Notwendigkeit, dass die Abgaben freiwillig erfolgen und den jeweiligen Möglichkeiten des Einzelnen entsprechen sollen: „Aber du mußt nicht karg seyn; gieb nach dem Maaße deines Vermögens und wie dich Gott gesegnet hat. Bist du reich, so gieb viel, und ein reichliches Almosen; bist du selbst arm, so gieb, was du kannst".[1016]

Neben der Notwendigkeit der Finanzierung der Armenanstalten durch freiwillig aus Liebe gespendete Beiträge verweisen die Geistlichen auf das Vorbild der frühchristlichen Gemeinden, die ebenfalls regelmäßig Spenden für die Versorgung ihrer Armen sammelten und diese durch die Bischöfe oder Diakone austeilen ließen. So wird das Wirken der frühchristlichen Diakone mit der Arbeit der neuzeitlichen Armenpfleger verglichen:

„Sehet, meine Christen! so wie es in den ersten Jahren des aufblühenden Christenthums gehalten wurde, so auf eine ähnliche Art ist das Armenwesen durch allerhöchste königliche Verordnungen eingerichtet worden. Es sind Armenpfleger aufgestellt, deren Geschäft es ist, die Dürftigkeit, die Noth und überhaupt den Zustand der Armen zu untersuchen und die gewissenhafte Vertheilung der mildthätigen Beyträge der Gemeindeglieder zu besorgen".[1017]

[1013] Vgl. von Erthal, Hirtenbrief zur Unterstützung der Armenpflege, 75.
[1014] Vgl. ebd., 76.
[1015] Ebd., 77.
[1016] Winkelhofer, Winkelhofers vermischte Predigten, Bd. 4, 280.
[1017] Ackermann, Volkspredigten und Homilien, Bd. 2, 523-524.

Die Verpflichtung zur finanziellen Unterstützung der öffentlichen Armenkassen wird von den Geistlichen aber nicht nur in Bezug auf die christlichen Entwicklungen und Prinzipien der Armenfürsorge, sondern auch unter Betrachtung sozialer Aspekte näher begründet. Die Priester und der Fürstbischof verweisen hierbei auf die zahlreichen Vorteile, welche die zentralen Einrichtungen mit sich bringen. Sie machen deutlich, dass es nur den staatlichen Institutionen möglich sei, die notwendige Unterscheidung zwischen ‚würdigen' und ‚unwürdigen' Armen durchzuführen.[1018] Dies können die einzelnen Gläubigen auf Grund der großen Anzahl der Bedürftigen nicht leisten:

„So wird dem eingewendeten Ungemache, daß wegen Menge der Armen Bedürftige von Unbedürftigen nicht unterschieden werden können, durch eine öffentliche und vorsichtig getroffene Anstalt und gemeinschaftliche Armen-Kasse leicht abzuhelfen seyn, wodurch gemeinschaftliche, auch von wenig Vermögenden aber doch mit guten Willen geleistete, Beyträge im allgemeinen nutzen und zu einer vereinigten allgemeinen Wohlthätigkeit erhoben werden können".[1019]

In diesem Ausspruch Franz Ludwig von Erthals wird ein weiteres Argument für die öffentlichen Armenanstalten angesprochen. Die aufklärerischen Geistlichen zeigen auf, dass die gemeinschaftliche Sammlung der Geldbeiträge eine bessere Versorgung der Notleidenden ermögliche, als dies mit der direkt gegebenen Spende einzelner Wohltäter möglich sei.[1020] Zur Unterstreichung der guten Versorgungslage durch die öffentlichen Armenkassen werden in der Predigtsammlung Gottlieb Ackermanns die umfassenden Leistungen der allgemeinen Armenanstalt der Stadt München aufgezählt, die zum Vorbild für Fürsorgeeinrichtungen anderer Gemeinden wurde:

„... eine Anstalt, die alle Gattungen von Nothleidenden umfaßt, für Nahrung, Kleidung, Wohnung, Holz, Licht, und alle übrigen Bedürfnisse sorgt; eine Anstalt, die der armen Jugend Unterricht in den Schulen, den Gesunden und Kraftvollen Gelegenheit zur Arbeit und zum Erwerbe, den Kranken Arzney und Heilungsmittel, den ganz Armen vollkommene Versorgung und Pflege verschafft; eine Anstalt, die für arme Reisende, für andere Verunglückte besorgt".[1021]

Mit dem Hinweis auf die Bildung der Jugend und die Vermittlung von Arbeitsmöglichkeiten spricht der Prediger das bereits in Kapitel 4.6.1 vorgestellte Prinzip der ‚Pädagogisierung' an. Im Hirtenbrief Franz Ludwig von Erthals wird neben dem pädagogischen Prinzip außerdem das sozial-

1018 Vgl. hierzu Kapitel 4.2.2.

1019 Von Erthal, Hirtenbrief zur Unterstützung der Armenpflege, 63.

1020 Vgl. Ackermann, Katechetische Predigten, Bd. 3, 274; ders., Volkspredigten und Homilien, Bd. 2, 524; Schneider, Predigten für gebildete Menschen, 65.

1021 Ackermann, Volkspredigten und Homilien, Bd. 2, 589.

disziplinierende Moment von Armenfürsorge betont.[1022] Das allgemeine Armeninstitut habe neben der materiellen Versorgung zum Ziel, „über das sittliche Betragen einer gewissen Anzahl Armer die Aufsicht zu tragen“.[1023]

Als weitere positive Seite der genannten Münchener Armenanstalt gilt die systematisierte und kontrollierte Finanzverwaltung:

„... eine Anstalt, die jährlich über Einnahmen und Ausgaben, über die zweckmäßige Verwendung aller zum Besten der Armen zugeflossenen Beyträge öffentlich Rechnung ablegt; eine Anstalt, die sich des allgemeinen Zutrauens immer würdiger macht und gegen jeden Zweifel mit strenger Rechenschaft besteht“.[1024]

In dieser Aufzählung klingt das dritte Grundprinzip der frühneuzeitlichen Armenfürsorge, die Bürokratisierung, an. Nach Michael Doege war mit der beschriebenen Vorgehensweise der Münchener Armenanstalt außerdem das Ziel einer stärkeren Zentralisierung der Armenverwaltung verbunden:

„Durch das regelmäßige und offizielle Einsammeln von freiwilligen Unterstützungsbeiträgen durch die Helfer des Armeninstituts sowie durch die überwachte Ausgabe von Almosen erhielt sowohl der Magistrat als auch der Staat eine genaue Übersicht über die Einnahmen und Ausgaben der örtlichen Wohltätigkeit“.[1025]

In den Predigtwerken Gottlieb Ackermanns und Sebastian Winkelhofers wird die Ansicht vertreten, dass die allgemeinen Armenanstalten auf Grund ihrer Leistungsfähigkeit in jeder Stadt eingerichtet werden sollten.[1026] Allerdings beschreiben die Prediger in ihren Verkündigungstexten in ausführlicher Form auch die Notwendigkeit und Möglichkeiten individueller Wohltätigkeit, die neben den allgemeinen Einrichtungen fortbestehen könne:[1027] „Es bleibt dabey doch jedem frey, seine Wohlthaten an Arme, die ihm bekannt sind und ihn näher angehen, auszuspenden; nur soll das allgemeine Armenwesen nicht darunter leiden“.[1028] Mit dem Hinweis, dass dem Wohltäter die zu unterstützenden Armen bekannt sein sollen, klingt das seit den

---

[1022] Der Begriff der ‚Sozialdisziplinierung‘ wurde von Gerhard Oestreich geprägt. Für ihn stellt das Prinzip das Charakteristikum absolutistischer Gesellschafts- und Herrschaftsordnung dar. Vgl. Gerhard Oestreich, „Strukturprobleme des europäischen Absolutismus“, in: Vierteljahrschrift für Sozial- und Wirtschaftsgeschichte 55. 1968, 329-344. Zur Kritik am Begriff der ‚Sozialdisziplinierung‘ vgl. Martin Dinges, „Frühneuzeitliche Armenfürsorge als Sozialdisziplinierung. Probleme mit einem Konzept“, in: Geschichte und Gesellschaft 17. 1991, 5-29.

[1023] Von Erthal, Hirtenbrief zur Unterstützung der Armenpflege, 78.

[1024] Ackermann, Volkspredigten und Homilien, Bd. 2, 589.

[1025] Doege, Armut in Preußen und Bayern, 248.

[1026] Vgl. Ackermann, Volkspredigten und Homilien, Bd. 2, 588; Winkelhofer, Winkelhofers vermischte Predigten, Bd. 4, 319.

[1027] Zu den Formen individueller Wohltätigkeit vgl. Kapitel 5.3.3.

[1028] Ackermann, Volkspredigten und Homilien, Bd. 2, 524.

frühneuzeitlichen Armen- und Bettelordnungen bekannte und noch im allgemeinen Landrecht von 1794 ausgesprochene Prinzip der Ortsansässigkeit an:[1029] „Neben Arbeitsfähigkeit und Arbeitswilligkeit wurde die Ortsansässigkeit ein Kriterium bei der Frage, ob man einen Armen unterstützte oder nicht".[1030] Noch deutlicher als bei Ackermann und Winkelhofer wird im Hirtenbrief Erthals die Gabe an umherziehende Bettler verurteilt und die durch den Fürstbischof eingerichtete öffentliche Armenanstalt als bestmögliche Form der Wohltätigkeit beschrieben.[1031] Eulogius Schneider geht in seiner Predigt noch einen Schritt weiter. Für ihn stellen die Formen individueller Wohltätigkeit das Gegenteil christlichen Hilfehandelns dar:

„Streitet unser Almosen wider die Absicht der Gesetze, so ist es mehr ein Raub, als ein Almosen; denn es wirkt nicht zum allgemeinen Besten, es stiftet das Gute nicht, das es stiften sollte, es befördert vielmehr die Unordnungen und Laster, welchen die öffentlichen Anstalten entgegen arbeiten. Es ist eine menschenfeindliche Menschenliebe, eine unbarmherzige Barmherzigkeit, wenn wir ein kleines Gut bewirken, um ein großes Uebel anzurichten. Unsere Güte ist Schwachheit, wenn sie nicht durch die Vernunft geleitet wird. Unsere Wohlthat gegen den Einzelnen ist Verbrechen, wenn sie dem Wohl des Ganzen entgegen steht. Nur jene Mildthätigkeit verdient den Namen der Tugend, welche sich nach dem Plane und nach den Vorschriften des Regenten richtet; und wer will ihm das Recht absprechen, eine solche von jedem Bürger seines Staats zu fordern?"[1032]

Auch wenn Schneider an anderer Stelle die Freiwilligkeit der Abgaben an die allgemeinen Armenanstalten betont, klingt in dieser prinzipiellen Verwerfung der persönlichen Almosenspende ein gewisser Zwang an, die staatlichen Institutionen zu unterstützen. Die zwanghaften Abgaben sind ein wichtiger Punkt der Kritik, welche einzelne ultramontane Geistliche gegenüber der staatlichen Wohltätigkeit aussprechen. Nach der Darstellung des Luxemburger Apostolischen Vikars Johann Theodor Laurent habe eine solche Zwangsarmensteuer den Niedergang der christlichen Liebe und privaten Wohltätigkeit zur Folge.[1033] „So ist denn der Steuerbeitrag keine Gabe, sondern eine Abgabe; keine Liebeshandlung, sondern eine Zwangsmaßregel; keine Tugendübung, sondern eine bürgerliche Verrichtung ...".[1034] Im Gegensatz zur individuellen Almosengabe habe eine solche ‚Armentaxe' dann auch kein

[1029] Zu den rechtlichen Rahmenbedingungen vgl. Kapitel 2.2.2.

[1030] Rheinheimer, Arme, Bettler und Vaganten, 100.

[1031] Vgl. von Erthal, Hirtenbrief zur Unterstützung der Armenpflege, 78-81.

[1032] Vgl. Schneider, Predigten für gebildete Menschen, 68.

[1033] Vgl. Laurent, Fastenhirtenbrief 1847, 5; siehe auch: Nikolaus Adames, Fastenhirtenbrief 1849, Luxemburg 1849, 9; Riffel, Predigten Sonn- und Festtage, Bd. 2, 315.

[1034] Laurent, Fastenhirtenbrief 1847, 5-6.

Band zwischen Reichen und Armen, sondern einen neuen Zwiespalt zur Folge.[1035] Nikolaus Adames geht sogar so weit, dass er die Ersetzung der freiwillig geleisteten kirchlichen Wohltätigkeit durch die zwangsweise gezahlten Steuerbeiträge als eigentlichen Grund für den Pauperismus ansieht.[1036] Neben dieser prinzipiellen Kritik wird die öffentliche Armenfürsorge in den ultramontanen Verkündigungstexten zum Thema, wenn die unterstützende Funktion des Staates für die katholischen Wohltätigkeitsanstalten beschrieben wird. Dementsprechend betont Johann Theodor Laurent, dass „der Staat in bezug auf die öffentliche Wohltätigkeit, wie auf das ganze gesellschaftliche Leben, nur eine blos mittelbare Einwirkung im Wege der Unterstützung, der Leitung, der Ermunterung auszuüben hat".[1037] Hierbei klingt das Prinzip der Subsidiarität an, welches in der ersten katholischen Sozialenzyklika *Rerum Novarum* im Jahr 1891 von Papst Leo XIII. entfaltet wurde.[1038] Die praktische Umsetzung dieses Prinzips beschreibt Joseph Ludwig Colmar in Bezug auf die beabsichtigten Leistungen der Regierung zu Gunsten der Ausbreitung des karitativen Ordens der barmherzigen Schwestern. Die sich in den folgenden Worten widerspiegelnde Nähe Colmars zur französischen Regierung wurde dem späteren Mainzer Bischof häufig zum Vorwurf gemacht und noch in der von Franz Leopold Bruno Liebermann zu Ehren des verstorbenen Bischofs vorgetragenen Lob- und Trauerrede zur Verteidigung dargebracht:[1039]

„Wenn ihr erfahren werdet, daß von unserer würdigen städtischen und Departementalbehörde an, die sich so unermüdlich dem Wohle ihrer Mitbürger widmen, bis zu dem großen Manne, der die inneren Angelegenheiten des Reiches leitet, Alle einmüthig dieses für die Menschheit so kostbare Werk unterstützen und begründen helfen wollen. Möge der Herr dafür seinen reichsten Segen über sie ausgießen!"[1040]

Mit der von Joseph Ludwig Colmar dargebrachten Empfehlung der barmherzigen Schwestern ist eine wichtige Institution der katholischen Wohltätigkeit angesprochen, welche in der Argumentation der ultramontanen Geistlichen eine bedeutende Rolle spielt. Nach der Erörterung der staatlichen Wohltätigkeitsmaßnahmen sei daher nun der Blick auf die priesterliche und bischöfliche Darstellung der katholischen Armenfürsorgeinstitutionen gerichtet.

[1035] Ebd., 6.

[1036] Vgl. Adames, Fastenhirtenbrief 1849, 9.

[1037] Laurent, Fastenhirtenbrief 1847, 6.

[1038] Einen vergleichende Auseinandersetzung mit dem päpstlichen Lehrschreiben und der Haltung Johann Theodor Laurents zur sozialen Not findet sich in: Robert O. M. Claessen, Johannes Theodor Laurent. Titularbischof von Chersones; sein politisches, sozialfürsorgliches und pastorales Wirken, Diss. masch.schr., Bonn 1983, 133-139.

[1039] Franz Leopold Bruno Liebermann, Lob- und Trauer-Rede bei Gelegenheit des höchsttraurigen Hintrittes des hochwürdigsten Herrn Joseph Ludwig Colmar, Bischofes zu Mainz, Mainz 1818, 11.

[1040] Colmar, Predigten von Joseph Ludwig Colmar, Bd. 1, 198-199.

5.3.2 Kirchliche Wohltätigkeitsanstalten

„Keine menschliche Gesellschaft hat solche und so viele Denkmale der Menschenliebe und Barmherzigkeit aufzuweisen, als die katholische Kirche“.[1041]

Diese Worte stammen aus einer die Perikope vom ‚Barmherzigen Samariter‘ auslegenden Predigt Wilhelm Arnoldis. Der Trierer Bischof beschreibt in seinem Text die Bedeutung der katholischen Kirche für die Entstehung und Verbreitung von Hilfsanstalten für Notleidende. Hiermit ordnet sich Arnoldi in eine Reihe von Predigten und Hirtenbriefen ein, in denen die Priester und Bischöfe die Notwendigkeit einer kirchlichen Wohltätigkeit aufzeigen und die verschiedenen Institutionen dieses Fürsorgewesens darstellen. Die Geistlichen nehmen in ihren Texten eine historische und eine praktische Argumentationsebene ein. Mit Blick auf die Entstehung des Christentums und seine historische Entwicklung betonen sie die Bedeutung der kirchlichen Wohltätigkeit als einen von den Anfängen an bestehenden und notwendigen Bestandteil der christlichen Religion. Die damit verbundene geschichtliche Kontinuität greifen die Geistlichen in Bezug auf die verschiedenen Träger der katholischen Armenfürsorge auf und betonen deren praktische Bedeutung für die Linderung der aktuellen Notlagen. Ähnlich wie bei der Darstellung der staatlichen Armenfürsorge wird auch bei der Bewertung der kirchlichen Wohltätigkeitsanstalten auf Differenzen innerhalb der beiden katholischen Lager zu achten sein.

5.3.2.1 Geschichtliche Kontinuität

In den untersuchten Verkündigungstexten wird die Entwicklung der kirchlichen Armenfürsorge als eine sich an der Geschichte des Christentums orientierende Erfolgsgeschichte beschrieben: „... und diese gläubige und thätige Liebe ging durch alle christlichen Zeiten hindurch, und war allerwärts ein allgemeines Merkmal der wahren Kirche Christi ...“.[1042] Den Ausgangspunkt der kirchlichen Wohltätigkeitsinitiativen bilden nach der Darstellung der Priester und Bischöfe das Handeln Christi an den Notleidenden und sein aus Liebe zu den Menschen gewählter Opfertod am Kreuz.[1043] Die Geistlichen machen deutlich, dass das Wirken Jesu und seiner Nachfolger

[1041] Arnoldi, Sonntagspredigten des Bischofs Wilhelm Arnoldi, 332.

[1042] Laurent, Fastenhirtenbrief 1847, 11.

[1043] Vgl. Ackermann, Predigten nach den Bedürfnissen des Landvolkes, Bd. 1, 22; ders., Volkspredigten und Homilien, Bd. 1, 11; Bauerschubert, Kurze Volkspredigten, Bd. 3, 250; Petrus Leopold Kaiser, Fastenhirtenbrief vom 29. Januar 1838, Mainz 1838, 13; Laurent, Fastenhirtenbrief 1847, 9-10; Westermayer, Predigten für wahre Aufklärung, Bd. 2, 128.

unüberbietbar positive Auswirkungen auf das Wohl der bis zur Ankunft des Erlösers verachteten und nicht versorgten Armen und Notleidenden hatte:

„Niemand nahm sich dieser armen und unterdrückten Menschheit an; Niemand traf eine werkthätige Anstalt, um diesem Elende abzuhelfen. Und, Gott weis es, wie weit es noch gekommen, was aus dem vernachläßigten Haufen der armen Menschen noch geworden wäre, wenn nicht der Sohn Gottes derselben angenommen und zur Verbesserung ihres Schicksals einen dauerhaften Grund gelegt hätte“.[1044]

Die mit dem Erscheinen Gottes in Niedrigkeit eingetretene Wende für das Schicksal aller Notleidenden zeigt sich nach Ansicht der Priester und Bischöfe im Besonderen an der Veranlassung Jesu, den Armen das Evangelium zu predigen.[1045] Die im Handeln und in den Worten Jesu deutlich werdende Wertschätzung der Armen wird von den Geistlichen als grundlegendes Unterscheidungsmerkmal des Christentums von anderen Lehren und Religionen dargestellt:

„Allein auf einmal erschien Jesus, der wahre Freund der Menschheit, und that, was kein Weltweiser vor Ihm gethan hatte. Er, der erste und einzige unter allen Völkerlehrern, beherzigte das Elend der so sehr herabgewürdigten Armen und widmete sich dem Geschäfte, dieses Elend aufzuheben oder zu mindern. Er vereinigte mit den Worten Thatsachen, mit der Lehre sein Beyspiel“.[1046]

Bei der Beschreibung der mit dem Wirken Jesu eingetretenen Wende scheint es sich um ein konfessionsübergreifendes Argument für die Einzigartigkeit der christlichen Armenfürsorge zu handeln. So zeigt auch der evangelische Prediger Carl Immanuel Nitzsch auf, dass sich die Situation der Armen auf Grund des Handelns Christi grundsätzlich zum Positiven hin verändert habe:

„Lasset uns die Kennzeichen seiner Ankunft, wie er sie selbst den Jüngern Johannis vorhielt, in all ihrem Umfange wahrnehmen; das letzte aber sei in unsern Augen das bedeutendste: den Armen wird das Evangelium gepredigt Matth. 11,5. … Auf die hirtenlose große Menge der Menschen, die auch seine Brüder waren, richtete er den Blick der Theilnahme und den Wink der Forderung auf die Menschen, wie sie alle ohne Ausnahme elend sind, und dann auf die wieder insonderheit, in denen sich das Elend eines Volkes auch äußerlich auf die mitleidweckendste Weise dar zu stellen pflegt. Große

[1044] Ackermann, Volkspredigten und Homilien, Bd. 1, 14-15.

[1045] Vgl. Bauerschubert, Kurze Volkspredigten, Bd. 3, 8; ebd., 247; Johann Leonard Pfaff, Fastenhirtenbrief vom 14. Februar 1842, Fulda 1842, 579.

[1046] Ackermann, Volkspredigten und Homilien, Bd. 2, 581-582. Siehe dazu auch: Bauerschubert, Kurze Volkspredigten, Bd. 3, 247; Feder, Jesus Erklärungen gegen gewisse Laster, 51-52.

Anstalten für sie kannte das Heidenthum nicht, wie gebildet es auch war, noch das Judenthum".[1047]

Die Geistlichen betonen, dass sich die mit Christus begonnene Hinwendung zu den Armen und Notleidenden in gleicher Weise und ohne Unterbrechung im frühen Christentum fortgesetzt habe.[1048] Als erste wichtige Etappe der frühkirchlichen Entwicklung verweisen die Prediger und Bischöfe auf die bereits in Kapitel 5.2.2.2 erwähnte Gütergemeinschaft der Jerusalemer Urgemeinde und deren Umgang mit den Bedürftigen. Mit Blick auf das bereits dort bestehende und sich immer mehr ausbreitende christliche Fürsorgewesen wird in den untersuchten Texten das bereits in Bezug auf das Handeln Jesu vorgestellte Motiv der Einzigartigkeit des christlichen Umgangs mit den Armen aufgegriffen. Die Geistlichen grenzen dementsprechend die Entstehung von Armenanstalten in der frühen Kirche gegenüber den Fürsorgesystemen des Judentums und der paganen antiken Welt ab. In Bezug auf das Judentum weist Anton Westermayer darauf hin, dass hier die tätige Nächstenliebe verbreitet war. Allerdings seien „selbst beim auserwählten Volke nur schwache, matte Strahlen der Nächstenliebe zu entdecken", da diese ausschließlich auf die Angehörigen der eigenen Glaubensrichtung ausgerichtet gewesen seien.[1049] Die von Anton Westermayer für das Judentum nachgewiesene vollkommene Ablehnung der Hilfe für Fremde stimmt mit der jüdischen Tradition nicht vollkommen überein. Vielmehr ist von einer Hierarchisierung der Hilfeleistungen auszugehen, so „dass ein Fremder innerhalb des jüdischen Volkes im Rahmen der Möglichkeiten des Einzelnen wie auch der jüdischen Gemeinschaft mitversorgt werden musste".[1050] Nach Lev 25,25 galt diese Pflicht zur Mitversorgung auch für Nichtjuden.[1051] Weitaus kritischer als die jüdische Praxis und als extremes Gegenbeispiel zur christlichen Wohltätigkeit beschreibt Anton Westermayer den Umgang mit den Armen und Notleidenden in der heidnischen Welt:

„Die öffentliche Wohlthätigkeit im eigentlichen Sinn war den alten Heiden ganz unbekannt; der Einzelne konnte da zuweilen wohlthätig sein, die Gesellschaft selber war herzlos; das Wort Barmherzigkeit kannten die Alten nicht. Darum gehörte auch die Gründung öffentlicher Wohlthätigkeits-

[1047] Nitzsch, Predigten aus der Amtsführung, 22.

[1048] Vgl. Ackermann, Volkspredigten und Homilien, Bd. 2, 521; Feder, Predigten auf alle Sonntage des Jahres, Bd. 1, 362; Riffel, Predigten Sonn- und Festtage, Bd. 3, 317; Westermayer, Predigten für wahre Aufklärung, Bd. 4, 178.

[1049] Westermayer, Predigten für wahre Aufklärung, Bd. 4, 176.

[1050] Rainer Josef Barzen, „Jüdische Armenfürsorge. ,Ich der Herr schaffe Gnade, Recht und Gerechtigkeit'", in: Herbert Uerlings u.a. (Hgg.), Armut. Perspektiven in Kunst und Gesellschaft. Katalog zur gleichnamigen Ausstellung, Stadtmuseum Simeonstift und Rheinisches Landesmuseum Trier 10.04.2011–31.07.2011, Darmstadt 2011, 82-91, 83.

[1051] Ebd.

anstalten niemals zu dem Verwaltungssysteme der Völker des Alterthums. Was thaten sie nun aber mit den Unglücklichen? fragen wir da. Nun, sie hatten zwei Mittel, die ihnen die Nächstenliebe des Heidenthums eingab, nämlich: der Kindsmord und die Sklaverei".[1052]

Es handelt sich bei den Aussagen Anton Westermayers sicherlich um eine polemische und subjektiv gefärbte Beschreibung, mit welcher der Prediger die Leistungen der christlichen Wohltätigkeit in besonderer Weise herausstellen und deren Notwendigkeit begründen möchte. Dennoch entspricht der Hinweis auf das Fehlen von Wohltätigkeitsanstalten weitgehend dem in der heutigen Forschung nachgezeichneten Bild des antiken Fürsorgewesens. In der von einer ausgesprochen negativen Sicht auf Armut und Arme geprägten nichtchristlichen Antike gab es keine gezielte öffentliche Armenfürsorge. Allerdings fanden sich private Fürsorgemaßnahmen, welche zur Linderung der materiellen Not beitrugen. Diese mit dem Begriff ‚Euergetismus' bezeichneten Bestrebungen erwuchsen jedoch nicht aus der Wahrnehmung des Leids der Armen, sondern aus dem Streben nach gesellschaftlicher Anerkennung und einer langfristigen Erinnerung im kollektiven Gedächtnis.[1053]

Als besonderen Ausdruck des frühchristlichen Fürsorgewesens und Unterscheidungsmerkmal des Christentums von der antiken gesellschaftlichen Ordnung wird bei Gottlieb Ackermann die Befreiung der Sklaven aus ihrer Unterdrückung angesehen:

„Wir wollen unter tausend wohlthätigen Wirkungen des Christenthumes der einzigen erwähnen, daß durch das Christenthum das Schicksal der dienenden Menschenklasse merklich erleichtert und erträglicher gemacht wurde. Zuvor herrschte die unmenschliche Sklaverey und Dienstbarkeit, wodurch die armen Knechte und Dienstleute mit dem Viehe in eine Klasse herabgewürdiget wurden. Nach der Einführung des Christenthumes hat sich dieß geändert, und der Sklavenstand hat in den meisten christlichen Provinzen aufgehört, und wenn gleich noch viele Dienstboten und Untergebene dermalen ein hartes Schicksal dulden müssen: so ist dieß nicht die Schuld der christlichen Lehre. Das Christenthum legt ja allen Herren und Vorgesetzten die Pflicht auf, daß sie ihre Untergebenen mit Menschlichkeit und brüderliche Liebe behandeln sollen".[1054]

[1052] Westermayer, Predigten für wahre Aufklärung, Bd. 4, 176. Siehe dazu auch: Riffel, Predigten Sonn- und Festtage, Bd. 3, 316-317.

[1053] Vgl. Elisabeth Herrmann-Otto/Christoph Schäfer, „Armut, Arme und Armenfürsorge in der paganen Antike", in: Herbert Uerlings u.a. (Hgg.), Armut. Perspektiven in Kunst und Gesellschaft. Katalog zur gleichnamigen Ausstellung, Stadtmuseum Simeonstift und Rheinisches Landesmuseum Trier 10.04.2011–31.07.2011, Darmstadt 2011, 73-81.

[1054] Ackermann, Katechetische Predigten, Bd. 6, 321-322. Siehe dazu auch: Ebd., 240.

Der Prediger ordnet sich mit einem Teil seiner Aussage in die Ansätze zeitgenössischer katholischer Forscher ein, die um den Nachweis bemüht waren, dass die Kirche das Werk der Freilassung aller Sklaven vollbringen und nach und nach die Institution der Sklaverei als Ganzes abschaffen wollte.[1055] Eine im frühen Christentum vorgenommene Infragestellung der Sklaverei als solche wird in der heutigen Forschung bestritten.[1056] Allerdings geht man, wie der Prediger dies für das allgemeine Dienstverhältnis beschreibt, davon aus, dass das Christentum versucht habe, „die Sklaverei lebbar und humaner zu gestalten“.[1057]

Als weiteren Ausdruck der das frühe Christentum auszeichnenden Hinwendung zu den Notleidenden beschreibt Wilhelm Arnoldi die Universalität des Fürsorgewesens. Allerdings bezieht er die – auch Nichtchristen umfassenden – Hilfsmaßnahmen auf extreme Notsituationen: „Mit Staunen sahen es die Heiden in den ersten Jahrhunderten, wie in Zeiten der Noth und verheerender Seuchen die Christen nicht nur ihre Glaubensgenossen, sondern selbst die Heiden nährten und verpflegten“.[1058]

Die mit Christus und den ersten Gemeinden begonnene neue Sicht auf die Bedürftigen und das damit verbundene wohltätige Handeln breitet sich nach Darstellung der Geistlichen im Zuge der Zunahme der christlichen Anhängerschaft immer mehr aus. Die Priester und Bischöfe zeigen auf, dass ohne das Wirken der Kirche die Vielzahl an Fürsorgeanstalten für die unterschiedlichen Gruppen von Bedürftigen nicht entstanden wäre. Nach Caspar Riffel war für die Errichtung dieser Anstalten die durch das Leiden der Märtyrer erkaufte Freiheit der Kirche und die Anerkennung als Staatsreligion grundlegend:

„Als die Kirche endlich durch das Blut ihrer Bekenner ihre ewigen, unerschütterlichen Grundlagen vor den Augen der Welt besiegelt und sich die Anerkennung von Seiten der weltlichen Macht erzwungen hatte: als diese freundlich an jene sich anschloß ... da sah man Anstalten entstehen, manche, nicht Palästen, sondern Städten ähnlich, in welchen vater- und mutterlose Kinder die sorgfältigste Erziehung empfingen; andere, worin das dürftige Alter mit Ehrfurcht und Hochachtung behandelt, in Ruhe, sorgenlos im

1055 Richard Klein, „Die frühe Kirche und die Sklaverei“, in: Ders./Raban von Haehling (Hgg.), Roma versa per aevum. Ausgewählte Schriften zur heidnischen und christlichen Spätantike, Hildesheim u.a. 1999, 322-355, 322.

1056 Gerd Theißen, „Sklaverei im Urchristentum als Realität und als Metapher“, in: Henneke Gülzow (Hg.), Christentum und Sklaverei in den ersten drei Jahrhunderten, Nachdruck der 1. Aufl., Münster 1999, 213-243, 240.

1057 Ebd.

1058 Arnoldi, Sonntagspredigten des Bischofs Wilhelm Arnoldi, 333.

stillen Umgange mit Gott seine Tage beschließen konnte; andere, worin der Fremdling Aufnahme fand und Pflege, wie ein geliebter Bruder".[1059]

Der Prediger zeigt weiterhin auf, dass sich die christlichen Wohltätigkeitsanstalten so sehr verbreiteten, dass fast jede größere Kirche ihr eigenes Armen- und Krankenhaus hatte.[1060] Doch nicht nur das Vorhandensein einer solch großen Anzahl an Anstalten war nach Riffel das Besondere der christlichen Wohltätigkeitsinstitutionen, sondern auch der Anspruch der Einrichtungen für Leib und Seele der Notleidenden zu sorgen. Dieses Ziel spiegelte sich seiner Ansicht nach in dem liebevollen Umgang des Pflegepersonals mit den Bedürftigen wider:

„... sie fanden eine Pflege, zärtlich wie die, welche Kinder den Eltern, Eltern den Kindern erweisen; denn dieser Dienst galt als ein gewisses priesterliches Amt, als eine erhabene Gottesverehrung, und die Leidenden durften mit Recht ihn fordern, – denn die reichlichen Besitzungen der Kirche waren ihr Erbtheil".[1061]

Als weiteren Höhepunkt in der Entwicklung des christlichen Armenwesens deuten die Geistlichen das Wirken der mittelalterlichen und frühneuzeitlichen Heiligen. Nach Ansicht von Johann Theodor Laurent und Anton Westermayer haben der heilige Franziskus und seine Anhänger durch ihre Neubewertung von Armut und Reichtum „die sittliche Reformation der Christenheit und die Aufbesserung ihrer socialen Verhältnisse" herbeigeführt.[1062] Anton Westermayer verweist außerdem auf die große Anzahl an christlichen Wohltätigkeitsanstalten, welche in der frühen Neuzeit gegründet wurden. Er nennt die durch den heiligen Johannes von Gott eingerichteten Anstalten für geistig behinderte Menschen, die Schulstiftungen des Jean Baptiste de La Salle und den durch Vinzenz von Paul gegründeten Krankenpflegeorden der Barmherzigen Schwestern.[1063] Westermayer betont das Fortbestehen der frühneuzeitlichen Anstalten bis in seine gegenwärtige Zeit. Allerdings handelt es sich bei den Fürsorgeeinrichtungen der ‚Barmherzigen Schwestern' in Deutschland um Neugründungen des 19. Jahrhunderts, die sich an den Ideen des französischen Heiligen orientieren, ohne dass sie direkt auf die durch ihn im Jahr 1617 gegründete ‚Confrérie de la Charité' zurückgehen.[1064]

1059 Riffel, Predigten Sonn- und Festtage, Bd. 2, 314. Siehe dazu auch: Laurent, Fastenhirtenbrief 1847, 3.

1060 Vgl. Riffel, Predigten Sonn- und Festtage, Bd. 2, 315.

1061 Ebd.

1062 Westermayer, Das katholische Kirchenjahr, Bd. 3, 308. Sowie: Laurent, Fastenhirtenbrief 1847, 11.

1063 Vgl. Westermayer, Predigten für wahre Aufklärung, Bd. 2, 132-133.

1064 Zur Entwicklung der neuen karitativen Orden im 19. Jahrhundert vgl. die allgemeinen Hinweise in Kapitel 2.4.2.3, zur diskursiven Darstellung der Orden als Ort der katholischen Wohltätigkeit vgl. Kapitel 5.3.2.2.

„... die Reichen entsprachen dem an sie ergangenen Aufruf großmüthig, sie schütteten ihr Gold in die Hände dieser frommen Diener Gottes und überall erhoben sich majestätische Gebäude, welche noch heut zu Tage von der Macht der christlichen Bruderliebe zu uns sprechen und noch lange Zeit zu unsern Nachkommen davon sprechen werden".[1065]

Mit der Betonung der historischen Kontinuität der katholischen Wohltätigkeitsanstalten bis in die Gegenwart des Predigers stellt die Interpretation Westermayers eine Ausnahme dar. Viel häufiger findet sich bei den ultramontanen Priestern und Bischöfen zunächst die Darstellung des mit den Ereignissen der Säkularisation einhergehenden Zusammenbruchs der katholischen Fürsorgeeinrichtungen:

„Doch, wozu beschreibe ich längst zerfallene Denkmäler des christlichen Geistes! Zum großen Theile sind sie untergegangen durch die Unbild der Zeiten; die Kirche ist ihrer Besitzungen durch Verrath, Treulosigkeit und Gewalt beraubt, und indem sie, die sonst so reich Geschmückte, nun da stehet wie eine dürftige Wittwe, kaum im Stande, ihre eigene Blöße zu decken, sind wir rath- und mittellos geworden, der einreißenden allgemeinen Noth kräftig zu steuern ...".[1066]

Eine Folge der Zerstörung der katholischen Wohltätigkeitseinrichtungen war nach Darstellung der Priester und Bischöfe die Gründung staatlicher Fürsorgeeinrichtungen, welche nicht durch freiwillige, sondern durch zwangsweise gezahlte Abgaben finanziert werden. Die Geistlichen beanstanden aber nicht nur wie im vorangegangenen Kapitel dargestellt den Zwangscharakter der zu leistenden Beiträge, sondern kritisieren auch die unvollkommene Gestalt der staatlichen Fürsorgeinstitutionen. Denn auf Grund des Fehlens der christlichen Liebe, die sich in den katholischen Anstalten meist in der selbstlosen Arbeit der in freiwilliger Armut lebenden Ordensangehörigen manifestierte, könnten die weltlichen Einrichtungen nie die notwendigen Hilfeleistungen bieten:[1067]

„Wohl hat diese stürmische Zeit durch kostspielige Anstalten alle Anstalten der Barmherzigkeit ersetzen zu können geglaubt. – Aber mit allem Geld der Erde läßt sich die christliche Sanftmuth, die himmlische Freundlichkeit, die unerschöpfliche Geduld nicht erkaufen, und darum Nichts erreichen, was den Stiftungen eines Vincenz von Paul, eines Karl Borromäus, eines Johannes von Gott auch nur von Ferne zu vergleichen wäre".[1068]

1065 Vgl. Westermayer, Predigten für wahre Aufklärung, Bd. 2, 133.
1066 Riffel, Predigten Sonn- und Festtage, Bd. 2, 315.
1067 Zu den festgestellten Unterschieden zwischen dem selbstlosen Dienst der Ordensangehörigen und der Arbeit der bezahlten weltlichen Armenpfleger vgl. Kapitel 5.3.2.2.
1068 Arnoldi, Sonntagspredigten des Bischofs Wilhelm Arnoldi, 334.

Die Erfolglosigkeit anderer Wohltätigkeitsinitiativen wird von den ultramontanen Geistlichen aber nicht nur auf den Staat, sondern auch auf die protestantischen Gemeinschaften bezogen, von denen nach Ansicht Johann Theodor Laurents keine „auch mit überflüssiger Unterstützung von Seite des Staates, je ein solches Werk und Wesen zu Stande bringen kann".[1069]

Nach Ansicht der Geistlichen konnten sowohl die protestantischen Initiativen als auch die Ereignisse der Säkularisation nicht dazu beitragen, dass die katholische Wohltätigkeit beseitigt werde. Denn die von Christus vorgelebte und in seinem Tod am Kreuz auf vollkommene Weise verwirklichte Liebe zum Nächsten könne nie zerstört werden. Auch hier wird nochmals deutlich, dass die Fürsorge für Arme und Notleidende in den Augen der Geistlichen ein konstitutives Element der katholischen Kirche darstellt. Caspar Riffel verwendet in diesem Zusammenhang den charakteristischen Terminus der Kirche als ‚Mutter der Armen', welcher alle Armen in die christliche Gemeinschaft inkludiert:

„Die Kirche wird darum, selbst in der größten Dürftigkeit, gehöhnt und verachtet, nicht aufhören, Mutter der Armen, Wohlthäterin der Leidenden zu sein; denn dies ist eine Seite ihrer erlösenden Thätigkeit, und indem sie dieselbe ausübet, gibt sie dadurch beständig Zeugniß von dem in ihr wohnenden und wirkenden göttlichen Geiste".[1070]

Durch den in der Kirche ununterbrochen wirkenden Geist der göttlichen Liebe konnten bereits wenige Jahrzehnte nach dem durch die Säkularisation ausgelösten Niedergang der katholischen Wohltätigkeit neue kirchliche Institutionen entstehen.[1071] Diese werden nach Johann Theodor Laurent nun auch von den staatlichen Machthabern gefördert, da sie eingestehen müssen, dass eine rein weltliche Fürsorgepraxis der bestehenden Not nicht gewachsen sei.[1072] Der Luxemburger Apostolische Vikar spielt auf jene auch durch die Regierungen geförderten karitativen Genossenschaften an, welche vor allem an kommunale Hospitäler berufen wurden und immer häufiger auch eigene Einrichtungen gründeten.[1073] Erwin Gatz und Wolfgang Schaffer begründen die staatliche Förderung der weiblichen Kongregationen mit dem

[1069] Laurent, Fastenhirtenbrief 1847, 7. Sowie: Riffel, Predigten Sonn- und Festtage, Bd. 2, 316-317; Ders., Predigten Sonn- und Festtage, Bd. 3, 319-320; Westermayer, Predigten für wahre Aufklärung, Bd. 4, 21.

[1070] Riffel, Predigten Sonn- und Festtage, Bd. 2, 316.

[1071] Vgl. Arnoldi, Sonntagspredigten des Bischofs Wilhelm Arnoldi, 334; Riffel, Predigten Sonn- und Festtage, Bd. 2, 316; Westermayer, Predigten für wahre Aufklärung, Bd. 2, 133-134.

[1072] Vgl. Laurent, Fastenhirtenbrief 1847, 4.

[1073] Zwischen 1841 und 1850 entstanden im Gebiet des Deutschen Reiches 28 katholische Hospitäler, vgl. Gatz, „Kirchliche Mitarbeit", 65.

„ungeheure[n] Qualitätsprung, den ihr fast unentgeltlicher Einsatz für die von ihnen betreuten Hospitäler bedeutete".[1074]

Mit dem Argument Laurents klingen – wie bereits mehrfach innerhalb der priesterlichen und bischöflichen Darstellung der Kontinuität der katholischen Armenfürsorge – die Orden als konkrete Einrichtungen der kirchlichen Wohltätigkeit an. Die von den Geistlichen vorgenommene Beschreibung dieser und anderer Institutionen katholischer Armenfürsorgepraxis sollen nun genauer betrachtet werden.

5.3.2.2 Katholische Institutionen

Der im Hinblick auf die historische Entwicklung von den Geistlichen betonte besondere Charakter katholischer Wohltätigkeit wird in den untersuchten Texten mit Blick auf die verschiedenen kirchlichen Institutionen, in denen dieser Anspruch verwirklicht wird, konkretisiert.

5.3.2.2.1 *Pfarrer und Bischöfe*

Wie bereits im zweiten Kapitel dieser Arbeit erläutert, behielten die in der kommunalen Armenpflege mitarbeitenden Pfarrer auch im 19. Jahrhundert eine zentrale Rolle im Fürsorgesystem.[1075] Allerdings wird diese Bedeutung des Klerus in den untersuchten Verkündigungstexten kaum gewürdigt. Eine Ausnahme bildet hierbei die in Kapitel 4.4.3 im Zusammenhang mit der Bekämpfung des Bettels erwähnte Predigt des protestantischen Pfarrers Christian Friedrich Sintenis, welche in einem Sammelband Gottlieb Ackermanns publiziert wurde.[1076] Sintenis begründet die besondere Eignung des Pfarrers als Armenpfleger mit der genauen Kenntnis seiner Gemeindemitglieder und der Bereitschaft der Gläubigen, sich in Notlagen an ihren Geistlichen zu wenden.[1077] Mit dem Hinweis auf die Vertrautheit des Pfarrers mit seiner Gemeinde führt der Prediger ein Argument an, das auch in der staatlichen Armengesetzgebung des 19. Jahrhunderts von Bedeutung war.[1078]

Abgesehen von der Darstellung des Pfarrers als Armenpfleger in dieser protestantischen Predigt wird in den Verkündigungstexten vielmehr in einem allgemeinen Sinne auf die Rolle der Pfarrer als Fürsprecher der in ihren Gemeinden lebenden Armen verwiesen. Diese Funktion zeigt sich besonders

[1074] Gatz/Schaffer, „Sozial-caritativ tätige Orden", 105.

[1075] Vgl. hierzu die Hinweise in Kapitel 2.2 und 2.4.

[1076] Vgl. Ackermann, Predigten nach den Bedürfnissen des gemeinen Mannes, Bd. 2, 501-534.

[1077] Vgl. ebd.

[1078] Zur staatlichen Armengesetzgebung vgl. Kapitel 2.2.2.

darin, dass die Geistlichen durch ihre Verkündigungstätigkeit zur erfolgreichen Fürsorge für die Armen und Kranken aufrufen.[1079] Joseph Ludwig Colmar betont hierbei die Nachdrücklichkeit und direkte Wirkung seiner Predigt:

„Letzthin redeten wir zu euch, Vielgeliebte, von den Armen, von den Bedrängten, von allen Denen, die unglücklich sind. Wir ermahnten euch, sie aufzusuchen und durch eure mitleidige Hülfe ihre Leiden zu mindern. Jesus ist es, sagten wir euch, nach der Lehre des Evangeliums, Jesus ist es, dem ihr in der Person der Bedrängten beistehet; er ist's, den ihr speiset, den ihr kleidet, den ihr besuchet, dem ihr Hülfe leistet. Diese Wahrheiten, die bei sehr Vielen in Vergessenheit gekommen waren, erfreuten euch, eure Liebe zu den Nothleidenden lebte wieder auf, Viele von euch eilten, so wie sie aus der Kirche kamen, sogleich an's Werk, es wurden manche Almosen ausgetheilt, manche Thränen getrocknet, manche Seufzer gestillt".[1080]

Neben dieser Ermahnung der allgemeinen Gottesdienstgemeinde wird bei Eulogius Schneider noch ein weiterer Adressat angesprochen. Schneider richtet seinen Aufruf zur Wohltätigkeit auch an den weltlichen Machthaber und erinnert diesen an seine Rolle als Fürsorger für die Armen und Notleidenden. Im aufklärerischen Sprachmodus erklärt er, dass ihm die Aufgabe zur Ermahnung beider Parteien in seiner Funktion als christlicher Religionslehrer zustehe:

„Ich komme heute mit wichtigen Aufträgen zu Ihnen, ich trete vor dem Throne des Fürsten, und vor dieser ehrwürdigen Versammlung als Geschäftsträger unserer leidenden Brüder, als Anwald der gekränkten Armuth auf. ... Auch die Armen sind unsere Brüder, auch sie haben mit uns einerley Endzweck ihres Daseyns, gleiche Ansprüche auf Glückseligkeit. Diese Ansprüche geltend zu machen, ist die Absicht meiner heutigen Rede. Dazu berechtiget mich das Amt eines christlichen Religionslehrers, dazu fordert mich meine eigene Empfindung auf, dazu giebt uns das heutige Evangelium den schicklichen Anlaß".[1081]

Zusätzlich zu der durch die Verkündigungspraxis übernommenen Fürsprecherrolle wird in den untersuchten Texten außerdem an wenigen Stellen auf die persönliche Hilfe verwiesen, welche die Seelsorger als individuell agierende Wohltäter einzelnen Notleidenden zu Teil werden lassen. In den Predigten Gottlieb Ackermanns wird betont, dass der Prediger durchaus bereit sei, einige arme Kranke durch sein persönliches Einkommen zu unter-

[1079] Ackermann, Predigten nach den Bedürfnissen des gemeinen Mannes, Bd. 4, 301; Colmar, Predigten von Joseph Ludwig Colmar, Bd. 1, 196; ders., Predigten von Joseph Ludwig Colmar, Bd. 3, 1; Winkelhofer, Winkelhofers zusammenhängende Predigten, Bd. 5, 54.

[1080] Colmar, Predigten von Joseph Ludwig Colmar, Bd. 3, 1.

[1081] Schneider, Predigten für gebildete Menschen, 58.

stützen.[1082] Joseph Ludwig Colmar zeigt ebenfalls die konkrete Wohltätigkeit eines Pfarrers auf, bezieht sich aber nicht auf sein eigenes priesterliches Wirken. In einer Predigt, die er als Bischof im Jahr 1809 während einer Visitation in Kassel gehalten hat, stellt Colmar das barmherzige Wirken des kürzlich verstorbenen Kasseler Pfarrers heraus und lobt, dass dieser den Armen in ihrer Not immer beigestanden habe.[1083] In ähnlicher Weise betont Anton Westermayer, dass der gegenüber der Kirche ausgesprochene Vorwurf des Eskapismus mit Blick auf die kirchlichen Unterstützungsleistungen und die in diesem Zusammenhang genannte Almosengabe der Pfarrer an die Armen hinfällig werde:

„Die Kirche kümmert sich nicht um irdisches Wohl und Wehe, sagt man. Woher kommen denn, dürfen wir doch mit Recht fragen, ihre ungeheuren Stiftungen, ihre Wohlthätigkeitsvereine, ihre Spitäler und Armenhäuser? Wie begreift man es, daß sogar Leute, die sonst sich gar nicht um einen Geistlichen kümmern, dennoch um Almosen, um Unterstützung, um Empfehlung zu ihm kommen, obwohl sie zuvor und hernach über die gutmüthigen, dummen Pfarren sich lustig machen und über sie schimpfen? Es scheint also nicht, daß es wahr ist, daß sich die Geistlichen um irdisches Wohl und Wehe der Menschen nicht kümmern; sonst würde man nicht bei ihnen betteln".[1084]

Neben der Darstellung der priesterlichen Fürsprecherrolle für die Armen und Notleidenden verweist Joseph Ludwig Colmar außerdem auf die Funktion der Bischöfe als Wohltäter ihrer notleidenden Bistumsangehörigen. So muss sich nach Colmar jeder Oberhirte am Vorbild Jesu orientieren und fragen:

„War ich Vater der Armen, die Zuflucht der Wittwen und Waisen, das Auge der Blinden, der Stab der Schwachen, der Wegweiser der Verirrten, der Trost der Bedrängten, das Muster Aller, mit einem Worte, der gute Hirte, der ich hätte seyn sollen?"[1085]

Bei der in diesen Zeilen verwendeten Bezeichnung ‚Vater der Armen' handelt es sich um einen bei der Bischofsweihe übertragenen Ehrentitel, mit welchem der Bischof von Beginn seines Amtes an an seine Fürsorgepflicht gegenüber den Notleidenden ermahnt werden soll:[1086] „Neben dem

---

1082 Vgl. Ackermann, Predigten nach den Bedürfnissen des gemeinen Mannes, Bd. 4, 301.

1083 Vgl. Joseph Ludwig Colmar, Predigten von Joseph Ludwig Colmar, Bischof zu Mainz, Bd. 7: Predigten über besondere christliche Heilswahrheiten. Gelegenheitsreden, hg. von Freunden und Verehrern des Verewigten, Mainz 1846, 390.

1084 Vgl. Anton Westermayer, Predigten für wahre Aufklärung und Bildung. Gehalten in der St. Michaelshofkirche zu München, Bd. 3, Schaffhausen 1858, 233.

1085 Colmar, Predigten von Joseph Ludwig Colmar, Bd. 7, 219. Sowie: Ebd., 390.

1086 Einen geschichtlichen Abriss über das Wirken der Bischöfe als ‚Vater der Armen' findet sich bei: Heinrich Pompey, „Der Bischof als ‚Pater pauperum' in der Diakoniegeschichte der Kirche. Ordo und Charisma in Verantwortung für die caritative Diakonie", in: Karl

Verkündigungs- und Gottes-Dienst ist der Nächsten-Dienst Teil seines bischöflichen Leitungsamtes".[1087]

Auch wenn die Rolle der Priester und Bischöfe als eine Ebene der katholischen Wohltätigkeit in der Argumentation der untersuchten Texte eine eher untergeordnete Rolle spielt, heißt das nicht, dass die Geistlichen in ihrem praktischen Tun ihre Verantwortlichkeit für die Armen und Notleidenden nicht auslebten.[1088] Neben der persönlichen Fürsorgetätigkeit, welche die Priester und Bischöfe in ihrem Umfeld übernahmen, förderten viele von ihnen die Tätigkeit verschiedener karitativ wirkender Vereinigungen wie Bruderschaften, Vereine und Orden. Als Bewunderer und Förderer dieser Zusammenschlüsse stellen die Geistlichen deren Leistungen auch in den untersuchten Texten heraus. Die hierbei vorgebrachten Aspekte werden in den folgenden Kapiteln untersucht.

5.3.2.2.2 *Bruderschaften und Vereine*

In Bezug auf die privaten Formen katholischer Wohltätigkeit gehen die Geistlichen auf die traditionellen Zusammenschlüsse der Bruderschaften ein. Es handelt sich hierbei um unterschiedlich ausgeprägte soziale Gebilde mit kirchlicher Anbindung, welche religiöse und gesellschaftliche Funktionen übernahmen und mit bestimmten Statuten und eigenen Organen ausgestattet waren.[1089] Bruderschaften werden vor allem in Predigten thematisiert, die anlässlich der Zusammenkunft von Mitgliedern einer bestimmten Bruderschaft gehalten wurden.[1090] In den genannten Verkündigungstexten werden die Mitglieder der Bruderschaften zu einem richtigen Umgang mit Armut und Reichtum und in diesem Zusammenhang auch zu wohltätigen Handlungen gegenüber den Notleidenden ermahnt. Eine ausführliche Auseinandersetzung mit den Bruderschaften als karitative Vereinigung findet sich in den untersuchten Texten allerdings nur in einem Predigtband Gottlieb Ackermanns.[1091] Hier geht der Prediger durchaus kritisch mit den religiösen Zusammenschlüssen

---

Hillenbrand (Hg.), Glaube und Gemeinschaft. Festschrift für Paul-Werner Scheele zum 25jährigen Konsekrationsjubiläum, Würzburg 2000, 339-361.

1087 Ebd., 339.

1088 So ist beispielsweise von Joseph Ludwig Colmar überliefert, dass er sich insbesondere während der Kriegs- und Seuchenjahre 1808–1809 und 1813 mit persönlichem Einsatz um die Armen und Kranken gekümmert hat. Vgl. Franz Alois Como, Joseph Ludwig Colmar. Bischof von Mainz von 1802 bis 1818. Ein Lebensbild, o. A. 1959, 29-30.

1089 Vgl. Schneider, Bruderschaften im Trierer Land, 83.

1090 Vgl. Bauerschubert, Kurze Volkspredigten, Bd. 1, 82-87; ders., Kurze Volkspredigten, Bd. 2, 276-285; Riffel, Predigten Sonn- und Festtage, Bd. 3, 185-201; ebd., 243-254; ebd., 301-322.

1091 Vgl. Gottlieb Ackermann (Hg.), Katechetische Predigten über den innerlichen und äusserlichen Gottesdienst mit Rücksicht auf die Sonn- und Festtagsevangelien, Bd. 2: Ent-

und deren Frömmigkeitsformen um und ordnet sich in die von den Vertretern der katholischen Aufklärung in Bezug auf die Bruderschaften dargebrachten Wertungen ein.[1092] Seiner Ansicht nach haben sich die Bruderschaften im Laufe der Geschichte zu sehr auf die rein äußerliche Glaubensausübung beschränkt und im Zuge dieser Entwicklung die Ausübung der Nächstenliebe vernachlässigt. Allerdings hatte die aufklärerische Kritik an den Bruderschaften „keine Abwendung breiter Bevölkerungsschichten (einschließlich eines Teils des Klerus) von den Bruderschaften" zur Folge.[1093] Diesem Urteil entsprechend hält auch der Prediger prinzipiell an der Institution Bruderschaft fest, insofern sie die notwendige Verbindung von Gottes- und Nächstenliebe verwirkliche:

„Der Name Bruderschaft und das Aeusserliche der Verbindung blieb zwar; aber die Sache selbst, die Ausübung der brüderlichen Liebe fiel weg. Die ganze Verbindlichkeit wurde bey so vielen Bündnissen bloß auf einige Gebethe und äusserliche Andachten eingeschränkt, und man vergaß, daß man durch eine solche Verbindung auch die christliche Liebe in sich und bey andern befördern soll. Nur bey einigen wenigen Bruderschaften hat sich der alte Geist der brüderlichen Liebe noch in etwas erhalten; nur bey wenigen herrschet noch die Hauptabsicht, für die leidenden Mitmenschen zu sorgen".[1094]

Die zuletzt genannten Bruderschaften, welche die christliche Pflicht zur Nächstenliebe bewahrt haben, sind nach Meinung des Geistlichen die Begräbnisbruderschaften. Der Prediger lobt deren historischen Charakter und ihre Verdienste im Bereich der Wohltätigkeit. Die Leistungen der Begräbnisbruderschaften beruhen auf dem Wirken der Mitglieder, welche dafür sorgten, dass „die Armen dieser Stadt anständig begraben und für jeden derselben drey heilige Messen gelesen werden konnten".[1095] In Bezug auf diese Aufgabe hat sich nach der Darstellung des Predigers eine leichte Verschiebung ergeben, da die Bezahlung der Begräbnisse nun von dem Allgemeinen Armeninstitut übernommen werde. Hiermit sei die Arbeit der Bruderschaft aber nicht hinfällig, da diese weiterhin für das Lesen der Heiligen Messen sorge. Die Mitglieder seien aus diesem Grund auch in Zukunft zur Zahlung ihrer Beiträge verpflichtet, „damit auf solche Art dieser Gebrauch des christlichen

hält die Predigten vom ersten Pfingstsonntage bis zum Schluß des Kirchenjahrs über die äußerliche Gottesverehrung, München 1802, 310-313.

[1092] Zur aufklärerischen Kritik an den Bruderschaften vgl. Bernhard Schneider, „Kirchenpolitik und Volksfrömmigkeit. Die wechselhafte Entwicklung der Bruderschaften in Deutschland vom Spätmittelalter bis zur Mitte des 19. Jahrhunderts", in: Saeculum 47. 1996, 89-119.

[1093] Ebd., 99.

[1094] Ackermann, Katechetische Predigten, Bd. 2. Teilbd. 2, 310.

[1095] Ebd., 311.

Seelengottesdienstes für die Armen beybehalten und bestritten, und also der große Zweck, die christliche Nächstenliebe, fortgepflanzt werden möge".[1096]

Neben dieser traditionellen Gruppe der Bruderschaften wurden im frühen 19. Jahrhundert die in Kapitel 2.4.2.3 vorgestellten Caritaskreise für die katholische Wohltätigkeit von zentraler Bedeutung. Die für die Untersuchungszeit charakteristischen Zusammenschlüsse werden in den betrachteten Verkündigungstexten allerdings nicht thematisiert.

Eine weitere Form der katholischen Privatwohltätigkeit, welche im 19. Jahrhundert für die karitative Arbeit immer mehr an Bedeutung gewann, waren die Vereine und hierbei insbesondere die Vinzenz- oder Elisabethvereine.[1097] In den hier betrachteten Texten werden diese Zusammenschlüsse vor allem in den zu Ende des Untersuchungszeitraums erschienenen Fastenhirtenbriefen erwähnt.[1098] Eine ausführlichere Auseinandersetzung findet sich allerdings nur in den Schreiben des Limburger Bischofs Peter Josef Blum. Er lobt zum einen die Tätigkeit des ‚Katholischen Vereins Deutschlands'. Dieser wurde als Dachverband aller katholischen Vereine für religiöse Freiheit zur Förderung der ‚Unabhängigkeit und Freiheit der Kirche' auf dem sogenannten ersten Katholikentag[1099] im Oktober 1848 in Mainz gegründet.[1100] Blum zeigt in seinem Hirtenbrief aus dem Jahr 1849 auf, wie der Verein durch die freiwillige Unterstützung der Armen, die Schaffung von Arbeitsmöglichkeiten und die Erziehung zu Fleiß und Sparsamkeit das Eigentumsrecht und somit den Bestand der Gesellschaft sichere.[1101] Ein Jahr später geht der Limburger Bischof auf die Vinzenz- und Elisabethvereine ein. Er beschreibt die großartigen Leistungen dieser die Armen als Brüder und Schwester ansehenden und die sozialen Missstände beseitigenden Organisationen. Mit seinen Lobreden ordnet sich Blum in die Diskussionen ein, die auf den ersten beiden Katholikentagen in Mainz und Breslau stattfanden.[1102] Dort erfolgte eine intensive Auseinandersetzung bzgl. der Arbeit der Vinzenzvereine, welche als geeignete Möglichkeit zur Bekämpfung der Not beschrieben und von Franz

[1096] Ebd., 311.

[1097] Vgl. hierzu die Ausführungen in Kapitel 2.4.2.3.

[1098] Vgl. Peter Josef Blum, Fastenhirtenbrief vom 6. Februar 1849, Limburg 1849, 10; ders.: Fastenhirtenbrief vom 3. Januar 1850, Limburg 1850, 9; Christoph Florentius Kött, Antrittshirtenbrief vom 1. Mai 1849, Fulda 1849, 4; Wilhelm Arnoldi, „Fastenhirtenbrief vom 20. Januar 1850", in: Johann Jakob Blattau (Hg.), Statuta synodalia, ordinationes et mandata Archidiocesis Trevirensis, Bd. 9, Trier 1859, 231-242.

[1099] Hierbei handelt es sich um die erste Generalversammlung der 1848 zunächst in Mainz und dann auch in anderen deutschen Regionen gegründeten ‚Piusvereine für religiöse Freiheit'. Vgl. Scheidgen, Der deutsche Katholizismus, 440. Siehe auch Kapitel 2.1.

[1100] Zur Gründungsgeschichte des Vereins vgl. ebd., 440-444.

[1101] Vgl. Blum, Fastenhirtenbrief vom 6. Februar 1849, 10.

[1102] Vgl. Scheidgen, Der deutsche Katholizismus, 421-430; ebd., 508-511.

Joseph Buß im Zusammenhang mit der Kritik an der staatlichen Armensteuer und der Privatwohltätigkeit besonders herausgestellt wurde:

„Das Rechte ist die körperschaftliche Armenpflege, die jedem dürftigen Genossen gibt und hilft, ohne daß dadurch der Empfänger sich entwürdigt fühlt. Das sei Euch ein Fingerzeig für Euren Vincenzverein, eine Skizze für seine Wirksamkeit".[1103]

Weitaus stärker als in den untersuchten Verkündigungstexten wurden die Diskussionen um die Vinzenzvereine in der katholischen Presse aufgenommen und in zahlreichen Artikeln ihre besondere Leistungsfähigkeit herausgestellt.[1104]

5.3.2.2.3 *Orden*

Als eine besondere Form der katholischen Armenfürsorge werden in den untersuchten Verkündigungstexten ausführlich die karitativen Orden und ihre Einrichtungen beschrieben. Hierbei kennzeichnen die Geistlichen die Armenfürsorge als konstitutives Element der monastischen Lebensform. Bei der Darstellung der außerordentlichen Bedeutung der wohltätigen Gemeinschaften des geistlichen Lebens lassen sich drei Argumentationsstränge unterscheiden. Neben der langen Geschichte der Orden führen die Priester und Bischöfe die vielfältigen Fürsorgebereiche des monastischen Wirkens an. Außerdem heben sie den hingebungsvollen Dienst der einzelnen Ordensangehörigen lobend hervor.

Im Hinblick auf die Geschichte der Orden verweisen sie auf die bereits unter Punkt 5.3.2.1 erläuterte historische Kontinuität der christlichen Wohltätigkeitsanstalten und kennzeichnen die Orden als Träger dieser Institutionen, die vom Anbeginn des kirchlichen Lebens an bestanden:

„Oder, meine Christen, ist nicht das Mönchwesen schon ehrwürdig durch sein Alter, da es hinaufreichet bis an die Wiege des Christentums? ... Ist es nicht berechtiget zu der ehrenvollen Anerkennung und Dankbarkeit der Nachwelt, da viele seiner Mitglieder der leidenden Menschheit sich geopfert, ihr Reichthum, auf den sie heldenmüthig verzichtet, die Armen-, Kranken- und Waisenhäuser begründet, ihre Armuth die reichsten Mittel erfunden hat, den Hunger von Tausenden zu stillen und deren Blöße zu decken?"[1105]

Wie in diesem Textauszug angedeutet, wird die besondere Leistungsfähigkeit der Orden in Bezug auf die Gründungen vielfältiger Fürsorgeanstalten hervorgehoben. Die Geistlichen zeigen auf, dass in diesen kari-

[1103] Anonym (Hg.), Verhandlungen der ersten Versammlung des katholischen Vereines Deutschlands am 3. 4. 5. und 6. October zu Mainz. Amtlicher Bericht, Mainz 1848, 62.
[1104] Vgl. Franz, „Der Vinzenzverein".
[1105] Riffel, Predigten Sonn- und Festtage, Bd. 1, 127.

tativen Einrichtungen alle traditionellen Gruppen von Bedürftigen versorgt wurden. So fragt der Trierer Bischof Wilhelm Arnoldi seine Zuhörer: „Wer zählt die Anstalten alle zur Erziehung, zur Pflege der Armen, der Kranken, der Waisen, der Findlinge, der Unheilbaren?“[1106]

Am ausführlichsten führen die Geistlichen das dritte Argument des hingebungsvollen Wirkens der einzelnen Ordensangehörigen aus. Sie betonen, dass die in freiwilliger Armut lebenden Schwestern und Brüder nicht nur auf ihren Besitz verzichten, sondern ihr ganzes Leben im Dienst am Nächsten für Jesus Christus aufopfern. Dieses Leben in der Nachfolge Jesu Christi geht nach Caspar Riffel soweit, dass sie Christi Tod und Auferstehung am eigenen Leib durchleben und so ein Zeugnis der ewigen Herrlichkeit ablegen:

„Wir haben sie vielmehr zu betrachten als eine ganz eigenthümliche Nachfolge Christi, unmittelbar aus der Wüste durch Armuth, Entbehren, Verfolgung, Selbstüberwindung hindurch bis auf Golgatha, zur völligen Kreuzigung des alten Menschen, um in dem neuen himmlischen Lichte um so herrlicher zu erstehen“.[1107]

Durch ihren radikalen Lebenswandel unterscheiden sich die katholischen Schwestern nach Ansicht von Anton Westermayer grundlegend von den protestantischen Diakonissen. So gebe die Schwester ein lebenslanges Zeugnis, während die Diakonisse „auf einige Jahre ein ähnliches Leben versucht, um später wieder in die Welt zurückzukehren, wenn sie dieses Dienstes satt ist, oder ihr derselbe beschwerlich erscheint …“.[1108] Die Prediger haben also nicht nur die theologische Dimension des geistlichen Lebens, sondern auch die praktischen Seiten der konkreten Fürsorge im Blick. Caspar Riffel zeigt auf, dass die christlichen Pfleger allen Notleidenden eine besonders liebevolle Hilfe zukommen lassen und hierbei vor keinen Schwierigkeiten oder Belastungen, wie etwa ekelerregenden Situationen, zurückschrecken.[1109]

Die vorgestellten Merkmale der katholischen Fürsorge spielen für die Argumentation der Geistlichen in Abgrenzung von den weltlichen Wohltätigkeitsinstitutionen eine grundlegende Rolle. Nach Ansicht der Prediger und Bischöfe unterscheiden sich die Schwestern und Brüder durch ihren aufopferungsvollen Dienst, der im Hinblick auf die Notleidenden und ihre Beschwerden keine Beschränkungen kenne, signifikant von den weltlichen Helfern. Die Pfleger, die von Johann Theodor Laurent in polemischer Weise als „bezahlte und gierige, ehr- und gefühllose Wärter“[1110] bezeichnet werden,

1106 Arnoldi, Sonntagspredigten des Bischofs Wilhelm Arnoldi, 334.
1107 Riffel, Predigten Sonn- und Festtage, Bd. 1, 127.
1108 Westermayer, Predigten für wahre Aufklärung, Bd. 4, 21.
1109 Vgl. Riffel, Predigten Sonn- und Festtage, Bd. 2, 318.
1110 Laurent, Fastenhirtenbrief 1847, 4.

können trotz der pflichtgemäßen Erfüllung ihrer Aufgaben die schweren Belastungen der Armen- und Krankenpflege nicht aushalten:

„Da, wo die christliche Liebe fehlt, wird man allenfalls eine gute Verwaltung, Pünktlichkeit, Genauigkeit und Alles treffen, was man von einem Menschen, der für seine Dienste bezahlt wird, erwarten kann; aber es fehlt etwas Unersetzliches, etwas Unbezahlbares, die Liebe. ... Der Philanthrop wird keine barmherzige Schwester, dessen darf man versichert sein“.[1111]

In diesem kurzen Zitat konkretisiert Anton Westermayer die Gegenüberstellung von weltlichen Armenpflegern und katholischen Ordensangehörigen am Beispiel des aus nicht christlichen Motiven handelnden Philanthropen und den ‚Barmherzigen Schwestern‘. Bei der Bezeichnung ‚Barmherzige Schwestern‘ handelt es sich um einen Sammelbegriff für verschiedene weibliche Armen- und Krankenpflegegenossenschaften (u.a. Vinzentinerinnen, Borromäerinnen, Elisabethinnen, Klemensschwestern und Kreuzschwestern).[1112] Die zusammenfassende Bezeichnung der wachsenden Zahl karitativ tätiger Kongregationen unter diesem Namen bringt eine kollektive Wahrnehmung der Gemeinschaften zum Ausdruck. Von den verschiedenen Ausprägungen der Sammelbezeichnung ‚Barmherzige Schwestern‘ beziehen sich die ultramontanen Prediger Joseph Ludwig Colmar und Anton Westermayer vermutlich auf die ‚Barmherzigen Schwestern des Vinzenz von Paul‘, die sich ausgehend von ihrem Mutterhaus in Straßburg im 19. Jahrhundert in Deutschland ausbreiteten. Die Ansiedelung von ‚Barmherzigen Schwestern‘ im Bistum Straßburg beruht auf einer Initiative Armand Gastons, Kardinal von Rohan Soubis, der Anfang des 18. Jahrhunderts einige Elsässerinnen bei den Hospitalschwestern vom hl. Paulus in Chartes ausbilden ließ.[1113] Diese gründeten nach ihrer Rückkehr ins Elsass 1734 in Zabern ein unabhängiges Schwesternhaus und übernahmen ab 1749 in Straßburg eine Filiale.[1114] In Folgen der Französischen Revolution mussten die Schwestern 1791/92 ihre Wirkungsstätten verlassen und konnten erst 1804 in ihr Mutterhaus nach Zabern zurückkehren. Nach der Anerkennung als eigenständige Genossenschaft im Jahr 1809 wuchs die Gemeinschaft immer weiter an und verlegte 1823 ihr Mutterhaus nach Straßburg, um sich von dort aus im süddeutschen und österreichischen Raum immer mehr auszubreiten.[1115] Obwohl die Zaberner Genossenschaft nicht direkt mit dem Mutterhaus der

---

1111 Westermayer, Predigten für wahre Aufklärung, Bd. 4, 182. Sowie: Arnoldi, Sonntagspredigten des Bischofs Wilhelm Arnoldi, 333; Colmar, Predigten von Joseph Ludwig Colmar, Bd. 1, 217-218; Riffel, Predigten Sonn- und Festtage, Bd. 2, 315.

1112 Zur Entwicklung der Ordenslandschaft im 19. Jahrhundert vgl. die Ausführungen in Kapitel 2.4.2.3.

1113 Vgl. Gatz, Kirche und Krankenpflege im 19. Jahrhundert, 264.

1114 Ebd., 265.

1115 Vgl. ebd., 268.

Vinzentinerinnen in Paris verbunden war, wurde sie durch den ersten Generalsuperior Anton Jeanjean aus der Spiritualität des heiligen Vinzenz von Paul geprägt und daher auch in der Selbst- und Fremdwahrnehmung als ‚Barmherzige Schwestern des Vinzenz von Paul' verstanden.[1116]

Die von Colmar und Westermayer vorgenommene Bezugnahme auf die Genossenschaft aus Straßburg lässt sich mit Blick auf die Herkunfts- und Wirkungsstätte der verkündigenden Geistlichen erklären. Der im Jahr 1760 in Straßburg geborene Colmar war dort zunächst als Lehrer und Seelsorger und von 1799 bis 1802 als Domprediger tätig.[1117] In dieser Zeit reiste er nach Paris und versuchte die in der französischen Hauptstadt ansässigen ‚Barmherzigen Schwestern' in seine Heimatstadt zu bringen.[1118] Nach seiner Ernennung zum Bischof von Mainz strebte er am dortigen Hospital ebenfalls die Einführung der ‚Barmherzigen Schwestern' an.[1119] Diese Vorhaben scheinen Anlass für die erstmals 1802 in Straßburg[1120] und 1803 in Mainz[1121] gehaltenen Predigten gewesen zu sein, in denen Colmar die bewundernswerte Arbeit der Schwestern ausführlich schildert und die Ansiedelung der karitativen Gemeinschaft in Aussicht stellt:

„... wie werdet ihr erst staunen, wenn ihr erfahren werdet, daß die ganze Sorgfalt, die ihr einigen Kranken angedeihen ließet, daß die süßen, kostbaren Tröstungen, die ihr ihnen vielleicht für einen Tag verschafft habet, ihnen nun mit Gewißheit zu Theil werden und für immer zu Theil werden, und allen armen und verlassenen Kranken unserer Stadt zu Theil werden sollen; wenn ihr erfahren werdet, daß alle Kranken, ohne Unterschied des Glaubens, Geschlechtes, Alters oder Gewerbes, der zärtlichen Sorgfalt, der tugendhaften und würdigen Töchter des h. Vincentius von Paulo, der Pflege dieser Heldinnen der christlichen Liebe anvertraut werden sollen ...".[1122]

Die in beiden Predigten spürbare Freude und Zuversicht bzgl. der baldigen Ansiedelung der karitativen Genossenschaft wurde allerdings nicht direkt erfüllt. Während die Übernahme des Straßburger Bürgerspitals und Waisenhauses durch die ‚Barmherzigen Schwestern' einige Jahre nach Colmars Verlassen seiner Heimatstadt erfolgte, wurde die Einführung der Straßburger Schwestern in Mainz erst durch Bischof Wilhelm Emmanuel von Ketteler im Jahr 1850 erreicht.[1123]

1116 Vgl. ebd., 265.
1117 Vgl. Brück, Art. „Colmar, Joseph Ludwig", 103.
1118 Vgl. Como, Joseph Ludwig Colmar, 14.
1119 Vgl. ebd., 29.
1120 Vgl. Colmar, Predigten von Joseph Ludwig Colmar, Bd. 1, 402-416.
1121 Vgl. ebd., 195-218.
1122 Ebd., 197-198.
1123 Vgl. Erwin Iserloh, Die soziale Aktivität der Katholiken im Übergang von caritativer Fürsorge zu Sozialreform und Sozialpolitik, dargestellt an den Schriften Wilhelm Emmanuels v. Kettelers, Wiesbaden 1975, 10.

Weitere – meist kurze – Erläuterungen zu den ‚Barmherzigen Schwestern des Vinzenz von Paul' finden sich außerdem, wie bereits gesehen, in den Predigten Anton Westermayers.[1124] Westermayer war seit 1843 als Stadtpfarrer an der Kirche St. Peter und seit 1853 als Hofprediger an der Kirche St. Michael in München tätig.[1125] Im Allgemeinen Krankenhaus der bayerischen Hauptstadt wirkten seit 1832 ‚Barmherzige Schwestern' aus dem Mutterhaus in Straßburg und setzten von dort aus wichtige Impulse für die karitative Arbeit in Bayern.[1126]

Neben der Darstellung der ‚Barmherzigen Schwestern' in den Predigten Colmars und Westermayers finden sich in den Hirtenbriefen der Spätaufklärer Joseph von Hommer[1127] und Petrus Leopold Kaiser[1128] kurze Lobreden auf die karitative Genossenschaft. Hierbei ist nicht ganz deutlich, auf welche Ausprägung der ‚Barmherzigen Schwestern' sich die Geistlichen beziehen. Es ist zu vermuten, dass es sich um die im 17. Jahrhundert gegründete Gemeinschaft ‚Barmherziger Schwestern' aus dem Mutterhaus in Nancy (‚Borromäerinnen') handelt.[1129] Neben der Niederlassung der Borromäerinnen in Trier im Jahr 1811 lässt sich dies mit dem Bekanntheitsgrad erklären, welche die Schwestern seit der Publikation der von Clemens Brentano im Jahr 1831 veröffentlichten Werbeschrift erreichten.[1130] Brentanos Werk fand einen äußerst breiten Rezipientenkreis und bildete die Grundlage für zahlreiche weitere Schriften und publizistische Beiträge, die das Wirken der Barmherzigen Schwestern würdigten.[1131] Obwohl in Mainz zu dieser Zeit noch keine ‚Barmherzigen Schwestern' wirkten, konnte Bischof Kaiser in seinem Hirtenbrief so von den „uns Allen bekannten, weit verbreiteten barmherzigen Schwestern" sprechen.[1132]

Nachdem nun die allgemeine Bezugnahme der Geistlichen auf die verschiedenen Zweige der ‚Barmherzigen Schwestern' dargestellt wurde, soll

[1124] Vgl. Westermayer, Bauernpredigten, 2. Jahrgang, Bd. 1, 106; ders., Predigten für wahre Aufklärung, Bd. 1, 133; ders., Predigten für wahre Aufklärung, Bd. 4, 21.

[1125] Vgl. Reiser, Art. „Westermayer".

[1126] Vgl. Eder, „Helfen macht nicht ärmer", 85.

[1127] Vgl. Joseph von Hommer, Fastenhirtenbrief vom 11. Januar 1836, Trier 1836, 3.

[1128] Vgl. Kaiser, Fastenhirtenbrief 1847, 20.

[1129] Vgl. Gatz, Kirche und Krankenpflege im 19. Jahrhundert, 260-264.

[1130] Vgl. Clemens Brentano, Die barmherzigen Schwestern in Bezug auf Armen- und Krankenpflege nebst einem Bericht über das Bürgerhospital in Coblenz und erläuternden Beilagen, Coblenz 1831.

[1131] Zur Wahrnehmung der Barmherzigen Schwestern in der katholischen Presse vgl. Bircher, „Religious communities". Zu den eigenständigen Publikationen über die Kongregation vgl. Tobias Weyand, Die Barmherzigen Schwestern und die Armen- und Krankenpflege in der 1. Hälfte des 19. Jahrhunderts. Eine historische Diskursanalyse, Staatsexamensarbeit, Trier 2012.

[1132] Kaiser, Fastenhirtenbrief 1847, 20.

die inhaltliche Bewertung der Genossenschaft durch die genannten Priester und Bischöfe näher betrachtet werden. Blickt man auf die Darstellung der ‚Barmherzigen Schwestern' in den Verkündigungstexten so werden diese zum Modell der beschriebenen selbstlosen Fürsorgetätigkeit katholischer Ordensangehöriger. Wie im obigen Zitat angedeutet, betont Colmar die universale Ausrichtung der Hilfeleistung, welche die Schwestern allen Armen und Notleidenden ohne Unterschied zukommen lassen.[1133] Für die Charakterisierung der Gemeinschaften als Orte der idealen Armenfürsorge ist das weibliche Geschlecht der als „Heldinnen der christlichen Liebe"[1134] bezeichneten ‚Barmherzigen Schwestern' von besonderer Bedeutung. In ihrer Argumentation nennen die Geistlichen Wertvorstellungen, welche die im 19. Jahrhundert von kirchlicher und bürgerlicher Seite an eine vorbildlich lebende Frau gerichteten Erwartungen widerspiegeln.[1135] Die von Bernhard Schneider bei der Untersuchung des Armutsdiskurses in katholischen Zeitschriften und der praktischen Tätigkeit von Frauenkongregationen aufgestellte These vom ‚weiblichen Gesicht' der Caritas findet in den untersuchten Verkündigungstexten somit ihre Bestätigung.[1136] Die Geistlichen betonen, dass die Schwestern den Notleidenden eine besonders gefühlvolle Pflege zukommen lassen.[1137] Colmar verwendet hierbei das Motiv der ‚Mütterlichkeit'. Im Unterschied zum bürgerlichen Diskurs zeigt er auf, dass das Idealbild der aufopferungsbereiten Kranken- und Armenpflegerin nur durch die Kirche hervorgebracht werden könne:

„Was ich aber nicht mit Stillschweigen übergehen kann, ist der Gedanke, daß du allein, o heilige Religion, solche Herzen, solche Heldinnen bildest ... Denn nur die demüthige Dienerin Jesu Christi, eine Seele voll des lebendigen Glaubens, welche die Worte: Ich war krank und ihr habt mich heimgesucht, nur diese Seele kann Muttergefühle für jeden armen Kranken haben, den sie bedient; nur dieser göttliche Glauben macht es, daß sie jeden Kranken als einen Theil von sich selbst betrachtet, den sie um jeden Preis retten muß, daß sie vor keinem Stande, vor keinem Alter zurückbebt, daß sie nicht einmal nach dem Glaubensbekenntniße des Leidenden fragt, daß sie keine Gefahr mehr sieht, auf keine widerstrebenden Gefühle mehr hört!"[1138]

Trotz der Betonung des gefühlvollen Dienstes der Schwestern und ihrer Zugehörigkeit zu den ‚schwachen Geschöpfen' werden die karitativ tätigen

---

1133 Vgl. Colmar, Predigten von Joseph Ludwig Colmar, Bd. 1, 217.
1134 Ebd., 198.
1135 Vgl. Frevert, Frauen-Geschichte, 19-21.
1136 Vgl. Schneider, „The Catholic discourse".
1137 Vgl. Colmar, Predigten von Joseph Ludwig Colmar, Bd. 1, 217-218; Kaiser, Fastenhirtenbrief 1847, 20; Westermayer, Predigten für wahre Aufklärung, Bd. 4, 21; ebd., 182.
1138 Colmar, Predigten von Joseph Ludwig Colmar, Bd. 1, 217.

Frauen – wie der Begriff der ‚Heldin' beispielhaft aufzeigt – nicht auf Grund ihrer Zartheit, sondern wegen ihrer ‚Kraft' und ‚Stärke' im Umgang mit den Notleidenden gerühmt.[1139]

Während die Prediger und Bischöfe die aufopferungsvolle Hingabe der in freiwilliger Armut lebenden Ordensangehörigen als besondere Leistung beschreiben, die sie nicht von allen Gläubigen verlangen,[1140] wird die nun weiter vorzustellende individuelle Nächstenliebe als allgemeine Pflicht eines jeden Christen dargestellt.

5.3.3 Almosen als individuelle Nächstenliebe

Die in den untersuchten Verkündigungstexten mit Abstand am ausführlichsten behandelten Möglichkeiten der Armenfürsorge sind die verschiedenen Formen individueller Nächstenliebe. Sie werden sowohl von den (spät-)aufklärerischen als auch von den ultramontanen Geistlichen als notwendiger Glaubensvollzug des christlichen Lebens gefordert. Hierbei ist zwischen der Almosengabe im Sinne einer materiellen Leistung und verschiedenen anderen Formen individueller Fürsorge zu unterscheiden. Die im zweiten Punkt genannten anderen Formen werden von den Geistlichen insbesondere zur Ermahnung der weniger begüterten Gläubigen herangezogen. Hiermit zeigen sie, dass die Ausübung individueller Nächstenliebe jedem Menschen möglich ist.

Bevor die verschiedenen Gelegenheiten der Almosengabe vorgestellt werden, ist die Verwendung des Begriffs ‚Almosen' in den untersuchten Verkündigungstexten näher zu betrachten.

5.3.3.1 Begriff

Der deutsche Begriff ‚Almosen' ist zurückzuführen auf den griechischen Begriff ἐλεημοσύνη, welcher im Neuen Testament die Bedeutungen ‚Mitleid', ‚Wohltat', ‚Almosen' und ‚Barmherzigkeit' umfasst.[1141] Die sich in diesem Verständnis andeutende Weite, die unter Almosen nicht nur eine rein materielle Gabe, sondern jede wohltätige Hilfe versteht, wurde seit der durch Thomas von Aquin entwickelten Almosentheorie allgemein vorausgesetzt.[1142] So

[1139] Vgl. Kaiser, Fastenhirtenbrief 1847, 20.

[1140] Vgl. hierzu die Ausführungen zu freiwilliger Armut in Kapitel 4.1.1.3.

[1141] Vgl. Ferdinand Staudinger, Art. „ἐλεημοσύνη", in: Horst Balz/Gerhard Schneider (Hgg.), Exegetisches Wörterbuch zum Neuen Testament, Bd. 1: Aarōn –Henoch, 2. verbesserte Aufl. Stuttgart u.a. 1992, 1043-1045.

[1142] Eine zusammenfassende Darstellung der Almosenlehre des Thomas von Aquin findet sich bei: Müller, Vom Almosen zum Spendenmarkt, 130-145.

war diese weite Begriffsbestimmung auch im 19. Jahrhundert noch verbreitet, was an den hier untersuchten Verkündigungstexten aber beispielsweise auch an den von Markus Lehner betrachteten pastoraltheologischen Handbüchern und theologischen Fachzeitschriften des späten 18. und frühen 19. Jahrhunderts deutlich wird.[1143]

Die in den untersuchten Texten zugrunde gelegte Definition von Almosen lässt sich mit der Begriffsdeutung, die Franz Edmund Krönes in seinem homiletischen Lexikon vorlegt, zusammenfassend darstellen: „Das Almosen ist ein Werk der Barmherzigkeit, wodurch wir aus Liebe zu Gott an dem Unglücke unserer Mitmenschen Theil nehmen und ihnen nach Kräften dasselbe zu erleichtern suchen".[1144] Insofern bestehe das Almosen aus einer äußeren Unterstützung und einer inneren Anteilnahme an der Not des andern.[1145] Die äußere Unterstützung erschöpfe sich nicht nur in finanziellen Leistungen, sondern umfasse alles das, was der Arme am Nötigsten brauche, d.h. auch Trost und Rat und andere Liebesdienste.[1146] Diese verschiedenen Ebenen des Almosenbegriffs finden sich auch in den untersuchten Verkündigungstexten. So versteht Sebastian Winkelhofer darunter „jede Barmherzigkeit, jede Hilfe, jede Wohltat, die man einem Andern erweiset".[1147] Daher soll im Folgenden zwischen dem Almosen als materielle Gabe und dem Almosen in Form anderer Liebesdienste unterschieden werden.

5.3.3.2 Almosen als materielle Gabe

Innerhalb der ausführlichen Ermahnungen zur materiellen Almosengabe zeigen die Geistlichen ihren Zuhörern auf, welche konkreten Sachen diese an die Notleidenden spenden sollen. Daher seien die verschiedenen Möglichkeiten der Almosengabe zunächst vorgestellt. Außerdem sollen die Hinweise betrachtet werden, mit denen die Priester und Bischöfe den Gläubigen erläutern, wie bei der Verteilung der materiellen Spenden vorzugehen sei. Hierbei ist als besonderer Aspekt das Verhältnis von Almosengabe und Bettel zu betrachten.

Als Grundformen der materiellen Almosengabe gelten in den untersuchten Verkündigungstexten die Leistung einer finanziellen Hilfe sowie die Spende von Nahrung und Kleidung an den Notleidenden. In den Hirtenbriefen werden die verschiedenen Arten der Almosengabe allerdings eher topoihaft und nicht in Bezug auf konkrete Notlagen dargestellt. Die Bischöfe nennen

[1143] Vgl. Lehner, Caritas, 96-97.
[1144] Krönes, Homiletisches Real-Lexikon, Bd. 1, 199.
[1145] Vgl. ebd.
[1146] Vgl. ebd.
[1147] Winkelhofer, Winkelhofers Predigten über die christliche Gerechtigkeit, Bd. 3, 370.

die materiellen Unterstützungsleistungen im Zusammenhang mit der Kennzeichnung der Almosengabe als Bußwerk, welches gemeinsam mit Fasten und Gebet zur traditionellen Vorbereitung auf das Osterfest diente.[1148] Diesbezüglich verweisen einige Bischöfe auf die alttestamentliche Darstellung des wahren Fastens in Jes 58, 4-8, und zitieren hierbei den siebten Vers, um die Aufnahme von Obdachlosen und die Gabe von Nahrung und Kleidung als notwendiges Almosen herauszustellen.[1149]

In den Predigten hingegen werden die verschiedenen Möglichkeiten zur materiellen Gabe mit den konkreten Notlagen in Beziehung gesetzt. Daher ermahnen die Geistlichen ihre Zuhörer, die in ihrer Umgebung vorhandenen Ausprägungen der Armut wahrzunehmen und die Almosengabe dementsprechend auszuwählen. So wird neben der Spende von Nahrung und Kleidung die Gabe von Arzneimitteln für die in besonderer Weise bedürftige Gruppe der armen Kranken gefordert. Unter Berücksichtigung bereits geleisteter Spenden werden die vielfältigen Möglichkeiten konkreter Hilfe in dem folgenden Zitat Ludwig Bucheggers anschaulich dargestellt:

„... wenn ihr einem Hungrigen von euerm Brode brachet; – wenn ihr einem armen Kinde am Tage seiner ersten heiligen Communion ein Kleid schenket; – wenn ihr einem dürftigen Kranken die Arznei anschaffet; – wenn ihr im harten Winter einer Mutter, die vor Frost mit ihren Kindern schon Tage lang zitterte, im Stillen einige größere Silberstücke zur Erwärmung ihrer engen Wohnung zusendetet; – nicht wahr, da überlief euch eine reine, stille Empfindung, wie Wonne aus einer höhern Welt?“[1150]

In einigen der untersuchten Texte ist eine Wertigkeit der verschiedenen Gaben in dem Sinne zu erkennen, dass die Leistung von Sachspenden einer reinen Geldspende vorzuziehen sei. Allerdings wird diese Bevorzugung von den Geistlichen nicht näher begründet, sondern wie im folgenden Zitat einfach als gegeben vorausgesetzt:

[1148] Vgl. Nikolaus Adames, Fastenhirtenbrief vom 2. Februar 1850, Luxemburg 1850, 2; von Geissel, „Fastenhirtenbrief vom 1. Februar 1849“, 231; Joseph von Hommer, „Fastenhirtenbrief vom 19. Januar 1825“, in: Johann Jakob Blattau (Hg.), Statuta synodalia, ordinationes et mandata Archidiocesis Trevirensis, Bd. 8, Trier 1849, 23-26, 24; Laurent, Fastenhirtenbrief 1847, 1-2; Pfaff, Fastenhirtenbrief vom 9. Februar 1838, 7.

[1149] Vgl. Johann Wilhelm Bausch, Fastenhirtenbrief vom 30. Januar 1836, Limburg 1836, 12; Laurent, Fastenhirtenbrief 1847, 2; Petrus Leopold Kaiser, Fastenhirtenbrief vom 16. Januar 1836, Mainz 1836, 13-14; Valentin von Riedel, „Fastenhirtenbrief vom 9. Februar 1844“, in: Joseph Lipf (Hg.), Oberhirtliche Verordnungen und allgemeine Erlasse für das Bisthum Regensburg vom Jahre 1250–1852, Regensburg 1853, 451-453, 452.

[1150] Buchegger, Predigten auf Festtage der katholischen Kirche, Bd. 1, 177. Zu den vielfältigen Möglichkeiten materieller Almosengabe siehe auch: Bauerschubert, Kurze Volkspredigten, Bd. 2, 102; Winkelhofer, Winkelhofers zusammenhängende Predigten, Bd. 5, 405.

„Das Schicksal des Armen würde oft mehr erleichtert, wenn man ihm eine gesunde Kost, eine anständige Kleidung und eine vor Kälte ihn schützende Wohnung verschaffte, als wenn man ihm eine Summe Geldes vorstreckte“.[1151]

Neben dem Verweis auf diese direkten materiellen Gaben stehen die Ermahnungen zur Bereitstellung von Arbeitsmaterialien als Unterstützungsleistung im Sinne des heutigen Verständnisses einer ‚Hilfe zur Selbsthilfe‘. So rufen die (spät-)aufklärerischen Geistlichen dazu auf, den bedürftigen Handwerkern Geräte oder auch Geld zur Beschaffung der zu bearbeitenden Rohstoffe zur Verfügung zu stellen.[1152] Mit diesem Modell von Hilfe entsprechen die untersuchten Texte den frühneuzeitlichen Armenfürsorgetheorien, welche die Bereitstellung von Arbeitsmöglichkeiten als zentrales Mittel der Armutsbekämpfung vorsahen.[1153] Die für den aufklärerischen Armutsdiskurs zentrale Deutung der Arbeitsbeschaffungsmaßnahmen als wichtiges Moment der Armenfürsorge hat Sabine Veits-Falk mit Blick auf die Stadt Salzburg zur Zeit des spätaufklärerischen Fürstbischofs Hieronymus von Colloredo nachgewiesen:

„Die Betonung der Bedeutung von Arbeit und die Vorstellung, dass Armut durch obrigkeitlich gelenkte Arbeitsbeschaffung bewältigbar sei, und dadurch der Arme wieder an ‚Wert‘ gewinne, ist auch in Salzburger Quellen zu finden. Neben Zucht- und Arbeitshäusern als Zwangseinrichtungen sollte der Staat mit der Schaffung von neuen Produktionsstätten allen arbeitsfähigen Menschen die Möglichkeit bieten, selbst für ihr Auskommen zu sorgen“.[1154]

Den in der hier vorliegenden Arbeit herangezogenen (spät-)aufklärerischen Predigern geht es allerdings nicht um die von Veits-Falk beschriebenen zentralen Arbeitsbeschaffungsmaßnahmen, die sich seit dem 16. Jahrhundert in der kommunalen Armenfürsorge fanden.[1155] Vielmehr steht in den untersuchten Texten die von den Gläubigen zu leistende individuelle Hilfe für einzelne Notleidende im Mittelpunkt:

„Bey dieser Gelegenheit möchte ich euch auch dieß einprägen, daß, wenn eure Wohlthätigkeit recht verdienstlich werden soll, sie den Umständen des Dürftigen angemessen seyn müsse. … Hier ist ein Handwerksmann, der sich

[1151] Ackermann, Faßliche und gemeinnützige Predigten, Bd. 2, 165-166. Sowie: Bauerschubert, Kurze Volkspredigten, Bd. 2, 102.

[1152] Vgl. Ackermann, Predigten nach den Bedürfnissen des gemeinen Mannes, Bd. 2, 218; ders., Faßliche und gemeinnützige Predigten, Bd. 2, 166-167; Dietl, G. A. Dietl's Predigten an seine Pfarrgemeinde, 134.

[1153] Vgl. Hunecke, „Überlegungen zur Geschichte der Armut“.

[1154] Veits-Falk, „Armutsdiskurse und -rezeption im katholischen Salzburg“, 84.

[1155] Vgl. Thomas Fischer, Städtische Armut und Armenfürsorge im 15. und 16. Jahrhundert. Sozialgeschichtliche Untersuchungen am Beispiel der Städte Basel, Freiburg i. Br. – Straßburg, Göttingen 1979, 301.

von der Arbeit seiner Hände nähren könnte und gerne nähren wollte, wenn er nur Werkzeuge zur Betreibung seines Handwerks und einen Vorrath von Materialien zur Verarbeitung hätte. Verwendet euch, daß er beydes erhalte und ihr habt ihm vielleicht für sein ganzes Leben geholfen".[1156]

Mit dem Hinweis auf die von den Geistlichen vorgeschriebene notwendige Orientierung der Almosengabe an der festgestellten Notlage wurde bereits angedeutet, dass die Kleriker nicht nur erörtern, welche materiellen Gaben die Gläubigen spenden sollen, sondern dass sie auch aufzeigen, wie bei der Vergabe ihrer Almosen vorzugehen sei. Daher sei nun der Blick auf die Prinzipien der Almosengabe gerichtet. Die von den Predigern und Bischöfen in diesem Zusammenhang dargebrachten Hinweise beginnen bereits bei der Frage der Herkunft des materiellen Almosens. Hierbei führen die Geistlichen zwei Aspekte an. Ihres Erachtens liegt die Möglichkeit zu finanzieller oder sachlicher Hilfe zum einen in persönlichen Einsparungen begründet. Dieses Argument wird in ausführlicher Weise in den Fastenhirtenbriefen erörtert. Die Bischöfe zeigen auf, dass das auf Grund der Zurückhaltung beim Essen und Trinken in der österlichen Bußzeit Ersparte an die Notleidenden zu spenden sei.[1157] Zur autoritativen Begründung dieser Verpflichtung verweist der Trierer Bischof Wilhelm Arnoldi auf ein Zitat des heiligen Augustinus:

„Was Ihr durch Abbruch Euch entziehet, spricht der h. Augustin, das leget in die himmlische Schatzkammer nieder. Was der fastende Christ weniger genießt, das empfange der hungernde Christus in der Person des Armen, und die freiwillige Entsagung diene zur Erhaltung des Dürftigen".[1158]

Neben der in den Hirtenbriefen vorgenommenen Darstellung der Fastenzeit als Gelegenheit zu einem für das Wohl der Armen geleisteten Verzicht finden sich auch in den Predigten Hinweise auf Einsparungsmöglichkeiten. So macht Sebastian Winkelhofer den praktischen Vorschlag, zuweilen auf die Einnahme des Frühstücks zu verzichten und mit den dadurch gewonnenen Mitteln einen Hungrigen zu speisen.[1159] Eine solche Mäßigung in Bezug auf das Essen bietet nach Anton Westermayer sogar den Bedürftigen eine Gelegenheit zur Wohltätigkeit:

„Du kannst ferner nicht Geld austheilen und reiche Gaben spenden; aber an deinem geringen Essen kannst du dir ein wenig abbrechen und es einem

---

1156 Ackermann, Faßliche und gemeinnützige Predigten, Bd. 2, 166. Sowie: Ders., Kurze Frühpredigten, Bd. 1, 188; Dietl, G. A. Dietl's Predigten an seine Pfarrgemeinde, 134-135.

1157 Vgl. Arnoldi, Fastenhirtenbrief vom 3. Januar 1843, 22; Blum, Fastenhirtenbrief vom 5. Februar 1847, 13; Petrus Leopold Kaiser, Fastenhirtenbrief vom 9. Februar 1841, Mainz 1841, 4; von Schwäbl, Fastenhirtenbrief vom 7. Januar 1834, 21.

1158 Arnoldi, Fastenhirtenbrief vom 3. Januar 1843, 22.

1159 Vgl. Winkelhofer, Winkelhofers zusammenhängende Predigten, Bd. 5, 407.

Hungrigen geben, oder etwas Übriggebliebenes kannst du für den Armen aufheben".[1160]

Zum anderen wird bei der Kennzeichnung der Herkunft der finanziellen Hilfeleistungen auf den Überfluss der Reichen verwiesen.[1161] Mit diesem bereits im Kapitel zur Begründung der Armenfürsorge erwähnten Begriff des Überflusses greifen die Prediger und Bischöfe eine zentrale Kategorie der traditionellen Almosenlehre auf, die von Thomas von Aquin maßgeblich geprägt und systematisch entfaltet wurde.[1162] Der mittelalterliche Kirchenlehrer ordnete die Almosensystematik in seine Lehre vom Eigentum ein und bestimmte demnach alles, was über das Lebensnotwendige, d.h. über den standesgemäßen Lebensunterhalt hinausgeht, zum Überfluss (‚superfluum').[1163] Dieses Verständnis zeigt sich auch in den untersuchten Texten. So betont Anton Westermayer, dass das Einkommen

„zu so vielem Nothwendigen für die Familie, für die Zwecke des Geschäftes, zur Zahlung von Schulden, und wenn so großer Ueberfluß vorhanden ist, zur Linderung der Noth der Armen verwendet werden sollte".[1164]

Nach der Darstellung der von den Geistlichen empfohlenen Herkunft der finanziellen und sachlichen Unterstützungsleistungen sollen nun die weiteren Prinzipien der Almosenvergabe betrachtet werden. Hierbei stellt sich zunächst die Frage, ob es aus der Sicht der Geistlichen Kriterien gibt, nach denen die Gläubigen die Empfänger ihrer Hilfeleistungen auswählen sollen.

Grundsätzlich gehen die Prediger und Bischöfe davon aus, dass die christliche Barmherzigkeit als Nachahmung der umfassenden Liebe Christi allen Notleidenden zuteilwerden sollte.[1165] Der in der Schöpfungsordnung angelegte Universalitätsanspruch bedeutet nach Ansicht der Geistlichen aber nicht, dass es in Bezug auf die Reihenfolge und Stärke der Hilfeleistungen nicht auch gewisse Abstufungen geben kann und soll:

„Der Christ wünscht der Freund und der Helfer eines jeden Unglücklichen zu werden. ... Jeder Elende, er sey sein Freund oder Feind, er habe sich sein Unglück selbst zugezogen, oder es habe ihn ohne seine Schuld betroffen, Jeder ist der Gegenstand seines Mitleidens. Freylich beobachtet die christliche Wohltätigkeit auch gewisse Stufen. Sie äussert sich gegen Bluts-

[1160] Westermayer, Bauernpredigten 1. Jahrgang, Bd. 2, 139.

[1161] Vgl. von Geissel, „Fastenhirtenbrief vom 1. Februar 1849", 230; von Riedel, „Fastenhirtenbrief Februar 1844", 453; Westermayer, Predigten für wahre Aufklärung, Bd. 1, 311; Winkelhofer, Reden über die Bergpredigt unsers Herrn, 29.

[1162] Vgl. Müller, Vom Almosen zum Spendenmarkt, 138-142.

[1163] Vgl. ebd., 138.

[1164] Westermayer, Predigten für wahre Aufklärung, Bd. 1, 311.

[1165] Vgl. Ackermann, Kurze Frühpredigten, Bd. 1, 249; Colmar, Predigten von Joseph Ludwig Colmar, Bd. 3, 81; Freiherr Droste zu Vischering, Predigten, Betrachtungen und Unterweisungen, 211-212; Arnoldi, Sonntagspredigten des Bischofs Wilhelm Arnoldi, 229.

verwandte, Glaubensgenossen, Landsleute, gegen wahrhaft fromme und tugendhafte Menschen immer stärker; denn sie stehen ja in näherer Verbindung. Aber deßungeachtet schließt sie keinen Menschen, den Unglück getroffen hat, von der Hilfe aus".[1166]

Wie in diesem Ausspruch angedeutet, betonen die Geistlichen immer wieder, dass als Zielgruppe der wohltätigen Handlungen die eigenen Angehörigen an erster Stelle stellen sollten:

„Seyd dann mildthätig mit einer gewissen Ordnung, mit Maaß und Ziel. Fanget z.B. mit euren Angehörigen an, aber vergesset darüber nicht alle Anderen, denn alle Menschen sind unsere Brüder".[1167]

Mit dem Hinweis auf die Notwendigkeit von Unterstützungsleistungen innerhalb der Familien beschreiben die Geistlichen einen wichtigen Selbsthilfemechanismus, welcher von Martin Dinges mit dem Begriff ‚Sozialkapital' gekennzeichnet wurde:

„Mit ‚Sozialkapital' werden hier die Strukturen und Beziehungen ... bezeichnet, die es vorübergehend gestatten, jenseits der kurzfristigen ökonomischen Rationalität marktförmiger Beziehungen zu überleben, ohne in Abhängigkeit von Sozialhilfeinstitutionen zu geraten".[1168]

Mit Blick auf den dargestellten Fürsorgeanspruch aller Armen ergibt sich die Frage, ob die Geistlichen dennoch die Verpflichtung zur Almosengabe unter Berücksichtigung der in Kapitel 4.2.2 beschriebenen Unterscheidung zwischen ‚würdigen' und ‚unwürdigen' Armen einschränken. Hier zeigt sich sowohl zwischen den Argumentationen der verschiedenen Prediger und Bischöfe als auch innerhalb der Begründungen des jeweiligen Geistlichen ein nicht immer einheitliches Bild. Während die bevorzugte Almosengabe an ‚verschämte Arme' prinzipiell vorausgesetzt wird, schwanken die Empfehlungen zum Umgang mit den ‚unwürdigen Armen' beträchtlich. So wird zum einen in Verbindung mit der Warnung vor der Sündhaftigkeit des Geizes eine prinzipielle Gabe unabhängig von der Unterstützungswürdigkeit empfohlen:

„Oder sage es mir, o Geizhals! ... Was würdest du denken, wie würde dir seyn, wenn er spräche: Helfe dir Gott, die Zeiten sind hart, du bist ein fauler Mensch, du kannst noch arbeiten; was ich habe, das brauche ich für mich – so hat man denn keinen Augenblick vor diesem Lumpengesindel eine Ruh. – Sieh! so ist es dem Bettler auch, der zu dir kommt; was nützen deine leeren Worte, mit denen du ihn abspeisest? oder die bittern Vorwürfe, die du ihm

---

1166 Ackermann, Kurze Frühpredigten, Bd. 1, 256-257.

1167 Colmar, Predigten von Joseph Ludwig Colmar, Bd. 3, 81. Sowie: Ackermann, Predigten nach den Bedürfnissen des gemeinen Mannes, Bd. 2, 217; ders., Kurze Frühpredigten, Bd. 1, 249; Winkelhofer, Winkelhofers zusammenhängende Predigten, Bd. 5, 406; Westermayer, Bauernpredigten, 2. Jahrgang, Bd. 2, 21.

1168 Dinges, „Frühneuzeitliche Armenfürsorge als Sozialdisziplinierung", 20.

machst? Das alles gehört nicht hierher, er will, daß du ihm jetzt helfest, er leidet nun einmal Noth; er mag selbst Schuld daran seyn oder nicht. Gleich wie du es gern hättest, daß man dir gebe, wenn du in seiner Lage wärest, also bist du es jetzt auch schuldig ihm zu geben".[1169]

In einigen der untersuchten Predigten wird außerdem gezeigt, dass der falsche und undankbare Umgang mit der Almosengabe nicht den Verlust der Unterstützungsberechtigung zur Folge habe.[1170]

Zum anderen werden in den betrachteten Verkündigungstexten Hinweise zu einer Ablehnung der ‚unwürdigen' Armen als Almosenempfänger gegeben.[1171] Hierzu zählen dann auch die Predigten von Joseph Ludwig Colmar, Anton Westermayer oder Sebastian Winkelhofer, die sich an anderer Stelle gegen eine rigide Beschränkung der Unterstützungsberechtigung aussprechen.[1172] Die Geistlichen begründen die Ablehnung der ‚starken Bettler' als Almosenempfänger mit der Verpflichtung zur Arbeit und einer möglicherweise eintretenden Vernachlässigung der wahrhaft Bedürftigen.[1173] Caspar Riffel geht sogar davon aus, dass ein „die Würdigkeit oder Unwürdigkeit des Empfängers gar nicht beachtendes Hinwegwerfen Wohlthätigkeit im christlichen Sinne nimmer genannt werden darf".[1174] Um zu vermeiden, aus Unwissen eine Gabe an unterstützungsunwürdige Bettler zu leisten oder unterstützungsberechtigte Bedürftige auszuschließen, ermuntern die Geistlichen ihre Zuhörer, vor einer eventuellen Ablehnung eine genaue Überprüfung der Notsituation vorzunehmen.[1175] An anderer Stelle ermahnen sie die Gläubigen außerdem dazu, dem ‚starken' Bettler keine finanziellen Hilfen, sondern Arbeit zu verschaffen.[1176] Anton Westermayer hingegen schlägt vor, nach dem Vorbild Gottes, „der auch Allen gibt", eine materielle Gabe an

---

[1169] Winkelhofer, Predigten über die christliche Gerechtigkeit, Bd. 1, 15.

[1170] Vgl. Ackermann, Kurze Frühpredigten, Bd. 1, 253; Bauerschubert, Kurze Volkspredigten, Bd. 2, 308.

[1171] Vgl. Ackermann, Faßliche und gemeinnützige Predigten, Bd. 2, 168-169; ders., Volkspredigten und Homilien, Bd. 2, 524-525; Bauerschubert, Kurze Volkspredigten, Bd. 2, 306.

[1172] Vgl. Colmar, Predigten von Joseph Ludwig Colmar, Bd. 3, 62; Winkelhofer, Winkelhofers vermischte Predigten, Bd. 4, 319; Westermayer, Bauernpredigten, 1. Jahrgang, Bd. 1, 348.

[1173] Vgl. Ackermann, Faßliche und gemeinnützige Predigten, Bd. 2, 168; ders., Volkspredigten und Homilien, Bd. 2, 524-525; Winkelhofer, Winkelhofers vermischte Predigten, Bd. 4, 319.

[1174] Riffel, Predigten Sonn- und Festtage, Bd. 2, 203.

[1175] Ackermann, Volkspredigten und Homilien, Bd. 2, 520; Colmar, Predigten von Joseph Ludwig Colmar, Bd. 3, 82; Westermayer, Bauernpredigten, 2. Jahrgang, Bd. 2, 19.

[1176] Ackermann, Kurze Frühpredigten, Bd. 1, 189; ders., Kurze Frühpredigten, Bd. 2, 272-273; Westermayer, Bauernpredigten, 2. Jahrgang, Bd. 2, 19.

die ‚unwürdigen' Empfänger zu leisten, deren Betrag im Vergleich zu dem Almosen für die ‚würdigen' Armen jedoch zu verringern.[1177]

Die unterschiedlichen Bewertungen zur Frage der Unterstützungsberechtigung machen deutlich, dass sich in den untersuchten Texten die seit dem Spätmittelalter verbreitete Ablehnung der ‚starken' Bettler als Empfänger von wohltätigen Leistungen nicht vollkommen durchsetzen konnte. Die in den Texten auftretenden Widersprüche beruhen zum einen auf dem Konflikt zwischen dem schöpfungstheologisch und christologisch begründeten Hilfeanspruch aller Gläubigen und der Exklusion der ‚sündhaften' Armen aus dem Kreis der Unterstützungsberechtigten.[1178] Man kann hierbei von einer inkludierenden Exklusion sprechen, da die christlichen Armen trotz ihrer Sündhaftigkeit durch das Heilswirken Jesu gerettete Kinder und Ebenbilder Gottes bleiben. Zum anderen befürchten die Geistlichen eine Gefährdung des Seelenheils der Reichen, falls jene aus Angst vor ‚unwürdigen' Armen auch wahrhaft Bedürftige vernachlässigen. Es handelt es sich hierbei im Prinzip um dasselbe Argument mit dem auch die Ablehnung der ‚starken' Bettler legitimiert wurde. So begründet Sebastian Winkelhofer die bedingungslose Verpflichtung zum Geben damit, dass es besser sei, einem Nichtdürftigen zu geben, als durch Nichtgeben zu sündigen.[1179] Ähnlich argumentiert Joseph Ludwig Colmar. Er geht davon aus, dass sich unter den Bettlern nur wenige ‚unwürdige' Armen befinden und dass ein Missbrauch der Gaben dem betrügerischen Bittsteller und nicht dem Wohltäter angelastet werden könne:

„Ein solches Almosen würde dem, der es gibt, zum Segen gereichen, weil er wirklich etwas Gutes thun wollte, aber es würde ein Fluch für den Betrüger werden, der es wagen könnte, solche schlechte Künste anzuwenden".[1180]

Mit dieser Einschätzung ordnen sich Colmar und Winkelhofer in die Argumentation des Kirchenvaters Johannes Chrysostomus ein. Er erachtet es als sinnvoller, die wohltätige Gabe an einen ‚unwürdigen' Empfänger zu verschwenden, als durch allzu große Vorsicht einen wahrhaft Armen zu benachteiligen.[1181]

Die Priester und Bischöfe nennen aber nicht nur Kriterien einer den unterschiedlichen Hilfeempfängern angemessenen Form der Unterstützungsleistungen, sondern führen auch Richtlinien an, nach denen die Wohltäter das richtige Maß der Almosengabe bestimmen können. Wie bereits in Bezug auf die Form des materiellen Almosens angedeutet, soll die Größe und Form der

1177 Vgl. Westermayer, Bauernpredigten, 2. Jahrgang, Bd. 2, 21.
1178 Vgl. hierzu Kapitel 4.2.4
1179 Vgl. Winkelhofer, Winkelhofers vermischte Predigten, Bd. 3, 86.
1180 Colmar, Predigten von Joseph Ludwig Colmar, Bd. 3, 82.
1181 Vgl. Puzicha, Christus peregrinus, 52.

Gabe der jeweiligen Notlage entsprechen.[1182] Sie ist nach Ansicht der Prediger und Bischöfe aber nicht nur in Bezug auf die Situation der Notleidenden, sondern auch mit Blick auf die Möglichkeiten des Wohltäters zu bemessen:

„Untersuchet euer Vermögen, und nach diesem messet euer Almosen ab. Wer giebt, was er kann, dessen Gabe wird bei Gott ohnfehlbar angenehm seyn. Er verlanget niemals etwas über eure Kräfte; niemals, daß ihr euch selbst durch das Almosen in die Armuth versetzet".[1183]

Zur Begründung dieses Prinzips sind zwei Stellen der Heiligen Schrift von zentraler Bedeutung. Die Geistlichen verweisen zum einen auf die alttestamentliche Lehre von der angemessenen Almosengabe in Tob 4,8: „Hast du viel, so gib reichlich von dem, was du besitzt; hast du wenig, dann zögere nicht, auch mit dem Wenigen Gutes zu tun". Hierbei handelt es sich um einen zentralen Text der alttestamentlichen Almosenlehre. Der Begriff ἐλεημοσύνη taucht in Tob 4,1-21 achtmal auf und kann als wichtiger Leitbegriff des ganzen biblischen Buches angesehen werden.[1184] Nach Markus Lehner gilt der oben zitierte Ausspruch auch für die von ihm untersuchten pastoraltheologischen Quellen als der wichtigste alttestamentliche Bezugspunkt.[1185] Allerdings wird der biblische Vers in den hier untersuchten Texten im Sinne der Argumentation der Geistlichen auch umgeformt oder erweitert. So erklärt Joseph Ludwig Colmar seinen Zuhörern:

„Wenn ihr mich nun nach allem diesem fraget: Wie sollen wir denn mildthätig seyn, wie sollen wir in einem so wichtigen Werke verfahren? so kann ich nicht anders als mit der heiligen Schrift antworten: ... Der fromme Tobias sagte seinem Sohne: Gib den Armen, so viel du kannst. Habet ihr also viel, so gebet viel, habet ihr wenig, so gebet wenig, aber gebet, gebet, lieber zu viel, als zu wenig".[1186]

Die von Colmar vorgenommene Erweiterung des biblischen Ausspruchs lässt sich mit dem Kontext seiner Predigt erklären. So betrachtet der Prediger zuvor die göttlichen Strafen, welche den unbarmherzigen Reichen erwarten. Man kann seine Ergänzung daher in dem Sinne verstehen, dass er die un-

---

1182 Ackermann, Faßliche und gemeinnützige Predigten, Bd. 2, 166-167; Ackermann, Kurze Frühpredigten, Bd. 2, 272; Winkelhofer, Winkelhofers Predigten über die christliche Gerechtigkeit, Bd. 3, 372-373.

1183 Winkelhofer, Winkelhofers zusammenhängende Predigten, Bd. 5, 61. Sowie: Ackermann, Katechetische Predigten, Bd. 3, 274.

1184 Vgl. Helen Schüngel-Straumann, Tobit, Freiburg i. Br. ^{2}2005, 101.

1185 Vgl. Lehner, Caritas, 103-104.

1186 Colmar, Predigten von Joseph Ludwig Colmar, Bd. 3, 81. Siehe dazu auch: Arnoldi, „Fastenhirtenbrief 1847", 107; Feder, Predigten auf alle Sonntage des Jahres, Bd. 2, 121; von Riedel, „Fastenhirtenbrief Februar 1844", 453; Westermayer, Bauernpredigten, 1. Jahrgang, Bd. 1, 347; ders., Bauernpredigten, 2. Jahrgang, Bd. 2, 14.

bedingte Verpflichtung zur Wohltätigkeit im Sinne eines ‚lieber zu viel, als zu wenig' aufzeigt, um die Reichen vor diesen Strafen zu bewahren.

Neben der alttestamentlichen Begründung des richtigen Maßes der Almosengabe verweisen die Geistlichen zum anderen auf die neutestamentliche Erzählung vom vorbildlichen Opfer der armen Witwe in Mk 12,41-44. Hierbei richten sie sich insbesondere an ihre weniger begüterten Zuhörer und erläutern ihnen, dass auch eine geringe Gabe vor Gott wohl angesehen sei. In diesem Zusammenhang zeigen die Prediger und Bischöfe auf, dass die Absicht und innere Haltung und nicht die Höhe des Almosens für den Wert der wohltätigen Handlung entscheidend sei:

„Der Heiland bemerkte einst, daß eine arme Wittwe nur zwey Pfennige in den Gotteskasten warf: und dennoch behauptete er, sie habe mehr, als alle Andere hineingeworfen, weil dieß ihr Alles, ihr ganzes Vermögen war, und weil nur die größte Liebe zu Gott sie bewegen konnte, ihm ihr ganzes Vermögen als Opfer darzubringen. So ist es auch mit dem Almosen. Die Liebe kann das kleinste Almosen groß machen; und der Mangel an Liebe kann das größte Almosen klein machen, und ihm seinen ganzen Werth benehmen".[1187]

Die von Johann Michael Feder beschriebene Verbindung der wohltätigen Handlung mit der Liebe ist nach Ansicht der Geistlichen ein weiteres wichtiges Prinzip der richtigen Almosenvergabe. Die vom Wohltäter geforderte Liebe soll sowohl auf Gott als auch auf den notleidenden Menschen ausgerichtet sein.[1188] Daher ermahnen die Prediger und Bischöfe ihre Zuhörer, die Armen bei der Verteilung der guten Gaben nicht zu verachten oder zu beschimpfen.[1189] Anton Westermayer ist demgemäß der Ansicht, dass eine mit Beleidigungen gereichte Unterstützung nicht mehr als Almosen bezeichnet werden dürfe.[1190] Neben der Erzählung vom Opfer der armen Witwe führen die Geistlichen hierzu weitere neutestamentliche Referenztexte an. So verweisen sie auf einen Vers aus dem ersten Korintherbrief (1 Kor 13,3).

„Das bloße Geben macht die Sache noch nicht aus. Wenn ich, sagte Paulus, alle meine Habe unter die Armen austheilte, und hätte die Liebe nicht, so wäre es zwar dem andern, aber mit selbst nichts nütze. Wie der Leib ohne

[1187] Feder, Predigten auf alle Sonntage des Jahres, Bd. 2, 120-121. Siehe dazu auch: Brockmann, Homilien und Predigten, Bd. 4, 135; Winkelhofer, Winkelhofers zusammenhängende Predigten, Bd. 5, 405.

[1188] Vgl. Ackermann, Kurze Frühpredigten, Bd. 1, 255-256; Arnoldi, „Fastenhirtenbrief 1847", 107; Bauerschubert, Kurze Volkspredigten, Bd. 1, 218; Feder, Predigten auf alle Sonntage des Jahres, Bd. 2, 120; Winkelhofer, Winkelhofers Predigten über die christliche Gerechtigkeit, Bd. 3, 370-371.

[1189] Vgl. Ackermann, Kurze Frühpredigten, Bd. 1, 115; Bauerschubert, Kurze Volkspredigten, Bd. 2, 7.

[1190] Vgl. Westermayer, Bauernpredigten, 2. Jahrgang, Bd. 2, 17.

den Geist todt ist, so ist das Geben ohne Liebe ein geistloses Ding, das den Geber nicht seliger macht: Gieb dem, der dich bittet".[1191]

Mit der Verpflichtung zur Almosengabe aus Liebe klingt ein neues Kriterium für die Verteilung der materiellen Spenden an. Unter Berücksichtigung von 2 Kor 9,7 verweisen die Priester und Bischöfe darauf, dass das Almosen nicht aus Unwillen oder Zwang sondern aus Freude gegeben werden soll.[1192] Die von den Geistlichen direkt oder indirekt zitierte Bibelstelle 2 Kor 9,7 bildet einen Teil der paulinischen Aufrufe zur Kollekte für die Jerusalemer Urgemeinde (2 Kor 8-9; 1 Kor 16,1-4). Hierbei handelt es sich nach Joachim Gnilka um „die erste caritative Großaktion der Christenheit".[1193] Dieser frühchristliche Kontext der gemeinschaftlichen Sammlung wird in den untersuchten Texten allerdings kaum beachtet. Mit Ausnahme Sebastian Winkelhofers, der zur kollektiven Spende für die geschädigte Nachbargemeinde Straubing aufruft,[1194] kennzeichnen die Geistlichen mit dem neutestamentlichen Ausspruch das Vorgehen bei der direkten Almosengabe an den einzelnen Bedürftigen.

Aus der gegenüber Gott und den Menschen empfundenen Liebe ergibt sich nach Ansicht der Geistlichen aber nicht nur die Voraussetzung der freudigen, sondern auch der verborgenen Almosengabe. Die Wohltäter sollen ihre Freigebigkeit nicht besonders herausstellen und keine äußere Ehrerbietung erwarten, da sie ihren Lohn von Gott erhalten werden.[1195] Als neutestamentliche Belegstelle dient den Geistlichen die innerhalb der Sprüche vom Almosen, Beten und Fasten in der Bergpredigt zu findende Weisung von der richtigen Almosengabe (Mt 6,3).[1196] Die hauptsächlich auf den Geber ausgerichtete theologische Begründung der Zurückhaltung bei der Almosengabe

[1191] Winkelhofer, Reden über die Bergpredigt unsers Herrn, 242. Sowie: Bausch, Fastenhirtenbrief vom 30. Januar 1836, 12; Freiherr Droste zu Vischering, Predigten, Betrachtungen und Unterweisungen, 208; Feder, Predigten auf alle Sonntage des Jahres, Bd. 2, 121; Winkelhofer, Winkelhofers zusammenhängende Predigten, Bd. 5, 403.

[1192] Vgl. Ackermann, Kurze Frühpredigten, Bd. 1, 115; von Geissel, „Fastenhirtenbrief vom 7. März 1840", 43; Westermayer, Bauernpredigten, 1. Jahrgang, Bd. 2, 16; Winkelhofer, Winkelhofers zusammenhängende Predigten, Bd. 5, 60.

[1193] Joachim Gnilka, „Das unterscheidende Merkmal christlicher Caritas. Die Kollekte des Apostels Paulus für die Armen in Jerusalem – Modell für christliche Caritas heute?", in: Deutscher Caritasverband (Hg.), Caritas '77. Jahrbuch des Deutschen Caritasverbandes, Karlsruhe 1977, 34-41, 34.

[1194] Vgl. Winkelhofer, Winkelhofers zusammenhängende Predigten, Bd. 5, 54.

[1195] Vgl. Ackermann, Predigten nach den Bedürfnissen des gemeinen Mannes, Bd. 2, 225; ders., Kurze Frühpredigten, Bd. 1, 115; Bauerschubert, Kurze Volkspredigten, Bd. 3, 135-136; Riffel, Predigten Sonn- und Festtage, Bd. 3, 424.

[1196] Vgl. Ackermann, Predigten nach den Bedürfnissen des gemeinen Mannes, Bd. 2, 222; Riffel, Predigten Sonn- und Festtage, Bd. 3, 424; Winkelhofer, Winkelhofers zusammenhängende Predigten, Bd. 5, 60-61.

wird in den Predigten Gottlieb Ackermanns um die Position des Empfängers erweitert. Dieser könne mit einer so dargereichten Gabe vor Verlegenheit und Scham bewahrt werden.[1197] Das Prinzip der verborgenen Almosengabe hat für die spätaufklärerischen Prediger auch Konsequenzen hinsichtlich der Bewertung der öffentlichen Fürsorgeanstalten. So bedeutet eine solche Vorgehensweise für Georg Alois Dietl, dass die einfache und direkte Gabe an den Bedürftigen der Stiftung verschiedener Einrichtungen der geschlossenen Fürsorge (Hospital, Waisenhaus, Erziehungsinstitut) vorzuziehen sei:

„Euer Name flammt in goldenen Buchstaben an der Stirne des prächtigen Geländes. ... Ich versichere euch, eine ganz kleine Gabe in der Stille gegeben, eine herzliche Thräne des Mitleidens im Verborgenen geweint, ist in den Augen Gottes mehr, als euer Aufwand von Tausenden werth".[1198]

Dietl steht mit der Bevorzugung der stillen Almosengabe an den einzelnen Bedürftigen der Darstellung Franz Ludwig von Erthals und Sebastian Winkelhofers entgegen, welche die öffentlichen Fürsorgeinstitutionen gerade als gute Möglichkeit für die verborgene Gabe des Almosens ansehen.[1199]

Die dargestellten Prinzipien der Almosengabe beziehen sich vor allem auf die materiellen Hilfeleistungen, können aber auch auf die im folgenden Kapitel vorzustellenden anderen Möglichkeiten der individuellen Hilfe angewendet werden.

5.3.3.3 Andere Formen von Almosen

Neben der direkten materiellen Almosengabe kennen die Prediger und Bischöfe vielfältige andere Formen der Hilfeleistungen. Mit den nun näher zu beschreibenden Möglichkeiten persönlicher Fürsorge zeigen die Geistlichen insbesondere auf, dass es auch für die Armen zahlreiche Gelegenheiten zur tätigen Nächstenliebe gebe und daher nicht nur die Reichen zur Wohltätigkeit verpflichtet seien. Sie haben hierbei sowohl die leibliche als auch die seelische Notlage der Bedürftigen im Blick.

In Bezug auf die materielle Not beschreiben sie vor allem die Bedeutung der auf Erfahrung beruhenden Warnungen und Ratschläge, welche dem Armen in seiner schwierigen Situation weiterhelfen können. Die Prediger denken hierbei beispielsweise an die Weitergabe beruflicher Erfahrung. So wird bei Gottlieb Ackermann der versierte Landwirt angesprochen, der seinen Nachbarn vor einer falschen Bewirtschaftung warnen könne.[1200] Johann

---

1197 Vgl. Ackermann, Predigten nach den Bedürfnissen des gemeinen Mannes, Bd. 2, 225; ders., Kurze Frühpredigten, Bd. 1, 115.

1198 Dietl, G. A. Dietls Homilien,98-99.

1199 Vgl. hierzu die Hinweise zur staatlichen Armenfürsorge in Kapitel 5.3.1.

1200 Vgl. Ackermann, Kurze Frühpredigten, Bd. 1, 113.

Michael Feder hat den Handwerker im Blick, der sein Wissen an arme Kinder weitergeben und diese durch eine berufliche Ausbildung vor einem Leben in Armut bewahren werde:

„Du guthmüthiger Handwerker kannst den Sohn armer Aeltern deine Kunst lehren, und thust du dieses, so gibst du ihm ein Kapital, mit welchem er sein ganzes Leben hindurch sich ehrlich ernähren, und vielleicht gar ein bedeutendes Glück machen kann".[1201]

Diese Form des Almosens bietet nach der Darstellung Johann Michael Feders auch älteren Menschen, die keine materiellen Reichtümer haben, aber über eine reiche Lebenserfahrung verfügen, die Möglichkeit zu wohltätigen Handlungen.[1202]

Neben der Weitergabe von Erfahrungen beschreiben die Prediger und Bischöfe die Fürsorge der armen Kranken als bedeutende Form der nicht materiellen Almosengabe. Die praktische Gestaltung der Krankenfürsorge wird nach der Darstellung der Geistlichen von den Möglichkeiten der Wohltäter bestimmt. Sie könne dementsprechend verschiedene Ausprägungen und Schwerpunkte umfassen. Die Geistlichen nennen die Gelegenheiten des tröstenden Besuchs, die Gabe von Medizin und die Pflege des Kranken sowie die Unterstützung des Notleidenden bei seinen alltäglichen Aufgaben.[1203] Eine Zusammenstellung der verschiedenen Formen der Krankenfürsorge findet sich im folgenden Zitat Johann Michael Feders:

„Du kräftiger Taglöhner kannst zum Besten eines Kranken zur rechten Zeit einen Gang umsonst thun, und ihm dadurch sein Leben retten. Oder du kannst mit Verzichtleistung auf Belohnung einen Wärter am Krankenbette machen, kannst den Kranken, der sich nicht rühren kann, heben und legen, kannst ihm Speise und Arzney reichen, kannst ihn mit liebreichen und tröstlichen Gesprächen unterhalten: und mit diesen Dienstleistungen gibst du ein ansehnliches und schätzbares Almosen".[1204]

Mit Blick auf den beispielhaft angesprochenen Tagelöhner kennzeichnet Feder auch die persönliche Krankenfürsorge als einträgliche Möglichkeit für weniger begüterte Menschen Wohltätigkeit auszuüben. Die Ausrichtung der nicht materiellen Almosengabe auf die Armen als Wohltäter findet ihre Zu-

1201 Feder, Predigten auf alle Sonntage des Jahres, Bd. 2, 121–122. Siehe dazu auch: Ackermann, Faßliche und gemeinnützige Predigten, Bd. 2, 167.

1202 Vgl. Feder, Predigten auf alle Sonntage des Jahres, Bd. 2, 122.

1203 Vgl. Ackermann, Predigten nach den Bedürfnissen des gemeinen Mannes, Bd. 2, 260; ders., Predigten nach den Bedürfnissen des gemeinen Mannes, Bd. 3, 435; Brockmann, Homilien und Predigten, Bd. 2, 617; ders., Homilien und Predigten, Bd. 4, 134-135; Colmar, Predigten von Joseph Ludwig Colmar, Bd. 1, 196-197.

1204 Vgl. Feder, Predigten auf alle Sonntage des Jahres, Bd. 2, 122.

spitzung in einer Predigt, die in einem Armenhaus gehalten wurde.[1205] Hierin zeigt der Prediger den Bewohnern der Armenfürsorgeeinrichtung auf, welche Formen der Wohltätigkeit von ihnen ausgeübt werden können und nennt zusätzlich zu den von Feder beschriebenen Möglichkeiten außerdem noch das für das Wohl der Armen bittende Gebet:

„Eure Seufzer, Wünsche und Gebethe, die Ihr für das Wohl der armen Brüder oder Schwestern vor den Thron des Herrn schickt, kann der Mächtige, Allwissende erhören, und dann seyd Ihr ja Wohlthäter Eurer Brüder".[1206]

Mit den Hinweisen auf die Spende von Trost und das Gebet klingt die Sorge für das seelische Wohl an, welche nach Ansicht der Geistlichen einen wichtigen Teil der persönlichen Armenfürsorge ausmacht.[1207] Die besondere Rolle der wohltätigen Sorge für das Seelenheil wird auch von dem protestantischen Prediger August Tholuck angeführt. Er beschreibt allerdings die Schwierigkeit, dass die geistige Not dem Wohltäter weniger offensichtlich vor Augen tritt als die leibliche Bedürftigkeit.[1208] Die dem Vorbild Christi entsprechende tätige Nächstenliebe für das seelische Wohl zeigt sich nach der Darstellung der Prediger neben der Trostspendung und dem Fürbittgebet vor allem in der Verhinderung weiterer sündhafter Verfehlungen.[1209] In diesem Sinne könne dann auch der Arme zum Wohltäter des Reichen werden:

„Siehe, wenn du deine Armuth mit Geduld erträgst; ... siehe, dann hast du dem Reichen, dem scheinbar Glücklichen ein Almosen gespendet, ... denn du hast ihm ein Almosen gespendet, das ihn belehrt, daß das wahre Glück nicht im Reichthum und sinnlichen Genusse, nicht in Ansehen und Macht, nicht in Ehre und Auszeichnung vor den Menschen bestehe, sondern in dem Frieden mit Gott, in der Religion in der treuen Erfüllung der christlichen Pflichten".[1210]

Die häufige Verbindung der nichtmateriellen Fürsorge mit der Ausübung von Wohltätigkeit durch die Bedürftigen, die keine finanzielle oder sachliche Unterstützung leisten können, bedeutet für die Geistlichen aber nicht, dass die vielfältigen Formen der persönlichen Fürsorge eine im Vergleich zum materiellen Almosen weniger wertvolle Notlösung darstellen. Vielmehr

---

1205 Vgl. Ackermann, Predigten nach den Bedürfnissen des gemeinen Mannes, Bd. 3, 425-444.

1206 Ebd., 434.

1207 Vgl. Ackermann, Predigten nach den Bedürfnissen des gemeinen Mannes, Bd. 2, 221-222; ebd., 261-262; ders., Volkspredigten und Homilien, Bd. 2, 154; Pfaff, Fastenhirtenbrief vom 9. Februar 1838, 7; Riffel, Predigten Sonn- und Festtage, Bd. 3, 81.

1208 Vgl. Tholuck, Predigten über Hauptstücke des christlichen Glaubens und Lebens, Bd. 1, 195.

1209 Vgl. Ackermann, Katechetische Predigten, Bd. 3, 123-124; ders., Kurze Frühpredigten, Bd. 1, 192; Riffel, Predigten Sonn- und Festtage, Bd. 3, 81.

1210 Riffel, Predigten Sonn- und Festtage, Bd. 3, 81-82.

zeigen sie die besondere Bedeutung dieser Möglichkeiten der Almosengabe auf und betonen hierbei, dass die nichtmaterielle Fürsorge von größerem Nutzen als die Gabe von Sachspenden oder Geld sein könne. Für die Geistlichen liegt der Wert des Lebens also nicht im materiellen Besitz, sondern in einer inneren Freude und Zufriedenheit:

„Man kann oft seinem Bruder durch seinen guten Willen, durch ein sanftes Wort, durch eine freundliche Miene, durch ein gefälliges und liebreiches Wesen mehr Freude machen, als durch Speise und Trank, und Wohlthat und Geschenke"![1211]

Mit der Hochschätzung dieser Form von Wohltätigkeit ist die Vorstellung verbunden, dass die Grundbedingung aller wohltätigen Handlungen die Liebe zu Gott und den Notleidenden sei und diese in der persönlichen Fürsorge ihren besonderen Ausdruck finde.[1212] Von größerer Bedeutung ist ein zweites Argument. Die Geistlichen beschreiben die mit der persönlichen Hilfe dargebrachte Sorge für das Seelenheil der Bedürftigen:

„Liegt wohl an der Erhaltung des guten Herzens nicht ungleich mehr, als an der Versorgung des Körpers? Wenn also den Werken der leiblichen Barmherzigkeit schon ein so grosser Lohn verheissen ist: was für ein Lohn muß nicht erst auf die Werke der geistlichen Barmherzigkeit warten! Wenn es schon so ein grosses Verdienst vor Gott ist, den Leib eines Menschen, der heute lebt und morgen vielleicht schon im Grabe verweset, vom Hunger zu retten: welch ein Verdienst muß es erst seyn, eine unsterbliche, durch das Blut Christi erkaufte, Seele vom Verderben und vom ewigen Untergange zu retten!"[1213]

Somit tritt neben die Jenseitsvorsorge des Wohltäters als Begründung für die Armenfürsorge auch das Seelenheil des Almosenempfängers als Motiv der christlichen Caritas hinzu. Allerdings spielen die Empfänger der Gaben in den untersuchten Texten im Vergleich zu den Almosenspendern eine eher untergeordnete Rolle. Bevor dieser Gesichtspunkt in einer abschließenden Gesamtwürdigung der betrachteten Predigten und Hirtenbriefe nochmals zur Sprache kommt, soll das Spannungsverhältnis der drei vorgestellten Formen wohltätigen Handelns betrachtet werden.

[1211] Ackermann, Predigten nach den Bedürfnissen des gemeinen Mannes, Bd. 2, 262.

[1212] Vgl. Ackermann, Kurze Frühpredigten, Bd. 1, 192; Brockmann, Homilien und Predigten, Bd. 4, 135.

[1213] Ackermann, Katechetische Predigten, Bd. 3, 123-124.

5.3.4 Das Spannungsverhältnis zwischen den Formen der Wohltätigkeit

Abschließend soll nun die Argumentation der Geistlichen hinsichtlich der drei vorgestellten Formen von Wohltätigkeit – der staatlichen Institutionen, der kirchlichen Einrichtungen und der individuellen Almosengabe – in einer Zusammenschau zueinander in Beziehung gesetzt werden. Hierbei wird insbesondere der Frage nachgegangen, ob es innerhalb der beiden katholischen Lager deutliche Präferenzen hinsichtlich einer bestimmten Form wohltätigen Handelns gibt.

Grundsätzlich fällt auf, dass abgesehen von dem radikalen Aufklärer Eulogius Schneider alle Priester und Bischöfe an der individuellen Unterstützung einzelner Notleidender als Pflicht eines jeden Christen festhalten. Die verschiedenen Möglichkeiten und Prinzipien der direkten Almosengabe an die Bedürftigen werden von den Geistlichen der verschiedenen katholischen Lager als beachtenswert vorgestellt. Unterschiede gibt es allerdings in der Wertigkeit des Verhältnisses von freiwilliger Einzelfürsorge und Unterstützung der staatlichen Armeninstitutionen. Die (spät-)aufklärerischen Prediger Gottlieb Ackermann, Joseph Bauerschubert, Johann Michael Feder und der zum Sailer-Kreis zählende Sebastian Winkelhofer sowie der Bamberger und Würzburger Fürstbischof Franz Ludwig von Erthal beschreiben die Wohltätigkeit in unterschiedlicher Ausführlichkeit als Staatspflicht und sehen die öffentlichen Fürsorgeinstitutionen auf Grund der damit verbundenen Vorteile (zentrale Verwaltung, zweckgemäße Verwendung der Gelder, Unterscheidung zwischen ‚würdigen' Armen und ‚Bettlern') als die bestmögliche Form der Hilfe an. Sie betonen daher, dass die mit dem theologischen Begriff des Almosens bezeichnete Unterstützung der allgemeinen Armenanstalten nicht unter der Gabe individueller Leistungen an einzelne Arme leiden solle. Allerdings gibt es auch Abweichungen von dieser (spät-)aufklärerischen Bewertung der staatlichen Armenfürsorge. So beziehen sich die nach 1827 erschienenen Hirtenbriefe der Spätaufklärer – abgesehen von Hinweisen auf die schulische Bildung durch den Kölner Erzbischof Spiegel – nicht auf die staatlichen Fürsorgeinitiativen, sondern haben die Möglichkeiten individueller Fürsorge im Blick. Eine Ausnahme bilden außerdem die Predigten von Georg Alois Dietl, der die persönliche Hinwendung zu dem Armen der Unterstützung öffentlicher Fürsorgeinstitutionen vorzieht. Eine solche Hochschätzung der individuellen Nächstenliebe, die von jedem Gläubigen zu leisten sei, findet sich auch bei den ultramontanen Predigern und Bischöfen. Im Gegensatz zur staatlichen Zwangsabgabe, welche den Zwiespalt zwischen Reichen und Armen verstärke, bewirke das aus Liebe gegebene christliche Almosen eine Verbundenheit zwischen den verschiedenen Ständen. Neben der

Ermahnung der Gläubigen zu einer solchen direkten Almosengabe beschreiben die Geistlichen die vorbildhaften Leistungen der kirchlichen Wohltätigkeitsanstalten, in welchen aufopferungsbereite Männer und vor allem Frauen die Verpflichtung der christlichen Nächstenliebe auf vollkommene Weise verwirklichen. Auf Grund der Selbstlosigkeit der dort wirkenden Menschen können die katholischen Anstalten die leiblichen und seelischen Bedürfnisse der Armen erfüllen. Dies sei von den anderen Fürsorgeträgern nicht zu leisten. Bei der Darstellung der Leistungen der wohltätigen Ordensgemeinschaften lässt sich die Zuordnung der Argumente zu den katholischen Lagern aber nicht vollkommen durchhalten. So finden sich auch bei zwei spätaufklärerischen Bischöfen kurze lobende Hinweise auf die ‚Barmherzigen Schwestern'. Die Wertschätzung der kirchlichen Armenfürsorge bedeutet aber nicht, dass eine Mitarbeit des Staats im Bereich der Wohltätigkeit vollkommen abgelehnt wird. Die ultramontanen Geistlichen sprechen ihm vielmehr eine subsidiäre Funktion zu, mit welcher er die individuellen Wohltäter und die kirchlichen Institutionen bei ihrer Tätigkeit unterstützen solle.

Hiermit wird deutlich, dass die Unterschiede nicht nur in der inhaltlichen Bewertung der verschiedenen Formen, sondern auch in den unterschiedlichen Intentionen der Darstellungen begründet liegen. Mit der ausführlichen Schilderung der Möglichkeiten individueller Wohltätigkeit ermahnen die Geistlichen alle Gläubigen eindringlich zur Ausübung der tätigen Nächstenliebe. Dieser paränetische Aspekt findet sich auch in Bezug auf die Darstellung der staatlichen Armenfürsorge. Die katholischen Aufklärer kennzeichnen die Vorteile der öffentlichen Hilfsinstitutionen, um die Gläubigen zu einer Unterstützung dieser Einrichtungen und zu einem kritischeren Umgang mit der individuellen Almosengabe aufzufordern. Die Beschreibung der katholischen Fürsorgeanstalten durch die ultramontanen Geistlichen dient hingegen vor allem dazu, die besonderen Leistungen der Anstalten herauszustellen und sie gegenüber den weniger erfolgreichen staatlichen und protestantischen Maßnahmen abzugrenzen. Die Geistlichen kennzeichnen die Geschichte der kirchlichen Wohltätigkeit und das Verhalten der verschiedenen Träger der kirchlichen Fürsorgeinstitutionen als vorbildhaft. Allerdings wird insbesondere mit der Darstellung der in freiwilliger Armut lebenden Gemeinschaften und der von ihnen geleisteten Dienste nicht eine Aufforderung zur vollwertigen Nachahmung dieser Lebensweise, sondern eine Empfehlung für den eigenen Umgang mit den weltlichen Gütern und der Hochschätzung der materiell Bedürftigen verbunden.

6 Der katholische Armuts- und Armenfürsorgediskurs als Teil einer Identitätskonstruktion

In einer abschließenden Zusammenschau werden nun die wesentlichen Ergebnisse des untersuchten Armuts- und Armenfürsorgediskurses angeführt. Es sollen hierbei die in der Darstellung der Prediger und Bischöfe zu erkennenden Diskursregeln aufgezeigt und gleichzeitig der Frage nachgegangen werden, ob und wie die von den Geistlichen dargebrachten Semantiken und Argumente als Teil einer Konstruktion katholischer Identität angesehen werden können.

Zunächst bleibt festzuhalten, dass die Thematisierung von Armut und Armenfürsorge für die katholische Verkündigung des späten 18. und frühen 19. Jahrhunderts von Bedeutung war. In rund 25 % der untersuchten 2987 Predigten und Hirtenbriefe wird die soziale Problematik in unterschiedlicher Intensität und mit wechselnden inhaltlichen Schwerpunkten betrachtet. Da sowohl die Predigten als auch die Hirtenbriefe auf eine breite Rezeption abzielten, kann man bei dem festgestellten Armuts- und Armenfürsorgediskurs nicht von einem Spezialdiskurs unter katholischen Amtsträgern sprechen, auch wenn diese die Akteure des untersuchten Diskurses waren.

Hinsichtlich des Armutsverständnisses ist zwischen den weltlichen (‚materielle', ‚leibliche' Armut) und den theologischen Armutsbegriffen (‚freiwillige Armut', ‚Armut im Geiste') zu unterscheiden. Die theologischen Begrifflichkeiten dienen zur Kennzeichnung der wahren Nachfolge Christi und zur Bestimmung des richtigen Verhältnisses zwischen den hochzuschätzenden ewigen Gütern und den weniger bedeutenden weltlichen bzw. zeitlichen Besitztümern. So überwiegt in den untersuchten Texten auch in Bezug auf die ‚leibliche' Armut eine heilsgeschichtliche Deutung, welche die Sorge um die Befriedigung der materiellen Grundbedürfnisse gegenüber der Sorge um das Seelenheil in den Hintergrund treten lässt. Allerdings erkennen die Geistlichen die Schwere sozialer Not durchaus an und beschreiben die materielle Armut als einen von der Sorge um Nahrung, Kleidung und Unterkunft bestimmten Mangelzustand, der einzelne Armengruppen und ihre Familie betreffen konnte. Die Prediger und Bischöfe kennzeichnen das Schicksal der Notleidenden als tagtäglichen Überlebenskampf. Bei der Darstellung dieser individuellen Notsituationen ist also überwiegend ein ‚absolutes' Armutsverständnis festzustellen. Als Begleiterscheinung der materiellen Sorgen beschreiben die Geistlichen das Problem einer fehlenden gesellschaftlichen Teilhabe und die soziale Exklusion durch reiche Nachbarn oder Gemeindemitglieder. Im Hinblick auf die genannten Ursachen der individuellen Notlagen sind zwei Argumentationsmuster zu unterscheiden. Die Geistlichen führen zum einen äußere, d.h. unverschuldete Ursachen der Armut an. Hierzu zählen allgemeine Unglücksfälle (Unfälle, Feuersbrünste), Naturphänomene und vor allem Arbeitsunfähigkeit auf Grund von Alter und/oder Krankheit. In weitaus stärkerem Maße betrachten sie zum anderen die sittlich-moralischen, d.h. die selbstverschuldeten Ursachen individueller Not. Armut wird so als direkte Folge eines durch verschiedene Laster (vor allem Verschwendung und Müßiggang) geprägten Lebens dargestellt.

Die Wahrnehmung materieller Armut als individuelles Schicksal, nicht aber als eine breite Bevölkerungsschichten betreffende Massenarmut, kann als ein wesentlicher Diskursstrang der Thematisierung von Armut in den untersuchten Verkündigungstexten angesehen werden. Neben der individuellen Deutung von Not finden sich in den Predigten und Hirtenbriefen zunächst nur sehr vereinzelt Hinweise auf gesellschaftliche Problemlagen wie Hungersnöte oder Seuchen. Zu einer ausführlichen Darstellung einer solchen Krise und zu einem Wandel innerhalb des untersuchten Armutsdiskurses kommt es erst mit der verheerenden Hungersnot von 1847. So werden in den in der Fastenzeit der Jahre 1847/48 erschienenen Hirtenbriefen die allgemeine Nahrungsmittelknappheit und die großen Ausmaße der Notsituation ausführlich thematisiert. Außerdem lässt sich in den Predigten dieser späten Untersuchungszeit ein breites Bewusstsein für den neuen Charakter der sich rasant ausbreitenden Massenarmut feststellen. Mit Blick auf die sozio-ökonomischen Umstände werden die gesamtgesellschaftlichen Krisen vor allem als Folge von Missernten und Teuerungsphasen dargestellt. Gleichzeitig führen die Geistlichen die hinter diesen Umständen stehenden sittlich-moralischen Begründungen der Notsituationen an. So kennzeichnen die Bischöfe die Hungerkrise von 1847 als ein göttliches Gericht für den falschen Umgang mit den materiellen Gütern, welche Gott den Menschen zur Verwaltung und somit auch zur Versorgung der Armen übertragen habe. Während die allgemeine schwere Not eine Strafe für die sündhaft lebenden Menschen sei, bedeute sie für die tugendhaften Gläubigen eine Prüfung auf ihrem Weg zum ewigen Leben.

Neben dieser moraltheologischen Erklärung wird von den ultramontanen Predigern und Bischöfen außerdem eine Kritik an der schwindenden gesellschaftlichen Bedeutung von Glaube und Kirche vorgenommen. Sie ziehen den zunehmenden Glaubensabfall und das Zurückdrängen des kirchlichen Einflusses aus der Gesellschaft zur Begründung der Not heran. So wird beispielsweise auch die ,Sonntagsentheiligung' als eine weitere Ursache der Massenarmut gekennzeichnet. Die hier nochmals skizzenhaft zusammengefasste moral- und geschichtstheologische Deutung der Massenarmut kann als wesentliche Diskursregel des Armutsdiskurses der späten Untersuchungszeit festgehalten werden.

Im Zusammenhang mit der sittlich-moralischen Deutung der Not ist auch die in den Verkündigungstexten verwendete Semantik ,des' Armen zu sehen. Die Geistlichen übernehmen die seit dem Spätmittelalter vorgenommene Unterscheidung zwischen ,würdigen' und ,unwürdigen' Armen. Sie kritisieren die ,starken' Bettler, die auf Grund von Müßiggang und anderer Lasterhaftigkeiten in Armut leben, und stellen sie den verschiedenen Gruppen der ,würdigen' Armen entgegen. Als solche ,wahrhaft' Bedürftigen beschreiben die Geistlichen die sich durch ihren tugendhaften Umgang mit der Notsituation auszeichnenden ,verschämten Armen' und die in nicht selbstverschuldeter Armut lebenden traditionellen Kategorien der Kranken, Greise und Kinder sowie die Witwe mit ihren Waisen. Hinsichtlich der zuletzt genannten Gruppen tritt der stereotype Charakter der Armenbezeichnungen deutlich hervor. So wird die arme Witwe häufig zum Bild der tugendhaften und unterstützungswürdigen Armen schlechthin, ohne dass die konkreten Umstände ihrer Not thematisiert werden. Daneben betrachten die Geistlichen die Gruppe der ,arbeitenden Armen'. Deren Notlagen werden als Einzelschicksale vorgestellt, die auf Grund des Fehlverhaltens der Arbeitgeber oder durch das lasterhafte Leben der Arbeiter entstanden seien. Eine strukturell bedingte Not der ,arbeitenden' Bevölkerung ist erst in den zu Ende des Untersuchungszeitraums erschienenen Texten wahrzunehmen.

Eine unterschiedliche Bewertung ,des' Armen ist auch hinsichtlich der religiösen Begrifflichkeiten festzustellen. Generell überwiegt in den untersuchten Texten eine breite religiöse Inklusionssemantik. Hierbei wird den Bedürftigen auf Grund ihrer Gleichheit mit dem in Armut geborenen und aufgewachsenen Jesus Christus, der für alle Menschen gestorben und auferstanden ist, und ihrer Zugehörigkeit zur christlichen Gemeinschaft und zu der einen Menschheitsfamilie eine außerordentliche ,Würde' zugesprochen. Jedoch bleibt die religiöse Inklusion häufig an die Bedingung eines gottgefälligen Lebens geknüpft und bedeutet somit eine Exklusion der Sünder, die dem Bild des ,frommen Armen' nicht entsprechen. Während die Armen in den soteriologischen, christologischen, schöpfungstheologischen und anthropologischen Inklusionssemantiken Trost finden, werden die Reichen zur Achtung und Barmherzigkeit gegenüber den Bedürftigen aufgefordert.

Die verstärkte Ausrichtung der Verkündigungstexte auf die zur Wohltätigkeit verpflichteten Reichen als Adressatengruppe kann als weitere Diskursregel des untersuchten Armuts- und Armenfürsorgediskurses festgestellt werden. Die Armen treten somit überwiegend als Objekt der von den Besitzenden zu leistenden Fürsorge auf. Selbst wenn sie in den Verkündigungstexten von den Geistlichen zu Sprechenden erhoben werden, dient dies vornehmlich der Kennzeichnung ihres elendigen Zustandes. Durch die emotional aufgeladenen Reden der Armen sollen die Reichen zur Mildtätigkeit bewogen werden. In einigen der untersuchten Texte richten sich die Geistlichen aber auch direkt an die bedürftigen Zuhörer und stellen mit Blick auf die verschiedenen Inklusionssemantiken den Trostcharakter des christlichen Glaubens dar. Außerdem geben sie den Armen Hinweise zum Umgang mit ihrer Notsituation. Die Geistlichen verweisen hierbei auf die geringe Bedeutung der materiellen Güter und zeigen auf, dass durch den christlichen Glauben eine Umkehrung der Werte stattgefunden habe. Wesentlich sei nicht der Besitz von weltlichem Reichtum, sondern das Erreichen des ewigen Seelenheils. Daher werden die Gläubigen vor einer übertriebenen Sorge für die zeitlichen Güter gewarnt und zum Vertrauen auf die väterliche Fürsorge Gottes aufgefordert. Gleichzeitig betonen die Prediger und Bischöfe aber die Notwendigkeit der Arbeit und Sparsamkeit als Pflicht eines jeden Christen, der hierzu körperlich in der Lage sei. Ein weiteres Element der an die Armen gerichteten Ermahnungen ist die Darstellung der Möglichkeiten, wie auch die Bedürftigen in ihrer Situation die christliche Pflicht zur Wohltätigkeit erfüllen können.

Es kann als eine Hauptintention der sich mit dem Thema Armut auseinandersetzenden Predigten und Hirtenbriefe angesehen werden, die Gläubigen zu wohltätigem Handeln gegenüber den Armen zu ermahnen. Innerhalb dieser Aufforderungen findet sich eine Vielzahl an Begrifflichkeiten von Armenfürsorge. Im Mittelpunkt stehen die theologischen Bezeichnungen der Barmherzigkeit, des Almosengebens, der Nächstenliebe und der häufig um das Adjektiv ‚christlich' erweiterte Begriff der Wohltätigkeit. Die Geistlichen verbinden mit den genannten Bezeichnungen nicht nur eine gefühlsmäßige Hinwendung zu den Bedürftigen, sondern auch ein konkretes Tun zur Linderung der Not. Diese Aufforderung drückt sich vor allem in traditionellen christlichen Begriffen wie ‚tätige Nächstenliebe' und ‚Werke der Barmherzigkeit' aus. Durch den Bezug auf die ‚leiblichen' und ‚geistigen Werke der Barmherzigkeit' sowie die verschiedenen Seiten des Almosenbegriffs machen die Geistlichen deutlich, dass die Sorge für die Notleidenden auch das seelische Wohlergehen der Gläubigen berücksichtigen müsse.

Bei der Begründung der mit den genannten Begriffen bezeichneten Wohltätigkeit sind eine soziale und eine theologische Argumentationsebene voneinander zu unterscheiden. Die sozialen Argumente beziehen sich hinsichtlich der Empfänger zum einen auf die Behebung der massiven Notlage, die es unabdingbar mache, dass den Armen geholfen werde. Zum anderen verweisen die Geistlichen auf das tugendhafte Verhalten der Armen angesichts ihrer problematischen Situation und machen so deutlich, dass die wohltätige Gabe nicht nur notwendig, sondern auch sinnvoll und angemessen sei. Mit Blick auf die Geber und der mit der Wohltätigkeit für sie zu erreichenden weltlichen Vorteile betonen die Geistlichen des Weiteren, dass die Spender in eigenen Notzeiten materielle Gegenleistungen, ein hohes gesellschaftliches Ansehen und ein von Freude erfülltes glückliches Leben erwarten können.

Eine weitaus größere Rolle spielen für die priesterliche und bischöfliche Darstellung der Wohltätigkeit jedoch die theologischen Argumente. Diese zeichnen sich durch eine hohe Kontinuität zu frühchristlichen und mittelalterlichen Argumentationen aus, was als eine weitere Diskursregel der untersuchten Texte erfasst werden kann. Hierzu trägt wesentlich bei, dass die Geistlichen auf eine breite Basis an traditionellen biblischen Referenztexten zurückgreifen. Während diese vor allem aus der Weisheitsliteratur oder dem Neuen Testament stammen, spielen die alttestamentlichen Schriften der Propheten oder der Exodustradition, die im 20. Jahrhundert in der Theologie der Befreiuung von großer Bedeutung werden sollten, kaum eine Rolle.[1214] Ein Grundtext stellt die Endgerichtsperikope in Mt 25,31-46 dar. Hier wird die Identifikation der bedürftigen Empfänger mit Christus betont und dementsprechend das wohltätige Handeln als unabdingbare Pflicht eines jeden Christen gekennzeichnet. In Bezug auf die Geber unterstreichen die Geistlichen die Notwendigkeit zur tätigen Nächstenliebe als Nachahmung des wohltätigen Handelns Christi, der sich der Notleidenden und Ausgegrenzten annahm. Neben der ‚imitatio Christi' wird die Verpflichtung zur Armenfürsorge mit Blick auf die Vorbildfunktion verschiedener christlicher Wohltäter unterstrichen. An erster Stelle steht für die Geistlichen hierbei die Orientierung an der als Idealform dargestellten Gütergemeinschaft der Jerusalemer Urgemeinde. Daneben nennen sie Heiligengestalten aus den verschiedenen Epochen der Kirchengeschichte. Als weiteres theologisches Argument für die Armenfürsorge kann nach der Darstellung in den untersuchten Texten die Dankbarkeit für die von Gott empfangenen Güter angesehen werden. Am ausführlichsten behandeln die Geistlichen die Bedeutung der Wohltätigkeit für das ewige Heil der Gläubigen. Auf Grund der Vorstellung, dass Reichtum grundsätzlich zur Lasterhaftigkeit verleite und daher das Seelenheil gefährdet sei, betonen sie die Notwendigkeit den von Gott anvertrauten Besitz richtig zu verwenden, die Not der Armen zu lindern und sich damit die ewige Herrlichkeit zu ‚verdienen'. Hierbei tritt das traditionelle theologische Reziprozitätsverhältnis zwischen den Reichen als Geber für die Armen und den Armen als Fürsprecher der Reichen deutlich hervor.

[1214] Dieser „selektiver Bezug auf die Bibel" wird ebenso von Markus Lehner für die von ihm untersuchten pastoraltheologischen Quellen nachgewiesen. Vgl. Lehner, Caritas, 103.

Mit Blick auf die beschriebene Deutung von Armut und die Begründung der tätigen Nächstenliebe als Pflicht eines jeden Christen sowie den sich daraus ergebenden verschiedenen Formen wohltätigen Handelns erweist sich der Armuts- und Armenfürsorgediskurs der Prediger und Bischöfe als Teil einer Identitätskonstruktion. Als wesentlicher Faktor des Prozesses der Konstruktion einer kollektiven Identität ist die Abgrenzung von einem ‚Anderen' zu verstehen.[1215] Diese Abgrenzung kann man in den untersuchten Texten mit Blick auf die Begründung und das Wesen der Armenfürsorge feststellen. Durch die Gleichsetzung der Armen mit Christus und die verschiedenen religiösen Inklusionssemantiken machen die Geistlichen deutlich, dass es sich bei der Wohltätigkeit um einen Dienst an und für Gott handelt. Mit dieser traditionellen religiösen Deutung grenzen sie sich von einer auf rein weltlichen Motiven beruhenden Armenfürsorge ab. Nach der theologischen Deutung wird das Handeln an den Armen zum Ausdruck der Verbundenheit innerhalb der einen christlichen Menschheitsfamilie.

Während diese Grenzziehung auf Seiten der (Spät-)Aufklärer und der Angehörigen des Sailer-Kreises eher implizit geschieht, wird sie bei den ultramontanen Geistlichen auch begrifflich explizit fassbar. So betonen sie die Bedeutung der ‚guten Werke' und stellen diese als Unterscheidungsmerkmal vom Protestantismus heraus. Eine auf diesen Begriff ausgerichtete Grenzziehung war umgekehrt in den protestantischen Predigten ebenso feststellbar. Außerdem distanzieren sich die ultramontanen Geistlichen von rein philanthropischen Fürsorgekonzepten. Die unterschiedlich stark vorgenommene Grenzziehung zwischen den katholischen Lagern zeigt sich aber nicht nur auf begrifflicher Ebene, sondern auch in Bezug auf die bevorzugten Formen der Wohltätigkeit. Von allen Predigern und Bischöfen wird die Notwendigkeit betont, dass die einzelnen Gläubigen aus Gottes- und Nächstenliebe materielle oder persönliche Leistungen der Fürsorge erbringen. Jedoch kann die christliche Pflicht zur Nächstenliebe für die (spät-)aufklärerischen und dem Sailer-Kreis angehörigen Geistlichen trotz der theologischen Begründung wohltätigen Handelns bedeuten, dass man das aus Liebe gegenüber Gott und dem Nächsten gegebene Almosen an die staatlichen Fürsorgeinstitutionen leistet. Auf ultramontaner Seite hingegen findet sich eine explizite Abgrenzung von einer ausschließlich staatlichen Armenfürsorge. Die Notwendigkeit einer von der Kirche getragenen und durch den Staat in ihrem Wirken unterstützten katholischen Wohltätigkeit wird innerhalb der ultramontanen Texte

[1215] Vgl. Marcus Pyka, „Geschichtswissenschaft und Identität. Zur Relevanz eines umstrittenen Themas", in: Historische Zeitschrift 280. 2005, 381-395, 391. Speziell zur Konstruktion kollektiver Identität durch Religion vgl. Werner Gephart, „Zur Bedeutung der Religionen für die Identitätsbildung", in: Ders. (Hg.), Religion und Identität. Im Horizont des Pluralismus, Frankfurt a. M. u.a. 1999, 233-266.

durch die ekklesiologische Inklusionssemantik der Kirche als ‚Mutter der Armen' unterstrichen. Die Geistlichen kennzeichnen die katholische Kirche als eigentliche Trägerin karitativen Handelns. Sie betonen dies mit Blick auf die Geschichte und die Verdienste der katholischen Wohltätigkeitsanstalten. Als wesentliches Motiv dient ihnen hierbei die Arbeit der karitativ tätigen Orden und Kongregationen und insbesondere das Idealbild der ‚Barmherzigen Schwestern'. Die ultramontanen Geistlichen grenzen die Leistungen dieser Gemeinschaften gegenüber der Armenfürsorge durch rein weltliche Armenpfleger und protestantische Diakonissen ab. Mit dem Verweis auf die Notwendigkeit der karitativen Genossenschaften nehmen sie Bezug auf den auf vielen verschiedenen Ebenen geführten Diskurs um das Wirken der Orden und Kongregationen, die im 19. Jahrhundert in großer Zahl neu gegründet oder nach Deutschland berufen wurden. Hierbei wird die Forderung nach einer freien Entfaltung der katholischen Einrichtungen laut, die sich mit einer wachsenden staatlichen Einflussnahme im Bereich der Armenfürsorge konfrontiert sahen. Es klingt das Ringen um die sogenannte ‚Freiheit der Kirche' an, welche nach den revolutionären Ereignissen des Jahres 1848 eine verstärkte Rolle im deutschen Katholizismus spielte. Der Armenfürsorgediskurs in den Verkündigungstexten reiht sich damit in den übergeordneten Diskurs zum Verhältnis von Religion und Kirche in der sich neu formierenden Gesellschaft ein.

Abschließend lässt sich festhalten, dass Armut in den untersuchten Predigten und Hirtenbriefen theologisch gedeutet und dementsprechend als eine im göttlichen Heilsplan vorgesehene und bleibende gesellschaftliche Realität beschrieben wird. Diese religiöse Qualifizierung von Armut entspricht der systemtheoretischen Grundüberlegung, dass Subsysteme sich nicht in Selbstreferenz erschöpfen; vielmehr werden andere Systeme als Umwelt, Gegenüber und Fremdreferenz in einen Prozess der Identitätsfindung eingebunden.[1216] Sowohl Selbstreferenz als auch Fremdreferenz unterliegen nach Luhmann einer spezifischen Codierung, die im System Religion in der Unterscheidung von Transzendenz und Immanenz besteht.[1217] Die Prediger und Bischöfe erweisen sich in dieser Deutung als Denker ihres Systems, wenn sie Armut und Armenfürsorge als Teil der Heilsgeschichte ansehen und die sozio-ökonomischen Umstände der Massenarmut vernachlässigen. Folgerichtig sehen sie keine dringende Notwendigkeit zu radikalen Änderungen, da für sie Armut Teil eines göttlichen Planes ist. Von daher beabsichtigen sie keine Umwälzung der sozialen Verhältnisse und keine vollkommene Beseitigung von Armut und Reichtum. Vielmehr zielen die von ihnen vorgestellten

[1216] Vgl. Niklas Luhmann, Die Religion der Gesellschaft, hg. von André Kieserling, Frankfurt a. M. 2000, 26-27.
[1217] Vgl. ebd., 77.

Konzepte auf die Linderung der Not der sich durch eine besondere Würde auszeichnenden Armen. Die Prediger und Bischöfe treten durch ihre Verkündigungstexte als Seelsorger auf und bemühen sich in erster Linie um das Seelenheil der Gläubigen, welches eine entsprechende sittliche und religiöse Haltung ihrer Zuhörer voraussetzt. Gemäß des liturgisch-paränetischen Charakters des untersuchten Diskurses werden die Armen von den Geistlichen aufgefordert, ihre Not in Vertrauen auf Gott zu ertragen, und die Reichen werden zu wohltätigen Handlungen ermahnt, damit beide Gruppen so ihr ewiges Seelenheil erlangen können. Die in den Predigten und Hirtenbriefen überwiegend festzustellende individuelle Wahrnehmung von Armut und Armenfürsorge unterscheidet die Texte von den Aussagen der wenigen katholischen Sozialtheoretiker, welche früh den besonderen Charakter der Massenarmut und die mit der Ausbeutung der Arbeiter verbundenen Unrechtsstrukturen wahrnahmen. Gerade wenn man bedenkt, dass die Geistlichen teilweise auch in der praktischen Armenfürsorge tätig waren, ist die erst spät einsetzende Bezugnahme auf die extremen Ausmaße der Not in den untersuchten Texten nur schwer zu erklären. Ebenfalls systemtheoretisch einordnen lässt sich die von den Geistlichen vorgenommene Deutung der institutionalisierten Formen von Armenfürsorge. Auch hier wird auf die Differenz zwischen Immanenz und Transzendenz verwiesen, wenn die (spät-)aufklärerischen Geistlichen die staatlichen Anstalten als gute Möglichkeit zur gelebten Nächstenliebe ansehen oder die ultramontanen Geistlichen die katholischen Einrichtungen auf Grund des dort im Vertrauen auf Gott praktizierten hingebungsvollen Dienstes favorisieren. Unabhängig von der Zugehörigkeit zum jeweiligen katholischen Lager wird in den Verkündigungstexten deutlich, dass die Geistlichen an der religiösen Erklärung ihrer Umwelt festhalten. Mit der Deutung der Not auf der Grundlage des Evangeliums und der Beschreibung von praktizierter Nächstenliebe als Grundelement christlicher Existenz zeigen sie auf, dass gelebtes Christentum mehr ist als private Frömmigkeit oder öffentlicher Kult.

Quellen- und Literaturverzeichnis

1 Quellen

1.1 Hirtenbriefe

Hinweis: Da die Hirtenbriefe häufig keinen eigenen Titel haben, werden sie nach ihrem Anlass und dem entsprechenden Erscheinungsdatum gekennzeichnet.

Adames, Nikolaus, Fastenhirtenbrief vom 8. Februar 1849, Luxemburg 1849.

Adames, Nikolaus, Fastenhirtenbrief vom 2. Februar 1850, Luxemburg 1850.

Arnoldi, Wilhelm, „Fastenhirtenbrief vom 3. Januar 1843", in: Blattau, Johann Jakob (Hg.), Statuta synodalia, ordinationes et mandata Archidiocesis Trevirensis, Bd. 9, Trier 1859, 19-24.

Arnoldi, Wilhelm, „Fastenhirtenbrief vom 25. Januar 1847", in: Blattau, Johann Jakob (Hg.), Statuta synodalia, ordinationes et mandata Archidiocesis Trevirensis, Bd. 9, Trier 1859, 103-110.

Arnoldi, Wilhelm, „Fastenhirtenbrief vom 2. Februar 1848", in: Blattau, Johann Jakob (Hg.), Statuta synodalia, ordinationes et mandata Archidiocesis Trevirensis, Bd. 9, Trier 1859, 138-147.

Arnoldi, Wilhelm, „Fastenhirtenbrief vom 20. Januar 1850", in: Blattau, Johann Jakob (Hg.), Statuta synodalia, ordinationes et mandata Archidiocesis Trevirensis, Bd. 9, Trier 1859, 231-242.

Bausch, Johann Wilhelm, Antrittshirtenbrief vom 25. Januar 1835, Limburg 1835.

Bausch, Johann Wilhelm, Fastenhirtenbrief vom 30. Januar 1836, Limburg 1836.

Bausch, Johann Wilhelm, Fastenhirtenbrief vom 20. Januar 1838, Limburg 1838.

Bausch, Johann Wilhelm, Fastenhirtenbrief vom 6. Januar 1839, Limburg 1839.

Blum, Peter Josef, Antrittshirtenbrief vom 2. Oktober 1842, Limburg 1842.

Blum, Peter Josef, Fastenhirtenbrief vom 5. Februar 1844, Limburg 1844.

Blum, Peter Josef, Fastenhirtenbrief vom 2. Februar 1846, Limburg 1846.

Blum, Peter Josef, Fastenhirtenbrief vom 5. Februar 1847, Limburg 1847.

Blum, Peter Josef, Fastenhirtenbrief vom 14. Februar 1848, Limburg 1848.

Blum, Peter Josef, Fastenhirtenbrief vom 6. Februar 1849, Limburg 1849.

Blum, Peter Josef, Fastenhirtenbrief vom 3. Januar 1850, Limburg 1850.

Boll, Bernhard, Antrittshirtenbrief vom 1. November 1827, Freiburg i. Br. 1827.

Boll, Bernhard, Fastenhirtenbrief vom 8. Januar 1828, Freiburg i. Br. 1828.

Boll, Bernhard, Fastenhirtenbrief vom 8. Januar 1829, Freiburg i. Br. 1829.

Boll, Bernhard, Fastenhirtenbrief vom 9. Januar 1830, Freiburg i. Br. 1830.

Boll, Bernhard, Fastenhirtenbrief vom 8. Januar 1832, Freiburg i. Br. 1832.

Brand, Jakob, Antrittshirtenbrief vom 11. November 1827, Limburg 1827.

Brand, Jakob, Fastenhirtenbrief vom 20. Januar 1830, Limburg 1830.

Brand, Jakob, Fastenhirtenbrief im Januar 1831, Limburg 1831.

Brand, Jakob, Fastenhirtenbrief im Februar 1832, Limburg 1832.

Brand, Jakob, Hirtenbrief des Bischofes Jakob Brand von Limburg bei dem Herannahen der Cholera-Krankheit, Frankfurt a. M. 1831.
Burg, Joseph Vitus, Antrittshirtenbrief vom 12. Januar 1830, Mainz 1830.
Burg, Joseph Vitus, Hirtenbrief zum Ausbruch der Cholera vom 28. Oktober 1831, Mainz 1831.
Burg, Joseph Vitus, Fastenhirtenbrief vom 7. Januar 1833, Mainz 1833.
Erthal, Franz Ludwig von, Hirtenbrief zur Unterstützung der Armenpflege vom 23. Februar 1786, Würzburg 1786.
Geissel, Johannes von, „Antrittshirtenbrief", in: Der Katholik. Religiöse Zeitschrift zur Belehrung und Warnung 17. 1837, 1-33.
Geissel, Johannes von, „Fastenhirtenbrief vom 7. März 1840", in: Dumont, Karl Theodor (Hg.), Schriften und Reden von Johannes Cardinal von Geissel, Bd. 2, Köln 1869, 404-441.
Geissel, Johannes von, „Fastenhirtenbrief vom 17. Februar 1841", in: Dumont, Karl Theodor (Hg.), Schriften und Reden von Johannes Cardinal von Geissel, Bd. 2, Köln 1869, 444-460.
Geissel, Johannes von, „Fastenhirtenbrief vom 5. Februar 1843", in: Dumont, Karl Theodor (Hg.), Schriften und Reden von Johannes Cardinal von Geissel, Bd. 1, Köln 1869, 30-39.
Geissel, Johannes von, „Fastenhirtenbrief vom 5. Februar 1844", in: Dumont, Karl Theodor (Hg.), Schriften und Reden von Johannes Cardinal von Geissel, Bd. 1, Köln 1869, 44-58.
Geissel, Johannes von, „Fastenhirtenbrief vom 18. Januar 1845", in: Dumont, Karl Theodor (Hg.), Schriften und Reden von Johannes Cardinal von Geissel, Bd. 1, Köln 1869, 59-79.
Geissel, Johannes von, „Fastenhirtenbrief vom 18. Februar 1848", in: Dumont, Karl Theodor (Hg.), Schriften und Reden von Johannes Cardinal von Geissel, Bd. 1, Köln 1869, 142-156.
Geissel, Johannes von, „Fastenhirtenbrief vom 1. Februar 1849", in: Dumont, Karl Theodor (Hg.), Schriften und Reden von Johannes Cardinal von Geissel, Bd. 1, Köln 1869, 222-232.
Geissel, Johannes von, „Fastenhirtenbrief vom 15. Januar 1850", in: Dumont, Karl Theodor (Hg.), Schriften und Reden von Johannes Cardinal von Geissel, Bd. 1, Köln 1869, 267-279.
Hommer, Joseph von, „Antrittshirtenbrief vom 13. September 1824", in: Blattau, Johann Jakob (Hg.), Statuta synodalia, ordinationes et mandata Archidiocesis Trevirensis, Bd. 8, Trier 1849, 14-23.
Hommer, Joseph von, „Fastenhirtenbrief vom 19. Januar 1825", in: Blattau, Johann Jakob (Hg.), Statuta synodalia, ordinationes et mandata Archidiocesis Trevirensis, Bd. 8, Trier 1849, 23-26.
Hommer, Joseph von, „Fastenhirtenbrief vom 4. Januar 1827", in: Blattau, Johann Jakob (Hg.), Statuta synodalia, ordinationes et mandata Archidiocesis Trevirensis, Bd. 8, Trier 1849, 81-87.
Hommer, Joseph von, „Fastenhirtenbrief vom 7. Januar 1828", in: Johann Jakob Blattau (Hg.), Statuta synodalia, ordinationes et mandata Archidiocesis Trevirensis, Bd. 8, Trier 1849, 145-151.
Hommer, Joseph von, Fastenhirtenbrief vom 5. Januar 1830, Trier 1830.
Hommer, Joseph von, „Fastenhirtenbrief vom 5. Januar 1831", in: Blattau, Johann Jakob (Hg.), Statuta synodalia, ordinationes et mandata Archidiocesis Trevirensis, Bd. 8, Trier 1849, 229-231.
Hommer, Joseph von, Fastenhirtenbrief vom 11. Januar 1836, Trier 1836.

Hommer, Joseph von, Hirtenbrief zum Ausbruch der Cholera vom 19. September 1831, Trier 1831.
Kaiser, Petrus Leopold, Antrittshirtenbrief vom 30. Juni 1835, Mainz 1835.
Kaiser, Petrus Leopold, Fastenhirtenbrief vom 16. Januar 1836, Mainz 1836.
Kaiser, Petrus Leopold, Fastenhirtenbrief vom 29. Januar 1838, Mainz 1838.
Kaiser, Petrus Leopold, Fastenhirtenbrief vom 9. Januar 1839, Mainz 1839.
Kaiser, Petrus Leopold, Fastenhirtenbrief vom 12. Februar 1840, Mainz 1840.
Kaiser, Petrus Leopold, Fastenhirtenbrief vom 9. Februar 1841, Mainz 1841.
Kaiser, Petrus Leopold, Fastenhirtenbrief vom 12. Januar 1842, Mainz 1842.
Kaiser, Petrus Leopold, Fastenhirtenbrief vom 6. Februar 1846, Mainz 1846.
Kaiser, Petrus Leopold , Fastenhirtenbrief vom 18. Januar 1847, Mainz 1847.
Kaiser, Petrus Leopold, Fastenhirtenbrief vom 18. Februar 1848, Mainz 1848.
Kött, Christoph Florentius, Antrittshirtenbrief vom 1. Mai 1849, Fulda 1849.
Kött, Christoph Florentius, Fastenhirtenbrief vom 15. Januar 1850, Fulda 1850.
Laurent, Johann Theodor, Fastenhirtenbrief vom 2. Februar 1845, Luxemburg 1845.
Laurent, Johann Theodor, Fastenhirtenbrief vom 15. Februar 1846, Luxemburg 1846.
Laurent, Johann Theodor, Fastenhirtenbrief vom 28. Januar 1847, Luxemburg 1847.
Laurent, Johann Theodor, Fastenhirtenbrief vom 22. Februar 1848, Luxemburg 1848.
Laurent, Johann Theodor, „Der Pauperismus und das christliche Almosen/ Fastenhirtenbrief 1847“, in: Der Katholik. Religiöse Zeitschrift zur Belehrung und Warnung 27. 1847, 333-335, 336-339.
Manl, Johann Martin, „Fastenhirtenbrief vom 14. Dezember 1829“, in: Dumont, Karl Theodor (Hg.), Schriften und Reden von Johannes Cardinal von Geissel, Bd. 3, Köln 1870, 106-119.
Manl, Johann Martin, „Fastenhirtenbrief vom 2. Januar 1832“, in: Dumont, Karl Theodor (Hg.), Schriften und Reden von Johannes Cardinal von Geissel, Bd. 3, Köln 1870, 150-165.
Manl, Johann Martin, „Fastenhirtenbrief vom 3. Dezember 1830“, in: Dumont, Karl Theodor (Hg.), Schriften und Reden von Johannes Cardinal von Geissel, Bd. 3, Köln 1870, 120-135.
Pfaff, Johann Leonard, Antrittshirtenbrief vom 2. September 1832, Fulda 1832.
Pfaff, Johann Leonard, Fastenhirtenbrief vom 1. Februar 1833, Fulda 1833.
Pfaff, Johann Leonard, Fastenhirtenbrief vom 21. Januar 1834, Fulda 1834.
Pfaff, Johann Leonard, Fastenhirtenbrief vom 12. Februar 1835, Fulda 1835.
Pfaff, Johann Leonard, Fastenhirtenbrief vom 1. Februar 1836, Fulda 1836.
Pfaff, Johann Leonard, Fastenhirtenbrief vom 17. Januar 1837, Fulda 1837.
Pfaff, Johann Leonard, Fastenhirtenbrief vom 9. Februar 1838, Fulda 1838.
Pfaff, Johann Leonard, Fastenhirtenbrief vom 22. Januar 1839, Fulda 1839.
Pfaff, Johann Leonard, Fastenhirtenbrief vom 14. Februar 1840, Fulda 1840
Pfaff, Johann Leonard, Fastenhirtenbrief vom 9. Februar 1841, Fulda 1841.
Pfaff, Johann Leonard, Fastenhirtenbrief vom 14. Februar 1842, Fulda 1842.
Pfaff, Johann Leonard, Fastenhirtenbrief vom 14. Februar 1843, Fulda 1843.
Pfaff, Johann Leonard, Fastenhirtenbrief vom 15. Januar 1845, Fulda 1845.
Pfaff, Johann Leonard, Fastenhirtenbrief vom 4. Februar 1847, Fulda 1847.
Riedel, Valentin von, „Fastenhirtenbrief vom 9. Februar 1844“, in: Lipf, Joseph (Hg.), Oberhirtliche Verordnungen und allgemeine Erlasse für das Bisthum Regensburg vom Jahre 1250–1852, Regensburg 1853, 451-453.

Riedel, Valentin von, „Fastenhirtenbrief vom 14. Februar 1847“, in: Lipf, Joseph (Hg.), Oberhirtliche Verordnungen und allgemeine Erlasse für das Bisthum Regensburg vom Jahre 1250–1852, Regensburg 1853, 478-486.
Riedel, Valentin von, „Fastenhirtenbrief vom 24. Februar 1848“, in: Lipf, Joseph (Hg.), Oberhirtliche Verordnungen und allgemeine Erlasse für das Bisthum Regensburg vom Jahre 1250–1852, Regensburg 1853, 499-506.
Riedel, Valentin von, „Fastenhirtenbrief vom 25. Februar 1849“, in: Lipf, Joseph (Hg.), Oberhirtliche Verordnungen und allgemeine Erlasse für das Bisthum Regensburg vom Jahre 1250–1852, Regensburg 1853, 545-548.
Schwäbl, Franz Xaver von, „Fastenhirtenbrief vom 7. Januar 1834“, in: Lipf, Joseph (Hg.), Oberhirtliche Verordnungen und allgemeine Erlasse für das Bisthum Regensburg vom Jahre 1250–1852, Regensburg 1853, 292-295.
Schwäbl, Franz Xaver von, „Fastenhirtenbrief vom 2. Januar 1835“, in: Lipf, Joseph (Hg.), Oberhirtliche Verordnungen und allgemeine Erlasse für das Bisthum Regensburg vom Jahre 1250–1852, Regensburg 1853, 304-305.
Schwäbl, Franz Xaver von, „Fastenhirtenbrief vom 22. Januar 1838“, in: Lipf, Joseph (Hg.), Oberhirtliche Verordnungen und allgemeine Erlasse für das Bisthum Regensburg vom Jahre 1250–1852, Regensburg 1853, 354-362.
Schwäbl, Franz Xaver von, „Fastenhirtenbrief vom 7. Januar 1841“, in: Lipf, Joseph (Hg.), Oberhirtliche Verordnungen und allgemeine Erlasse für das Bisthum Regensburg vom Jahre 1250–1852, Regensburg 1853, 404-416.
Spiegel, Ferdinand August Graf von, Fastenhirtenbrief vom 4. Februar 1834, Köln 1834.
Vicari, Hermann von, Fastenhirtenbrief 1847, Freiburg 1847.
Vicari, Hermann von, Hirtenbrief zur Hungersnot vom 4. April 1847, Freiburg 1847.
Vicari, Hermann von, Hirtenbrief zur badischen Revolution vom 29. Juli 1849, Freiburg i. Br. 1849.
Weis, Nikolaus, Fastenhirtenbrief vom 2. Februar 1843, Speyer 1843.
Weis, Nikolaus, Fastenhirtenbrief vom 6. Januar 1847, Speyer 1847.

1.2 Predigten

Ackermann, Gottlieb (Hg.), Predigten nach den Bedürfnissen des gemeinen Mannes. Predigten zum gemeinnützigen Kanzelvortrag und christlichen Familien zur Selbstbelehrung und Erbauung dienlich, Bd. 1, München 1786.
Ackermann, Gottlieb (Hg.), Predigten nach den Bedürfnissen des gemeinen Mannes. Predigten zum gemeinnützigen Kanzelvortrag und christlichen Familien zur Selbstbelehrung und Erbauung dienlich, Bd. 2, München 1786.
Ackermann, Gottlieb (Hg.), Predigten nach den Bedürfnissen des gemeinen Mannes. Predigten zum gemeinnützigen Kanzelvortrag und christlichen Familien zur Selbstbelehrung und Erbauung dienlich, Bd. 3, München 1787.
Ackermann, Gottlieb (Hg.), Predigten nach den Bedürfnissen des gemeinen Mannes. Predigten zum gemeinnützigen Kanzelvortrag und christlichen Familien zur Selbstbelehrung und Erbauung dienlich, Bd. 4, München 1787.
Ackermann, Gottlieb (Hg.), Predigten nach den Bedürfnissen des Landvolkes, Bd. 1: Enthält die Sonn- und Festtage des Herrn vom ersten Adventssonntage bis zum fünften Sonntage in der Faste, München 1791.
Ackermann, Gottlieb, (Hg.), Katechetische Predigten über den innerlichen und äusserlichen Gottesdienst mit Rücksicht auf die Sonn- und Festtagsevangelien, Bd. 1: Enthält die Pre-

digten vom ersten Adventssonntage bis auf den sechsten Sonntag nach Ostern über die innerliche Gottesverehrung, München 1802.

Ackermann, Gottlieb, (Hg.), Katechetische Predigten über den innerlichen und äusserlichen Gottesdienst mit Rücksicht auf die Sonn- und Festtagsevangelien, Bd. 2: Enthält die Predigten vom ersten Pfingstsonntage bis zum Schluß des Kirchenjahrs über die äußerliche Gottesverehrung, München 1802.

Ackermann, Gottlieb (Hg.), Katechetische Predigten über die ganze christliche Sittenlehre mit Hinsicht auf die Sonn- und Festtagsevangelien vor einer vermischten Gemeinde vorgetragen, Bd. 3: Katechetische Predigten über die Pflichten gegen unsern Nächsten, München 1803.

Ackermann, Gottlieb (Hg.), Katechetische Predigten über die ganze christliche Sittenlehre mit Hinsicht auf die Sonn- und Festtagsevangelien vor einer vermischten Gemeinde vorgetragen, Bd. 5: Katechetische Predigten über die Pflichten gegen den Staat und denen des Hausstandes, mit Hinsicht auf die Sonn- und Festtagsevangelien, München 1804.

Ackermann, Gottlieb (Hg.), Katechetische Predigten über die ganze christliche Sittenlehre mit Hinsicht auf die Sonn- und Festtagsevangelien vor einer vermischten Gemeinde vorgetragen, Bd. 6: Katechetische Predigten über die Pflichten im häuslichen Leben mit Hinsicht auf die Sonn- und Festtagsevangelien, München 1805.

Ackermann, Gottlieb (Hg.), Faßliche und gemeinnützige Predigten auf christliche Festtage, Bd. 1, München 1809.

Ackermann, Gottlieb (Hg.), Faßliche und gemeinnützige Predigten auf christliche Festtage, Bd. 2, München 1810.

Ackermann, Gottlieb, Kurze Volkspredigten über sinnliche Lust und sinnliche Abtödtung auf die Faßnacht- und Fastenzeit, Landshut 1825.

Ackermann, Gottlieb (Hg.), Kurze Frühpredigten auf alle Sonn- und Festtage des ganzen Kirchenjahres, Bd. 1: Predigten auf die Sonntage, Landshut 1827.

Ackermann, Gottlieb (Hg.), Kurze Frühpredigten auf alle Sonn- und Festtage des ganzen Kirchenjahres, Bd. 2: Predigten auf die Festtage, Landshut 1827.

Ackermann, Gottlieb (Hg.), Volkspredigten und Homilien auf alle Sonn- und Festtage des katholischen Kirchenjahrs, Bd. 1: Predigten auf die Sonntage, Landshut 1821.

Ackermann, Gottlieb (Hg.), Volkspredigten und Homilien auf alle Sonn- und Festtage des katholischen Kirchenjahrs, Bd. 2: Predigten auf die Festtage, 2. verbesserte Aufl. Landshut 1831.

Arnoldi, Wilhelm, Sonntagspredigten des Bischofs Wilhelm Arnoldi von Trier, hg. von Johann Jakob Kraft, Trier 1869.

Bauerschubert, Joseph , Kurze Volkspredigten zum Unterrichte und zur Erbauung auf alle Sonn- und Festtage des katholischen Kirchen-Jahres, Bd. 1, Erfurt 1798.

Bauerschubert, Joseph, Kurze Volkspredigten zum Unterrichte und zur Erbauung auf alle Sonn- und Festtage des katholischen Kirchen-Jahres, Bd. 2, Erfurt 1799.

Bauerschubert, Joseph, Kurze Volkspredigten zum Unterrichte und zur Erbauung auf alle Sonn- und Festtage des katholischen Kirchen-Jahres, Bd. 3, Erfurt 1799.

Bauerschubert, Joseph, Kurze Volkspredigten zum Unterrichte und zur Erbauung auf alle Sonn- und Festtage des katholischen Kirchen-Jahres, Bd. 4, Erfurt 1799.

Bauerschubert, Joseph, Joseph Bauerschuberts kurze Volkspredigten zum Unterrichte und zur Erbauung auf alle Sonn- und Festtage des katholischen Kirchen-Jahres, Bd. 5, hg. von Bernard Laubender, Erfurt 1800.

Bauerschubert, Joseph, Joseph Bauerschuberts kurze Volkspredigten zum Unterrichte und zur Erbauung auf alle Sonn- und Festtage des katholischen Kirchen-Jahres, Bd. 6, hg. von Bernard Laubender, Erfurt 1800.

Bauerschubert, Joseph, Neue Festpredigten nebst einigen Gelegenheitsreden, Frankfurt a. M. [3]1812.
Brockmann, Johann Heinrich, Homilien und Predigten auf alle Sonn- und Festtage des Kirchenjahrs, Bd. 1: Vom Advent bis Fastnacht, Münster 1826.
Brockmann, Johann Heinrich, Homilien und Predigten auf alle Sonn- und Festtage des Kirchenjahrs, Bd. 2: Von Fastnacht bis Pfingsten, Münster 1827.
Brockmann, Johann Heinrich, Homilien und Predigten an allen Sonn- und Festtagen des Jahrs, Bd. 3: Von Pfingsten bis zum zwölften Sonntage nach dem Fest der heiligen Dreifaltigkeit, Münster 1828.
Brockmann, Johann Heinrich, Homilien und Predigten an allen Sonn- und Festtagen des Jahrs, Bd. 4: Vom dreizehnten bis zum letzten Sonntage nach dem Feste der heil. Dreifaltigkeit, Münster 1829.
Buchegger, Ludwig, Predigten auf Festtage der katholischen Kirche. Gehalten in der Domkirche zu Freiburg, Bd. 1, Freiburg i. Br. 1849.
Buchegger, Ludwig, Predigten auf Festtage der katholischen Kirche. Gehalten in der Domkirche zu Freiburg, Bd. 2, Freiburg i. Br. 1850
Colmar, Joseph Ludwig, Predigten von Joseph Ludwig Colmar, Bischof zu Mainz, Bd. 1: Vom ersten Sonntage des Advents bis Septuagesima, hg. von Freunden und Verehrern des Verewigten, 2. verbesserte Aufl. Mainz 1847.
Colmar, Joseph Ludwig, Predigten von Joseph Ludwig Colmar, Bischof zu Mainz, Bd. 2: Fastenpredigten. Erste Abtheilung, hg. von Freunden und Verehrern des Verewigten, 2. verbesserte Aufl. Mainz 1847.
Colmar, Joseph Ludwig, Predigten von Joseph Ludwig Colmar, Bischof zu Mainz, Bd. 3: Fastenpredigten. Zweite Abtheilung, hg. von Freunden und Verehrern des Verewigten, 2. verbesserte Aufl. Mainz 1843.
Colmar, Joseph Ludwig, Predigten von Joseph Ludwig Colmar, Bischof zu Mainz, Bd. 4: Vom Passionssonntage bis zum Feste des allerheiligsten Dreifaltigkeit, hg. von Freunden und Verehrern des Verewigten, 2. verbesserte Aufl. Mainz 1843.
Colmar, Joseph Ludwig, Predigten von Joseph Ludwig Colmar, Bischof zu Mainz, Bd. 5: Predigten auf die Sonntage nach Pfingsten bis zum Jahresschlusse, hg. von Freunden und Verehrern des Verewigten, 2. verbesserte Aufl. Mainz 1843.
Colmar, Joseph Ludwig, Predigten von Joseph Ludwig Colmar, Bischof zu Mainz, Bd. 6: Predigten auf die Feste der allerseligsten Jungfrau und der Heiligen. Schulreden. Beiträge zur Pädagogik, hg. von Freunden und Verehrern des Verewigten, Mainz 1842.
Colmar, Joseph Ludwig, Predigten von Joseph Ludwig Colmar, Bischof zu Mainz, Bd. 7: Predigten über besondere christliche Heilswahrheiten. Gelegenheitsreden, hg. von Freunden und Verehrern des Verewigten, Mainz 1846.
Dietl, Georg Alois, G. A. Dietls Homilien über die sonntäglichen Evangelien, München [4]1817.
Dietl, Georg Alois, G. A. Dietl's Predigten an seine Pfarrgemeinde, 4. verbesserte Aufl. München 1829.
Droste zu Vischering, Clemens August Freiherr, Predigten, Betrachtungen und Unterweisungen in frühern Jahren gehalten von dem jetzigen Erzbischofe von Cöln, Clemens August Freiherrn Droste zu Vischering, Münster 1843.
Feder, Johann Michael, Zehen Festpredigten, Würzburg 1794.
Feder, Johann Michael, Fastenpredigten, Bd. 1: Die Feinde Jesu, Weimar 1795.
Feder, Johann Michael, Fastenpredigten, Bd. 2: Die Freunde Jesu, Augsburg 1796.
Feder, Johann Michael, Jesus Erklärungen gegen gewisse Laster. In einem Curse von Fastenpredigten in der Universitäts-Kirche zu Wirzburg dargestellt, nebst einem Anhange

von Predigten, welche an den Festen Mariens in besagter Kirche sind gehalten worden, Bamberg – Würzburg 1801.

Feder, Johann Michael, Die allergemeinsten Aeußerungen der Nächstenliebe in einem Curse von Fastenpredigten in der Universitätskirche zu Würzburg dargestellt, Würzburg 1803.

Feder, Johann Michael, Michael Feder's, der h. Schrift Doctors, geistlichen Rathes zu Würzburg, Predigten auf alle Sonntage des Jahres, Bd. 1: Des ersten Jahrgangs erster Theil, Würzburg 1815.

Feder, Johann Michael, Michael Feder's, der h. Schrift Doctors, geistlichen Rathes zu Würzburg, Predigten auf alle Sonntage des Jahres, Bd. 2: Des ersten Jahrgangs zweiter Theil, Würzburg 1816.

Feder, Johann Michael, Predigten auf alle Festtage des Jahres. Erster Theil, Würzburg 1817.

Feder, Johann Michael, Predigten auf alle Festtage des Jahres. Zweyter Theil, Bamberg – Würzburg 1818.

Feder, Johann Michael, Zwanzig Fasten-Predigten, auf vier Jahrgänge, 2. verbesserte Aufl. Grätz 1820.

Liebermann, Franz Leopold Bruno, Lob- und Trauer-Rede bei Gelegenheit des höchsttraurigen Hintrittes des hochwürdigsten Herrn Joseph Ludwig Colmar, Bischofes zu Mainz, Mainz 1818.

Liebermann, Franz Leopold Bruno, Predigten von Franz Leopold Bruno Liebermann, Doctor der Theologie und Generalvicar des Bisthums Straßburg, Bd. 1: Vom ersten Sonntage im Advent bis Septuagesima, Mainz 1851.

Liebermann, Franz Leopold Bruno, Predigten von Franz Leopold Bruno Liebermann, Doctor der Theologie und Generalvicar des Bisthums Straßburg, Bd. 2: Fastenpredigten, Mainz 1852.

Liebermann, Franz Leopold Bruno, Predigten von Franz Leopold Bruno Liebermann, Doctor der Theologie und Generalvicar des Bisthums Straßburg, Bd. 3: Fastenpredigten zweiter Band, Mainz 1853.

Löhe, Wilhelm, Predigten über das Vater-unser, Nürnberg ^{2}1837.

Nitzsch, Carl Immanuel, Predigten aus der Amtsführung der letztvergangenen Jahre, Bonn 1833.

Riffel, Caspar, Predigten auf alle Sonn- und Festtage des Jahres, Bd. 1: Vom ersten Sonntage des Advents bis Ostern, 3. verbesserte Aufl. Mainz 1854.

Riffel, Caspar, Predigten auf alle Sonn- und Festtage des Jahres, Bd. 2: Vom ersten Sonntage nach Ostern bis zum Schlusse des Kirchenjahres, 3. verbesserte Aufl. Mainz 1854.

Riffel, Caspar, Predigten auf alle Sonn- und Festtage des Jahres, Bd. 3: Predigten auf die verschiedenen Festtage, nebst einigen Fasten- und Gelegenheitsreden, Mainz 1853.

Schneider, Eulogius, Predigten für gebildete Menschen und denkende Christen, Frankfurt – Leipzig 1790.

Spalding, Johann Joachim, Predigten. Größtentheils bey außerordentlichen Fällen gehalten; nebst einigen kleinen Erbauungs-Schriften, Frankfurt a. O. – Leipzig 1775.

Tholuck, August, Predigten über Hauptstücke des christlichen Glaubens und Lebens, Halle 1843.

Veith, Johann Emanuel, Charitas. Neun Kanzelvorträge gehalten während der Faste des Jahres 1851 mehrentheils in der Hauptkirche zu St. Nicolaus in Prag, Wien 1851.

Westermayer, Anton, Bauernpredigten, die auch manche Stadtleute brauchen können, auf alle Sonn-und Festtage des Kirchenjahres zugleich ein Hausbuch für's katholische Landvolk. 1. Jahrgang, Bd. 1, 2. verbesserte Aufl. Regensburg 1848.

Westermayer, Anton, Bauernpredigten, die auch manche Stadtleute brauchen können, auf alle Sonn- und Festtage des Kirchenjahres, zugleich ein Hausbuch für's katholische Landvolk, 1. Jahrgang, Bd. 2, 2. verbesserte Aufl. Regensburg 1848.

Westermayer, Anton, Bauernpredigten, die auch manche Stadtleute brauchen können, auf alle Sonn- und Festtage des Kirchenjahres, nebst einigen Gelegenheitspredigten mit besonderer Berücksichtigung der Gegenwart, zugleich ein Hausbuch für's katholische Landvolk, 2. Jahrgang, Bd. 1, 2. verbesserte Aufl. Regensburg 1848.

Westermayer, Anton, Bauernpredigten, die auch manche Stadtleute brauchen können, auf alle Sonn- und Festtage des Kirchenjahres, zugleich ein Hausbuch für's katholische Landvolk, 2. Jahrgang, Bd. 2, 2. verbesserte Aufl. Regensburg 1848.

Westermayer, Anton, Zeitpredigten auf alle Sonn- und Festtage des Kirchenjahres, nebst einem Cyklus Fastenpredigten, Bd. 1, Regensburg 1850.

Westermayer, Anton, Zeitpredigten auf alle Sonn- und Festtage des Kirchenjahres, nebst einem Cyklus Fastenpredigten, Bd. 2, Regensburg 1850.

Westermayer, Anton, Das katholische Kirchenjahr in seinem innern Zusammenhange dargestellt in Predigten auf alle Sonntage des Kirchenjahres, mit einer Beigabe sämmtlicher Festtags-, von vier Jubiläums- und andern Gelegenheitspredigten, Bd. 1, Schaffhausen 1854.

Westermayer, Anton, Das katholische Kirchenjahr in seinem innern Zusammenhange dargestellt in Predigten auf alle Sonntage des Kirchenjahres, mit einer Beigabe sämmtlicher Festtags-, von vier Jubiläums- und andern Gelegenheitspredigten, Bd. 2, Schaffhausen 1854.

Westermayer, Anton, Das katholische Kirchenjahr in seinem innern Zusammenhange dargestellt in Predigten auf alle Sonntage des Kirchenjahres, mit einer Beigabe sämmtlicher Festtags-, von vier Jubiläums- und andern Gelegenheitspredigten, Bd. 3, Schaffhausen 1854.

Westermayer, Anton, Predigten für wahre Aufklärung und Bildung. Gehalten in der St. Michaelshofkirche zu München, Bd. 1, Schaffhausen 1857.

Westermayer, Anton, Predigten für wahre Aufklärung und Bildung. Gehalten in der St. Michaelshofkirche zu München, Bd. 2, Schaffhausen 1857.

Westermayer, Anton, Predigten für wahre Aufklärung und Bildung. Gehalten in der St. Michaelshofkirche zu München, Bd. 3, Schaffhausen 1858.

Westermayer, Anton, Predigten für wahre Aufklärung und Bildung. Gehalten in der St. Michaelshofkirche zu München, Bd. 4, Schaffhausen 1858.

Winkelhofer, Sebastian, Sebastian Winkelhofers Reden über die Bergpredigt unsers Herrn, Jesu Christi, hg. von Johann Michael Sailer, 2. verbesserte Aufl. München 1812.

Winkelhofer, Sebastian, Seb. Winkelhofers vermischte Predigten, Bd. 1, hg. von Johann Michael Sailer, 2. durchgesehene Aufl. München 1821.

Winkelhofer, Sebastian, Seb. Winkelhofers vermischte Predigten, Bd. 2, hg. von Johann Michael Sailer, 2. durchgesehene Aufl. München 1821.

Winkelhofer, Sebastian, Seb. Winkelhofers vermischte Predigten, Bd. 3: Predigten über die Apostelgeschichte, hg. von Johann Michael Sailer, 2. durchgesehene Aufl. München 1834.

Winkelhofer, Sebastian, Seb. Winkelhofers vermischte Predigten, Bd. 4: Predigten über die Apostelgeschichte, hg. von Johann Michael Sailer, 2. durchgesehene Aufl. München 1835.

Winkelhofer, Sebastian, Seb. Winkelhofers vermischte Predigten, Bd. 5: Predigten über die Lauretanische Litanei und andere wichtige Gegenstände auf die meisten Festtage des Kirchenjahres, hg. von Franz Seraph Riederer, München 1831.

Winkelhofer, Sebastian, Seb. Winkelhofers vermischte Predigten, Bd. 6: Predigten auf die Feste der seligsten Jungfrau Maria und der übrigen Heiligen sowie bei verschiedenen Anlässen, hg. von Franz Seraph Riederer, München 1832.

Winkelhofer, Sebastian, Sebastian Winkelhofers zusammenhängende Predigten über die christliche Gerechtigkeit, Bd. 1: Von der Sünde, und von den sieben Tod- und Hauptsünden, hg. von einem Geistlichen des Erzbisthums München und Freysing, München 1833.

Winkelhofer, Sebastian, Sebastian Winkelhofers zusammenhängende Predigten über die christliche Gerechtigkeit, Bd. 2: Von den Sünden in den heiligen Geist, von den himmelschreienden, fremden und Kirchensünde, hg. von einem Geistlichen des Erzbisthums München und Freysing, München 1834.

Winkelhofer, Sebastian, Sebastian Winkelhofers zusammenhängende Predigten über die christliche Gerechtigkeit, Bd. 3: Von der christlichen Tugend, und von den guten Werken, hg. von einem Geistlichen des Erzbisthums München und Freysing, München 1839.

Winkelhofer, Sebastian, Sebastian Winkelhofers zusammenhängende Predigten, Bd. 4: Von den sieben heiligen Sakramenten, hg. von einem Geistlichen des Erzbisthums München und Freysing, München 1835.

Winkelhofer, Sebastian, Sebastian Winkelhofers zusammenhängende Predigten, Bd. 5: Über die christliche Hoffnung, das Vater unser und den englischen Gruss, hg. von einem Geistlichen des Erzbisthums München und Freising, München 1841.

Winkelhofer, Sebastian, Sebastian Winkelhofers zusammenhängende Predigten, Bd. 6: Über die vier letzten Dinge des Menschen, hg. von einem Geistlichen des Erzbisthums München und Freising, München 1842.

Winkelhofer, Sebastian, Sebastian Winkelhofer's zusammenhängende Predigten über das ganze apostolische Glaubensbekenntnis auf alle Sonn- und Festtage des katholischen Kirchenjahrs. Eine vollständige, leichtfaßliche Glaubens- und Sittenlehre für den Kirchen-, Schul- und Hausgebrauch, Bd. 1, hg. von Franz Seraph Riederer, Regensburg 1839.

Winkelhofer, Sebastian, Sebastian Winkelhofer's zusammenhängende Predigten über das ganze apostolische Glaubensbekenntnis auf alle Sonn- und Festtage des katholischen Kirchenjahrs. Eine vollständige, leichtfaßliche Glaubens- und Sittenlehre für den Kirchen-, Schul- und Hausgebrauch, Bd. 2, hg. von Franz Seraph Riederer, Regensburg 1839.

1.3 Sonstige Quellen

Anonym, „Rezension zu Sintenis, C.F.: Für die wahren Armen in der Stadt Zerbst“, in: Allgemeine Deutsche Bibliothek 55. 1783, 370-373.

Anonym, Die Armut und die Mittel ihr entgegen zu wirken, Leipzig 1844.

Anonym, „Ueber Pauperismus. Zweiter Artikel“, in: Nathanael. Katholisch-kirchliches Volksblatt zur Belehrung und Erbauung für Rheinland und Westphalen 1. 1845, 690-692.

Anonym, „Zeitfragen. Betrachtungen über den Pauperismus“, in: Der Katholik. Religiöse Zeitschrift zur Belehrung und Warnung 26. 1846, 261-263.

Anonym, Art. „Pauperismus“, in: Allgemeine deutsche Real-Encyklopädie für die gebildeten Stände. Conversations-Lexikon (9. Aufl.), Bd. 11, 15-16.

Anonym (Hg.), Verhandlungen der ersten Versammlung des katholischen Vereines Deutschlands am 3. 4. 5. und 6. October zu Mainz. Amtlicher Bericht, Mainz 1848.

Brentano, Clemens, Die barmherzigen Schwestern in Bezug auf Armen- und Krankenpflege nebst einem Bericht über das Bürgerhospital in Coblenz und erläuternden Beilagen, Koblenz 1831.

Burg, Joseph Vitus, „Wie kann eine allgemeine Armenanstalt errichtet werden, wodurch nicht nur die Notleidenden unterstützt, sondern auch die Quellen der Armut verstopft, und allgemeine Wohlhabenheit und Sittlichkeit befördert werden.“, in: Archiv für die Pastoralkonferenzen in den Landkapiteln des Bistums Konstanz 12,4. 1815, 233-262.

Krönes, Franz Edmund, Homiletisches Real-Lexikon, oder: alphabetisch-geordnete Darstellung geeigneter Predigtstoffe, Bd. 1, Regensburg [2]1872.

Krönes, Franz Edmund, Homiletisches Real-Lexikon, oder: alphabetisch-geordnete Darstellung geeigneter Predigtstoffe, Bd. 2, Regensburg [2]1872.

Krönes, Franz Edmund, Homiletisches Real-Lexikon, oder: alphabetisch-geordnete Darstellung geeigneter Predigtstoffe, Bd. 6, Regensburg [2]1872.

Krönes, Franz Edmund, Homiletisches Real-Lexikon, oder: alphabetisch-geordnete Darstellung geeigneter Predigtstoffe, Bd. 13, Regensburg [2]1872.

Müller, Adam Heinrich, „Über die Errichtung der Sparbanken (1819)“, in: Adam von Müller's gesammelte Schriften, Bd. 1, München 1839, 186-193.

2. Literatur

Abel, Wilhelm, Massenarmut und Hungerkrisen im vorindustriellen Deutschland, Göttingen 1972.

Althammer, Beate, „Die Cholera – Eine Naturkatastrophe? Reaktionen angesichts einer tödlichen Seuche im Rheinland und in Katalonien, 1831–1867“, in: Traverse. Zeitschrift für Geschichte/Revue d'histoire 10. 2003, 21-35.

Alzheimer-Haller, Heidrun, Handbuch zur narrativen Volksaufklärung. Moralische Geschichten 1780 – 1848, Berlin 2004.

Arbeitskreis für kirchliche Zeitgeschichte, „Das katholische Milieu als Forschungsaufgabe“, in: Westfälische Forschungen 43. 1993, 588-654.

Arning, Holger, Die Macht des Heils und das Unheil der Macht. Diskurse von Katholizismus und Nationalsozialismus im Jahr 1934 – eine exemplarische Zeitschriftanalyse, Paderborn 2008.

Aschoff, Hans-Georg, „Von der Armen- zur Wohlfahrtspflege. Anfänge staatlicher Sozialgesetzgebung. Die Kirche im Kontext unterschiedlicher Sozialhelfer“, in: Gatz, Erwin (Hg.), Geschichte des kirchlichen Lebens in den deutschsprachigen Ländern seit dem Ende des 18. Jahrhunderts, Bd. 5: Caritas und soziale Dienste, Freiburg i. Br. 1997, 71-90.

Bär, Michael, Homiletik im Priesterseminar Passau 1828–1964, Würzburg 1998.

Baron, Rüdeger, „Die Entwicklung der Armenpflege in Deutschland vom Beginn des 19. Jahrhunderts bis zum Ersten Weltkrieg“, in: Landwehr, Rolf/Baron, Rüdeger (Hgg.), Geschichte der Sozialarbeit. Hauptlinien ihrer Entwicklung im 19. und 20. Jahrhundert, 3. verbesserte Aufl. Weinheim 1995, 11-69.

Barzen, Rainer Josef, „Jüdische Armenfürsorge. ‚Ich der Herr schaffe Gnade, Recht und Gerechtigkeit'“, in: Uerlings, Herbert u.a. (Hgg.), Armut. Perspektiven in Kunst und Gesellschaft. Katalog zur gleichnamigen Ausstellung, Stadtmuseum Simeonstift und Rheinisches Landesmuseum Trier 10.04.2011–31.07.2011, Darmstadt 2011, 82-91.

Bass, Hans-Heinrich, Hungerkrisen in Preußen während der ersten Hälfte des 19. Jahrhunderts, St. Katharinen 1991.

Baumgartner, Konrad, Die Seelsorge im Bistum Passau zwischen barocker Tradition, Aufklärung und Restauration, St. Ottilien 1975.

Bendel, Rainer, Der Seelsorger im Dienst der Volkserziehung. Seelsorge im Bistum Breslau im Zeichen der Aufklärung, Köln 1996.

Berges, Ulrich/Hoppe, Rudolf, Arm und reich, Würzburg 2009.

Besier, Gerhard, Kirche, Politik und Gesellschaft im 19. Jahrhundert, München 1998.

Bethge, Sabine, Struktur der öffentlichen Armenpflege in Bayern und Württemberg zwischen 1770 und 1870 im Spiegel der Armengesetze und -verordnungen, Dipl.-Arb., Konstanz 1992.

Betzinger, Claude, Vie et mort d'Euloge Schneider, ci-devant franciscain. Des lumières à la terreur 1756–1794, Strasbourg 1997.

Beutel, Albrecht, Aufklärung in Deutschland, Göttingen 2006.

Bircher, Patrick, „Religious communities and the catholic poverty discourse in the first half of the 19th Century. The relationship between charitable service and denomination-specific identity as reflected in the Church press", in: Urs Altermatt/Franziska Metzger/Jan de Maeyer (Hgg.), Religious Institutes and Catholic Culture in 19th Century Europe, Leuven 2014, 133-160.

Bitter, Gottfried, Art. „Predigt. VII. Katholische Predigt der Neuzeit", in: Theologische Realenzyklopädie, Bd. XXVII, 262-296.

Blaschke, Olaf (Hg.), Konfessionen im Konflikt. Deutschland zwischen 1800 und 1970: ein zweites konfessionelles Zeitalter, Göttingen 2002.

Blaschke, Olaf, „Das 19. Jahrhundert. Ein Zweites Konfessionelles Zeitalter?", in: Geschichte und Gesellschaft 26. 2000, 38-75.

Blaufuß, Dietrich, Wilhelm Löhe – Erbe und Vision, Gütersloh 2009.

Blum, Peter, Staatliche Armenfürsorge im Herzogtum Nassau 1806–1866, Wiesbaden 1987.

Böhmert, Carl Victor, Das Armenwesen in 77 deutschen Städten und einigen Landarmenverbänden. Dargestellt auf Grund der Verhandlungen und statistischen Untersuchungen des Deutschen Vereins für Armenpflege und Wohlthätigkeit, Dresden 1886.

Bopp, Karl, Barmherzigkeit im pastoralen Handeln der Kirche. Eine symbolisch-kritische Handlungstheorie zur Neuorientierung kirchlicher Praxis, München 1998.

Bopp, Karl, Art. „Werke der Barmherzigkeit. II. Historisch. III. Praktisch-theologisch", in: Lexikon für Theologie und Kirche (3. Aufl.), Bd. 10, 1099-1100.

Borchardt, Knut, Die industrielle Revolution in Deutschland, München 1972.

Borgmann, Karl, Art. „Caritas", in: Lexikon für Theologie und Kirche (2. Aufl.), Bd. 2, 941-947.

Brandenburger, Egon, „Taten der Barmherzigkeit als Dienst gegenüber dem königlichen Herrn (Mt 25,31-46)", in: Schäfer, Gerhard Karl (Hg.), Diakonie – biblische Grundlagen und Orientierungen. Ein Arbeitsbuch zur theologischen Verständigung über den diakonischen Auftrag, Heidelberg 1990, 297-326.

Brandes, Katharina, „‚Gar elendig lamentiren'. Kinderarmut vom 17. bis ins 20. Jahrhundert", in: DAMALS. Das Magazin für Geschichte 43,4. 2011, 66-71.

Brandes, Katharina, Art. „Kinderarmut", in: Uerlings, Herbert u.a. (Hg.), Armut. Perspektiven in Kunst und Gesellschaft. Katalog zur gleichnamigen Ausstellung, Stadtmuseum Simeonstift und Rheinisches Landesmuseum Trier 10.04.2011–31.07.2011, Darmstadt 2011, 53-54.

Brandl, Manfred, Die deutschen katholischen Theologen der Neuzeit. Ein Repertorium, Bd. 2: Aufklärung, Salzburg 1978.

Brändle, Rudolf, Matth. 25,31-46 im Werk des Johannes Chrysostomos. Ein Beitrag zur Auslegungsgeschichte und zur Erforschung der Ethik der griechischen Kirche um die Wende vom 4. zum 5. Jahrhundert, Tübingen 1979.

Bräuer, Helmut, „Ein Quelleninventar zur sächsischen Armenpolitik vor 1800", in: Kühberger, Christoph/Sedmark, Clemens (Hgg.), Aktuelle Tendenzen der historischen Armutsforschung, Wien 2005, 45-66.

Braun, Karl-Heinz, Art. „Buchegger, Ludwig", in: Gatz, Erwin (Hg.): Die Bischöfe der deutschsprachigen Länder 1785/1803 bis 1945, Berlin 1998, 80.

Brejon de Lavergnée, Matthieu, La Société de Saint-Vincent-de-Paul au XIXe siècle (1833–1871). Un fleuron du catholicisme social, Paris 2008.

Brück, Anton, Art. „Colmar, Joseph Ludwig“, in: Gatz, Erwin (Hg.), Die Bischöfe der deutschsprachigen Länder 1785/1803 bis 1945, Berlin 1998, 103-105.

Claessen, Robert O. M., Johannes Theodor Laurent. Titularbischof von Chersones; sein politisches, sozialfürsorgliches und pastorales Wirken, Diss. masch.schr., Bonn 1983.

Claussen, Johann Hinrich, „Das Elend ist konkret. Nicht der Armut kommt Würde zu, sondern nur den Armen“, in: Die Zeit Nr. 48 vom 19. November 2009. Online im Internet unter: www.zeit.de/2009/48/Antwort-auf-Wuerde-der-Armut [Stand: 05.11.2013].

Collinet, Michaela (Hg.), Caritas – Barmherzigkeit – Diakonie. Studien zu Begriffen und Konzepten des Helfens in der Geschichte des Christentums vom Neuen Testament bis ins späte 20. Jahrhundert, Berlin 2014.

Como, Franz Alois, Joseph Ludwig Colmar. Bischof von Mainz von 1802 bis 1818. Ein Lebensbild, o. A. 1959.

Conze, Werner, Art. „Arbeit“, in: Geschichtliche Grundbegriffe. Historisches Lexikon zur politisch-sozialen Sprache in Deutschland, Bd. 1, Stuttgart 1972, 154-214.

Conze, Werner, Art. „Proletariat, Pöbel, Pauperismus“, in: Geschichtliche Grundbegriffe. Historisches Lexikon zur politisch-sozialen Sprache in Deutschland, Bd. 5, 27-68.

Conzemius, Victor, „Deutschland. Die katholische Kirche“, in: Greschat, Martin (Hg.), Liberalismus, Industrialisierung, Expansion Europas (1830–1914), Freiburg i. Br. u.a. 1997, 294-308.

Dalferth, Ingolf Ulrich/Hunziker, Andreas, „Einleitung. Aspekt des Problemkomplexes Mitleid“, in: Dalferth, Ingolf Ulrich (Hg.), Mitleid. Konkretionen eines strittigen Konzepts, Tübingen 2007, IX-XXV.

Dilcher, Lieselotte, Der deutsche Pauperismus und seine Literatur, Diss. masch.schr., Frankfurt a. M. 1957.

Dinges, Martin, „Frühneuzeitliche Armenfürsorge als Sozialdisziplinierung. Probleme mit einem Konzept“, in: Geschichte und Gesellschaft 17. 1991, 5-29.

Doege, Michael, Armut in Preußen und Bayern (1770–1840), München 1991.

Dreyfuß, Francois-Georges, „Um 1830: Nationalismus, Religion und Kultur. Deutschland (1803–1835), in: Bremer, Thomas (Hg.), Aufklärung, Revolution, Restauration (1750–1830), Freiburg i. Br. u.a. 2000, 704-727.

Dross, Fritz, „‚Der Kranke allein ist arm‘ – Die Diskussion über den Zusammenhang von Krankheit und Armut um 1800“, in: Vierteljahrschrift für Sozial- und Wirtschaftsgeschichte 92. 2005, 1-15.

Eder, Franz Xaver, „Historische Diskurse und ihre Analyse – eine Einleitung“, in: Ders. (Hg.), Historische Diskursanalysen. Genealogie, Theorie, Anwendungen, Wiesbaden 2006, 9-23.

Eder, Manfred, „Helfen macht nicht ärmer“. Von der kirchlichen Armenfürsorge zur modernen Caritas in Bayern, Altötting 1997.

Engelsing, Rolf, „Der Arbeitsmarkt der Dienstboten im 17., 18. und 19. Jahrhundert“, in: Kellenbenz, Hermann (Hg.), Wirtschaftspolitik und Arbeitsmarkt. Bericht über d. 4. Arbeitstagung d. Ges. f. Sozial- u. Wirtschaftsgeschichte in Wien am 14. u. 15. April 1971, Wien 1974, 159-237.

Erlemann, Hildegard, Die Heilige Familie. Ein Tugendvorbild der Gegenreformation im Wandel der Zeit. Kult und Ideologie, Münster 1993.

Evertz, Wilfried, Seelsorge im Erzbistum Köln zwischen Aufklärung und Restauration 1825–1835, Köln 1993.

Eybl, Franz M., „Die gedruckte katholische Barockpredigt zwischen Folklore und Literatur. Eine Standortbestimmung“, in: Bödeker, Hans Erich (Hg.), Le livre religieux et ses pratiques. Études sur l'histoire du livre religieux en Allemagne et en France à l'époque moderne. Der Umgang mit dem religiösen Buch. Studien zur Geschichte des religiösen Buches in Deutschland und Frankreich in der frühen Neuzeit, Göttingen 1991, 221-241.

Fehrenbach, Elisabeth, Vom Ancien Régime zum Wiener Kongress, 4. überarbeitete Aufl. München 2001.

Fiedler, Peter/Stegemann, Ekkehard Wilhelm, Das Matthäusevangelium, Stuttgart 2006.

Fischer, Thomas, Städtische Armut und Armenfürsorge im 15. und 16. Jahrhundert. Sozialgeschichtliche Untersuchungen am Beispiel der Städte Basel, Freiburg i. Br. – Straßburg, Göttingen 1979.

Fleckenstein, Gisela/Schmiedl, Joachim, „Ultramontanismus in der Diskussion. Zur Neupositionierung eines Forschungsbegriffs“, in: Dies. (Hgg.): Ultramontanismus. Tendenzen der Forschung, Paderborn 2005, 7-19.

Franz, Ingmar, „Der Vinzenzverein im kirchenpolitischen Diskurs deutscher katholischer Zeitungen und Zeitschriften zwischen 1842 und 1851“, in: Schneider, Bernhard (Hg.), Konfessionelle Armutsdiskurse und Armenfürsorgepraktiken im langen 19. Jahrhundert, Frankfurt a. M. u.a. 2009, 119-153.

Franz, Ingmar, „Katholische Publizistik und die Diskurse um Armut und Soziale Frage bis zum Kulturkampf“, in: Maurer, Michaela/Schneider, Bernhard (Hgg.), Konfessionen in den west- und mitteleuropäischen Sozialsystemen im langen 19. Jahrhundert. Ein „edler Wettkampf der Barmherzigkeit?“, Berlin 2013, 59-93.

Frevert, Ute, Krankheit als politisches Problem 1770–1880. Soziale Unterschichten in Preußen zwischen medizinischer Polizei und staatlicher Sozialversicherung, Göttingen 1984.

Frevert, Ute, Frauen-Geschichte. Zwischen bürgerlicher Verbesserung und neuer Weiblichkeit, Frankfurt a. M. 1986.

Frie, Ewald, „Katholische Wohlfahrtskultur im Wilhelminischen Reich. Der ‚Charitasverband für das kath. Deutschland‘, die Vinzenzvereine und der ‚Kommunale Sozialliberalismus'“, in: Kaiser, Jochen-Christoph/Loth, Wilfried (Hg.), Soziale Reform im Kaiserreich. Protestantismus, Katholizismus und Sozialpolitik, Stuttgart 1997, 184-201.

Frie, Ewald, „Was ist katholisch an der Armenfürsorge? Die Vinzenzvereine in Deutschland vor 1914", in: Schneider, Bernhard (Hg.), Konfessionelle Armutsdiskurse und Armenfürsorgepraktiken im langen 19. Jahrhundert, Frankfurt a. M. u.a. 2009, 283-296.

Gärtner, Christof, Predigtverständnis und Predigtpraxis in Paderborn zwischen 1821 und 1962, Paderborn 2003.

Gastgeber, Karl, Gotteswort durch Menschenwort. J. M. Sailer als Erneuerer der Wortverkündigung. Ein Beitrag zur Geschichte der Kerygmatik seit dem 18. Jahrhundert, Wien 1964.

Gatz, Erwin, Kirche und Krankenpflege im 19. Jahrhundert. Katholische Bewegung und karitativer Aufbruch in den Preußischen Provinzen Rheinland und Westfalen, Paderborn 1971.

Gatz, Erwin, „Caritas und soziale Dienste“, in: Anton Rauscher (Hg.), Der soziale und politische Katholizismus. Entwicklungslinien in Deutschland 1803–1896, München – Wien 1982, 312-351.

Gatz, Erwin (Hg.), Geschichte des kirchlichen Lebens in den deutschsprachigen Ländern seit dem Ende des 18. Jahrhunderts, Bd. 5: Caritas und soziale Dienste, Freiburg i. Br. 1997.

Gatz, Erwin, „Kirchliche Mitarbeit in der öffentlichen Armenpflege. Die Neuanfänge einer eigenständigen kirchlichen Armenpflege“, in: Ders. (Hg.), Geschichte des kirchlichen

Lebens in den deutschsprachigen Ländern seit dem Ende des 18. Jahrhunderts, Bd. 5: Caritas und soziale Dienste, Freiburg i. Br. 1997, 57-70.

Gatz, Erwin/Schaffer, Wolfgang, „Sozial-caritativ tätige Orden“, in: Gatz, Erwin (Hg.), Geschichte des kirchlichen Lebens in den deutschsprachigen Ländern seit dem Ende des 18. Jahrhunderts, Bd. 5: Caritas und soziale Dienste, Freiburg i. Br. 1997, 91-110.

Gatz, Erwin, „Krankenfürsorge“, in: Ders. (Hg.), Geschichte des kirchlichen Lebens in den deutschsprachigen Ländern seit dem Ende des 18. Jahrhunderts, Bd. 5: Caritas und soziale Dienste, Freiburg i. Br. 1997, 113-129.

Gatz, Erwin (Hg.), Die Bischöfe der deutschsprachigen Länder 1785/1803 bis 1945, Berlin 1998.

Gephart, Werner, „Zur Bedeutung der Religionen für die Identitätsbildung“, in: Ders. (Hg.), Religion und Identität. Im Horizont des Pluralismus, Frankfurt a. M. u.a. 1999, 233-266.

Gestrich, Andreas, Geschichte der Familie im 19. und 20. Jahrhundert, München 1999.

Gestrich, Andreas, „Religion in der Hungerkrise von 1816/17“, in: Jakubowski-Tiessen, Manfred (Hg.), Um Himmels Willen. Religion in Katastrophenzeiten, Göttingen 2003, 275-293.

Gestrich, Andreas, „Ziele und Praktiken familialer Werterziehung im 18. und 19. Jahrhundert in städtischen und ländlichen Kontexten“, in: Holzem, Andreas/Weber, Ines (Hgg.), Ehe – Familie – Verwandtschaft. Vergesellschaftung in Religion und sozialer Lebenswelt, Paderborn 2008, 345-372.

Glöe, Elke, „Frauenarmut im Münster des 19. Jahrhunderts“, in: Jakobi, Franz-Josef (Hg.), Strukturwandel der Armenfürsorge und der Stiftungswirklichkeiten in Münster im Laufe der Jahrhunderte, Münster 2002, 261-293.

Gnilka, Joachim, „Das unterscheidende Merkmal christlicher Caritas. Die Kollekte des Apostels Paulus für die Armen in Jerusalem – Modell für christliche Caritas heute?“, in: Deutscher Caritasverband (Hg.), Caritas ’77. Jahrbuch des Deutschen Caritasverbandes, Karlsruhe 1977, 34-41.

Göckenjan, Gerd, „Das hohe Alter in theologischen Texten vom letzten Drittel des 18. bis zum Ende des 19. Jahrhunderts“, in: Conrad, Christoph (Hg.), Zur Kulturgeschichte des Alterns. Toward a cultural history of aging, Berlin 1993, 97-134.

Greiner, Ulrich, „Die Würde der Armut. Der neue Klassenkampf bricht los: Warum wir nicht länger von Gleichheit reden sollten“, in: Die Zeit Nr. 47 vom 12. November 2009. Online im Internet unter: www.zeit.de/2009/47/Klassenkampf [05.11. 2013].

Grindel, Susanne, Armenpolitik und Staatlichkeit. Das öffentliche Armenwesen im Kurfürstentum Hessen (1803–1866), Darmstadt 2000.

Hahn, Hans Henning/Hahn, Eva, „Nationale Stereotypen. Plädoyer für eine historische Stereotypenforschung“, in: Hahn, Hans Henning/Scholz, Stephan (Hgg.), Stereotyp, Identität und Geschichte. Die Funktion von Stereotypen in gesellschaftlichen Diskursen, Frankfurt a. M. 2002, 17-56.

Hänsel-Hohenhausen, Markus, Clemens August Freiherr Droste zu Vischering, Erzbischof von Köln 1773–1845. Die moderne Kirchenfreiheit im Konflikt mit dem Nationalstaat, Egelsbach 1991.

Haslinger, Herbert, Diakonie. Grundlagen für die soziale Arbeit der Kirche, Paderborn 2009.

Hattenhauer, Hans/Bernert, Günther, Allgemeines Landrecht für die Preußischen Staaten. Von 1794, 3. erweiterte Aufl. Neuwied 1996.

Hausberger, Karl, Reichskirche – Staatskirche – „Papstkirche“. Der Weg der deutschen Kirche im 19. Jahrhundert, Regensburg 2008.

Heggen, Alfred, Alkohol und bürgerliche Gesellschaft im 19. Jahrhundert. Eine Studie zur deutschen Sozialgeschichte, Berlin 1988.

Heinz, Andreas, Die sonn- und feiertägliche Pfarrmesse im Landkapitel Bitburg-Kyllburg der alten Erzdiözese Trier von der Mitte des 18. bis zur Mitte des 19. Jahrhunderts, Trier 1978.

Helas, Philine, „Repräsentation der Wohltätigkeit. Der Akt des Gebens und Nehmens im Bild zwischen dem 13.–20. Jahrhundert", in: Raphael, Lutz/Uerlings, Herbert (Hgg.), Zwischen Ausschluss und Solidarität. Modi der Inklusion/Exklusion von Fremden und Armen in Europa seit der Spätantike, Frankfurt a. M. u. a. 2008, 37-63.

Hellinghausen, Georges, „Luxemburger Sozialverkündigung im Umfeld von 'Rerum Novarum' (I). Bischof Laurent und die soziale Frage", in: Nos cahiers. Lëtzebuerger Zäitschrëft fir Kultur 12. 1991, 47-60.

Henkel, Dieter, „‚Die Trunksucht ist die Mutter der Armut' – zum immer wieder fehlgedeuteten Zusammenhang von Alkohol und Armut in Deutschland vom Beginn des 19. Jahrhunderts bis zur Gegenwart", in: Ders. (Hg.), Sucht und Armut. Alkohol, Tabak, illegale Drogen, Opladen 1998, 13-79.

Henning, Friedrich-Wilhelm, Die Industrialisierung in Deutschland 1800 bis 1914, Paderborn ^{5}1979.

Herres, Jürgen, Städtische Gesellschaft und katholische Vereine im Rheinland 1840–1870, Essen 1996.

Herrmann-Otto, Elisabeth/Schäfer, Christoph, „Armut, Arme und Armenfürsorge in der paganen Antike", in: Uerlings, Herbert u.a. (Hgg.), Armut. Perspektiven in Kunst und Gesellschaft. Katalog zur gleichnamigen Ausstellung, Stadtmuseum Simeonstift und Rheinisches Landesmuseum Trier 10.04.2011–31.07.2011, Darmstadt 2011, 73-81.

Herzog, Urs, Geistliche Wohlredenheit. Die katholische Barockpredigt, München 1991.

Hettlage, Robert, „Tugenden und Laster. Gesellschaftliche Entwicklung und moralischer Habitus", in: Bellebaum, Alfred/Herbers, Detlef (Hgg.), Die sieben Todsünden. Über Laster und Tugenden in der modernen Gesellschaft, Münster 2007, 235-269.

Hilpert, Konrad, Die Menschenrechte. Geschichte, Theologie, Aktualität, Düsseldorf 1991.

Hilpert, Konrad, Art. „Menschenwürde", in: Lexikon für Theologie und Kirche (3. Aufl.), Bd. 7, 132-137.

Hilpert, Konrad, Art. „Tugend, Tugendlehre. III. Theologisch-ethisch", in: Lexikon für Theologie und Kirche (3. Aufl.), Bd. 10, 297-300.

Holzem, Andreas, Religion und Lebensformen. Katholische Konfessionalisierung im Sendgericht des Fürstbistums Münster 1570–1800, Paderborn 2000.

Horn, Friedrich Wilhelm, Glaube und Handeln in der Theologie des Lukas, 2. durchgesehene Aufl. Göttingen 1986.

Horstmann, Johannes/Liedhegener, Antonius (Hgg.), Konfession, Milieu, Moderne. Konzeptionelle Positionen und Kontroversen zur Geschichte von Katholizismus und Kirche im 19. und 20. Jahrhundert, Schwerte 2001.

Hüchtker, Dietlind, „Elende Mütter" und „liederliche Weibspersonen". Geschlechterverhältnisse und Armenpolitik in Berlin (1770–1850), Münster 1999.

Hunecke, Volker, „Überlegungen zur Geschichte der Armut im vorindustriellen Europa", in: Geschichte und Gesellschaft 9. 1983, 480-512.

Hürten, Heinz, Kurze Geschichte des deutschen Katholizismus 1800–1960, Mainz 1986.

Huster, Ernst-Ulrich/Boeckh, Jürgen/Mogge-Grotjahn, Hildegard (Hgg.), Handbuch Armut und Soziale Ausgrenzung, Wiesbaden 2. ergänzte Auflage 2012.

Iserloh, Erwin, Die soziale Aktivität der Katholiken im Übergang von caritativer Fürsorge zu Sozialreform und Sozialpolitik, dargestellt an den Schriften Wilhelm Emmanuels v. Kettelers, Wiesbaden 1975.

Jantke, Carl/Hilger, Dietrich (Hgg.), Die Eigentumslosen. Der deutsche Pauperismus und die Emanzipationskrise in Darstellungen und Deutungen der zeitgenössischen Literatur, Freiburg i. Br. – München 1965.

Jütte, Robert, Arme, Bettler, Beutelschneider. Eine Sozialgeschichte der Armut in der Frühen Neuzeit, Weimar 2000.

Kall, Alfred (Hg.), Katholische Frauenbewegung in Deutschland. Eine Untersuchung zur Gründung katholischer Frauenvereine im 19. Jahrhundert, Paderborn 1983.

Keinemann, Friedrich, Das Kölner Ereignis, sein Widerhall in der Rheinprovinz und in Westfalen, 2 Bde., Münster 1974.

Keller, Erwin, „Die Hirtenbriefe des ersten Freiburger Erzbischofs Bernhard Boll (1827–1836)“, in: Freiburger Diözesan-Archiv 105. 1985, 339-371.

Kim, Phil-young, Ein deutsches Reich auf katholischem Fundament. Einstellungen zur deutschen Nation in der strengkirchlichen katholischen Presse 1840–1850, Frankfurt a. M. 2010.

Klein, Richard, „Die frühe Kirche und die Sklaverei“, in: Ders./Haehling, Raban von (Hgg.), Roma versa per aevum. Ausgewählte Schriften zur heidnischen und christlichen Spätantike, Hildesheim u.a. 1999, 322-355.

Knedlik, Manfred (Hg.), Georg Alois Dietl 1752–1809. Literarische Spätaufklärung in Bayern, Pressath 2002.

Kocka, Jürgen, Das lange 19. Jahrhundert. Arbeit, Nation und bürgerliche Gesellschaft, Stuttgart 2001.

Kotulla, Andreas J., „‚Nach Lourdes!‘ Der französische Marienwallfahrtsort und die Katholiken im Deutschen Kaiserreich (1871–1914), München 2006.

Kovácas, Elisabeth, „Katholische Aufklärung und Jospehinismus. Neue Forschungen und Fragestellungen“, in: Klueting, Harm (Hg.), Katholische Aufklärung. Aufklärung im katholischen Deutschland, Hamburg 1993, 246-259.

Kraus, Antje, Die Unterschichten Hamburgs in der ersten Hälfte des 19. Jahrhunderts. Entstehung Struktur und Lebensverhältnisse. Eine historisch-statistische Untersuchung, Stuttgart 1965.

Krause, Jens-Uwe, Witwen und Waisen im Römischen Reich, Stuttgart 1995.

Krüger, René, Der Jakobusbrief als prophetische Kritik der Reichen. Eine exegetische Untersuchung aus lateinamerikanischer Perspektive, Münster 2005.

Kuhn, Thomas K., „Innere Mission und Armenfürsorge. Protestantische Diskurse im ausgehenden 18. und 19. Jahrhundert“, in: Maurer, Michaela/Schneider, Bernhard (Hgg.), Konfessionen in den west- und mitteleuropäischen Sozialsystemen im langen 19. Jahrhundert. Ein „edler Wettkampf der Barmherzigkeit?“, Berlin 2013, 95-118.

Kuhn, Thomas K., „Barmherzigkeit, Fürsorge, Diakonie. Zum Wandel der sozialfürsorgerischen Semantiken im neuzeitlichen Protestantismus“, in: Collinet, Michaela (Hg.), Caritas – Barmherzigkeit – Diakonie. Studien zu Begriffen und Konzepten des Helfens in der Geschichte des Christentums vom Neuen Testament bis ins späte 20. Jahrhundert, Berlin 2014, 115-159.

Landwehr, Achim, Historische Diskursanalyse, Frankfurt a. M. 2008.

Lang, Harald, Textsorte Hirtenbrief. Linguistische Untersuchungen zur Pragmatik der bischöflichen Schreiben, Diss. masch.schr., Freiburg i. Br. 1978.

Langner, Albrecht (Hg.), Katholizismus, konservative Kapitalismuskritik und Frühsozialismus bis 1850, München u.a. 1975.

Lehner, Markus, Caritas. Die Soziale Arbeit der Kirche. Eine Theoriegeschichte, Freiburg i. Br. 1997.

Leitgöb, Martin, Vom Seelenhirten zum Wegführer. Sondierungen zum bischöflichen Selbstverständnis im 19. und 20. Jahrhundert. Die Antrittshirtenbriefe der Germanikerbischöfe (1837–1962), Rom u.a. 2004.

Lerche, Eva-Maria, „Seelsorge oder Disziplinierung. Religion im Alltag des Westfälischen Landarmen- und Arbeitshauses Benninghausen im 19. Jahrhundert", in: Schneider, Bernhard (Hg.), Konfessionelle Armutsdiskurse und Armenfürsorgepraktiken im langen 19. Jahrhundert, Frankfurt a. M. u.a. 2009, 297-323.

Lesch, Karl Josef, „Johann Michael Feder – ein Prediger der Aufklärungszeit", in: Freiburger Diözesan-Archiv 41. 1979, 168-182.

Lesch, Walter, Art. „Laster. I. Theologisch-ethisch", in: Lexikon für Theologie und Kirche (3. Aufl.), Bd. 6, 657-658.

Levie, Dagobert de, Die Menschenliebe im Zeitalter der Aufklärung. Säkularisation und Moral im 18. Jahrhundert. Ein Beitrag zur Ideengeschichte des 18. Jahrhunderts, Bern 1975.

Liese, Wilhelm, Geschichte der Caritas, 2 Bde., Freiburg i. Br. 1922.

Lill, Rudolf, „Der Bischof zwischen Säkularisation und Kulturkampf", in: Berglar, Peter/ Höffner, Joseph (Hgg.), Der Bischof in seiner Zeit. Bischofstypus und Bischofsideal im Spiegel der Kölner Kirche. Festgabe für Joseph Kardinal Höffner, Erzbischof von Köln, Köln 1986, 349-396.

Lutterbach, Hubertus, Gotteskindschaft. Kultur- und Sozialgeschichte eines christlichen Ideals, Freiburg i. Br. 2003.

Luhmann, Niklas, Die Religion der Gesellschaft, hg. von André Kieserling, Frankfurt a. M. 2000.

Lüttgen, Magdalena, Die Elisabethvereine. Frauen im Dienst am Nächsten seit dem Jahre 1840 insbesondere in Rheinland und Westfalen, Siegburg 2003.

Luz, Ulrich, Das Evangelium nach Matthäus, Teilbd. 1: Mt 1-7, 5. völlig neubearbeitete Aufl. Düsseldorf 2002.

Luz, Ulrich, Das Evangelium nach Matthäus, Teilbd. 3: Mt 18-25, Zürich 1997.

Maurer, Michaela „‚Vater der Armen'?! Arme und Armut in der Verkündigung katholischer Bischöfe", in: Schneider, Bernhard (Hg.), Konfessionelle Armutsdiskurse und Armenfürsorgepraktiken im langen 19. Jahrhundert, Frankfurt a. M. u.a. 2009, 89-118.

Maurer, Michaela, „Armenfürsorge in der katholischen Verkündigung vom späten 18. bis zur Mitte des 19. Jahrhunderts", in: Dies./Schneider, Bernhard (Hgg.), Konfessionen in den west- und mitteleuropäischen Sozialsystemen im langen 19. Jahrhundert. Ein „edler Wettkampf der Barmherzigkeit?", Berlin 2013, 41-57.

Maurer, Michaela/Schneider, Bernhard (Hgg.), Konfessionen in den west- und mitteleuropäischen Sozialsystemen im langen 19. Jahrhundert. Ein „edler Wettkampf der Barmherzigkeit?", Berlin 2013.

May, Georg, Das Recht des Gottesdienstes in der Diözese Mainz zur Zeit von Bischof Joseph Ludwig Colmar (1802–1818), Amsterdam 1987.

Meiwes, Relinde, „Arbeiterinnen des Herrn". Katholische Frauenkongregationen im 19. Jahrhundert, Frankfurt a. M. 2000.

Militzer-Schwenger, Lisgret, Armenerziehung durch Arbeit. Eine Untersuchung am Beispiel des württembergischen Schwarzwaldkreises 1806–1914, Tübingen 1979.

Mollat, Michel, Die Armen im Mittelalter, München ^{2}1987.

Moser-Rath, Elfriede, Dem Kirchenvolk die Leviten gelesen. Alltag im Spiegel süddeutscher Barockpredigten, Stuttgart 1991.

Müller, Andreas, „‚Caritas' im Neuen Testament und in der Alten Kirche", in: Collinet, Michaela (Hg.), Caritas – Barmherzigkeit – Diakonie. Studien zu Begriffen und Konzepten des Helfens in der Geschichte des Christentums vom Neuen Testament bis ins späte 20. Jahrhundert, Berlin 2014, 17-47.

Müller, Oliver, Vom Almosen zum Spendenmarkt. Sozialethische Aspekte christlicher Spendenkultur, Freiburg i. Br. 2005.

Naab, Erich, Art. „Liebermann, Bruno Franz Leopold“, in: Biographisch-bibliographisches Kirchenlexikon, Bd. V, 37-39.

Nickel, Monika, Predigt als Dialog, Würzburg 1998.

Niess, Frank, Geschichte der Arbeitslosigkeit. Ökonomische Ursachen und politische Kämpfe. Ein Kapitel deutscher Sozialgeschichte, Köln 1979.

Nipperdey, Thomas, Deutsche Geschichte, Bd. 1: 1800–1866. Bürgerwelt und starker Staat, München 1994.

Nolte, Rüdiger, Pietas und Pauperes. Klösterliche Armen-, Kranken- und Irrenpflege im 18. und frühen 19. Jahrhundert, Köln u.a. 1996.

Nordhues, Paul, „Wort und Wesen“, in: Ders./Becker, Joseph (Hgg.), Handbuch der Caritasarbeit. Beiträge zur Theologie, Pastoral und Geschichte der Caritas mit Überblick über die Dienste in Gemeinde und Verband, Paderborn 1986, 23-24.

Ockenfels, Wolfgang, Katholizismus und Sozialismus in Deutschland im 19. und 20. Jahrhundert, Paderborn 1992.

Oestreich, Gerhard, „Strukturprobleme des europäischen Absolutismus“, in: Vierteljahrschrift für Sozial- und Wirtschaftsgeschichte 55. 1968, 329-344.

Oexle, Otto Gerhard, „Armut, Armutsbegriff und Armenfürsorge im Mittelalter“, in: Sachße, Christoph/Tennstedt, Florian (Hg.), Soziale Sicherheit und soziale Disziplinierung. Beiträge zu einer historischen Theorie der Sozialpolitik, Frankfurt a. M. 1986, 73-100.

Planert, Ute, Der Mythos vom Befreiungskrieg. Frankreichs Kriege und der deutsche Süden. Alltag – Wahrnehmung – Deutung. 1792–1841, Paderborn 2007.

Pompey, Heinrich, „Der Bischof als ‚Pater pauperum‘ in der Diakoniegeschichte der Kirche. Ordo und Charisma in Verantwortung für die caritative Diakonie“, in: Hillenbrand, Karl (Hg.), Glaube und Gemeinschaft. Festschrift für Paul-Werner Scheele zum 25jährigen Konsekrationsjubiläum, Würzburg 2000, 339-361.

Pranzl, Rudolf, „Das Verhältnis von Staat und Kirche/Religion im theresianisch-josephinischen Zeitalter“, in: Reinalter, Helmut (Hg.), Josephinismus als Aufgeklärter Absolutismus, Wien 2008, 17-52.

Puzicha, Michaela, Christus peregrinus. Die Fremdenaufnahme (Mt 25,35) als Werk der privaten Wohltätigkeit im Urteil der Alten Kirche, Münster 1980.

Pyka, Marcus, „Geschichtswissenschaft und Identität. Zur Relevanz eines umstrittenen Themas“, in: Historische Zeitschrift 280. 2005, 381-395.

Raphael, Lutz, „Figurationen von Armut und Fremdheit. Eine Zwischenbilanz interdisziplinärer Forschung“, in: Raphael, Lutz/Uerlings, Herbert (Hgg.), Zwischen Ausschluss und Solidarität. Modi der Inklusion/Exklusion von Fremden und Armen in Europa seit der Spätantike, Frankfurt a. M. u.a. 2008, 13-36.

Ratzinger, Georg, Geschichte der kirchlichen Armenpflege, Freiburg i. Br. ^{2}1884.

Rauscher, Anton (Hg.), Der soziale und politische Katholizismus. Entwicklungslinien in Deutschland 1803–1896, München – Wien 1982.

Rauscher, Anton, „Die christliche Lehre über das Eigentum“, in: Ders. (Hg.), Handbuch der katholischen Soziallehre, Berlin 2008, 511-522.

Reinhardt, Rudolf, Art. „Aufklärung. III. Kirchengeschichte“, in: Lexikon für Theologie und Kirche (3. Aufl.), Bd. 1, 1211-1213.

Reiser, Rudolf, Art. „Westermayer, Anton“, in: Bosl, Karl (Hg.), Bosls bayerische Biographie. 8000 Persönlichkeiten aus 15 Jahrhunderten, Regensburg 1983, 840.

Rheinheimer, Martin, Arme, Bettler und Vaganten. Überleben in der Not 1450–1850, Frankfurt a. M. 2000.

Roloff, Jürgen, Der erste Brief an Timotheus, Neukirchen-Vluyn 1988.

Rudloff, Wilfried, „Private Armenfürsorge und konfessionelle Wohltätigkeit im ‚profanen Diskurs' des Kaiserreichs", in: Maurer, Michaela/Schneider, Bernhard (Hgg.), Konfessionen in den west- und mitteleuropäischen Sozialsystemen im langen 19. Jahrhundert. Ein „edler Wettkampf der Barmherzigkeit?", Berlin 2013, 119-140.

Saalfeld, Diedrich, „Die sozialökonomischen Lebensbedingungen der Unterschichten Deutschlands im 19. Jahrhundert", in: Kaufhold, Karl-Heinrich/Riemann, Friedrich (Hgg.), Theorie und Empirie in Wirtschaftspolitik und Wirtschaftsgeschichte. Festschrift für Wilhelm Abel zum 80. Geburtstag, Göttingen 1984, 189-215.

Sachße, Christoph/Tennstedt, Florian, Bettler, Gauner und Proleten. Armut und Armenfürsorge in der deutschen Geschichte; ein Bild-Lesebuch, Reinbek bei Hamburg 1983.

Sachße Christoph/Tennstedt, Florian, Geschichte der Armenfürsorge in Deutschland, Bd. 1: Vom Spätmittelalter bis zum 1. Weltkrieg, Stuttgart ^{2}1998.

Sarasin, Philipp „Une analyse structurale du signifié'. Zur Genealogie der Foucault'schen Diskursanalyse", in: Eder, Franz Xaver (Hg.), Historische Diskursanalysen. Genealogie, Theorie, Anwendungen, Wiesbaden 2006, 115-129.

Sarasin, Philipp, Geschichtswissenschaft und Diskursanalyse, Frankfurt a. M. 2006.

Saul, Nicholas, „Prediger der neuen romantischen Clique". Zur Interaktion von Romantik und Homiletik um 1800, Würzburg 1999.

Schäfer, Gerhard K./Herrmann, Volker, „Geschichtliche Entwicklung der Diakonie", in: Ruddat, Günter (Hg.), Diakonisches Kompendium, Göttingen 2005, 36-67.

Schäfers, Michael, Prophetische Kraft der kirchlichen Soziallehre? Armut, Arbeit, Eigentum und Wirtschaftskritik, Münster 1998.

Schaffer, Wolfgang, „Staatliche Neuordnung der Armenpflege seit Aufklärung und Säkularisation", in: Gatz, Erwin (Hg.), Geschichte des kirchlichen Lebens in den deutschsprachigen Ländern seit dem Ende des 18. Jahrhunderts, Bd. 5: Caritas und soziale Dienste, Freiburg i. Br. 1997, 39-56.

Schatz, Klaus, Art. „Ultramontanismus", in: Lexikon für Theologie und Kirche (3. Aufl.), Bd. 10, 359-362.

Schatz, Klaus, Kirchengeschichte der Neuzeit II, Düsseldorf 2003.

Schaub, Franz, Die katholische Caritas und ihre Gegner, Mönchengladbach 1909.

Scheidgen, Hermann-Josef, Der deutsche Katholizismus in der Revolution von 1848/49. Episkopat – Klerus – Laien – Vereine, Köln u.a. 2008.

Scherpner, Hans, Theorie der Fürsorge, Göttingen 1962.

Schlögl, Rudolf, „Sünderin, Heilige oder Hausfrau? Katholische Kirche und weibliche Frömmigkeit um 1800", in: Götz von Olenhusen, Irmtraud (Hg.), Wunderbare Erscheinungen. Frauen und katholische Frömmigkeit im 19. und 20. Jahrhundert, Paderborn 1995, 13-50.

Schlögl, Rudolf, Glaube und Religion in der Säkularisierung. Die katholische Stadt. Köln, Aachen, Münster 1700–1840, München 1995.

Schmidt, Sebastian, „Armenfürsorge in Stadt und Land. Maßnahmen gegen Armut und Bettelei in Mainz sowie im Rheingau im 17. und 18. Jahrhundert", in: Bräuer, Helmut (Hg.), Arme – ohne Chance? Protokoll der Internationalen Tagung „Kommunale Armut und Armutsbekämpfung vom Spätmittelalter bis zur Gegenwart" vom 23. bis 25. Oktober 2003 in Leipzig, Leipzig 2004, 71-98.

Schmidt, Sebastian, „Religiöse Dimensionen der Armenfürsorge vom Mittelalter bis in das 20. Jahrhundert", in: Andreas Gestrich/Lutz Raphael (Hgg.), Inklusion/Exklusion. Studien zu Fremdheit und Armut von der Antike bis zur Gegenwart, Frankfurt a. M. u.a. 2004, 385-396.

Schmidt, Sebastian, „‚Gott wohlgefällig und den Menschen nutzlich‘. Zu Gemeinsamkeiten und konfessionsspezifischen Unterschieden frühneuzeitlicher Armenfürsorge“, in: Aspelmeier, Jens-Martin/Schmidt, Sebastian (Hgg.), Norm und Praxis der Armenfürsorge in Spätmittelalter und früher Neuzeit, Stuttgart 2006, 61-90.

Schmidt, Sebastian, „Die Abschaffung der Armut – das frühneuzeitliche Inklusionsprogramm und seine Exklusionen am Beispiel der Geistlichen Kurfürstentümer Trier, Köln und Mainz“, in: Raphael, Lutz/Uerlings, Herbert (Hgg.), Zwischen Ausschluss und Solidarität. Modi der Inklusion/Exklusion von Fremden und Armen in Europa seit der Spätantike, Frankfurt a. M. u.a. 2008, 241-274.

Schmidt, Sebastian/Wagner, Alexander, „‚Gebt den Hußarmen umb Gottes willen‘. Religiös motivierte Armenfürsorge und Exklusionspolitik gegenüber starken und fremden Bettlern“, in: Gestrich, Andreas/Raphael, Lutz (Hgg.), Inklusion/Exklusion. Studien zu Fremdheit und Armut von der Antike bis zur Gegenwart, Frankfurt a. M. u.a. 2004, 479-509.

Schnabl, Christa, Gerecht sorgen. Grundlagen einer sozialethischen Theorie der Fürsorge, Freiburg/Schweiz 2005.

Schneider, Bernhard, Bruderschaften im Trierer Land. Ihre Geschichte und ihr Gottesdienst zwischen Tridentinum und Säkularisation, Trier 1989.

Schneider, Bernhard, „Kirchenpolitik und Volksfrömmigkeit. Die wechselhafte Entwicklung der Bruderschaften in Deutschland vom Spätmittelalter bis zur Mitte des 19. Jahrhunderts“, in: Saeculum 47. 1996, 89-119.

Schneider, Bernhard, „Wallfahrt, Ultramontanismus und Politik. Zu Vorgeschichte und Verlauf der Trierer Hl.-Rock-Wallfahrt von 1844“, in: Aretz, Erich (Hg.), Der heilige Rock zu Trier. Studien zur Geschichte und Verehrung der Tunika Christi, Trier [2]1996, 237-280.

Schneider, Bernhard, „Wilhelm Arnoldi (1842–1864)“, in: Persch, Martin (Hg.), Die Bischöfe von Trier seit 1802. Festgabe für Bischof Dr. Hermann Josef Spital zum 70. Geburtstag am 31. Dezember 1995, Trier 1996, 75-97.

Schneider, Bernhard, Katholiken auf die Barrikaden? Europäische Revolutionen und deutsche katholische Presse 1815–1848, Paderborn 1998.

Schneider, Bernhard, „‚Katholische Aufklärung‘. Zum Werden und Wert eines Forschungsbegriffs“, in: Revue d'histoire ecclésiastique 93. 1998, 354-397.

Schneider, Bernhard, „Katholiken und Seelsorge im Umbruch von der traditionalen zur modernen Lebenswelt“, in: Persch, Martin/Schneider, Bernhard (Hgg.), Auf dem Weg in die Moderne. 1802–1880, Trier 2000, 275-369.

Schneider, Bernhard, „Feminisierung der Religion im 19. Jahrhundert. Perspektiven einer These im Kontext des deutschen Katholizismus“, in: Trierer Theologische Zeitschrift 111. 2002, 123-147.

Schneider, Bernhard, „Katholische Aufklärung als Kommunikationsgeschehen. Überlegungen zur Entwicklung und Bedeutung der aufklärerischen Presse im frühen 19. Jahrhundert“, in: Beutel, Albrecht/Leppin, Volker (Hgg.), Religion und Aufklärung. Studien zur neuzeitlichen „Umformung des Christlichen“, Leipzig 2004, 215-227.

Schneider, Bernhard, „‚Ora et labora‘. Der Umbruch der Arbeitswelt und die Liturgie im langen 19. Jahrhundert“, in: Bärsch, Jürgen/Schneider, Bernhard (Hgg.), Liturgie und Lebenswelt. Studien zur Gottesdienst- und Frömmigkeitsgeschichte zwischen Tridentinum und Vatikanum II, Münster 2006, 141-183.

Schneider, Bernhard (Hg.), Konfessionelle Armutsdiskurse und Armenfürsorgepraktiken im langen 19. Jahrhundert, Frankfurt a. M. u.a. 2009.

Schneider, Bernhard, „Armut und Konfession – Ergebnisse und Perspektiven (kirchen-)historischer Forschungen zum Armutsproblem unter besonderer Berücksichtigung des 19. Jahrhunderts und des deutschen Katholizismus“, in: Schneider, Bernhard (Hg.), Konfessionelle Armutsdiskurse und Armenfürsorgepraktiken im langen 19. Jahrhundert, Frankfurt a. M. u.a. 2009, 9-57.

Schneider, Bernhard, „Katholische Armutsdiskurse und Praktiken der Armenfürsorge im gesellschaftlichen Wandel des 19. Jahrhunderts und das Paradigma der Zivilgesellschaft“, in: Bauerkämper, Arnd/ Nautz, Jürgen P. (Hgg.), Zwischen Fürsorge und Seelsorge. Christliche Kirchen in den europäischen Zivilgesellschaften seit dem 18. Jahrhundert, Frankfurt a. M. 2009, 79-111.

Schneider, Bernhard, „The Catholic poor relief discourse and the feminization of Caritas in early nineteenth-century Germany”, in: Pasture, Patrick (Hg.), Gender and Christianity in Modern Europe. Beyond the Feminization Thesis, Leuven 2012, 35-55.

Schneider, Bernhard, „„Armut darf nicht mehr verzagen. Beobachtungen zur Würde des Armen im spätaufklärerischen katholischen Gebetbuch”, in: Beutel, Albrecht (Hg.), Religion und Aufklärung. Sammelband zum ‚Ersten Internationalen Kongress zur Erforschung der Aufklärungstheologie‘ (in Vorbereitung).

Schneider Bernhard/Bircher, Patrick, „Katholische Armutsdiskurse im frühen 19. Jahrhundert“, in: Raphael, Lutz/Uerlings, Herbert (Hgg.), Zwischen Ausschluss und Solidarität. Modi der Inklusion/Exklusion von Fremden und Armen in Europa seit der Spätantike, Frankfurt a. M. u.a. 2008, 311-340.

Schneyer, Johannes Baptist, Geschichte der katholischen Predigt, Freiburg i. Br. 1969.

Schreiber, Chrysostomus OSB, Die katholische Predigt im Aufklärungszeitalter in ihrer Haltung zur Frömmigkeit der Parochianen. Mit besonderer Berücksichtigung von Süddeutschland, Diss. masch. schr., Münster 1940.

Schrüfer, Werner, „Sailer und Winkelhofer – ein homiletisches Gespräch“, in: Baumgartner, Konrad/Scheuchenpflug, Peter (Hgg.), Von Aresing bis Regensburg. Festschrift zum 250. Geburtstag von Johann Michael Sailer am 17. November 2001, Regensburg 2001, 3-20.

Schulz, Günther, „Armut und Armenpolitik in Deutschland im frühen 19. Jahrhundert“, in: Historisches Jahrbuch 115. 1995, 388-410.

Schüngel-Straumann, Helen, Tobit, Freiburg i. Br. ^{2}2005.

Sohn-Kronthaler, Michaela/Blinzer, Christian, „‚[...] ohne Unterschied der Religion und des Geschlechtes‘. Armenfürsorge am Beispiel katholischer Frauenvereine in Österreich“, in: Schneider, Bernhard (Hg.), Konfessionelle Armutsdiskurse und Armenfürsorgepraktiken im langen 19. Jahrhundert, Frankfurt a. M. 2009 u.a., 247-281.

Speth, Volker, Katholische Aufklärung, Volksfrömmigkeit und „Religionspolicey“. Das rheinische Wallfahrtswesen von 1816 bis 1826 und die Entstehungsgeschichte des Wallfahrtsverbots von 1826. Ein Beitrag zur aufklärerischen Volksfrömmigkeitsreform, Frankfurt a. M. u.a. 2008.

Staudinger, Ferdinand, Art. „ἐλεημοσύνη“, in: Balz, Horst/Schneider, Gerhard (Hgg.), Exegetisches Wörterbuch zum Neuen Testament, Bd. 1: Aarōn – Henoch, 2. verbesserte Aufl. Stuttgart u.a. 1992, 1043-1045.

Stegmann, Franz Josef/Langhorst, Peter, „Geschichte der sozialen Ideen im deutschen Katholizismus“, in: Grebing, Helga (Hg.), Geschichte der sozialen Ideen in Deutschland, Essen 2000, 599-862.

Steinhoff, Anthony J., „Ein zweites konfessionelles Zeitalter?“, in: Geschichte und Gesellschaft 30. 2004, 549-570.

Stollberg, Gunnar, Die Binnendifferenzierung in deutschen Krankenhäusern bis zum Ersten Weltkrieg, Stuttgart 2001.

Straub, Jürgen, „Personale und kollektive Identität. Analyse eines theoretischen Begriffs", in: Assmann, Aleida/Friese, Heidrun (Hgg.), Identitäten. Erinnerung, Geschichte, Frankfurt a. M. ^{2}1999, 73-104.

Strohm, Theodor, „Wege zu einer Sozialordnung Europas in der Aufbruchszeit des 16. Jahrhunderts", in: Strohm, Theodor/Klein, Michael (Hgg.), Die Entstehung einer sozialen Ordnung Europas, Bd. 1: Historische Studien und exemplarische Beiträge zur Sozialreform im 16. Jahrhundert, Heidelberg 2004, 14-58.

Sturm, Stephan, „Systemtheoretische Annäherungen an den konfessionellen Armutsdiskurs des 19. Jahrhunderts. Das protestantische Beispiel", in: Schneider, Bernhard (Hg.), Konfessionelle Armutsdiskurse und Armenfürsorgepraktiken im langen 19. Jahrhundert, Frankfurt a. M. u.a. 2009, 155-178.

Tenorth, Heinz-Elmar, Geschichte der Erziehung. Einführung in die Grundzüge ihrer neuzeitlichen Entwicklung, 5. verbesserte Aufl. Weinheim 2010.

Theißen, Gerd, „Sklaverei im Urchristentum als Realität und als Metapher", in: Gülzow, Henneke (Hg.), Christentum und Sklaverei in den ersten drei Jahrhunderten, Nachdruck der 1. Aufl., Münster 1999, 213-243.

Uedinck, Art. „Brokmann, Johann Heinrich", in: Wetzer, Heinrich Josef/Welte, Benedikt (Hgg.), Kirchen-Lexikon oder Encyclopädie der katholischen Theologie und ihrer Hilfswissenschaften, Bd. 12: Ergänzungen, Freiburg i. Br. 1856, 146-148.

Vaskovics, Laszlo A., Art. „Armut. I. Begriff der Armut", in: Staatslexikon. Recht. Wirtschaft. Gesellschaft (7. Aufl.), Bd. 1, 342-352.

Veits-Falk, Sabine, „Der Wandel des Begriffs Armut um 1800. Reflexionen anhand Salzburger Quellen", in: Kühberger, Christoph/Sedmark, Clemens (Hgg.), Aktuelle Tendenzen der historischen Armutsforschung, Wien 2005, 15-39.

Veits-Falk, Sabine, „Armutsdiskurse und -rezeption im katholischen Salzburg (spätes 18. und frühes 19. Jahrhundert)", in: Schneider, Bernhard (Hg.), Konfessionelle Armutsdiskurse und Armenfürsorge-praktiken im langen 19. Jahrhundert, Frankfurt a. M. u.a. 2009, 59-84.

Völkl, Richard, Nächstenliebe – die Summe der christlichen Religion? Beiträge zu Theologie und Praxis der Caritas, Freiburg i. Br. 1987.

Vonderau, Dagobert, Die Geschichte der Seelsorge im Bistum Fulda zwischen Säkularisation (1803) und Preußenkonkordat (1929), Frankfurt a. M. 2001.

Voß, Andreas, Betteln und Spenden. Eine soziologische Studie über Rituale freiwilliger Armenunterstützung, ihre historischen und aktuellen Formen sowie ihre sozialen Leistungen, Berlin – New York 1993.

Wagener-Esser, Meike, Organisierte Barmherzigkeit und Seelenheil. Das caritative Sozialnetzwerk im Bistum Münster von 1803 bis zur Gründung des Diözesancaritasverbands 1916, Altenberge 1999.

Wagner, Alexander/Spree, Reinhard, „Die finanzielle Entwicklung des Allgemeinen Krankenhauses zu München 1830–1894", in: Labisch, Alfons/Spree, Reinhard (Hgg.), Krankenhaus-Report 19. Jahrhundert. Krankenhausträger, Krankenhausfinanzierung, Krankenhauspatienten, Frankfurt a. M. 2001, 95-140.

Wagner, Bernd, „‚Um die Leiden der Menschen zu lindern, bedarf es nicht eitler Pracht'. Zur Finanzierung der Krankenhauspflege in Preußen", in: Labisch, Alfons/Spree, Reinhard (Hgg.), Krankenhaus-Report 19. Jahrhundert. Krankenhausträger, Krankenhausfinanzierung, Krankenhauspatienten, Frankfurt a. M. 2001, 41-68.

Wagner, Falk, Art. „Mitleid", in: Theologische Realenzyklopädie, Bd. XXIII, 105-110.

Walter, Peter, Art. „Riffel, Kaspar“, in: Biographisch-bibliographisches Kirchenlexikon, Bd. VIII, 346-347.

Wehler, Hans-Ulrich, Deutsche Gesellschaftsgeschichte, Bd. 1: Vom Feudalismus des Alten Reiches bis zur defensiven Modernisierung der Reformära, München [3]1996.

Wehrle, Paul, Orientierung am Hörer. Die Predigtlehre unter dem Einfluss des Aufklärungsprozesses, Zürich 1975.

Weitlauff, Manfred, Art. „Sailer, Johann Michael“, in: Lexikon für Theologie und Kirche (3. Aufl.), Bd. 8, 1431-1433.

Welzig, Werner (Hg.), Katalog gedruckter deutschsprachiger katholischer Predigtsammlungen, Bd. 1, Wien 1984.

Weyand, Tobias, Die Barmherzigen Schwestern und die Armen- und Krankenpflege in der 1. Hälfte des 19. Jahrhunderts. Eine historische Diskursanalyse, Staatsexamensarbeit, Trier 2012.

Wintzer, Friedrich, Art. „IX. Evangelische Predigt im 19. und 20. Jahrhundert“, in: Theologische Realenzyklopädie, Bd. XXVII, 311-330.

Wissmann, Sylvelin, „Wohltätigkeit im Verein“, in: Kühberger, Christoph/Sedmark, Clemens (Hgg.), Aktuelle Tendenzen der historischen Armutsforschung, Wien 2005, 167-188.

Wittmann, Reinhard, Geschichte des deutschen Buchhandels, 2. durchgesehene und erweiterte Aufl. München 1999.

Wolf, Hubert, „Katholische Kirchengeschichte im ‚langen‘ 19. Jahrhundert von 1789 bis 1918“, in: Bremer, Thomas u.a. (Hgg.), Ökumenische Kirchengeschichte, Bd. 3: Von der Französischen Revolution bis 1989, Darmstadt 2007, 91-177.

Wollasch, Hans-Josef, „Lorenz Werthmann und der Deutsche Caritasverband“, in: Gatz, Erwin (Hg.), Geschichte des kirchlichen Lebens in den deutschsprachigen Ländern seit dem Ende des 18. Jahrhunderts, Bd. 5: Caritas und soziale Dienste, Freiburg i. Br. 1997, 173-177.

Wopperer, Gertraud, Die neuen Formen sozialcaritativer Arbeit in der Oberrheinischen Kirchenprovinz 1834–1870, Freiburg i. Br. 1957.

Zadach-Buchmeier, Frank, Integrieren und Ausschließen. Prozesse gesellschaftlicher Disziplinierung: Die Arbeits- und Besserungsanstalt Bevern im Herzogtum Braunschweig auf dem Weg zur Fürsorgeerziehungsanstalt (1834 bis 1870), Hannover 2003.

Zager, Werner, Gottesherrschaft und Endgericht in der Verkündigung Jesu. Eine Untersuchung zur markinischen Jesusüberlieferung einschliesslich der Q-Parallelen, Berlin 1996.

Konfession und Gesellschaft

Band 1: J.-Chr. Kaiser/M. Greschat (Hgg.), Holocaust und die Protestanten. Analysen einer Verstrickung. Frankfurt a. M. 1988

Band 2: J.-Chr. Kaiser/A. Doering-Manteuffel (Hgg.), Christentum und politische Verantwortung. Kirchen im Nachkriegsdeutschland. 1990

Band 3: W. Loth (Hg.), Deutscher Katholizismus im Umbruch zur Moderne. 1991

Band 4: M. Greschat/J.-Chr. Kaiser (Hgg.), Christentum und Demokratie im 20. Jahrhundert. 1992

Band 5: M. Greschat/W. Loth (Hgg.), Die Christen und die Entstehung der Europäischen Gemeinschaft. 1994

Band 6: M. Häusler, „Dienst an Kirche und Volk". Die Deutsche Diakonenschaft zwischen beruflicher Emanzipation und kirchlicher Formierung (1913–1947). 1995

Band 7: I. Götz von Olenhusen u. a., Frauen unter dem Patriarchat der Kirchen. Katholikinnen und Protestantinnen im 19. und 20. Jahrhundert. 1995

Band 8: A. Doering-Manteuffel/K. Nowak (Hgg.), Kirchliche Zeitgeschichte. Urteilsbildung und Methoden. 1996

Band 9: A. Doering-Manteuffel/J. Mehlhausen (Hgg.), Christliches Ethos und der Widerstand gegen den Nationalsozialismus in Europa. 1995

Band 10: S. Rink, Der Bevollmächtigte. Propst Grüber und die Regierung der DDR. 1996

Band 11: J.-Chr. Kaiser/W. Loth (Hgg.), Soziale Reform im Kaiserreich. Protestantismus, Katholizismus und Sozialpolitik. 1997

Band 12: L. Schorn-Schütte/W. Sparn (Hgg.), Evangelische Pfarrer. Zur sozialen und politischen Rolle einer bürgerlichen Gruppe in der deutschen Gesellschaft des 18. bis 20. Jahrhunderts. 1997

Band 13: R.-U. Kunze, Theodor Heckel. 1894–1967. Eine Biographie. 1997

Band 14: N. Friedrich, „Die christlich-soziale Fahne empor!" Reinhard Mumm und die christlich-soziale Bewegung. 1997

Band 15: J. Köhler/D. van Melis (Hgg.), Siegerin in Trümmern. Die Rolle der katholischen Kirche in der deutschen Nachkriegsgesellschaft. 1998

Band 16: M. Pöhlmann, Kampf der Geister. Die Publizistik der „Apologetischen Centrale" (1921–1937). 1998

Band 17: Chr. Tichy, Deutsche Evangelische Auslandsgemeinden in Frankreich 1918–1944. 2000

Band 18: C. Hiepel, Arbeiterkatholizismus an der Ruhr. August Brust und der Gewerkverein christlicher Bergarbeiter. 1999

Band 19: M. Greschat (Hg.), Deutsche und polnische Christen. Erfahrungen unter zwei Diktaturen. 1999

Band 20: K. Kunter, Die Kirchen im KSZE-Prozeß 1968–1978. 2000

Band 21: Th. Sauer (Hg.), Katholiken und Protestanten in den Aufbaujahren der Bundesrepublik. 2000

Band 22: R. J. Treidel, Evangelische Akademien im Nachkriegsdeutschland. Gesellschaftspolitisches Engagement in kirchlicher Öffentlichkeitsverantwortung. 2001

Band 23: St. Sturm, Sozialstaat und christlich-sozialer Gedanke. Johann Hinrich Wicherns Sozialtheologie und ihre neue Rezeption in systemtheoretischer Perspektive. 2007

Band 24: T. Bendikowski, „Lebensraum für Volk und Kirche“. Kirchliche Ostsiedlung in der Weimarer Republik und im „Dritten Reich“. 2002

Band 25: K. Nowak, Kirchliche Zeitgeschichte interdisziplinär. Beiträge 1984–2001. 2002

Band 26: F.-M. Kuhlemann/H.-W. Schmuhl (Hgg.), Beruf und Religion im 19. und 20. Jahrhundert. 2003

Band 27: E. Ueberschär, Junge Gemeinde im Konflikt. Evangelische Jugendarbeit in SBZ und DDR 1945–1961. 2003

Band 28: F. Lüdke, Diakonische Evangelisation. Die Anfänge des Deutschen Gemeinschafts-Diakonieverbandes 1899–1933. 2003

Band 29: Th. A. Seidel, Im Übergang der Diktaturen. Eine Untersuchung zur kirchlichen Neuordnung in Thüringen 1945–1951. 2003

Band 30: C. Hiepel/M. Ruff (Hgg.), Christliche Arbeiterbewegung in Europa 1850–1950. 2003

Band 31: M. Greschat/J.-Chr. Kaiser (Hgg.), Die Kirchen im Umfeld des 17. Juni 1953. 2003

Band 32: J.-Chr. Kaiser (Hg.), Zwangsarbeit in Kirche und Diakonie 1939–1945. 2005

Band 33: M. Bachem-Rehm, Die katholischen Arbeitervereine im Ruhrgebiet 1870–1914. Katholisches Arbeitermilieu zwischen Tradition und Emanzipation. 2004

Band 34: A. Holzem/Chr. Holzapfel (Hgg.), Zwischen Kriegs- und Diktaturerfahrung. Katholizismus und Protestantismus in der Nachkriegszeit. 2005

Band 35: V. Mihr/F. Tennstedt/H. Winter (Hgg.), Sozialreform als Bürger- und Christenpflicht. Aufzeichnungen, Briefe und Erinnerungen des leitenden Ministerialbeamten Robert Bosse aus der Entstehungszeit der Arbeiterversicherung und des BGB (1878–1892). 2005

Band 36: Axel Töllner, Eine Frage der Rasse? Die Evangelisch-lutherische Kirche in Bayern, der Arierparagraf und die bayerischen Pfarrerfamilien mit jüdischen Vorfahren im „Dritten Reich“. 2007

Band 37: Roland Löffler, Protestanten in Palästina. Religionspolitik, Sozialer Protestantismus und Mission in den deutschen evangelischen und anglikanischen Institutionen des Heiligen Landes 1917–1939. 2008

Band 38: Heinz-Elmar Tenorth u. a. (Hgg.), Friedrich Siegmund-Schultze (1885–1969). Ein Leben für Kirche, Wissenschaft und soziale Arbeit. 2007

Band 39: Joachim Garstecki (Hg.), Die Ökumene und der Widerstand gegen Diktaturen. Nationalsozialismus und Kommunismus als Herausforderung an die Kirchen. 2007

Band 40: Sabine Voßkamp, Katholische Kirche und Vertriebene in Westdeutschland. Integration, Identität und ostpolitischer Diskurs 1945–1972. 2007

Band 41: Daniel Bormuth, Die Deutschen Evangelischen Kirchentage in der Weimarer Republik. 2007

Band 42: Wilhelm Damberg/Staf Hellemans (Hg.), Die neue Mitte der Kirche. Der Aufstieg der intermediären Instanzen in den europäischen Großkirchen seit 1945. 2010

Band 43: Traugott Jähnichen/Andreas Henkelmann/Uwe Kaminsky/Katharina Kunter (Hgg.), Caritas und Diakonie im „goldenen Zeitalter" des bundesdeutschen Sozialstaats. Transformationen der konfessionellen Wohlfahrtsverbände in den 1960er Jahren. 2010

Band 44: Christin Pschichholz, Zwischen Diaspora, Diakonie und deutscher Orientpolitik. Deutsche evangelische Gemeinden in Istanbul und Kleinasien in osmanischer Zeit. 2011

Band 45: Claudius Kienzle, Mentalitätsprägung im gesellschaftlichen Wandel. Evangelische Pfarrer in einer württembergischen Wachstumsregion der frühen Bundesrepublik. 2012

Band 46: Andreas Henkelmann/Traugott Jähnichen/Uwe Kaminsky/ Katharina Kunter (Hg.), Abschied von der konfessionellen Identität? Diakonie und Caritas in der Modernisierung des deutschen Sozialstaats seit den sechziger Jahren. 2012

Band 47: Tobias Sarx/Rajah Scheepers/ Michael Stahl (Hrsg.), Protestantismus und Gesellschaft. Beiträge zur Geschichte von Kirche und Diakonie im 19. und 20. Jahrhundert. Jochen-Christoph Kaiser zum 65. Geburtstag. 2013

Band 48: Michael Stahl, Vom Nationalsozialismus in die Demokratie. Die Evangelische Landeskirche von Kurhessen-Waldeck während der Amtszeit von Bischof Adolf Wüstemann (1945–1963). 2012

Band 49: Michaela Collinet, Frohe Botschaft für die Armen? Armut und Armenfürsorge in der katholischen Verkündigung des späten 18. und frühen 19. Jahrhunderts. 2015

Band 50: Rebecca Müller, Ausbildung zur Gemeindehelferin. Das Seminar für kirchlichen Frauendienst im Burckhardthaus e. V. 1926–1971. 2014

Band 51: Wilhelm Damberg/Traugott Jähnichen (Hgg.), Neue Soziale Bewegungen als Herausforderung sozialkirchlichen Handelns. 2015